해커의
심리

해커의 심리

사회 규범과 정의를 왜곡하는
사회적 해킹의 실체를 폭로한다

김상현 옮김 브루스 슈나이어 지음

i!i
에이콘

 에이콘출판의 기틀을 마련하신 故 정완재 선생님 (1935-2004)

태미(Tammy)에게 바친다

김상현

캐나다에서 정보공개 및 프라이버시 전문가로 일하고 있다. 토론토 대학교, 앨버타 대학교, 요크 대학교에서 개인정보보호와 프라이버시, 사이버 보안을 공부했다. 캐나다 온타리오 주 정부와 앨버타 주 정부, 브리티시 컬럼비아^{BC} 주의 의료서비스 기관, 밴쿠버 아일랜드의 수도권청^{Capital Regional District} 등을 거쳐 지금은 캘리언 그룹^{Calian Group}의 프라이버시 관리자로 일하고 있다. 저서로『디지털의 흔적을 찾아서』(방송통신위원회, 2020),『유럽연합의 개인정보보호법, GDPR』(커뮤니케이션북스, 2018),『디지털 프라이버시』(커뮤니케이션북스, 2018),『인터넷의 거품을 걷어라』(미래 M&B, 2000)가 있고, 번역서로는 에이콘출판사에서 출간한『어둠 속의 추적자들』(2023),『공익을 위한 데이터』(2023),『인류의 종말은 사이버로부터 온다』(2022),『프라이버시 중심 디자인은 어떻게 하는가』(2021),『마크 저커버그의 배신』(2020),『에브리데이 크립토그래피 2/e』(2019),『보이지 않게, 아무도 몰래, 흔적도 없이』(2017),『보안의 미학 Beautiful Security』(2015),『똑똑한 정보 밥상 Information Diet』(2012),『불편한 인터넷』(2012),『디지털 휴머니즘』(2011) 등이 있다.

20세기 초 베트남은 쥐를 박멸하기 위해 쥐꼬리를 가져오는 사람들에게 돈을 줬다. 하지만 쥐는 박멸되지 않았다. 사람들이 쥐를 죽이는 대신 덫으로 잡아 꼬리만 잘라낸 다음 다시 야생으로 보내 도리어 번식과 증식을 부추겼기 때문이다. 정부는 쥐 박멸이 목표였지만 사람들은 거기에서 돈벌이의 기회를 봤다. 한편 멕시코시티는 대기 오염을 줄이기 위해 홀짝수 차량 운행제를 도입했다. 하지만 효과는 생각만큼 크지 않았다. 사람들이 차를 한 대 더 장만했기 때문이다. 설상가상으로 두 번째 차는 낡고 값싼 중고차인 경우가 많아서 그만큼 더 많은 배기가스를 배출하는 부작용까지 낳았다.

브루스 슈나이어는 사람들의 이런 대응 방식을 '해킹'의 일종으로 본다. 즉, 어떤 제도나 시스템을, 그 규칙이나 규범은 위반하지 않으면서 미처 의도하지 못한 방식으로 전복해 자신들의 이익에 봉사하도록 만드는 행태를 해킹으로 보는 것이다. 해커는 그렇게 기존 제도나 시스템의 허점을 이용해 자신들의 이익에 맞도록 바꾸는 이들을 가리킨다. 그런 점에서 해킹은 사기가 아니고 위법도 아니다. 편법에 가깝다고 할까?

브루스 슈나이어는 '정보 보안 분야의 구루Guru'다. 암호화의 기본서를 비롯해 십수 권의 보안 관련 저서를 집필했다. 개중에는 전문서도 있지만 대부분 일반 대중의 보안 지식을 높이고 디지털 세계의 위협을 경고하는 계몽서다. 이 책 『해커의 심리』도 그런 부류에 든다. 하지만 이전의 저서들보다 그 범위와 시각을 더 넓게 잡았다는 점이 다르다. 『해커의 심리』에서 해커는 우리가 언뜻 떠올리는 컴퓨터 해커만 지칭하지 않는다. 여기에서 해커는 비단 IT 부문의 프로그래머나 엔지니어만이 아니라 정치인, 사업가, 은행가, 벤처 자본가, 헤지펀드 매니저, 주식 트레이더, 변호사, 운동가, 로비스트, 도박사, 스포츠 감독 등 사회의 거의 모든 분야에 걸쳐 있다. 이 책은 단순히 컴퓨터 분야의 해커 문제뿐 아니라 사회의 온갖 분야에서 혹은 노골적으로 혹은 은밀하게 활동하는 해커들의 문제를 짚는다. 그런 점에서 『해커의 심리』는 정치 비평서, 혹은 사회 비평서라고 볼 수도 있다.

슈나이어가 해킹과 해커의 자장을 컴퓨터의 영역 밖으로 넓힌 이유는 우리 사회가 급속히 그런 방향으로 가고 있기 때문이다. 컴퓨터와 네트워킹은 사회의 필수적 인프라로 자리잡았다. 전 사회가 컴퓨터화했다고 해도 과언이 아닐 정도다. 그 때문에 사회 시스템의 여러 부문에 대한 해킹의 속도와 파장 또한 컴퓨터의 속도와 범위, 정교함에 비례해 더 빨라지고 커졌다. 과거에는 국지적 피해로 그쳤을 사안이 네트워크를 타고 급속히 유포되고 공유되면서 어느 한 개인의 해킹이 돌연 사회 전체를 위협하는 문제로 확대되기 일쑤다.

더욱 크고 심각한 문제는 그런 해킹의 주체가 대부분 기득권층이라는 데 있다. 억만장자, 유력 정치인, 헤지펀드 매니저, 대기업 로비스트 등이 정치, 사회, 경제 시스템을 흔들어 자신들의 권력을 더욱 공고히 하는 데 악용한다는 점이다. 컴퓨터 분야든, 사회의 다른 어떤 분야든 해킹을 하기 위해서는 남다른 자원과 기술이 요구되는데, 그런 능력이 되는 계층은 압도적으로 기득권 층일 수밖에 없다. 그렇지 못한 대다수 사람들은 속수무책으로 피해를 입을 수밖에 없고, 빈익빈부익부의 사회적 불평등은 날이 갈수록 심화한다.

사회 시스템에 대한 해킹이 단순한 컴퓨터 해킹보다 더 위험하고 심각한 이유는 무엇보다 그 영향력이 사회 전반에 미치기 때문이다. 더욱이 사회 시스템에 대한 해킹은 쉽게 눈에 띄지 않고 서서히, 대부분의 사람들은 눈치도 채지 못하는 사이에 진행된다. 이를 사전에 막기는 매우 어렵다. 가령 입법 과정에서 민생에 큰 영향을 미치는 새 법안의 문구를 교묘하게 바꾼다거나, 특정 세력에 유리하도록 한두 조문을 추가하거나 빼는 방식의 해킹은 정치적 영향력이 큰 기업이나 로비스트만이 수행할 수 있는 행태이고, 일반 사람들은 꿈도 꾸기 힘든 경로이다. 그렇게 통과된 법은 부자들에 더 큰 면세 혜택을 주거나 오염의 주범으로 꼽히는 대기업에 면죄부를 준다.

브루스 슈나이어는 현대 사회의 컴퓨터화와 더불어 기득권층의 해킹 행위가 더욱 정교하고 치밀한 형태로 사회 전반에서 벌어져 왔다고 경고한다. 그리고 그 추이는 근래 붐을 이루기 시작한 AI 기술의 급속한 발전으로 더욱 가속화할 것이라고 전망한다. 『해커의 심리』는 그런 저자의 우려를 다양한 사례를 통해 생생하게 드러내는 한편, 자신들의 이익을 관철하기 위해 전방위적으로 움직이는 권력층의 해킹 기도에 어떻게 효과적으로 대응할 수 있는지 고민한다. 해킹을 악화하게 될 기술적 진보는, 부정적인 해킹을 막고 긍정적인 해킹을 찾아내는 데 이용될 수도 있음을 지적하면서, 바른 지배 시스템governance system이 시급히 정립돼야 한다고 강조한다.

슈나이어는 뛰어난 대중 지식인이자, 자신의 해커 윤리를 스스로 실천하는 사회 운동가이기도 하다. 그가 유명 IT 기업의 최고보안책임자CISO 자리를 박차고 하버드 대학교의 케네디 스쿨로 자리를 옮긴 것도 특정 기업에 몸담으면 중립적이고 윤리적인 비평을 할 수 없다는 문제의식 때문이었다. 『해커의 심리』는 그런 슈나이어의 윤리의식과 사회적 책임감을 잘 담고 있다.

이 책을 번역하는 동안 참으로 슬픈 일이 있었다. 지난 10월 에이콘의 권성준 사장께서 갑자기 세상을 떠나셨다. 내게 늘 격려와 응원을 아끼지 않으셨던, 큰형님 같고 스승 같은 분이셨다. 권성준 사장님께 이 책을 바친다.

— 김상현

브루스 슈나이어 Bruce Schneier

저명한 보안 전문가이자 공학자로 영국의 경제지 「이코노미스트」는 '보안계의 구루Guru'라고 지칭했다. 「뉴욕타임스」의 베스트셀러 목록에 오른 『당신은 데이터의 주인이 아니다』(반비, 2016)와 『모두를 죽이려면 여기를 클릭하세요』(에이콘, 2019)를 비롯해 십여 권의 보안 관련 저서를 출간했다. 현재는 하버드 케네디 스쿨의 교수로 활동하며 매사추세츠 주의 케임브리지에 살고 있다.

감사의 말

글로벌 팬데믹과 개인적 어려움의 와중에 이 책은 태어났고, 그런 만큼 양쪽의 파장을 벗어나지 못했다. 2020년에 8만 6000자 분량의 원고를 썼지만 2021년에는 원고를 거의 방치하다시피 했고, 그래서 마감일을 어겼고, 2022년 봄에야 겨우 일을 재개했다. 그러다 오픈 보트 에디팅Open Boat Editing의 에블린 더피Evelyn Duffy의 도움으로 원고를 2만 자 분량으로 줄이고 (독자가 방금 확인했듯이) 60개 이상의 자잘한 장들로 재구성했다.

이 책을 만드는 2년여 동안 많은 사람의 도움을 받았다. 먼저 나를 도와준 연구 조교들, 니콜라스 앤웨이Nicholas Anway, 저스틴 드셰이저Justin DeShazor, 사이먼 딕슨Simon Dickson, 데릭 플래콜Derrick Flakoll, 데이비드 레프트위치David Leftwich, 그리고 밴디니카 슈클라Vandinika Shukla에게 감사를 표한다. 이들은 모두 하버드 케네디 스쿨의 학생들로 혹은 여름 한철에, 혹은 학기 중에 나와 몇 달씩 작업했다. 로스 앤더슨Ross Anderson, 스티브 배스Steve Bass, 벤 뷰캐넌Ben Buchanan, 닉 콜드리Nick Couldry, 케이트 달링Kate Darling, 제시카 도슨Jessica Dawson, 코리 닥터로우Cory Doctorow, 팀 에드가Tim Edgar, 프리키클라운freakyclown으로도 알려진 FC, 에이미 포사이스Amy Forsyth, 브렛 프리시만Brett Frischmann, 빌 허들Bill Herdle, 트레이 헤어Trey Herr, 캠벨 하우Campbell Howe, 데이비드 S. 아이젠버그David S. Isenberg, 다리우스 제밀니아크Dariusz Jemielniak, 리차드 말라Richard Mallah, 윌 마크스Will Marks, 알리시아 맥도널드Aleecia McDonald, 로저 맥나미Roger McNamee, 제리 미칼스키Jerry

Michalski, 피터 뉴먼Peter Neumann, 크레이그 뉴마크Craig Newmark, 서스텐 페인 Cirsten Paine, 데이비드 페리David Perry, 네이션 샌더스Nathan Sanders, 마리에테 샤케Marietje Schaake, 마틴 슈나이어Martin Schneier, 제임스 샤이어스James Shires, 에릭 소블Erik Sobel, 제이미 서스킨드Jamie Susskind, 라훌 톤지아Rahul Tongia, 아룬 비시와나스Arun Vishwanath, 짐 왈도Jim Waldo, 릭 워시Rick Wash, 새라 M. 왓슨Sara M. Watson, 타라 휠러Tarah Wheeler, 조세핀 울프Josephine Wolff, 그리고 벤 위즈너Ben Wizner는 모두 초교 상태에서 책을 읽고 유익한 조언을 해줬고 나는 대부분의 경우 귀담아 들었다. 캐슬린 사이들Kathleen Seidel은 이 책을 아주 꼼꼼히 편집했다. 나의 오랜 조수이자 교열 담당자인 베스 프리드먼 Beth Friedman도 마찬가지였다.

편집자인 브렌던 커리Brendan Curry를 비롯해 노튼 출판사의 모든 이들에 게 내 원고를 완제품으로 바꿔준 데 감사의 말을 전한다. 또한 나의 에이전 트인 수 라비너Sue Rabiner에게도 고맙다. 그리고 케임브리지에서 나의 새로 운 커뮤니티가 된 하버드 케네디 스쿨, 버크만 클라인 센터Berkman Klein Center, 인럽트Inrupt(그리고 솔리드Solid 프로젝트), 그리고 많은 동료와 친구들에 게 감사한다. 그리고 태미Tammy에게, 모든 것에 감사한다.

차례

물은 결코 거슬러 흐르지 않는다고 사람들은 말한다.

과거에 그런 적도 결코 없고, 앞으로도 결코 없을 거라고.

하지만 충분한 돈만 있다면,

자연 법칙(natural law)에도 허점은 있게 마련이다.

그리고 물은, 거슬러 흐르게 될 것이다.

    − 물은 결코 거슬러 흐르지 않는다, 세션 아메리카나(Session Americana)[1]

엉클 밀튼 인더스트리Uncle Milton Industries라는 회사는 1956년부터 어린이들에게 개미 농장 키트를 팔아 왔다. 키트는 투명한 수직 플라스틱 판 두 개를 약 6.4mm 두께로 붙인 모양이며 양옆과 밑은 밀봉돼 있고 위는 열 수 있게 된 구조다. 그 빈 공간에 모래를 넣고, 그 2차원 환경에 개미들을 넣는다는 개념이다. 그러고 나면 개미들이 터널을 만드는 장면을 지켜볼 수 있다.

키트 박스에는 개미가 포함돼 있지 않다. 장난감이 가게 선반에 진열돼 있는 동안 개미의 생존을 보장하기도 어렵거니와, 아마도 곤충과 장난감에는 모종의 어린이 안전 규제가 적용될 것이다. 그래서 키트 박스에는 개미

---

1 2004년 결성된 세션 아메리카나는 미국 보스턴을 기반으로 활동 중인 6인조 포크/록 밴드이다. 「물은 결코 거슬러 흐르지 않는다(Water Never Runs Uphill)」는 2011년 발표됐다. − 옮긴이

대신 카드가 들어 있다. 구매자가 그 카드에 주소를 적어 회사에 보내면 개미가 든 튜브를 받게 된다.

이 카드를 보는 사람들은 대부분 회사가 고객에게 개미 튜브를 보내준다는 데 감탄한다. 하지만 나는 이 카드를 처음 봤을 때 이런 생각이 들었다. '우와, 이 카드만 가지면 내가 원하는 누구에게든 이 회사가 개미 튜브를 보내게 만들 수 있구나.'

보안 공학자들은 대부분의 사람들과는 다른 시각으로 세상을 본다. 어떤 시스템을 볼 때, 대부분의 사람들은 그 작동 원리에 주목한다. 보안 공학자들은 같은 시스템을 볼 때, 그것이 어떻게 실패할 수 있는지, 그 실패로 인해 어떻게 시스템이 의도되지 않은 방식으로 조작될 수 있는지, 그리고 그처럼 예기치 않은 방식을 통해 어떤 부당 이익이 발생할 수 있는지 고민하게 된다.

해킹은 그런 것이다. 주어진 시스템에서 가능한 행동을 통해 그 시스템의 목표나 의도를 전복하는 것. 엉클 밀튼의 우송 시스템을 이용해 원치 않는 사람들에게 개미 튜브를 보내는 행위가 바로 그런 경우이다.

나는 하버드 케네디 스쿨에서 사이버 보안 정책을 가르친다. 첫 수업 말미에 나는 수강생들에게 다음 강의 때 깜짝 퀴즈가 있을 것이라고 발표한다. 원주율을 나타내는 파이(π)의 첫 백 자리를 암기해 써야 한다는 과제다. "이틀 만에 무작위 백 자리를 외워 쓸 수 있으리라고 기대하기는 비현실적입니다. 커닝을 할 수밖에 없겠죠. 들키지만 마세요"라고 학생들에게 알려준다.

이틀 뒤 강의실은 긴장감으로 가득찼다. 대부분의 학생은 아무 새로운 아이디어도 없었다. 이들은 숫자를 작은 쪽지에 적어 어딘가에 숨겼다. 혹은 숫자를 읽어 녹음한 다음 이어폰을 낀 것을 숨기려 시도했다. 하지만 몇몇은 놀라울 정도로 창의적이었다. 한 학생은 투명 잉크로 적은 다음 그것을 볼 수 있는 안경을 썼다. 한 학생은 내가 읽지 못하는 중국어로 숫자를 적었다. 또 다른 학생은 그 숫자들을 다른 색깔의 구슬들로 치환해 목걸이로 만들었다. 다른 학생은 나의 평가가 철저하지 않을 것이라 짐작하고 처음 학생은 마지막 몇 자리만 맞게 적은 다음 그 사이의 숫자는 마음대로 적었다. 가장 인상적인 해킹은 몇 년 전에 본 것이다. 그 학생은 숫자를 맞게 적고 있었지만 쓰는 속도가 매우 느렸다. 그 때문에 답안 제출도 꼴찌였다. 나는 그가 답안을 작성하는 모습을 지켜봤지만 어떻게 기억하는지는 알아내지 못했다. 다른 학생들도 그를 빤히 바라보고 있었다. '저 친구는 파이의 무한 숫자를 진짜 머릿속으로 하나하나 계산하는 건가?' 그렇지 않았다. 그는 주머니 속에 든 전화기가 각 숫자를 모스 부호Morse code에 맞춰 진동하도록 프로그래밍한 것이었다.

이 연습의 핵심은 학생들을 커닝꾼으로 만드는 게 아니었다. 하버드대에서 실제 부정행위는 퇴학의 사유가 된다. 핵심은 사이버 보안에 대한 공공 정책을 수립하려 한다면 보안 침해 사범처럼 생각할 필요가 있다는 것이다. 해커의 사고방식을 배양할 필요가 있다는 말이다.

이 책은 해킹을 다루지만 그 실상은 영화나 TV 드라마, 그리고 언론에 소개되는 내용과 사뭇 다르다. 어떻게 컴퓨터를 해킹하는지 혹은 어떻게 자신을 컴퓨터 해커들로부터 방어할 수 있는지 가르쳐 주는 책들에서 찾아볼 수 있는 내용도 아니다. 이 책은 그보다 훨씬 더 보편적인 것, 기본적으로 인간적인 것, 그리고 컴퓨터의 발명보다 훨씬 더 오래된 것에 대해 이야기한다. 그것은 돈과 권력이 개입된 이야기이다.

아이들은 천부적인 해커들이다. 규칙과 의도를 충분히 이해하지 못하기 때문에 직감에 따라 행동한다. (AI 시스템들도 그러한데 이 책의 말미에서 더 자세히 다룰 것이다.) 하지만 부자들도 그렇다. 아이들이나 AI와 달리, 이들은 규칙과 그 맥락을 이해한다. 하지만 많은 부자들은, 마치 아이들처럼, 그 규칙들이 자신들에게 적용된다는 점을 수용하지 않는다. 혹은, 적어도 자기 자신의 사익私益이 규칙보다 우선한다고 믿는다. 그 때문에 이들은 항상 사회의 시스템들을 해킹한다.

이 책에서, 해킹은 무료한 십대나 적대적 정부들이 컴퓨터 시스템들을 건드리는 행위나, 부정직한 학생들이 공부하기 싫어서 벌이는 변칙 행위만을 가리키지 않는다. 여기에서 해킹은 약자들이 벌이는 반문화적 비행이 아니다. 해커는 거대 헤지 펀드에서 일하며 금융 규제의 허점을 찾아내 이용함으로써 기존 금융 시스템으로부터 추가 수익을 뽑아내는 역할을 할 공산이 더 크다. 그는 대기업 사무실에 앉아 있을 확률이 더 높다. 혹은 선출 공무원이거나, 정부 정책을 바꾸려는 대기업 로비스트일 수도 있다. 소셜 미디어 시스템들이, 우리가 그들의 플랫폼에 계속 머물도록 만드는 기법도 해킹의 일종이다.

이 책에서 해킹은 부자와 권력자들이 하는 행위, 기존의 권력 구조를 강화하는 행위이다.

한 가지 사례는 피터 틸Peter Thiel이다. 로스 개인퇴직계좌Roth Individual Retirement Account, Roth IRA는 1997년 법률에 의거해 개설된 미국의 퇴직 계좌이다. 중산층 투자자들을 위한 것으로 투자자의 수입 수준과 투자 액수에 제한이 있다. 하지만 억만장자인 피터 틸은 여기에서 해킹할 수 있는 허점을 발견했다. 그는 페이팔Paypal의 설립자들 중 한 명이었기 때문에 2천 달러도 채 안 되는 투자금을 해당 계좌에 넣은 뒤 그 돈으로 회사 주식 170만 주를 한 주당 0.001달러에 매입했다. 2천 달러의 개인퇴직계좌는 50억 달러 (약 6조5천억원)라는 천문학적 규모로 증식됐다. 하지만 모두 영구 면세였다. 일반적인 IRA는 납부금에 세금 공제 혜택을 부여하지만 1997년 도입된 로스 IRA는 납부할 때가 아닌 인출할 때 비과세 혜택을 적용한다는 점을 이용한 것이었다.

해킹은 정부가 우리를 막강한 기업 이익이나 부자의 사익으로부터 보호

해주지 못한다고 느끼게 만드는 주된 이유이다. 국가 권위에 무력감을 느끼는 이유 중 하나이다. 해킹은 부자와 권력자들이 부와 권력을 늘리기 위해 기존 규칙을 무력화하는 방법이다. 이들은 기발한 해킹 방법을 찾는 데 몰두하며, 그렇게 찾아낸 방법으로부터 얻는 이익을 지속시키기 위해 그 방법을 온존하려 노력한다. 이것은 중요한 대목이다. 이런 현상은 부자와 권력자가 해킹에 더 능하기 때문이 아니라, 그런 짓으로 처벌 받을 확률이 더 낮기 때문이다. 이들의 해킹은 과연 사회 작동 방식의 일부로 귀착될 때가 많다. 이것을 고치자면 제도의 변화가 필요한데 현실적으로 어렵다. 바로 그 기관과 제도의 수장들이 바로 자신들의 이익을 위해 장벽을 쌓은 장본인들이기 때문이다.

모든 시스템은 해킹될 수 있다. 많은 시스템은 현재 해킹되고 있으며 상황은 더 악화되는 추세다. 이 행태를 어떻게 견제할지 파악하지 못한다면 우리의 경제, 정치, 사회 시스템은 실패하기 시작할 것이다. 왜냐하면 이 시스템들은 더 이상 본래 의도한 목적에 효과적으로 봉사하지 못할 것이기 때문이다. 이런 현상은 이미 벌어지고 있다. 피터 틸이 수십억 달러의 자본 이득을 얻고도 단 한 푼의 세금도 내지 않은 사실을 알고 난 당신의 기분은 어떤가?

그러나 앞으로 입증하겠지만 해킹이 항상 파괴적인 것은 아니다. 적절히 활용한다면 시스템을 발전시키고 개선할 수 있는 한 방법이 될 수 있다. 좀 더 구체적으로 말한다면, 이것은 기존 사회를 완전히 파괴하지 않고 진전 시킬 수 있는 방법이다. 해킹은 사회적 선善을 위한 동력이 될 수 있다. 요는 어떻게 선의적 해킹과 악의적 해킹의 차이를 분별해서, 전자를 독려하고 후자를 막을 것인가 파악하는 일이다.

해킹은 AI^Artificial Intelligence, 인공지능와 자동화 시스템의 도입이 증가함에 따라 더욱 파괴적이 될 것이다. 이들은 모두 컴퓨터 시스템이고, 이것은 모든 컴퓨터 시스템이 그렇듯 필연적으로 해킹될 수밖에 없을 것이라는 뜻이다. 이들은 사회 시스템에 영향을 미치며 ― 이미 AI 시스템들은 대출, 채용, 보석 결정을 내리고 있다 ― 이것은 그러한 해킹이 궁극적으로 우리의 경제 및 정치 시스템에도 영향을 미칠 것이라는 뜻이다. 더욱 심각한 대목은 현대의 모든 AI를 추동하는 머신러닝 프로세스로 인해 사람이 아닌 컴퓨터들이 그런 해킹을 수행하게 되리라는 점이다.

이를 더 멀리까지 추론한다면, AI 시스템은 곧 새로운 해킹 기법이나 채널을 발견하기 시작할 것이다. 그로 인해 모든 상황이 바뀔 것이다. 지금까지 해킹은 인간만이 벌이는 행위였다. 해커는 모두 사람이고, 해킹 행위는 인간의 한계를 반영해 왔다. 그러한 한계는 이제 곧 제거될 것이다. AI는 컴퓨터만이 아니라 우리의 정부, 시장, 그리고 심지어 우리의 마음까지 해킹하기 시작할 것이다. AI는 과거 어떤 인간 해커도 꿈꾸지 못한 속도와 기술을 갖추게 될 것이다. 이 책을 읽어가는 동안 'AI 해커'의 개념을 기억하기 바란다. 나는 마지막 부분에서 그 내용으로 대미를 장식할 것이다.

이 책이 바로 지금 중요한 이유도 거기에 있다. 우리가 해킹을 인식하고 그로부터 방어하는 방법을 이해해야 할 타이밍은 바로 지금이다. 그리고 보안 기술이 도움을 줄 수 있는 부분도 여기에 있다.

언젠가 ― 그게 어디였는지 기억하지 못해 유감이다 ― 나는 수학적 문해력에 대한 다음과 같은 언사를 들었다. "수학이 세상의 문제를 해결할 수 있다는 뜻은 아닙니다. 다만, 만약 모두가 수학을 지금보다 조금만 더 이해한다면 세상의 문제를 풀기도 더 쉬워진다는 뜻입니다." 같은 논리는 보안 분야에도 고스란히 적용된다. 보안을 염두에 둔 사고방식, 혹은 해킹 의식이 세상의 문제를 해결하리라는 뜻이 아니다. 다만, 모두가 보안을 지금보다 조금만 더 이해한다면 세상의 문제를 풀기도 더 쉬워지리라는 뜻이다.

자, 시작해 보자.

1부

해킹의 기초

1장

해킹이란 무엇인가

해킹, 해킹하다, 해커 - 이 용어들은 숱한 의미와 암시로 포화 상태다. 나의 정의는 정확하지도 표준적이지도 않다. 상관없다. 나의 목표는 해킹의 관점에서 사고하는 것이 폭넓고 다양한 시스템들을 이해하는 데 유용한 툴이 될 수 있음을 입증하는 것이다. 어떻게 그 시스템들이 실패하는지, 그리고 어떻게 하면 그것들을 더 탄력적이고 견고하게 만들 수 있는지 파악하는 데 유효하다는 점을 보여주는 데 있다.

> **해킹**(Hack), 명사 -
>
> 1. 한 시스템을 영리하고 의도되지 않은 방식으로 조작해 (a) 그 시스템의 규칙이나 규범을 왜곡하거나 전복함으로써 (b) 그 시스템의 영향을 받는 다른 사람들에게 피해를 입히면서 자신의 이익을 취하는 행위.
> 2. 한 시스템에서 허용되지만 그 설계자들은 미처 의도하거나 예상하지 못한 기능이나 특징.

해킹은 사기와 같지 않다. 해킹은 사기일 수도 있지만 그렇지 않을 공산이 더 크다. 누군가가 사기를 치는 경우, 그는 규칙을 - 그 시스템이 명시적으로 금지한 어떤 것을 – 위반하는 것이다. 한 웹사이트에 다른 사람의 이름과 비밀번호를 본인의 허락 없이 입력하는 행위, 세금 신고에서 자신의 수입 내역 일부를 누락하는 행위, 혹은 시험에서 다른 누군가의 답을 베끼는 행위 등은 모두 사기다. 이 중 어느 것도 해킹은 아니다.

해킹은 개선, 보강, 혹은 혁신과 같지 않다. 더 나은 테니스 선수가 되기 위해 서브와 리턴을 연습하는 것은 개선이다. 애플이 아이폰에 새로운 기능을 더한다면 이는 보강이다. 새롭고 영리한 스프레드시트 사용법을 생각해내는 것은 혁신이다. 해킹은 때로 혁신이나 보강일 수도 있지만 – 아이폰을 제일브레이크jailbreak하는 방식으로 애플이 승인하지 않은 기능들을 더하는 경우처럼 – 반드시 그런 것은 아니다.

해킹은 한 시스템을 표적으로 삼아, 그것을 표나게 부수지는 않으면서 그것이 용인하지 않는 방식으로 작동하도록 조작하는 행위이다. 자동차의 유리를 깨고 문을 열어 열쇠 대신 전선들을 연결해 시동을 건다면 그것은 해킹이 아니다. 만약 자동차의 무열쇠 승차keyless entry 시스템을 어떤 식으로든 조작해 문의 잠금 장치를 풀고 시동을 건다면 그것은 해킹이다.

그 차이에 주목하기 바란다. 해커는 피해자보다 더 영리하게 구는 수준에 머물지 않는다. 시스템의 규칙들에 숨은 결점을 찾아낸다. 허용돼서는 안 되지만 설계 상의 결점이나 무지로 허용이 되는 어떤 행위를 수행한다. 시스템보다 더 영리하게 구는 것이다. 그리고, 궁극적으로는 그 시스템의 설계자들보다 더 영리해지는 것이다.

해킹은 한 시스템의 규칙이나 규범을 깸으로써 그 시스템의 의도를 해커의 의지에 굴복하도록 만든다. 그것은 '시스템을 가지고 노는gaming the system' 행위이다. 사기와 혁신의 중간 어디쯤에 놓일 법한 행위이다.

해킹은 주관적인 용어다. '명확히 정의하기는 어렵지만 그것을 직접 보면 무엇인지 안다'라는 개념은 해킹에 고스란히 적용된다. 어떤 행위들은 명백히 해킹이다. 또 어떤 행위들은 해킹이 아니라는 사실을 명백히 보여준다. 그리고 어떤 것들은 둘 사이의 회색 지대에 놓인다. 예를 들면, 속독speedreading은 해킹이 아니다. 그에 비해 활자가 인쇄된 페이지의 마침표 속에 마이크로도트microdot[1]를 숨기는 행위는 분명한 해킹이다. 한편 클리프 노츠Cliff Notes[2]는 시각에 따라 해킹일 수도 있고 아닐 수도 있다. 회색지대다.

해킹은 영악하다. (당연한 분노에 더해) 마지못한 감탄을 자아내기도 하고, 실상 본인이 그랬을 가능성은 없지만 '쿨하네 ─ 나도 그런 생각을 했더라면' 하는 소회를 낳기도 한다. 이런 반응은 그런 해킹이 사악하고 살인적인 인물들에 의해 자행되는 경우에도 마찬가지다. 2003년에 출간한 「Beyond Fear」(Copernicus, 2003)에서 나는 왜 9/11 테러리스트 공격이 '경이로운amazing' 것이었는지에 대한 긴 설명으로 이야기를 시작했다. 테러리스트들은 항공기 납치의 불문율을 깼다. 그 전까지, 항공기 납치는 어딘가 다른 곳으로 비행하도록 압박하고, 일정한 정치적 요구를 내세워 정부 관계자와 경찰과 협상을 벌이다가 대체로 평화롭게 끝이 나는 형식이었다. 9/11 테러리스트들의 행태는 끔찍하고 소름끼치는 것이었지만, 나는 그들의 해킹 행위에서 독창성도 인식했다. 이들은 공항 보안 검색대를 통과할 수 있는 무기류만 사용했고, 민간 여객기를 유도 미사일로 변모시킴으로써 항공기 테러리즘의 규범을 일방적으로 고쳐 썼다.

해커들과 그들의 작업은 우리 주변의 시스템들을 이전과 다른 시각으로 바라보게 만든다. 이들은 우리가 상정하거나 당연하다고 여긴 것들의 맹점을 노출해 때로는 권력자들을 망신시키고, 때로는 우리 사회에 큰 피해를 초래한다.

---

1 마이크로도트는 과거 스파이 활동에 이용된 약 1밀리미터 크기의 초소형 사진을 뜻한다.. ─ 옮긴이
2 클리프 노츠는 미국의 참고서 전문 출판사다. 클리프 노츠라고 하면 문학 작품을 짧고 단순하게 요약한 자료를 가리키는 말로 통용된다. ─ 옮긴이

테러리즘을 예외로 친다면, 사람들은 해킹을 좋아한다. 영리하기 때문이다. 맥가이버는 해커였다. 탈옥과 범죄 모의 영화들은 영악한 해킹들로 채워져 있다. 리피피^{Rififi}[3], 대탈주^{The Great Escape}, 빠삐용^{Papillon}, 미션 임파서블^{Mission Impossible}, 이탈리안 잡^{The Italian Job}, 오션스 11, 12, 13, 그리고 8 등이 그 사례다.

해킹은 새롭다. "그게 허용되는 거야?"와 "그게 가능한 줄 몰랐어!"는 해킹에 대한 공통적 반응이다. 무엇이 해킹이고 무엇이 해킹이 아닌지의 판단도 시간에 따라 변한다. 규칙과 규범이 변하기 때문이다. '상식^{common knowledge}'도 변하기 때문이다. 해킹은 궁극적으로 금지되거나 허용되곤 하기 때문에, 한때 해킹으로 여겨졌던 것이 더 이상 그렇지 않게 된다. 이를테면 얼마 전까지만 해도 스마트폰을 무선 핫스팟으로 사용하려면 제일브레이크를 해야 했다. 이제 핫스팟은 아이폰과 안드로이드폰 양쪽의 기본 기능이다. 금속 톱줄을 케이크에 숨겨 투옥된 공범에게 보내는 것은 처음에는 해킹으로 여겨졌지만, 이제는 형무소 측에서 당연히 경계하는 사항 중 하나가 됐다.

2019년, 누군가가 드론을 이용해 셀폰과 마리화나를 오하이오 주의 한 형무소로 배달했다. 당시 나는 그것을 해킹으로 불렀다. 지금은 여러 주들이 형무소 근처에서 드론을 날리는 것을 불법화했고, 나도 그것을 더 이상 해킹으로 생각하지 않는다. 최근에는 밀수품을 형무소의 벽 너머로 전달하기 위해 낚싯대를 사용한다는 글을 읽었다. 그리고 스리랑카의 한 형무소에서 뱃속에 마약과 전화기의 심^{SIM} 카드가 담긴 고양이가 잡혔다는 (하지만 나중에 도망쳤다는) 기사도 봤다. 확실히 해킹이다.

해킹은 종종 합법이다. 법규의 문구대로만 해석을 한다면 저촉되는 부분

3　1955년에 개봉한 이태리의 범죄 영화. 5년 만에 출옥한 옛 갱단 두목이 마지막 보석털이에 나서며 벌어지는 이야기. – 옮긴이

이 없기 때문에 (하지만 명시적으로 명문화하지 않은 그 법규의 의도와는 배치된다), 그런 해킹 행위를 금지한 상위 규칙이 존재하는 경우에만 불법으로 간주된다. 회계사가 세금 규칙에서 허점을 찾아낸다면, 그것은 아마도 합법일 것이다. 그것을 금지한 더 일반적인 상위법이 없는 한.

이런 종류의 편법을 일컫는 이탈리아어도 있다. 관료주의와 불편한 법규를 우회하기 위해 이탈리아인들이 생각해낸 술책, 영리한 방법을 뜻하는 '푸르비지아furbizia'라는 단어다. 인도 공용어 중 하나인 힌디어Hindi에도 비슷한 '주가드jugaad'4라는 단어가 있다. 생존을 위해 영리하고 창의적으로 해법을 찾아낸다는 점을 강조한 단어다. 브라질계 포르투갈어에서 통용되는 유사어는 '감비아하gambiarra'이다.

해킹은 때로 윤리적으로 옳다. 어떤 행동이나 행위가 합법이면 자동으로 윤리적이라고 간주하는 사람도 있지만, 물론 세상의 현실은 그보다 더 복잡하다. 사회에 비윤리적인 법들이 있듯이, 윤리적인 범죄도 있다. 이 책에서 논의할 해킹의 대부분은 기술적으로 합법이지만 해당 법들의 정신spirit에는 위배된다. (그리고 법률 시스템은 해킹할 수 있는 여러 시스템의 한 유형일 뿐이다.)

'해킹'이라는 단어의 기원은 1955년 매사추세츠 공과대학MIT의 취미 동아리인 테크 모델 레일로드 클럽Tech Model Railroad Club까지 거슬러 올라가지만, 아직 태동 단계였던 컴퓨터 분야로 빠르게 이전됐다. 본래 그 단어는 아무런 범죄적 특징이나 심지어 적대적 속성 없이 영리하거나 혁신적으로, 혹은 독창적으로 문제를 해결하는 방식을 지칭했다. 하지만 1980년대에 이르러 해킹은 컴퓨터의 보안 시스템을 깨는 행위를 가리키는 용어로 집중 사

---

4 어려운 여건에서도 영리하고 독창적인 해법을 찾아낸다는 뜻의 주가드는 인도 기업의 경영 철학을 상징적으로 나타내는 용어로도 쓰인다. - 옮긴이

용됐다. 컴퓨터가 무엇인가 새로운 기능을 수행하도록 만드는 경우만이 아니라, 해서는 안되는 기능을 억지로 수행하도록 강제하는 행위도 포함됐다.

해킹에 대한 나의 관점에서, 컴퓨터를 해킹하는 것과 경제적, 정치적, 사회적 시스템들을 해킹하는 것 사이의 거리는 결코 멀지 않다. 그 모든 시스템들은 단지 규칙들의, 혹은 규범들의 집합일 뿐이다. 그리고 그들은 컴퓨터 시스템만큼이나 해킹에 취약하다.

이것은 새로운 현상이 아니다. 사회의 시스템들을 해킹해 온 역사는 유구하다.

2장

시스템 해킹하기

해킹은 어느 시스템에든 침투할 수 있지만, 다른 유형의 시스템들을 비교해 보면 어떻게 해킹이 작동하는지 더 구체적으로 이해할 수 있을 것이다 - 이를테면 세금 코드tax code[1]와 컴퓨터 코드를 비교해 보는 것이다.

세금 코드는 소프트웨어가 아니다. 컴퓨터에서 돌아가지 않는다. 하지만 여전히 그것을 컴퓨터에서 돌아가는 코드처럼 생각할 수 있다. 그것은 입력값 - 그 해의 재무 정보 - 을 받아 납부해야 할 세금의 액수를 출력값으로 생산하는 알고리듬이다.

세금 코드는 놀라우리만치 복잡하다. 개인 차원에서는 그렇지 않을지도 모르지만, 부자와 다양한 기업들의 경우 온갖 복잡한 세부 사항과 예외 조항이 존재한다. 이는 정부의 법률과 행정 명령, 사법 결정, 법률적 견해 등으로 구성된다. 기업들과 다양한 유형의 제휴 관계를 감독하는 법규도 포함된다. 그런 법규의 정확한 분량은 제대로 파악하기 어렵다. 전문가들조

---

1 영어에서 코드(code)는 법(法)을 지칭하기도 한다. 소프트웨어 코드와 상응하도록 세금 코드로 옮겼지만 보통은 세법(稅法)이 맞는 번역이다. - 옮긴이

차 얼마인지 모른다고 대답했다. 세법 자체만도 약 2600페이지에 이른다. 미 국세청의 규제와 세금 관련 판결까지 더하면 약 7만 페이지로 늘어난다. 기업의 구조와 제휴 관계를 다루는 법제도 마찬가지로 복잡하다는 점을 고려해, 미국의 세금 코드는 총 10만 페이지 – 혹은 300만 줄 – 규모라고 추정하기로 하자. 마이크로소프트의 윈도우 10 운영체제는 약 5000만 줄의 코드로 구성된다. 문자의 줄 수와 컴퓨터 코드의 줄 수를 수평 비교하기는 어렵지만, 그럼에도 그런 비교는 여전히 유용하다. 두 사례 모두, 대부분의 복잡성은 그 코드의 다른 부분들이 상호 소통하는 방식에 좌우된다.

모든 컴퓨터 코드에는 버그가 있다. 이것은 실수다. 사양仕樣의 실수, 프로그래밍의 실수, 해당 소프트웨어를 만드는 과정 어딘가에서 발생한 실수, 오식誤植이나 오자처럼 사소한 실수. 현대의 소프트웨어 애플리케이션들은 일반적으로 수천 개까지는 아니더라도 수백 개의 버그를 포함하고 있다. 이 버그들은 지금 우리가 사용하는 모든 소프트웨어에 들어 있다. 컴퓨터, 스마트폰, 그리고 가정이나 직장에 설치된 여러 유형의 '사물인터넷Internet of Things, IoT' 기기들까지. 이 소프트웨어가 대부분의 경우 정상적으로 작동한다는 사실은 그 안에 숨은 버그들이 얼마나 모호하고 찾기 어려울지 짐작하게 해주는 대목이다. 일반적인 작동 환경에서 그런 버그와 마주칠 확률은 거의 없지만, 어딘가에 존재한다는 점은 분명하다 (일반인들은 마주칠 가능성이 거의 없는 세금 코드의 수많은 세부 조항들과 비슷하다).

이들 버그 중 일부는 보안상의 허점들을 노출한다. 여기에서 내가 뜻하는 바는 매우 구체적이다. 공격자가 문제의 버그를 일종의 도화선으로 삼아, 해당 코드의 설계자와 프로그래머들은 원치 않았던 특정한 효과를 이끌어낸다는 뜻이다. 컴퓨터 보안 용어를 빌린다면, 이 버그는 '취약점 vulnerability'이다.

세금 코드에도 버그가 있다. 세법이 작성되는 과정에서 발생한 실수일 수 있다. 의회가 통과시키고 대통령이 법으로 서명한 실제 문안 중에 오류가 있었다는 뜻이다. 세금 코드를 잘못 해석한 실수일 수도 있다. 법 조문에서 중요한 부분을 미처 포함하지 않았거나 의도치 않게 누락했을 수도 있다. 혹은 방대한 세금 코드의 서로 다른 조항이나 규칙이 서로 일치하지 않아서 문제가 발생할 수도 있다.

최근의 한 사례는 2017년에 제정한 '감세 및 일자리 법Tax Cuts and Jobs Act' 이다. 이 법은 급하게 그리고 비밀리에 초안됐고, 국회의원들이 검토하거나 심지어 오탈자를 바로잡을 시간조차 없이 통과됐다. 법안의 일부는 손 글씨로 작성됐고, 그 법안에 찬성표나 반대표를 던진 누구든 그 실제 내용을 알고 투표했다고 볼 수 없었다. 해당 법은 군 복무 중 사망을 근로 소득으로 분류하는 실수도 담고 있었다. 그 실수로 인해 유가족은 만 달러나 그 이상의 세금을 내야 하는 상황이 초래됐다. 그것은 컴퓨터 용어에 비유하자면 버그였다.

그럼에도, 그 조항을 이용해 세금을 줄이려 시도할 사람은 아무도 없을 것이기 때문에 취약점은 아니었다. 하지만 그 세법의 일부 버그들은 취약점이기도 했다. 예를 들면, '네덜란드를 사이에 끼운 더블 아이리시 샌드위치Double Irish with a Dutch Sandwich'라고 불리는 기업의 감세 트릭이 있다. 이것은 여러 나라들의 세법을 활용한 뒤 마침내 아일랜드의 세법으로 마무리하는 방식이다.

그것은 이렇게 작동한다. 미국 회사는 자산을 아일랜드의 자회사로 이체한다. 그 자회사는 미국 고객들에 대한 판매 대가로 모회사에 거액의 로열티를 물린다. 그로 인해 이 회사가 미국에서 내야 하는 법인세는 대폭 낮아진다. 한편 아일랜드가 로열티에 물리는 세금은 낮게 책정돼 있다. 이어, 회사는 아일랜드 세법의 허점을 이용해 회사가 거둔 수익을 버뮤다Bermuda,

벨리즈^{Belize}, 모리셔스^{Mauritius}, 혹은 케이먼 아일랜드^{Cayman Islands} 같은 조세 도피처로 옮겨 징세를 피한다. 다음 단계에는 유럽 고객들에 대한 매출 부분을 담당하는 두 번째 아일랜드 법인을 세우는데, 역시 세금은 낮다. 마지막으로, 또 다른 허점을 이용해 네덜란드의 중개 회사를 거쳐 그 수익을 아일랜드의 최초 자회사로 되돌린 다음 조세 도피처로 돈을 옮긴다. 아일랜드와 네덜란드가 맺은 조세 협약에 따라 로열티를 원천징수하지 않는 조항을 이용해, 아일랜드 법인으로 잡힌 유럽 지역 수익을 로열티 명목으로 네덜란드 법인에 보낸 다음 이를 법인세가 없는 버뮤다에 보내는 방식이다. 기술 기업들은 이런 허점을 이용하는 데 최적화해 있다. 지적재산권을 해외의 자회사로 귀속시킨 다음, 현금 자산을 조세 도피처로 옮길 수 있는 것이다.

구글과 애플 같은 회사들이 미국 기업임에도 불구하고 미국에 공정한 액수의 세금을 내지 않은 것은 이런 허점을 이용한 결과였다. 비록 아일랜드가 미국 기업들을 유치하기 위해 의도적으로 징세 규칙을 느슨하게 설정한 것은 사실이지만, 그렇다고 해도, 관련된 세 나라가 세법을 제정할 때 이와 같은 허점을 의도하거나 예상했을 가능성은 거의 없다. 그리고 이것은 해커들에게 매우 구미가 당기는 대목일 수 있다. 여러 추산에 따르면 미국 기업들은 2017년 한 해만도 거의 2000억 달러의 세금을 회피했다. 다른 나머지 사람들이 그에 따른 피해를 감당했음은 물론이다.

징세 부문에서 버그와 취약점은 '허점^{loophole}'으로 불린다. 공격자들은 이 허점들을 이용한다. 세금 회피다. 그리고 컴퓨터 보안 분야의 '블랙햇^{black-hat}' 해커들과 비슷하게, 세금 코드의 모든 내용을 꼼꼼히 검토해 허점만을 찾는 수천 명의 악의적 연구자들이 존재한다. 바로 세무사와 회계사들이다.

우리는 컴퓨터 코드에서 취약점을 어떻게 고치는지 안다. 첫째, 코드를 완성하기 전에 다양한 툴을 동원해 버그를 탐지할 수 있다. 둘째, 문제의 코드가 공개된 다음, 버그를 찾고 – 더욱 중요하게는 – 그것을 패치patch하는 여러 방법이 있다.

세금 코드에도 똑같은 방법을 쓸 수 있다. 2017년에 제정된 세법은 재산세에 대해 소득세 공제 규모의 한계를 정했다. 이 조항은 2018년까지 시행되지 않았고, 누군가가 2018년 재산세를 2017년에 미리 납부하는 영리한 해킹을 실행했다. 2017년 말 직전, 미 국세청은 언제까지 그것이 합법이고 언제부터 불법인지 설정함으로써 세금 코드의 허점을 '패치'했다. 그에 따르면 대부분의 경우 그것은 불법이었다.

문제를 해결하는 것이 늘 이처럼 쉽지는 않다. 어떤 해킹 허점은 성문화돼 있거나, 해당 규칙을 바꿀 수 없다. 어느 세법이든 의회를 거쳐 제정되는 것은, 특히 양당 갈등이 첨예한 미국에서는 큰 사건이다. 복무 중 사망한 군인의 가족들에게 물리도록 규정된 '소득세 버그'는 2021년이 돼서야 수정됐다. 의회는 2017년의 실제 버그(오류)를 고치지 않았다. 이들이 고친 것은 그 2017년 버그와 상호 작용하는 더 오래된 버그였다. 그리고 그 수정은 2023년까지 완결되지 않을 것이다. (그나마 이것은 쉬운 버그다. 모두가 실수였다고 인정하기 때문이다.) 세금 코드의 실수나 허점을 패치할 수 있는 우리의 능력은, 컴퓨터 소프트웨어의 버그를 패치하는 기민성에는 한참 못 미친다.

다른 선택지도 있다. 취약점이 패치되지 않고 천천히 관행의 일부가 되는 것이다. 세법 상의 수많은 허점이 이런 식으로 귀착되고 있다. 때로는 국세청도 그런 점을 인정한다. 때로는 법원이 그런 허점의 적법성을 인정한다. 그런 허점들이 세법의 의도를 반영하지 않을지 모르지만 법의 실제 조항들은 그것을 허용한다. 때로는 의회가 선거구민들의 지원을 등에 업고 그러한 부분들을 소급적으로 합법화하기도 한다. 이런 절차는 시스템들의 진화 방식이다.

해킹은 한 시스템의 의도를 뒤집는다. 지배 시스템은 어떤 사안을 저지하거나 허용할 수 있는 권한이 있다. 때로는 명시적으로 그것을 허용하고, 또 다른 경우는 아무 행동도 취하지 않음으로써 묵시적으로 그것을 허용한다.

3장

시스템이란 무엇인가

해킹은 문자로 표현된 한 시스템의 규칙을 따르되, 그 시스템의 정신과 의도는 위반한다.

해킹이 존재하기 위해서는 해킹의 대상이 되는 규칙들의 시스템이 있어야 한다. 따라서 나는 한 걸음 물러서서 '시스템'이라는 말이 정확히 무슨 뜻인지, 적어도 내가 어떤 의미로 사용하는지 정의할 필요가 있다.

> **시스템**(System), 명사 -
>
> 하나나 그 이상의 요망되는 결과를 생산할 의도로, 일정한 규칙이나 규범의 제약을
> 받는 복잡한 과정이나 절차.

이 단락을 쓰는 데 내가 사용한 워드 프로세서는 일종의 시스템이다. 이 시스템을 묘사한다면 '입력한 단어와 문장을 스크린에 생성해 표시하도록 – 내가 요망한 결과 – 만든 일정한 소프트웨어 규칙들의 제약을 받는 전자 신호들의 모음'쯤이 될 것이다. 이 책의 저술은 페이지를 디자인하고, 글을 종이에 인쇄하고, 그 종이들을 순서에 맞게 제본하고, 앞뒤로 표지를 붙여 책으로 만든 다음 포장해 배송하는 절차로 구성되는, 또 다른 시스템의 생

산물 – 결과 – 이다. 이 각각의 절차는 일정한 규칙들에 따라 완료된다. 그리고 그 두 가지 시스템과 여러 다른 시스템들이 작동해 당신이 들고 있는 종이 책이나 e-리더e-reader로 읽는 전자책, 혹은 당신이 이용하는 특정 플랫폼으로 듣는 오디오북 파일로 귀결되는 것이다. 이런 개념은 그 시스템의 구성 요소들이 한 지붕 아래 속해 있든 혹은 전세계에 걸쳐 분산돼 있든 상관없이 적실하다. 그 결과가 물리적 현실이든 가상 현실이든, 공짜든 바가지 가격이든, 조잡하게 만들어졌든, 혹은 구하기가 쉽든 쉽지 않든 기본 개념은 여전히 유효하다. 항상 하나나 그 이상의 시스템이 연계되는 것도 마찬가지다.

시스템들은 규칙이 있다. 보통은 잘 설정된 법규지만 게임의 규칙, 한 그룹이나 절차의 비공식적 규칙, 혹은 사회의 묵시적 규칙도 있다. 인지 시스템도 법을 따른다. 바로 자연법natural laws이다.

해킹은 그 시스템이 허용하는 것이라는 점에 주목하기 바란다. 그리고 이 '허용하는' 것은 매우 구체적이다. 그렇다고 해서 이것이 합법이라거나 허락됐다거나, 사회적으로 수용된다거나, 심지어 윤리적이라는 뜻은 – 비록 그럴 가능성도 없지는 않지만 – 아니다. 그 시스템이 구축된 구조상, 그 내부의 제약 조건에 그런 해킹을 막는 내용이 들어 있지 않은 것이다. 그 시스템은 이런 해킹 행위들이 의도적으로 일어나는 것은 허용하지 않지만, 그것이 설계된 방식 때문에 우연히 그리고 우발적으로 일어나는 해킹들은 막지 않는 것이다. 기술적인 시스템들의 환경에서, 이것은 대체로 그 소프트웨어가 해킹의 발생을 허용한다는 뜻이다. 사회적인 시스템들에서는 그것을 통제하는 규칙들 – 흔히 법규들 – 이 그런 해킹을 명시적으로 금지하지 않는다는 뜻이다. 이런 해킹 행위들을 묘사할 때 '허점'이라는 단어를 쓰는 이유이기도 하다.

이는 바꿔 말하면, 해킹 행위들은 참가자들이 명시적으로나 묵시적으로 일정한 공동 규칙들을 따르겠다고 미리 동의한 시스템들을 거스르는 행위라는 뜻이다. 때로 시스템의 규칙들은 그 시스템을 지배하는 법규와 같지 않다. 이렇게만 말하고 나면 혼란스러울 수 있으므로 예를 들어 설명하겠다. 컴퓨터는 그 위에서 작동하는 소프트웨어로 구성된 일정 규칙들에 의해 제어된다. 컴퓨터를 해킹한다는 것은 그 소프트웨어를 전복한다는 뜻이다. 하지만 사람들의 어떤 행위는 합법이고 어떤 행위는 불법인지 규정할 수 있는 법규도 있다. 예컨대 미국의 경우, '컴퓨터 사기 및 남용 방지법'은 대부분의 해킹을 중죄로 다스린다. (여기에서 벌어지는 상황에 주목하기 바란다. 해킹되는 것은 컴퓨터 시스템이지만, 더 일반적인 법률 시스템은 그것을 보호한다.) 법률의 일반성, 혹은 포괄성은 수많은 문제를 초래한다. 바로 그런 일반성 때문에 모든 것을 포괄하게 되고, 그럼으로써 모든 컴퓨터 해킹을 불법으로 규정하기 때문이다.

프로 스포츠는 명시적이고 구체적인 규칙의 지배를 받기 때문에 항상 해킹 당한다. 법률은 자주 해킹 당하는데, 법이란 곧 규칙이기 때문이다.

물론 어떤 시스템들에서는 법이 곧 규칙이거나, 적어도 규칙의 많은 부분을 제공한다. 금융이나 법률 시스템 자체에 대한 해킹을 논의할 때 보게 되겠지만, 법안이나 계약, 혹은 법률적 판단에 포함된 단순한 오자나 모호한 언어는, 본래 입안자나 판사 본인들은 결코 의도하지 않았던 방향과 양상으로 끝없이 오남용될 수 있다.

여기에서 매우 중요한 대목에 주목하기 바란다. 규칙들은 명시적이지 않아도 된다. 우리 사회에는 규범의 제약을 받는 수많은 시스템들이, 특히 사회적 시스템들이 많이 있다. 규범은 규칙보다 덜 공식적이고 종종 문자로 표기되지는 않았지만 그럼에도 그 구성원들의 행태를 지도한다. 우리는 언제나 사회적 규범의 제약을 받는다. 상황에 따라 그 규범은 달라진다. 심지어 정치도 법률에 못지않게 규범의 지배를 받는데, 특히 미국의 경우 근래

들어 그런 규범들이 잇따라 깨지는 현상을 보여준다.

내가 내린 시스템의 정의에는 '의도된intended'이라는 단어가 포함된다. 이는 설계자의 존재를 시사한다. 한 시스템의 바람직한 결과를 결정하는 존재이다. 이것은 정의에서 중요한 부분이지만 실상은 일부 경우에만 적실성을 갖는다.

컴퓨터의 경우, 해킹되는 시스템들은 한 사람이나 기관에 의해 의도적으로 구축됐지만, 해커가 그 시스템의 설계자들보다 한 수 위라는 뜻이다. 이것은 기업의 특정 절차나 스포츠 경기의 규칙, 혹은 UN 조약들과 같이 일정한 지배 기관이나 조직에 의해 확립된 규칙의 경우도 마찬가지다.

우리가 이 책에서 논의할 여러 시스템들은 개별적인 설계자가 없다. 시장 자본주의는 어느 한 사람에 의해 설계된 것이 아니라, 수많은 사람들이 오랜 시간에 걸쳐 그 진화에 영향을 미친 결과이다. 민주주의 절차도 그렇다. 미국의 경우, 그것은 헌법, 법률, 판례, 그리고 사회 규범의 복합물이다. 그리고 누군가가 사회 시스템이나 정치, 혹은 경제 시스템을 해킹할 때, 이들은 그 시스템 설계자들과 그 시스템이 진화해 온 사회적 절차, 그리고 그 시스템을 지배하는 사회 규범의 결합체에서 허점을 찾아낸 것이다.

우리의 인지적 시스템도 아무런 설계자의 개입 없이, 오랜 시간에 걸쳐 진화해 왔다. 이 진화는 생물학적 시스템의 정상적인 일부이다. 기존 시스템의 새로운 용도가 부상하고 옛 시스템들은 다른 용도로 전환되며, 불필요한 시스템들은 퇴화한다. 하지만 우리는 특정한 생물학적 시스템, 이를테면 비장spleen이나 편도체amygdala의 '목적purpose'에 대해 논의를 벌이기도 한다. 진화는 한 시스템이 특정한 설계자 없이 스스로를 '설계하는design' 한 방법이다. 이런 시스템들에서, 우리는 신체나 생태계 내부에 있는 한 시스템의 기능으로 - 설령 아무도 그 목적으로 설계하는 이가 없다고 해도 - 시작할 것이다.

해킹은 시스템 사고의 자연스러운 부산물이다. 시스템들은 우리 삶의 대부분에 스며든다. 이 시스템들은 복잡한 사회의 대부분을 떠받치며, 사회가 복잡해지는 것과 비례해 점점 더 복잡해진다. 그리고 이 시스템들에 대한 착취 – 해킹 –는 과거 그 어느 때보다 더 중요한 의미를 갖는다. 기본적으로, 만약 당신이 한 시스템을 속속들이 이해한다면 다른 사람들처럼 똑같은 규칙에 따를 필요가 없다. 그 규칙들에 포함된 오류와 누락을 찾을 수 있다. 당신은 그 시스템의 제약들이 작동하지 않는 부분들을 감지한다. 당신은 자연스레 그 시스템을 해킹한다. 그리고 당신이 부자에 권력자라면, 그런 해킹에도 불구하고 아무런 처벌을 받지 않을 공산이 크다.

4장

해킹의 생명 주기

컴퓨터 보안 분야의 용어를 빌리면, 해킹은 두 부분으로 구성된다. 취약점과 익스플로잇^{exploit}이다.

취약점은 해킹이 벌어지는 것을 허용하는 시스템의 한 기능이나 특성이다. 컴퓨터 시스템에서, 이것은 오류다. 설계나 사양, 혹은 코드 자체에 포함된 에러나 간과다. 괄호를 빼먹는 것처럼 사소한 일일 수도 있고, 소프트웨어 아키텍처의 특성처럼 심각한 일일 수도 있다. 그것은 해킹이 통하는 근본 이유이다. 익스플로잇은 그런 취약점을 이용하는 메커니즘이다.

만약 당신이 사용자 이름과 비밀번호를 암호화해 전송하지 않는 웹사이트에 로그인한다면 그것은 취약점이다. 익스플로잇은 인터넷 연결망을 도청해 당신의 사용자 이름과 비밀번호를 기록한 다음, 그 정보를 사용해 당신의 계정에 접속하는 소프트웨어일 것이다. 만약 어떤 소프트웨어가 당신으로 하여금 다른 사용자의 비밀 파일들을 볼 수 있게 해준다면 그것은 취약점이다. 익스플로잇은 내가 그 파일들을 볼 수 있게 해주는 소프트웨어이다. 만약 출입문 자물쇠를 열쇠 없이도 열 수 있다면 그 또한 취약점이다. 익스플로잇은 그 문을 여는 데 필요한 물리적 끼움쇠나 툴이 될 것이다.

컴퓨터 분야에서 이터널블루^{EternalBlue}의 사례를 살펴보자. 이것은 미 국가안보국NSA이 윈도우 운영체제를 뚫는 데 사용한 익스플로잇의 암호명으로, 2017년 러시아 해커들에 도난 당할 때까지 최소한 5년 이상 작전에 사용됐다. 이터널블루는 클라이언트-서버 통신을 제어하는 마이크로소프트의 서버 메시지 블록SMB 프로토콜에 포함된 취약점을 이용하는 익스플로잇이다. 공격자는 신중하게 작성된 데이터 패킷을 인터넷을 통해 윈도우 기반의 컴퓨터로 보내는 SMB의 코딩 방식을 활용해 임의의 코드를 수신 컴퓨터로 보내 실행함으로써 그 컴퓨터를 장악한다. 기본적으로, NSA는 이터널블루를 이용해 인터넷에 접속된 어떤 윈도우 기반 컴퓨터든 원격으로 조작할 수 있었다.

각기 다른 전문 기술을 가진 다수가 해킹에 관여할 수 있는데, '해커'라는 용어는 혼란스럽게도 그 모두를 지칭할 수 있다. 첫째, 타고난 호기심과 전문성으로 해킹 방법을 찾아내고 익스플로잇을 만들어내는 창의적인 해커가 있다. 이터널블루의 경우, 그것을 발견한 사람은 NSA의 한 컴퓨터 과학자였다. 더블 아이리시의 세금 허점은 여러 다른 법률과 그들 간의 상호 작용을 꼼꼼히 연구한 몇몇 국제 회계 전문가들이 처음 찾아냈을 것이다.

둘째, 그런 결과로 만들어진 익스플로잇을 실제로 사용하는 사람이 있다. NSA에서, 공격 표적에 그 익스플로잇을 실행한 것은 한 직원이었다. 회계법인에서, 아일랜드와 네덜란드의 세법들을 특정 기업의 세금 회피 전략에 적용한 것은 회계사들이었다. 이런 유형의 해킹 행위를 벌이는 해커는 다른 사람의 독창성을 활용하는 것이다. 컴퓨터 세계에서 이런 종류의 무리는 '스크립트 키디script kiddie'라고 불린다. 이들은 새로운 해킹 기법을 찾아낼 만큼 명민하거나 창의적이지 못하지만, 다른 누군가가 만든 해킹 툴을 자동으로 실행하는 컴퓨터 프로그램 - 스크립트 -을 돌릴 수는 있다.

그리고 마지막으로, 이런 해킹과 익스플로잇 서비스를 전문으로 제공하는 기관이나 사람이 있다. 그런 차원에서 우리는 해외 네트워크를 해킹하는

NSA나, 미국을 해킹하는 러시아, 혹은 세금 코드를 해킹하는 구글에 관해 이야기할 수 있다.

이것은 모두 중요하다. 부자와 권력자들이 어떻게 시스템들을 해킹하는지에 관해 되풀이해서 논의할 것이기 때문이다. 부자와 권력자가 누군가를 기술적으로 더 뛰어난 해커로 만드는 것은 아니다. 그 사람에게 더 나은 접근 환경을 줄 뿐이다. 미국이나 러시아나 구글처럼, 돈과 권력은 이들로 하여금 시스템들을 성공적으로 해킹하는 데 필요한 기술적 전문성을 갖춘 인물을 고용할 수 있게 해준다.

해킹은 발명되고 발견된다. 더 구체적으로는, 저변의 취약점이 발견된 다음 이를 이용할 수 있는 익스플로잇이 발명되는 것이다. 누군가 그런 사실을 발견하기 전부터 그 시스템에는 해킹될 취약점이 이미 존재하고 있었다는 개념을 강조하기 때문에, 두 단어 중 나는 '발견되다'라는 말을 더 선호한다.

해킹할 취약점이 발견된 다음에 무슨 일이 생길지는 누가 그것을 발견하느냐에 달렸다. 일반적으로, 그런 해킹 기법을 찾아낸 사람이나 기관은 그들의 이익을 위해 사용한다. 컴퓨터 시스템에서 이것은 범죄형 해커거나 NSA 같은 국가 정보 기구, 혹은 그 둘 사이의 어떤 것일 터이다. 누가, 그리고 어떻게 그것을 사용하기 시작하느냐에 따라 다른 사람들은 그런 취약점을 알게 될 수도 있고, 그렇지 않을 수도 있다. 혹은 독립적으로 같은 취약점을 발견할 수도 있다. 그런 절차는 몇 주, 몇 달, 심지어 몇 년이 걸릴 수도 있다.

다른 시스템들에서, 어떤 해킹 행위의 유용성은 얼마나 자주 그리고 얼마나 공개적으로 그것이 사용되느냐에 달려 있다. 은행 시스템의 잘 알려지지 않은 취약점은 범죄자들에 의해 이따금씩 사용되면서 당사자인 은행은 그런 사실을 탐지하지 못한 채 몇 년이 지날 수도 있다. 세금 코드의 유용한 해킹 기법이 널리 확산되는 것은 누가 그것을 처음 발견했든 그런 정보를 다른 사람이나 기관에 팔 공산이 크기 때문이다. 영리한 심리 조작 기법은 충분히 많은 사람들 사이에서 회자되면 공개 정보가 될 수 있지만, 그렇지 않으면 몇 세대에 걸쳐 아는 사람이 거의 없는 정보로 남을 수도 있다.

궁극적으로, 해당 시스템은 반응한다. 만약 문제의 취약점이 패치된다면 그 해킹은 무력해질 수 있다. 이것은 누군가가 취약점을 제거하거나 그것을 무용지물로 만들기 위해 시스템을 업데이트한다는 뜻이다. 취약점이 없으면 해킹도 없다. 간단하다.

이것은 모두 그 표적 시스템을 관리하고 모종의 업데이트 절차를 책임진 누군가가 있다는 뜻이다. 그 시스템이 마이크로소프트의 윈도우 운영체제나 다른 대규모 소프트웨어 패키지라면 그게 누구일지 명확하다. 바로 개발자이다. 마이크로소프트와 애플 같은 회사들은 매우 효율적으로 그들의 시스템을 패치해 왔다.

오픈소스와 공공 도메인 소프트웨어의 경우도 비슷하다. 보통 그것을 관리하는 인물이나 기관이 있고, 해당 코드는 누구나 볼 수 있도록 공개돼 있다. 값싼 IoT 소프트웨어에서는 이런 방식이 잘 작동하지 않는다. 대부분의 제품들은 최소한의 수익 마진으로 해외에서 설계된 데다, 이를 개발한 소프트웨어 팀은 이미 해체된 지 오래다. 설상가상으로, 많은 IoT 기기들은 아예 패치가 불가능하게 돼 있다. 이것은 어떻게 패치할지 알거나 모른다는 문제가 아니다. 많은 IoT 기기들은 컴퓨터 코드를 소프트웨어가 아닌 하드웨어에 심어놓았기 때문에 애초부터 패치할 수가 없다는 뜻이다. 이런 문제는 생산 라인이 없어지고 회사가 도산하는 바람에 수백만 개의 IoT 기기가 무방비 상태로 방치될 때 더 심각해진다.

컴퓨터 시스템들의 경우 해킹 취약점들은 발견되자마자 신속하게 패치된다. 우리가 이 책에서 논의하는 사회적 시스템에서는 이런 절차가 그렇게 잘 작동하지 않는다. 세금 코드를 업데이트하는 일은 몇 년이 걸리는 법 제정 절차를 요구한다. 세법의 허점으로부터 혜택을 얻는 측은 그것이 보완되거나 수정되는 것을 막기 위해 로비 활동을 벌일 수도 있다. 그런 세법의 허점이 사회 전반에 이익이 되는지의 여부를 놓고 적법한 공방이 벌어질 수도 있다. 그리고, 앞으로 이 책에서 보게 되듯이, 부자와 권력자들은 그런 공방 과정에서 압도적인 영향력을 발휘하기 십상이다.

만약 그 허점이 패치되지 않으면, 그것은 그 시스템 규칙의 일부로 통합된다. 새로운 규범이 되는 것이다. 따라서 해킹할 수 있는 허점이었던 것이 예사로운 비즈니스의 일부로 재빨리 편입된다. 이것은 내가 이 책에서 논의할 비기술 분야의 많은 해킹이 보여주는 궤적이기도 하다.

5장

해킹은 어디에나

시스템을 얼마나 철저히 통제하든 취약점은 항상 남아 있게 마련이고, 따라서 해킹은 언제나 가능하다. 1930년, 오스트리아–헝가리 태생의 수학자인 쿠르트 괴델Kurt Gödel은 모든 수학 시스템은 불완전하거나incomplete 모순적임을inconsistent 입증했다. 나는 이것이 더 일반적으로도 참이라고 생각한다. 모든 시스템은 모호하거나 모순되거나 간과된 부분이 있고 이것은 언제든 악용될 수 있다. 특히 규칙들로 구성된 시스템들은 인간의 언어와 이해가 지닌 여러 한계 때문에 완결성과 이해성 사이에 미묘한 간극이 존재한다. 여기에 제약에 저항하고 한계를 시험해 보려는 인간의 본성과 어디에나 취약점이 있을 수밖에 없다는 불가피성이 더해지면, 모든 것은 언제나 해킹되게 마련인 현실과 만나게 된다.

클럽 펭귄Club Penguin은 2005년부터 2017년까지 운영된 디즈니의 어린이용 온라인 게임이었다. 온라인에서 어린이들이 낯선 사람들과 대화하는 것은 늘 걱정거리였기 때문에 디즈니는 '완전히 안전한 챗Ultimate Safe Chat' 모드를 만들어 게임 참가자들이 미리 짜놓은 각본 메시지들만 사용하고 자유로운 문자 입력은 불가능하도록 만들었다. 아이들이 실제나 상상의 아동성 학대범과 의도하지 않았던 채팅을 하는 것을 막자는 의도였다. 아이들은 어디까지나 아이들이어서, 이들은 서로 대화하고 싶어 했다. 이들은 자신들을 대신하는 아바타들의 신체 자세들로 문자와 숫자를 표현해 이 제약을 해킹했다.

어린이들은 타고난 해커들이다. 이들은 의도를 이해하지 못하고, 그 때문에 어른들처럼 시스템의 한계를 보지 못한다. 이들은 문제를 총체적으로 바라보고, 자신들이 무엇을 하는지도 모르는 채 해킹 지점을 찾아낼 수 있다. 이들은 규범에 얽매이지 않고, 법규도 물론 이해하지 못한다. 규칙을 시험하는 것은 독립성의 표식이다.

클럽 펭귄의 경우처럼, 많은 어린이용 온라인 게임들은 집단 괴롭힘, 성희롱, 성학대자 등을 막기 위해 표현에 제한을 두려 시도했다. 어린이들은 이 모두를 해킹해 버렸다. 조정자들과 욕설 필터를 회피하는 트릭에는 'phuq'과 같은 의도적인 오자를 쓴다거나, 주요 정보를 여러 발언들로 분리해 어느 단일한 표현도 규칙을 어기지 않게 하는 식으로 이들은 제약을 빠져나갔다. 어떤 사이트들은 사용자들이 숫자를 입력하지 못하게 했는데, 아이들은 단어를 써서 이 제약을 회피했다. 1을 뜻하는 원^{one}은 원^{won}으로, 2^{two}는 투^{too}로, 3^{three}은 트리^{tree}로 쓰는 식이었다. 모욕적인 표현도 마찬가지였다. 루저^{loser}는 '루즈 허$^{lose\ her}$'로, 어리석다는 스튜피드^{stupid}는 '스튜 펏 $^{stew\ putt}$'으로 바뀠다.

학생들에게 컴퓨터를 지급한 학교들은 건전한 용도로만 컴퓨터를 쓰도록 여러 제약을 시도했고, 학생들은 그들 나름의 해킹으로 그 제약을 빠져나갔다. 이들은 여러 성공적인 해킹 요령들을 서로 공유했다. 한 교육구에서 학생들이 방문할 수 있는 웹사이트들을 제한하자, 이들은 가상개인사설망^{VPN}을 사용하면 그런 제약이 통하지 않는다는 사실을 파악했다. 다른 교육구가 채팅 앱들을 차단하자 학생들은 구글 닥$^{Google\ Doc}$ 공유를 통해 채팅을 할 수 있다는 사실을 발견했다.

그런 해킹은 새로운 게 아니었다. 이런 행위를 지칭하는 폴더링^{foldering}이라는 용어까지 있었다. 퍼트레이어스 장군^{General Petraeus}, 폴 매너포트^{Paul Manafort}, 그리고 9/11 테러리스트들이 각기 다른 상황에서 사용한 기법도 바로 폴더링이었다. 이들은 모두, 이메일 계정을 자신들의 공모자들과 공유하고, 서로에게 메시지를 쓰되 드래프트 상태로 보관하고 상대에게 전송하지만 않으면 통신 감시망을 회피할 수 있다는 사실을 깨달았다.

나는 어린 시절 전화 시스템의 규칙을 우회한 해킹 기법들을 기억한다. 구식 전화기에 익숙하지 않은 독자들을 위해 그 작동 방식을 설명하고자 한다. 전화를 건 사람은 교환수에게 자신의 신원을 밝히고 수신자 부담 전화^{collect call}를 걸고 싶다고 말한다. 교환수는 송신자가 알려준 쪽으로 전화를 걸어 수신자 부담 전화를 받겠느냐고 묻는다. 수신자 부담은 비싼 추가 요금이 붙는다. 하지만 그 통화는 교환수가 시작한 것이기 때문에 아무런 추가 요금이 붙기 전에 정보가 전달될 수 있다. 따라서, 우리가 수신자 부담 전화를 걸겠다고 하면, 교환수는 상대편 - 보통 우리 부모님들 -에게 그런 전화를 받겠는지 의향을 물어본다. 부모님은 받지 않겠다고 대답한 다음 덜 비싼 표준 전화 방식으로 내게 전화를 거신다. 이런 식의 통화는 더 효율적으로 실행될 수 있다. 어떤 가족들은 교환수에게 알려줄 이름들의 목록까지 있다. 모두 일정한 메시지가 숨은 암호다. 이를테면 '브루스^{Bruce}'는 '무사히 도착했다'라는 뜻이고, '스티브^{Steve}'는 '전화를 걸어달라'는 뜻 등등. (교환수는 전화를 건 사람의 진짜 이름을 알 도리가 없었다.) 심지어 지금도, 사람들은 비용 청구서를 놓고 전화기 해킹을 벌인다. 나이지리아에서 이것은 '플래싱^{flashing}'이라고 불린다. 누군가에게 전화를 건 다음, 수신자가 전화를 받기 전에 끊어버리는 행위다. 이것은 2010년대 초 인도에서도 크게 유행했다. 무선 통화와 유선 통화 간의 비용 차가 워낙 컸기 때문이다. 이 모든 해킹 행위는 전화 시스템의 허점을 이용함으로써 가외의 비용을 지불하지 않고 정보를 교환하기 위한 것이었다.

코로나바이러스감염증-19[COVID-19] 팬데믹 동안 재택 학습을 하면서 많은 학생들이 숨어 있던 해커의 잠재력을 드러냈다. 한 학생은 자신의 사용자 이름을 '재접속중...[Reconnecting...]'으로 바꾸고 비디오를 꺼서, 마치 네트워크 접속에 문제가 있는 것처럼 가장했다. 2020년 3월 팬데믹 초기, 중국의 우한[Wuhan] 시는 봉쇄에 들어갔다. 일선 학교들은 원격 수업을 시작했고, 학생들은 숙제 앱인 딩토크[DingTalk]에 집단으로 별점을 하나만 주는 작업을 벌였다. 그렇게 낮은 평가를 주면 앱 스토어에서 퇴출되지 않을까 하는 바람에서였다. (그런 작전은 통하지 않았다.)

시스템들은 완고하고 규칙에 구속돼 있다. 사용자의 재량을 제한하며, 그 때문에 그런 제한을 벗어난 무엇인가를 하고 싶어하는 사용자가 나오게 마련이다. 해킹은 거기에서 나온다. 시스템이란 무엇이고 어떻게 작동하는지 알게 되면, 시스템은 어디에나 존재하는 것임을 깨닫게 된다. 더불어 해킹 역시 어디에나 존재한다는 사실을 발견한다.

이것은 모든 시스템에 어떤 문제가 있다는 뜻은 아니다. 괴델의 이론을 상기해 보자. 변호사들 사이에서 통용되는 말도 그와 상통한다. "모든 계약은 불완전하다." 계약이 작동하는 것은 쌍방이 그것을 위반하지 못하도록 경직되게 막기 때문이 아니라, 그 계약에 존재하는 대부분의 허점들이 신뢰와 선의로 보완되기 때문이며, 그것이 잘못될 경우 이를 조정하고 잘잘못을 판결해주는 시스템이 있다. 순진하고 이상적으로 들릴지도 모르지만 신뢰의 시스템이야말로 사회가 작동하는 기반이다. 우리가 계약에서 요구하는 것은 빈틈없는 보호가 아니다. 왜냐하면 (1) 그런 계약은 불가능하고, (2) 그런 시도는 너무 많은 시간과 노력이 소요되며, (3) 우리는 사실 그런 계약이 필요치 않다.

더 일반적인 시스템들도 마찬가지다. 한 시스템이 작동하는 것은 빈틈없는 완벽성 때문이 아니다. 신뢰와 조정의 조합 때문이다. 앞으로 취약점과 해킹 행위를 주로 논의하기는 하지만 이들은 대체로 예외이다. 대부분의 사람들은 시스템들을 해킹하지 않고 따르며, 그 시스템들은 대부분의 경우 잘 작동한다. 대부분의 사람들이 시스템들을 해킹하지 않을 것이라는 일반의 신뢰는 옳다. 그리고 그런 해킹이 벌어지는 경우 그에 대응하는 시스템도 갖춰져 있다. 바로 회복 탄력성resilience이다. 사회가 굴러가는 동력도 거기에 있다. 그것은 지난 수천 년간 우리 인류가 해킹에 대응해 온 방식이다.

모든 시스템이 똑같이 해킹 가능한 것은 아니다. 앞으로 이 책에서 논의하게 되듯이, 각 시스템이 가진 다양한 특성 때문에 어느 시스템은 다른 시스템보다 해킹에 더 저항력이 높거나 그와 반대로 더 취약하다. 수많은 규칙이 딸린 복잡한 시스템들은 그만큼 예상치 못했거나 의도치 않은 결과의 가능성이 더 높기 때문에 특히 더 취약하다. 이런 점은 컴퓨터 시스템들에서 특히 더 적실하며 세금 코드, 금융 규제, 그리고 AI 같은 복잡한 시스템들에도 마찬가지다. 인간 시스템들의 경우, 사회적 규범과 규칙이 더 유연할수록 해킹 당할 위험성도 더 높다. 그만큼 해석의 여지가 더 열려 있어서 허점도 더 많을 수밖에 없기 때문이다.

한편, 덜 긴요하고, 더 규모가 작고, 주변적인 – 그리고 더 실험적이고 제대로 규정되지 않은 – 시스템들은 그 작동에 차질이 생기더라도 피해가 적으며, 경우에 따라서는 오히려 더 많은 해킹을 통해 시스템이 진화하도록 내버려 두는 편이 고치려 시도하는 쪽보다 더 나을 수도 있다.

교량을 설계하고 건설하는 절차에 누군가가 개입해 해킹하도록 내버려 둔다면 가치보다는 해악과 위험성이 더 클 것이다. 잘못되는 경우 그 결과는 참담할 것이다. 멋지고 예상치 못한 인터넷 사용법으로 이어지는 것과 같은 해킹을 허용하는 것과는 차원과 맥락이 사뭇 다르다.

해킹은 인간 조건의 자연스러운 일부이다. 해킹은 어디에나 존재하며,

앞으로 보게 되듯이 일종의 진화 과정이다. 지속적이고 영원한, 그리고 다윈이 "가장 아름답고 가장 멋진 형태"라고 표현한 – 혹은 더 낯설고 끔찍한 – 무엇인가를 만들어낼 수 있는 과정이다.

2부

기본 해킹과 방어

6장

현금자동입출금기 해킹

먼저 우리는 제약 조건이 명확한 시스템들을 표적으로 삼은 다양한 해킹을 살펴볼 것이다. 그것은 더 폭넓은 정치적, 사회적, 경제적, 인지적 시스템들에 대한 해킹 행위들을 이해하는 필수 기반이 될 것이다.

현금자동입출금기ATM는 그 안에 현금을 가진 컴퓨터일 뿐이다. 인터넷을 통해 – 20년 전만 해도 전화선과 모뎀이었다 – 뱅킹 네트워크와 연결돼 있으며, 윈도우 운영체제에서 작동한다. 물론, 이것도 해킹될 수 있다.

2011년, 오스트레일리아에서 바텐더로 일하던 돈 손더스Don Saunders는 ATM에서 공짜로 돈을 인출하는 방법을 알아냈다. 그는 이런 해킹 방법을 어느 날 밤에 우연히 발견했다. (그가 당시 만취 상태였다고 상상하면 더 그럴 듯한 이야기가 될 법하다.) 그는 돈이 없어도 한 계좌에서 다른 계좌로 돈을 이체한 다음, ATM에 아무런 거래 내역도 기록되는 일 없이 현금을 인출할 수 있다는 사실을 눈치챘다. 그런 노다지는 계좌들 간 이체 내용을 기록하는 데 사용되는 ATM의 소프트웨어에 숨은 취약점과, ATM들이 밤 시간 동안 오프라인 상태일 때 다양한 계좌들이 신용 인출이나 현금 인출을 벌이는 과정에서 발생하는 시간 지연의 취약점이 서로 결합된 결과였다. 하지만 손더스는 이 중 어느 하나도 이해한 것이 아니었다. 우발적으로 그런 취약점을 발견했고, 공짜로 현금을 인출할 수 있다는 결과만을 눈치챘을 뿐이다.

이후 5개월간 손더스는 160만 오스트레일리아 달러 - 미화로 약 110만 달러 -를 인출했다. 그리고 마침내 그런 짓을 스스로 그만뒀기 때문에 걸릴 일도 없었지만 죄책감을 느꼈고, 그를 위한 심리 치료를 받다가 공개적으로 자백하고 말았다. 은행은 그 때까지도 어떻게 그렇게 많은 돈을 잃고 있는지 전혀 파악하지 못한 상태였다.

여기에서 잠시 숨을 돌리고 무엇이 해킹되고 있었는지 따져보자. 은행에서 돈을 훔치는 행위는 언제나 불법이다. 여기에서 논의하는 해킹은 뱅킹 시스템을 노린 것이 아니라 ATM 시스템과 은행의 소프트웨어에 대한 해킹이다. 손더스는 이 시스템들을 누구도 의도하거나 예상하지 못한 - 하지만 여전히 시스템들에서 허용되는 - 방식으로 사용해 본래 의도를 전복시켜 버렸다. 그것이 바로 해킹이다.

지난 수십 년에 걸쳐 진행돼 온, ATM을 둘러싼 온갖 다양한 공격 방식과 그에 맞선 보안 대응의 역사는 해커들과 방어자들 간의 군비 경쟁 양상을 잘 보여준다. 그뿐 아니라 우리가 이 책에서 되풀이해 부각하게 될 여러 주제도 잘 드러낸다. 시스템들은 결코 외따로 존재하지 않는다. 이들은 한 편으로는 더 작은 시스템들로 구성되고, 다른 한 편으로는 더 큰 시스템들의 일부로 기능한다. ATM이 컴퓨터 소프트웨어라는 점은 분명하다. 하지만 물리적 객체이기도 하다. ATM을 사용하는 데는 고객, 그리고 원격 뱅킹 네트워크가 연계된다. 해커들은 이 요소들 중 어느 곳이든 표적으로 삼을 수 있다.

초기 ATM 공격들은 조악했고, 해킹이라기보다는 초보적인 절도에 더 가까웠다. 범죄자들은 인출 현금이 나오는 문에 본드 칠을 해 잠가버린 다음, 그 때문에 현금을 인출하지 못하고 사람이 떠나면 그 뚜껑을 강제로 열어 현금을 빼냈다. 집어넣은 카드가 나오지 못하도록 일종의 '덫trap'을 놓았다가 나중에 이를 끄집어내 사용하기도 했다. 인기 TV 드라마 '브레이킹 배드 Breaking Bad'에도 나오듯이 ATM 장비 자체를 벽에서 떼어내 안전한 곳으로 옮긴 뒤 이를 열어 돈을 빼내는 방법도 있었다. 방어하는 측도 가만있지 않았다. ATM에서 현금이 인출되는 부분의 문을 아예 없애버려 본드 칠로 잠글 수 없게 만들었다. 벽에 더 단단히 고정해 떼어내기 어렵게 만들었고, ATM에 현금을 적게 넣고 자주 리필함으로써 훔칠 수 있는 현금의 액수를 줄였다. (영리한 공격자들은 채워넣은 현금이 평소보다 더 많을 것이라는 데 착안해 긴 주말이 시작되는 금요일이나 목요일 저녁에 ATM을 노렸다.) 요즘 ATM 장비들은 자체 카메라 시스템을 갖추고 있는데, 이런 유형의 공격을 막기 위해서가 아니라, 돈을 훔쳐내려 시도한 범죄자를 더 잘 식별하고 더 나아가 체포하기 위한 목적이다.

다른 공격들은 권위에 대한 고객들의 일반적인 인식을 표적으로 삼았다. 예를 들면 이런 식이다. 수트나 회사 유니폼 차림의 범죄자가 ATM을 사용하고 있는 고객을 가로막는다. "이건 고장났습니다. 저걸 쓰세요." 고객은 순순히 다음 장비로 다가가고, 범죄자는 첫 번째 장비에 '고장' 사인을 붙인다. 고객이 거래를 마치고 떠나면 범죄자는 첫 번째 장비로 가서 그 고객이 중단한 거래를 완료하고 돈을 인출한다.

이와 비슷한 유형의 절도 행위가 벌어지자 ATM 디자인에 여러 추가적인 변화가 생겼다. 처음에는 회사 직원처럼 보이는 사람이 중도에 거래를 방해할 수 없도록 ATM 장비가 고객의 카드를 거래가 끝날 때까지 보유하도록 했다. 나중에는 백엔드를 다르게 설계해 복수의 동시 ATM 거래가 일어날 수 없게 만들었다. 그것조차도 ATM사 직원인 척하며 벌이는 해킹을 근절할 수 없었다. 인도네시아에서 벌어진 더 조악한 사례에 따르면, 은행 관리자를 사칭한 인물이 해당 은행에 전화를 걸어 ATM 카드를 취소한 척 연극을 벌였고, 한 고객은 거기에 속아 자신의 카드를 그에게 주었다.

또 다른 해킹 기법은 중복 카드를 만들어 사용하기 위해 정보를 훔쳐내는 것이다. 이것은 '스키밍skimming'이라고 불리며 지난 몇 년간 널리 확산되고 정교해졌다. 가장 정교하다고 여겨지는 해킹은 카드를 긁는 슬롯 위에두 번째 자기 띠 감지 장치를 설치해 고객 카드의 정보를 훔쳐내는 일이다. 몰래 카메라를 설치하거나 키패드에 센서를 달아 고객의 PIN 정보를 훔쳐낼 수도 있다. 또 다른 변주는 가짜 ATM 장비를 쇼핑 센터 같은 공공 장소에 설치하는 것이다. 진짜 ATM처럼 보이지만 이를 이용하는 고객의 자기띠 정보와 PIN 숫자들을 훔쳐낸 다음 화면에는 '고장' 메시지를 띄워 고객들을 헛걸음하게 만든다.

이런 해킹 행위들은 여러 취약점을 악용한다. 첫째, 고객은 사기꾼이나위조 ATM 장비를 알아챌 만한 전문성이 없다. 둘째, 자기 띠로 된 ATM 카드는 쉽게 복제될 수 있다. 그리고 셋째, ATM의 인증authentication 시스템 — ATM 카드 소지와 PIN 번호 인지 — 은 그리 안전하지 않다.

다른 ATM 해킹은 소프트웨어를 노리는 것이다. 컴퓨터 해킹 분야에서이것은 '잭파팅jackpotting'이라고 부른다. 마치 잭팟이 터진 슬롯머신이 동전을 쏟아내듯 아무런 카드나 PIN 번호 없이도 ATM이 지폐를 토해내게 만든다고 해서 나온 말이다. 2016년에 벌어진 이런 유형의 공격은 대만에서 처음 벌어졌고 아시아, 유럽, 중앙아메리카 지역으로 빠르게 확산돼 은행들에수천만 달러의 손실을 안겼다. 소프트웨어의 다른 취약점을 악용한 또 다른공격은 2020년 유럽에서 시작됐고 아직도 전세계로 확산되고 있다.

잭파팅은 여러 단계를 거친다. 첫 단계는 기술적인 세부 내용을 파악하는 것으로, 중고 ATM 장비를 해체해 속속들이 분석하는 작업도 들어 있을것이다. 이베이eBay에 많은 중고 매물이 올라와 있으므로 이것은 어려운 일이 아니다. 일단 세부 내용을 파악하면 해커들은 운용 중인 ATM 장비들을직접 공격한다. 장비의 패널을 열고, USB 포트에 연결해 맬웨어를 ATM 컴퓨터에 다운로드하고, 원격 접속을 가능케 해주는 소프트웨어를 설치한다. 복장도 도움이 된다. ATM 기술자로 가장한 범죄자는 아무런 의심도 사지 않고 이런 일을 벌일 수 있다. 이런 설정이 모두 끝나면 범죄자는 안전한 장소에 앉아 진짜 ATM 직원이 현금을 채우는 것을 기다렸다가 원격으로 장비를 조작해 모든 현금을 토해내도록 만든다.

얼마나 많은 돈이 이런 방식으로 도난당했는지 정확한 데이터는 없지만 - 은행들은 이런 유형의 사안을 자세히 공개하기를 매우 꺼린다 - 미국의 정보 기관들은 2018년 금융 기관들에 잭파팅 해킹을 경고했다. 그리고 그것은 보안 연구자인 바나비 잭Barnaby Jack이 2010년 데프콘DEF CON 해커 컨퍼런스에서 잭파팅을 시연한 지 8년 뒤였다. 그의 공격은 ATM을 물리적으로 변경할 다른 누구도 필요로 하지 않았다. 찾아낸 소프트웨어의 취약점을 원격으로 활용해 동일한 결과를 이끌어낼 수 있었다.

7장

카지노 해킹

네바다 게이밍 감독 위원회Nevada Gaming Control Board에서 일하는 리처드 해리스Richard Harris의 업무는 새 슬롯머신을 카지노에 설치하기 전에 검사하는 것이었다. 그는 장비의 내부에 접근할 수 있었기 때문에 소프트웨어 칩들을 자신의 것으로 대체할 수 있었다. 그가 변경한 소프트웨어는 동전들이 특정한 순서로 투입되면 잭팟을 터뜨리도록 프로그래밍됐다. 그는 1993년부터 1995년까지 30대 이상의 장비를 변경했고, 그 장비들을 사용한 공범 그룹을 통해 수십만 달러를 벌었다. 하지만 결국 그의 공범들 중 한 명이 실수를 저지르는 바람에 꼬리를 밟히고 말았다.

ATM과 마찬가지로, 슬롯머신은 내부에 돈이 든 컴퓨터에 지나지 않는다. 1895년 처음 발명될 때만 해도 기계적인 장비였지만 1980년대 이후 컴퓨터가 게임 결과를 제어하고, 스핀은 시각적인 효과만을 주는 데 그치게 됐다. 많은 슬롯머신들은 아예 진짜 레버도 없다. 모두 컴퓨터 화면에서 시뮬레이션할 뿐이다.

그리고 슬롯머신은 처음부터 해킹돼 왔다. 일부 구식 장비들은 물리적으로 거칠게 밀치면 결과가 다르게 나오기도 했다. 다른 장비들은 끈으로 매단 동전을 이용해 계속 플레이 할 수 있었다. 많은 장비들은 토해내는 동전들을 광학 센서로 헤아리는데, 머신 안에 기기를 넣어 센서를 방해하면 실제보다 더 많은 동전을 토해냈다.

카지노의 모든 게임은 해킹돼 왔다. 이들 중 일부는 이제 상식에 가깝다. 그런 행위가 허용된다는 뜻이 아니라 누구나 한두 번 들어본 적이 있어서 더 이상 획기적이지도 흥미롭지도 않게 됐다는 뜻이다. 블랙잭에서 '카드 카운팅card counting'[1]은 해킹으로 여겨졌었다. 이제는 그것을 어떻게 하는지, 그에 맞선 규칙들은 무엇인지 일러주는 책들이 나왔을 정도이다.

룰렛roulette, 원판 돌리기의 결과를 예측한다는 아이디어는 1950년대까지 거슬러 올라간다. 원판은 일정한 속도로 돌고, 딜러는 볼을 같은 방식으로 돌리므로 충분한 데이터 분석 능력만 있으면 어떤 숫자의 공이 떨어지게 될지 가늠할 수 있으리라는 논리였다.

1960년대에 시도된 사기 기법은 발가락으로 조작할 수 있는 스위치들과 이어폰을 갖춘 착용 컴퓨터를 동원한 것이었다. 컴퓨터 착용자는 데이터를 자신의 발가락들로 입력했다. 컴퓨터가 원판의 회전 속도, 딜러가 습관적으로 볼을 던지는 속도 등등의 정보를 계산할 수 있게 해주는 정보였다. 이어폰을 통해 착용자는 어떤 번호들이 나올 가능성이 큰지 전해들었다. 나중에 나온 디자인은 데이터 입력과 속도를 향상시켰고 1970년대 캘리포니아대 산타크루즈Santa Cruz의 한 대학원생 그룹은 자신들이 개발한 신발 컴퓨터를 활용해 수익을 올리기도 했다.

이들의 해킹은 불법이 아니었다. 1985년 네바다 주에서 특수 기기를 사용해 카지노 게임들의 결과를 예측하는 행위를 불법으로 규정할 때까지 합법이었다. 그 때까지 카지노에서 대응할 수 있는 방법은 게임의 규칙을 수정해 딜러들이 베팅을 일찍 받지 않는 것이었다.

---

1 지금까지의 카드 수를 세어 어떤 카드가 남아있는지 체크하는 것. - 옮긴이

해킹에 관한 한, 블랙잭의 카드 카운팅은 천재적인 기억력과 기술이 없는 사람들은 해내기 어려운 해킹이다. 기본적으로, 플레이어들은 10장 이상이 덱에 남아 있을 때 유리하며 하우스 쪽은 그보다 더 적은 숫자의 카드가 남았을 때 유리하다. 그래서 카드 카운팅 기법을 쓰는 사람은 정보를 추적하다가 자신이 유리해질 때 베팅한다. 그것은 아주 미세한 수준의 유리함이지만 – 하우스 쪽보다 약 1% 더 승률이 높다 – 진짜다. 그리고 그렇게 유리한 위치에 서기 위해서는 플레이어에게 높은 집중력이 요구된다.

카지노들은 카드 카운팅에 두 가지 다른 방식으로 대응해 왔다. 첫 번째는 카드 카운팅을 더 어렵게 만드는 것이다. 많은 카지노들은 여섯 덱의 카드를 함께 섞으며 – 자동 혼합기가 섞는 작업을 수행한다 – 그 덱들의 3분의 2 지점까지만 다룸으로써 플레이어의 확률적 이점을 감소시킨다. 혹은 패가 바뀔 때마다 카드를 다시 섞는다. 라스베이거스와 애틀랜틱시티 모두, 도박대 책임자pit boss는 카드 카운팅을 하는 것으로 의심되는 사람들을 찍어 그들에게 대화를 걸어 주의를 분산하거나 겁을 주는 방식으로 해킹을 막는다.

카지노들은 카드 카운팅을 불법 행위로 만들고자 했지만 규제 기관들은 그 전략을 사기와 같다고 치부해야 하는지 확신하지 못했다. (카드 카운팅 기기의 사용을 금지한 법들은 통과됐다.) 카지노 측에서 할 수 있는 일이라곤 카드 카운터들을 붙잡아 추후 카지노 출입을 금지하는 것밖에 없다. 이전에는 카지노 스태프에게 전형적인 카드 카운팅 행태를 경고하도록 지시해 그런 징계를 내렸다. 근래 들어서는 모든 카드의 움직임을 추적하는 카지노 카메라들이 자동으로 이런 경고를 발동한다. 카지노는 민간 비즈니스이기 때문에 불법적인 차별 행위가 아닌 한 일반적으로 (개별 주에 따라) 누구에게 서비스를 제공하거나 거부할지 결정할 권리가 있다.

카드 카운팅에 대한 또 다른 대응은 그것을 비즈니스에 소요되는 비용이라고 수용하는 것이다. 생각보다 많은 사람들이 실제보다 과장해서 카드의 다음 패가 무엇일지 판단할 수 있다고 생각한다. 카지노들은 사실은 블랙잭이야말로 플레이어들이 하우스(카지노)를 이길 수 있는 게임이라는 대중적 인상의 덕을 보며, 실제 카드 카운터들에게 잃는 금액보다 더 많은 돈을 카드 카운터라고 스스로를 과장하는 사람들로부터 따낸다. 일종의 호객 행위로, 일부 카지노들은 심지어 블랙잭을 여러 덱이 아닌 단 하나의 덱에서 진행한다고 광고한다.

　물론 예외도 있다. 1980년대, MIT와 하버드 대학의 연구팀은 획기적인 카드 카운팅 해킹법을 발명했다. 카지노들은 어떻게 카드 카운터를 탐지하는지 안다. 이들은 (1) 계속해서 이기는 사람과 (2) 베팅 패턴을 자꾸 바꿔 남다른 전략적 지식이 있음을 드러내는 사람을 지목한다. MIT 그룹은 그런 탐지를 피하기 위해 플레이어마다 다른 카드 카운팅 임무를 할당했다. 이 카운터들은 게임을 하는 동안 베팅 패턴을 전혀 바꾸지 않았다. 큰 돈을 베팅하는 이들도 패턴을 바꾸지 않았고, 카운터들로부터 비밀 신호를 받은 사람들이 수익을 올리는 '핫 테이블'로 옮겨갔다. 이 그룹은 해당 비즈니스를 접기 전까지 약 1천만 달러를 벌었다. 과연 대단한 해킹이었다.

8장

항공사 마일리지 프로그램 해킹

1999년 데이비드 필립스David Phillips는 만 2000개 이상의 헬시 초이스 Healthy Choice 푸딩 컵을 구입했다. 왜? 항공사의 마일리지 프로그램을 해킹하기 위해서였다.

항공사 마일리지 프로그램은 1981년 아메리칸, 유나이티드, 그리고 델타 항공사가 앞다퉈 서비스를 내놓으면서 인기를 끌게 됐다. 지금은 누구나 하나쯤 가지고 있다. 이것은 특정 항공사를 꾸준히 이용하는 고객들에게 보상을 제공해 다른 항공사로 갈아타지 않도록 유도하는 충성도 프로그램이다. 코로나바이러스감염증-19 전까지, 나는 빈번하게 날아다녔다. 그래서 이들 프로그램의 전모를 속속들이 알고 있다. 이 프로그램들 또한 처음부터 해킹을 당해 왔다.

초창기 해킹 중 하나는 소위 '마일리지 런mileage run'이었다. 비행 거리에 따라 적립되는 마일리지는 나중에 항공권으로 바꿀 수 있는 사적인 통화라고 할 수 있다. 한 영리한 해커는 두 가지 통화의 차익 거래를 높일 방법을 찾을 것이었다. 많은 돈을 지출하지 않고도 높은 마일리지를 적립할 수 있는 방법. 그래서, 이를테면, 뉴욕에서 암스테르담까지 가는 직항 노선은 3650마일이지만 이스탄불을 경유해 가면 6370마일이다. 만약 두 항공권의 가격이 같고 시간 여유가 있다면 후자를 택하는 쪽이 좋은 거래가 된다.

마일리지 런은 이 프로그램을 만든 이들이 미처 예상치 못했던 변수였다. 그리고 해킹 기법들은 더욱 기이해졌다. 마일리지 프로그램은 보통 보상 등급이 있다. 예컨대 매년 적어도 5만 마일 이상을 여행하는 경우 그 회원에게 퍽 가치있는 보상이 주어진다. 여행자들은 그 때문에 마일리지를 늘리기 위해 복잡하지만 값싼, 여섯 곳이나 그 이상을 경유하는 왕복 여행 계획을 잡는다. 이들은 심지어 경유지의 공항 밖으로 나오지도 않는다.

항공사들은 이런 방식의 해킹을 오랫동안 묵인해 왔다. 하지만 2015년, 항공사들은 마일리지 런의 효용 가치를 줄이는 방향으로 프로그램의 변경을 꾀하기 시작했다. 엘리트 등급에 최소한의 지출 조건을 내걸었고, 궁극적으로 '상용(常用) 고객 마일리지frequent-flier mile'의 정의를 비행한 거리보다 항공권 구매에 지출한 비용에 기준한 것으로 바꿨다.

또 다른 해킹은 비행기 여행이 아닌 다른 활동으로 포인트를 적립하는 것이었다. 항공사들은 오랫동안 신용카드 회사들과 제휴해 왔다. 이 신용카드사들은 물건을 구매할 때마다 일정 마일리지를 적립해 주지만 때로는 처음 신용카드를 주문할 때 큰 규모의 마일리지 보너스를 주기도 한다. 그에 따른 해킹 기법은 자명하다. 수많은 신용카드들을 개설한 다음, 수수료가 쌓이기 전에 취소해 버리는 것이다. 한 남성은 신용카드를 개설하자마자 3000달러 어치의 아마존 기프트카드를 구입해 등록 보너스를 받을 자격을 얻었다. 다른 이는 가전제품 구입에 추가 포인트를 준다는 프로모션을 활용하기 위해 구입한 믹서기들로 차고를 가득 채웠다. 또 다른 이는 "5년간 46개의 신용카드를 개설해 등록 보너스만으로 260만 마일을 적립했다"고 자랑했다.

이런 해킹의 피해는 물론 은행들에게 전가된다. 실제로는 수수료나 카드 이자를 내지 않는 고객들을 위한 비행기 여행과 다른 보상에 수십억 달러를 물게 되기 때문인데, 이 비용은 결국 무고한 소비자들에게 더 값비싼 항공권의 모양새로 전가된다. 일부 신용카드사들은 이런 해킹 행위를 단속하려 시도했다. 2016년 체이스^Chase는 지난 24개월 동안 5개나 그 이상의 신용카드 계정을 여러 은행들에서 개설한 기록이 있는 사람에 대해서는 카드 발급을 승인하지 않겠다고 밝혔다. 아메리칸 익스프레스는 이제 "포인트의 적립이나 이용과 관련해 오용, 남용, 혹은 유린 행위를 하는" 사람들에 대해서는 마일리지를 박탈함으로써, 시스템을 악용한다고 여겨지는 고객들을 처벌할 수 있는 광범위한 권리를 확보했다.

맨 앞에 소개한 푸딩 컵 구입자에게로 돌아가 보자. 마일리지 프로그램을 유린하는 인물로 악명이 높은 필립스는 어느 구체적인 마일리지 프로그램이 아니라 1999년의 헬시 초이스^Healthy Choice 파생 상품에서 취약점을 발견했다. 당시 대부분의 항공사들은 제휴 프로그램들을 운영하고 있었고, 그를 통해 기업들은 마일리지를 대량으로 구입해 고객들에게 보상을 해줄 수 있었다. 이 프로그램에서, 고객들은 헬시 초이스의 제품을 구입하는 것만으로 항공사의 마일리지를 적립할 수 있었다. 필립스는 그 자격이 되는 제품들 중 가장 값싼 것을 찾았고, 그 결과 12,150개의 푸딩 컵을 하나에 25센트씩 낱개로 구입함으로써 3,150달러에 120만 마일을 적립받을 수 있었다. 아메리칸 항공의 평생 골드 상용 고객 자격을 얻은 것이다. (그는 뒤에 푸딩을 자선단체에 기부해 815달러의 추가 세금 혜택까지 받았다.) 헬시 초이스 측에서 예상했던 결과는 결코 아니었지만 필립스는 아무런 규칙도 깬 것이 아니었으므로 회사가 그 비용을 부담할 수밖에 없었다.

9장

스포츠 해킹

스포츠는 언제나 해킹된다. 나는 그것이 강렬한 압력 – 그리고, 프로 수준에서는 돈 – 과 필연적으로 불완전한 규정집의 조합 때문이라고 생각한다.

임의로 뽑은 사례들을 몇 개 든다면 이렇다.

1951년 미국 프로야구. 세인트루이스 브라운스St. Louis Browns는 키가 112cm인 에드 가델Ed Gaedel을 출전 선수 명단에 넣었다. 그는 단 한 번 타석에 섰다. 그의 스트라이크 존은 워낙 작아서 정확히 던지는 것이 불가능했기 때문에, 물론 볼넷(사구)이었다. 미국 프로야구는 아무런 공식 신장 조건이 없었기 때문에 그런 해킹 행위는 기술적으로 합법이었다. 그럼에도 불구하고, 리그 프레지던트는 다음날 가델의 계약을 무효화했다.

1976년 미국 프로농구. NBA 결승 5차전에서 두 번째 연장전이 벌어지던 중이었다. 피닉스 선즈Phoenix Suns는 1점을 뒤졌고, 시간은 1초도 채 남지 않은 상태였다. 선즈는 공격권이 있었지만 코트 반대편이어서 상대편 바스켓까지 접근해 슛을 날릴 시간이 없었다. 그 순간 선즈의 선수였던 폴 웨스트팔Paul Westphal은 농구 규칙을 해킹했다. 그는 팀에 더 이상 타임아웃 기회가 없었음에도 타임아웃을 불렀다. 심판은 파울을 선언했고, 이는 보스턴 셀틱스Boston Celtics에 자유투 기회가 주어진다는 뜻이었다. 하지만 그 추가점은 보스턴에 별다른 도움이 되지 않았다. 중요한 것은 자유투 다음에 선즈가 공을 코드 중앙에서 갖게 될 것이고, 그 기회에 2점 슛을 넣는다면 경기를 세 번째 연장전까지 끌고 갈 수 있다는 점이었다. 경기는 실제로 그렇게 됐다. 이듬해, NBA는 경기 규칙을 바꿔 테크니컬 파울technical foul로 공을 코트 중앙으로 끌고 가는 행위를 금지했다.

1988년 수영. 미국의 데이비드 버코프David Berkoff와 일본의 다이치 스즈키Daichi Suzuki는 둘 다 수영장 거리의 대부분을 잠수한 상태로 수영해 놀라우리만치 빠른 기록을 세움으로써 배영을 해킹했다. 곧 다른 정상급 수영 선수들도 이 기법을 따라했고, 마침내 국제수영연맹International Swimming Federation이 나서서 배영 선수가 잠수한 상태로 수영할 수 있는 거리를 제한했다.

2015년 미식축구. 뉴잉글랜드 패트리어츠New England Patriots는 볼티모어 레이븐스Baltimore Ravens와의 경기에서 어느 선수들이 리시버들인지 결정해주는 복잡한 규칙을 조작하기 위해 스크리미지 선scrimmage line[1] 주변으로 선수들을 움직이는 새로운 해킹을 시도했다. 두 달 뒤, 미식축구 리그는 규칙을 바꿔 그런 행위를 불법으로 규정했다.

항상 이런 식으로 진행되지는 않는다. 많은 해킹 행위는 불법으로 선언되지 않는다. 그것이 경기를 향상시키는 경우에는 아예 경기의 일부로 통합된다. 오늘날 정상으로 간주되는 많은 스포츠 규칙들 중 상당수는 한 때 해킹 행위였다. 미식축구에서 포워드 패스는 한 때 해킹으로 간주됐다. 다른 팀이 선수들을 바꾸는 동안 벌이는 런앤슛 오펜스run-and-shoot offense[2]와,

---

1 미식축구 경기가 시작될 때 공의 중앙을 지나 사이드라인에서 사이드라인까지 가로지르는 가공의 선으로, 팀은 다음 플레이가 시작될 때까지 이 선을 넘을 수 없다. – 옮긴이
2 미식축구의 공격 시스템 중 하나로 수비의 변화에 대응해 리시버가 즉자적으로 동작이나 진로를 바꾸는 데 강조점을 둔다. – 옮긴이

공격을 개시할 때 센터가 쿼터백에게 볼을 재빨리 건네주는 패스트 스냅fast snap도 마찬가지였다. 야구에서 희생 플라이와 고의 사구는 한 때 사람들에게 낯선 해킹이었다. 이들 중 어느 것도 규칙에 위배되지는 않았다. 단지 선수들과 팀들은 그런 플레이를 생각하지 못한 것뿐이었다. 일단 누군가가 하면, 그것은 경기의 일부가 됐다.

그런 절차는 늘 순조롭지만은 않았다. 농구에서 덩크는 한 때 해킹이었다. 누군가가 공을 바스켓에 밀어넣을 수 있을 만큼 높이 점프할 수 있다고 아무도 상상하지 못했다. 농구 초창기, 그런 플레이는 환호와 야유를 동시에 받았다. 여러 농구 리그들은 덩크를 금지하려 시도하기도 했지만 팬들이 좋아했기 때문에 1970년대 중반 이후 농구의 주요 플레이 중 하나가 됐다.

야구와 달리 크리켓에서는 공을 타석에서 360도 어느 방향으로 치든 득점할 수 있다. 백 년이 넘는 시간 동안 가장 통상적인 득점 방식은 야구처럼 공을 투수 쪽으로 치거나, 타자의 뒤쪽으로 각을 잡아 배트의 가장자리로 비껴치는 것이었다. 2000년대 초, 몇몇 크리켓 선수들은 위험하게 머리 위로 공을 치는 '스쿠프scoop', 혹은 '램프ramp' 플레이가 가능하다는 사실을 깨달았다. 이 샷은 엄연히 규칙에 맞았고, 다만 그렇게 치기 위한 배짱과 해커적 멘탈이 요구됐다 (한 사람은 그런 타법을 스리랑카의 좁은 골목들에서 개발했노라고 주장했다). 몇몇 유명한 승리는 이 기법으로 짜릿하게 쟁취됐고, 이제는 크리켓 경기에서 기본 샷 중 하나가 됐다.

사인 훔치기는 야구에서 허용되지만 이 시스템에 대한 지속적인 해킹들에 대응해 수많은 제한과 경고들이 추가됐다. 2루수와 3루 베이스 코치는 포수의 사인들을 읽으려 시도하는 것이 허용된다. 타자는 아니다. 외야에서 카메라들을 이용하는 것은 금지돼 있다. 2017년과 2018년 휴스턴 애스트로스 팀이 카메라들을 사용해 사인을 훔친 것은, 이미 정해진 규칙을 어긴 행위였기 때문에 해킹이 아니라 사기였다.

대부분의 스포츠 해킹은 그것이 사용되고 난 뒤에는 자명해진다. 수영팬티나 머리 위로 크리켓 공을 쳐내는 행위는 눈에 뻔히 보인다. 선수나 팀이 어떤 행동을 하자마자, 모두가 그것을 알게 된다. 예외라면 무엇인가를 숨기는 것이 가능한 스포츠 분야다. 이런 은폐가 벌어지는 두 분야는 기계적 경주(자동차, 요트 등등)와 도핑(인간과 동물의 금지 약물 복용)이다.

포뮬러 원Formula One은 해킹들로 가득차 있다. 첫째, 한 팀이 기존 규정에서 찾아낸 허점을 이용해 자기네 자동차의 효율성을 높인다. 얼마 뒤, 다른 팀에서 그런 사실을 알고 그대로 따라하거나, 그런 변형 내용에 불만을 제기한다. 마침내 국제자동차연맹Fédération Internationale de l'Automobile, FIA은 그런 해킹 행위를 금지하거나, 다음 시즌의 공학 기술 사양에 포함하기로 결정한다.

예를 들면 1975년, 타이렐Tyrell 팀은 바퀴가 여섯 개인 경주차를 선보였다. 뒤에 두 개, 앞에 네 개를 단 그 차는 성능은 높이는 대신 안정성은 떨어뜨리는 효과를 낳았다. 다른 팀들도 그에 대응해 프로토타입을 만들었지만 1983년 FIA는 모든 경주차는 네 바퀴 위로 – 그리고, 확실성을 기하기 위해, 그 아래로 – 달 수 없다고 결정했다. 1978년, 브래범Brabham 팀은 별도의 가동형 공기역학 장치를 설치해서는 안된다는 규정을 피해 라디에이터 근처에 팬을 달고 이를 냉각 장치라고 주장했다. 그 차는 자발적으로 경주에서 기권했고, 그 결과 아무런 규칙도 바뀌지 않았다. 1997년, 매클라렌McLaren 팀은 브레이크 페달이 두 개인 경주차를 개발했는데, 두 번째 페달은 뒷바퀴들만 제어했다. 나는 자세한 내용까지 이해할 만큼 자동차 경주를 잘 이해하지는 못하지만 그런 추가 장치는 운전자에게 어드밴티지를 주었다. 이것은 처음에는 허용됐지만 다른 팀들이 불만을 제기한 뒤에 금지됐다.

2010년 매클라렌 팀은 조종석에 구멍을 추가해 운전자가 다리로 이를 막거나 열 수 있게 함으로써 별도의 가동형 공기역학 장치를 달 수 없다는 조항을 회피했다. 이들은 그 구멍에 아무런 가동 장치도 개입되지 않았다고 주장했고, 따라서 규칙에 저촉되지 않았다. 하지만 운전자가 다리를 움직여 동일한 효과를 낳았으므로 가동형이라고 볼 수 있었고, 그래서 그 기법은 곧 금지됐다. 2014년 메르세데스는 포뮬러 원 엔진의 터보과급기turbocharger를 재디자인해 터빈과 컴프레서를 분리해 엔진의 양쪽에 위치시켰다. 그런 디자인 변형은 불법으로 규정된 적이 없었고, 그것이야말로 메르세데스 팀이 이후 6년간 대회를 석권한 이유이다. 2020년, 메르세데스는 운전대 기둥을 밀거나 당겨 앞바퀴의 얼라인먼트(정렬)를 바꿀 수 있는 기능을 운전대에 추가했다. 어떤 기능이든 운전대에 더하는 것은 규칙을 위반하는 것이었다. 하지만 특정한 해킹의 적법성 여부는 운전 시스템steering system의 정확한 정의, 그리고 그 기능이 운전 보조로 비치는지 아니면 서스펜션 장비로 간주되는지에 달렸다. FIA는 그런 허점을 2021년에 보완했다.

마지막 한 가지 사례는 이 책의 다른 부분에서 다시 살펴볼 것이다. 하키 스틱은 본래 납작했다. 그런데 누군가가 커브가 가미된 스틱을 사용하면 이전에는 불가능했던 속도의 슬랩 샷slap shot을 쏠 수 있다는 점을 발견했다. 이제 커브가 가미된 스틱은 규범이 됐고, 다만 스틱의 커브 수준에 정확한 제한을 두는 것으로 바뀌었다. 1993년 챔피언십 경기에서 로스앤젤레스 킹스의 선수인 마티 맥솔리Marty McSorley는 불법적으로 커브가 가미된 스틱을 쓰다 들통나 화제가 됐다.

10장

해킹은 기생적이다

S ARS−CoV−2[1] 비리온(성숙한 바이러스 입자)의 너비는 약 80나노미터[2]이다. 이것은 심장, 창자, 폐, 호흡기 같은 우리 몸속 세포들의 표면에서 발생하는 ACE2라는 단백질에 붙는다. 보통 ACE2는 혈압과 염증 조절, 그리고 상처 치유에서 중요한 역할을 한다. 하지만 이 바이러스는 그것을 붙드는 촉수가 있어서 그 세포 주위의 막과 융합돼 해당 바이러스의 RNA가 그 세포 속으로 들어가게 만든다. 바이러스는 숙주 세포의 단백질 생성 기능을 마비시키고, 그렇게 가로챈 프로세스를 통해 자체 복제 바이러스들을 생성하고 이들은 다른 세포들을 감염시킨다. 그 바이러스 RNA의 다른 부분들은 숙주 세포에 머무르는 또 다른 단백질을 만들어낸다. 하나는 숙주 세포가 바이러스의 공격을 받고 있다는 신호를 면역 시스템에 보내지 못하게 막는 역할을 한다. 다른 단백질은 숙주 세포로 하여금 새로 만들어진 바이러스 입자들을 방출하도록 자극한다. 세 번째 유형은 숙주 세포의 면역 반응에 대한 바이러스의 저항력을 높여주는 역할을 한다. 그 결과가 바로 지난

---

1 SARS는 중증급성호흡기증후군을 뜻하는 Severe Acute Respiratory Syndrome의 약자다. SARS−CoV는 사스 코로나 바이러스를 가리킨다. − 옮긴이

2 1나노미터(nm)는 약 10억분의 1미터(m)이다. − 옮긴이

2020년부터 우리의 삶을 지배해 온 질병, 코로나바이러스감염증-19이다.

코로나바이러스감염증-19는 일종의 해커다. 모든 바이러스가 그렇듯 사스 코로나 바이러스는 우리 몸의 면역 시스템을 영리하게 착취해 정상적인 면역 작용을 교란함으로써 전세계 6백만 명이 넘는 사람들의 건강과 생명에 피해를 끼쳤다. 에이즈 바이러스HIV[3]는 또 다른 해커다. 우리 몸속의 양성 T-림프구를 감염시켜 자체 DNA를 그 세포의 정상 DNA에 주입한 다음 그 세포의 내부를 복제한다. 감염된 세포는 결국 더 많은 에이즈 바이러스를 혈액 속에 방출하면서 증식 절차를 이어간다.

일반적으로, 해킹은 기생적이다. 에이즈 바이러스와 사스 코로나바이러스는 둘 다 기생성 바이러스다. 다른 종들에 기생해 혜택을 누리는데, 그로 인해 피해를 입는 쪽은 보통 숙주다. 한 시스템은, 보통은 그 시스템의 설계자가 설정한 일련의 목표를 달성하기 위해 존재한다. 해커는 같은 시스템을 가로채 본래 목표와는 정반대의 다른 목표들을 수행하도록 만든다.

이런 점은 ATM, 카지노 게임들, 소비자 보상 프로그램, 그리고 장거리 전화 플랜 등에 대한 해킹 사례들에서 자명하다. ATM 운영자들의 목표는 계좌 소유자가 현금을 인출하게 해주고 그 대가로 적정 규모의 수수료를 공제하는 것이다. 해커들의 목표는 자신들의 계좌에서 (혹은 심지어 아무런 계좌가 없더라도) 수수료 공제 없이 현금을 받는 것이다. 마찬가지로, 카지노의 목표는 공정을 기하는 것이다 (이것은 플레이어들 간의 동등한 기회를 뜻하지, 플레이어들과 카지노 간의 동등한 기회는 아니다). 해커의 목표는 그런 균형을 자신들에게 유리하도록 바꾸는 것이다.

이것은 스포츠와 온라인 게임에서는 덜 자명하다. 스포츠 리그의 목표는

---

3 HIV는 사람 면역 결핍 바이러스를 뜻하는 'human immunodeficiency virus'의 약자. 보통 에이즈 바이러스로 통용된다. – 옮긴이

수익을 올리고, 팬들을 즐겁게 하고 만족시키며, 인간의 경쟁을 부각하면서, 그런 조건에서 공정을 유지하고, '명승부good game' – 그게 실제로 무슨 뜻이든 – 를 제공하는 것이다. 체육인의 목표는 개인 자격으로든 팀의 일원으로든 자신이 참가한 경기에서 공정하게 승리하는 것이며 거기에 돈을 버는 일도 포함될 것이다.

클럽 펭귄의 목표는 그 사용자들에게 안전하고 재미난 경험을 제공하는 한편, 적용받는 법규를 따르고, 디즈니사의 수익을 높이는 것이었다. 클럽 펭귄을 해킹한 이들의 목표는 다른 플레이어들과 더 자유롭게 소통하는 것이었고 – 이것은 그 해커가 대화를 원하는 여섯 살짜리였든, 혹은 희생자를 스토킹하는 아동 성 학대범이었든 사실이었다. 서로 사뭇 다른 유형이었다고 해도, 양쪽 해커들 모두 기생적 속성을 가졌다는 점은 동일했다.

스팸은 이메일에 대한 해킹이다. 처음 인터넷 프로토콜과 이메일 시스템을 설정할 때, 그것을 금지하려 시도하는 것은 고사하고, (비록 우편 형태로 날아오는 정크 메일이 미국의 오랜 전통 아닌 전통이기는 했지만) 그것을 생각한 사람조차 없었다. 요청하지 않은 이메일, 특히 광고성 이메일을 보내는 행위는 벌어진 적이 없었다. 스팸 아이디어는 1990년대 이메일과 더불어, 당시 인기였던 유즈넷Usenet 메시지 서비스의 형태로 시작됐고, 2000년대 초반 심각한 문제로 떠올랐다. 당시 전체 이메일의 90%가 스팸으로 추산됐다.

모든 기생적 관계가 숙주의 희생을 요구하지는 않으며, 모든 해커들이 사악한 것은 아니다. 보통 이들은 이성적으로, 자신들의 이익을 위해 행동한다. 이들은 여기에 소개할 대부분의 사례들처럼 금전적 이익을 위해 행동할지 모른다. 하지만 이들은 정서적, 도의적, 윤리적, 혹은 정치적 이해관계에 따라 행동할 수도 있고, 해킹을 통해 더 나은 세계를 건설하려 시도할 수도 있다. 때로는 단지 좋은 기회를 찾는 것일 수도 있다. 때로는, 어떤 시스템이 자신에게 불리하게만 작용할 때, 어쩔 수 없는 필요에서, 다시 말해 생존을 위해 해킹을 할 수도 있다. 자신이나 가족의 의료 서비스나 음식을 구하려 애쓰는 누군가를 생각해 보라.

어느 기생충의 경우나 그렇듯이, 해킹이 한 시스템을 전복하는 데 지나치게 효과적이어서는 곤란하다. 기생충이 살아남기 위해서는 시스템이 없어져서는 안된다. 따라서 ATM 해킹이 수지가 많은 범죄일 수 있지만 그러기 위해서는 해킹할 ATM이 존재해야 한다. 만약 ATM 해킹이 지나치게 성공적이라면 은행들은 이 편리한 현금 기계를 더 이상 설치하지 않을 것이다. 만약 지나치게 많은 사람들이 클럽 펭귄을 해킹하는 바람에 아동 안전 법규를 위반하는 수준까지 나아간다면, 디즈니는 그 시스템을 실제보다 훨씬 더 일찍 폐쇄했을 것이다. 스팸 방지 프로그램들이 없었다면 스팸은 이메일 시스템을 궤멸시켰을 것이다. 지나치게 효과적인 해킹은 그것이 기반을 두는 시스템을 파괴해 버림으로써 그 해킹 자체를 무용지물로 만드는 결과를 초래한다.

11장

해킹 방어

스펙터^{Spectre}와 멜트다운^{Meltdown}은 인텔과 다른 마이크로프로세서들이 가진 두 가지 하드웨어 취약점으로, 2017년에 처음 발견됐고 2018년에 그 사실이 공표됐다. 기본적으로, 지난 수년간 채택된 성능 최적화 중 일부가 보안 취약점들을 지닌 것으로 밝혀졌다. 이 경우의 취약점 방어는 그것이 소프트웨어가 아닌 하드웨어에 포함된 것이어서 더욱 어려웠다. 소프트웨어 패치는 때로 상당한 성능 저하를 초래하는 부작용에도 불구하고 그런 취약점들 중 일부를 바로잡을 수 있었지만 하드웨어 패치는 사실상 불가능했다. 취약한 시스템들을 통째로 바꾸는 일은 현실적인 대안이 되지 못했다. 예컨대 문제가 있는 컴퓨터 칩을 가진 컴퓨터는 1억 대에 달하는 식이었다. 미래의 마이크로프로세서는 이런 취약점 없이 설계될 수 있을지 모르지만, 기존의 마이크로프로세서들은 소급적으로 수리될 수가 없다. 최선의 방어는 그런 취약점을 악용하기 어렵도록 만드는 것일지 모른다. 많은 컴퓨터들은 취약하지만 많은 경우는 해커들의 구미를 당기게 할 만한 요소가 없기 때문에 해킹되지 않는다.

해킹 방어는 힘겨울 수 있다. 대응책은 패치부터 안전한 시스템 설계에 이르기까지 다양한데, 이들을 하나씩 따져보자.

나는 먼저 나의 분류 체계taxonomy가 허술하다는 점을 인정해야겠다. 블랙잭 게임에서 카드 카운팅을 불법화한 법은 그런 전술을 비효율적인 것으로 만들지만 그런 짓을 하다 들킬 때만 그렇다. 그런 규정은 취약점을 제거하는가, 아니면 해킹의 효과를 떨어뜨리는가? 마찬가지로, 값비싼 드레스에 부착된 절도 방지 염색 태그는 훔친 의류를 덜 유용한 것으로 만들고(공격의 효과를 떨어뜨리고), 그런 절도 행위의 빈도를 낮춘다(도둑의 의욕을 떨어뜨린다). 나는 이런 모호성에 별로 괘념치 않는다. 일반적으로, 나는 여러 방어들의 범주를 정교하게 세우기보다, 해킹과 해커들에 대응해 우리가 쓸 수 있는 방어 전술에 대한 실전 지식을 쌓는 데 더 관심이 있다.

첫 번째 가장 당연한 방어는 '취약점을 제거하는' 것이다.

컴퓨터의 세계에서 해킹에 맞선 핵심 방어는 패치이다. 이것은 간단한 기술이다. 컴퓨터 코드를 업데이트해 취약점을 제거한다는 것. 취약점이 없으면 이를 착취할 만한 익스플로잇도 없다. 익스플로잇이 없으면 해킹도 없다.

패치가 얼마나 잘 작동하느냐는 해당 시스템의 유형에 크게 좌우된다. 단일 기업이 소유하거나 제어하는 시스템들은, 그들이 원한다면 – 만약 그것이 경제적으로 타당하다고 여겨진다면 – 매우 신속하고 효율적으로 패치할 수 있다.

패치 프로그램을 제공하는 일은 전체 프로세스의 첫 번째 단계에 불과하다. 그 다음에는 이 패치가 취약 시스템에 설치돼야 한다. 실증적으로, 패치를 개발해 제공하는 회사들과 그것을 설치하는 사용자들 간의 간극은 매우 컸다. 소프트웨어 제작사들이 패치를 만들어 제공하면, 사용자들은 그것을 설치하거나 설치하지 않을 수도 있고, 만약 설치한다면 해커들이 이를 우회할 수 있는 접근로를 찾는 데 몇 주나 심지어 몇 달이 걸릴 것이다. 설치하지 않고 무시하는 경우, 문제의 시스템은 계속 취약한 상태로 머물

수밖에 없다.

이 시나리오는 소프트웨어를 소유한 단일 기업이 패치를 개발해 소비자들에게 제공할 역량과 용의가 있고, 그래서 해당 시스템이 패치될 수 있다는 점을 전제로 한다. 만약 그 회사에 패치들을 개발할 만한 공학자들이 있다면, 그리고 그런 패치를 모든 사용자에게 재빨리 제공할 수 있는 업데이트 시스템이 있다면 패치는 매우 효과적인 보안 기법이 될 것이다. 만약 이두 가지 요소 중 어느 하나라도 존재하지 않는다면 패치 전략은 통하지 않는다. (코드가 펌웨어firmware 형태여서 패치할 수 없는 IoT 기기도 많다는 점을 기억하라.) 우리의 컴퓨터와 셀폰이 끊임없이 패치되는 이유는 거기에 있고, 그덕택에 온갖 해킹 사건과 사고에도 불구하고 컴퓨터 보안은 비교적 잘 유지되는 것이다. 또한 우리 가정의 라우터router가 여러 취약점에도 불구하고거의 패치되지 않는 이유도 그 때문이다.

유명한 해킹 사고들 중 많은 경우는 시스템이 제때 패치되지 않은 탓에벌어졌다. 2017년 중국은 아파치 스트럿츠Apache Struts 웹 애플리케이션 소프트웨어의 취약점을 통해 에퀴팩스Equifax를 해킹했다. 아파치는 3월에 이미 그 취약점을 패치했지만 에퀴팩스는 해당 소프트웨어를 즉시 업데이트하지 않았고, 그 바람에 5월 공격을 당한 것이었다.

같은 해, 워너크라이WannaCry 웜worm은 전세계 20만 대 이상의 컴퓨터들을 감염시키면서 40억 달러 대의 피해를 끼쳤다. 모두 마이크로소프트 윈도우의 취약점을 보완하는 패치를 아직 설치하지 않은 네트워크들이었다.

이것은 패치 방식이 가진 결정적 약점을 잘 보여준다. 사후 약방문이라는 점이다. 취약점은 이미 시스템 안에 들어 있다. 패치가 제공될 즈음에는해커들이 이미 그 약점을 적극 악용하고 있을지 모른다. 그리고 설령 그렇지 않다고 해도, 패치 행위 자체는 취약점에 주목하게 만들고, 그 패치를아직 적용하지 않은 시스템들을 노출하게 된다.

컴퓨터와 모바일 기기를 사용하는 대부분의 개인 사용자들에게, 패치는 보통 자동으로 벌어진다. 개인이 사용하는 윈도우 기반의 컴퓨터들은 한 달에 한 번, 보통은 '패치 화요일Patch Tuesday'로 지정된 어느 화요일에 자동으로 패치를 업데이트할 가능성이 높다. 매달 진행되는 업데이트는 많은 경우 100개 이상의 취약점을 패치할 수도 있다. 아이폰은 패치를 제때 업데이트하지 않으면 점점 더 절박한 경고문을 띄운다. (당신이 아직도 이 교훈을 체득하지 않았다면 명시적으로 알려주겠다. 당신의 컴퓨터와 전화기 모두 '자동 업데이트'로 설정하라. 다른 모든 것도 업데이트가 나오자마자 패치하라. 언제나.)

커다란 조직 네트워크들은 그보다 더 느리고 신중한 방식으로 패치해야 한다. 왜냐하면 잘못된 패치는 다른 긴요한 소프트웨어와 충돌을 빚어 온갖 문제를 초래할 수 있기 때문에, 패치는 일반적으로 신중하게 그리고 꼼꼼하게 설치돼야 한다. 이것은 패치가 뒤늦게 설치되거나 아예 설치되지 않을 수도 있다는 뜻이다. 에퀴팩스에 대해 아파치 스트럿츠를 제때 패칭하지 않아서 해킹됐다고 비난할 수도 있지만, 그 소프트웨어는 스트럿츠 주위로 설치된 다른 소프트웨어와 제대로 호환되지 않는 버그들이 많기로 유명하기도 했다. 많은 기관들은 그런 패치들을 적용할 때 더욱 신중을 기한다.

패치는 사회적 시스템에서는 기술적 시스템과는 다른 방식으로 작동한다. 후자의 경우, 패치는 최근의 해킹 행위가 더 이상 가능하지 않도록 만든다. 이것은 주로 소프트웨어에 해당하는 상황이지만 다른 기술적 시스템들에도 마찬가지로 유용하다. ATM 제조사들은 자사 제품들을 패치해 특정한 잭파팅이 더 이상 통하지 않게 만들 수 있다. 카지노는 끊임없이 카드를 섞는 식스 덱 슈six-deck shoe[1]를 사용해 카드 카운팅의 걱정 없이 블랙잭을

---

1 슈(shoe)는 블랙잭 같은 게임에 사용되는 카드를 한 덱 이상 보유하기 위한 딜링 박스(dealing box)를 가리킨다. 따라서 식스 덱 슈(six-deck shoe)는 여섯 덱의 카드를 섞을 수 있는 박스다. – 옮긴이

진행할 수 있다. 금융 거래의 경우 초단타매매high-frequency trading 같은 해킹 행위가 불가능하도록 매매를 10초 간격으로 제한할 수 있다. 이것이 가능한 것은 기술이 해당 시스템의 행동 유도성을 효과적으로 결정하기 때문이다.

컴퓨터가 직접 연계되지 않은 사회적, 경제적, 혹은 정치적 시스템의 경우, 패치 작업은 생각만큼 깨끗하지 않다. 세금 코드(세법)나 한 게임의 규칙들을 '패치'한다는 말은 특정한 유형의 공격이 더 이상 허용되지 않도록 그 시스템의 법이나 규칙을 바꾼다는 뜻이다. 이는 아직도 컴퓨터를 써서 룰렛의 결과를 점치거나 하키 스틱을 규정된 각도보다 조금 더 변형할 수는 있지만 그런 사실이 발각되면 누구든 그 대가를 치르게 될 것이라는 뜻이다. 필요한 오직 한 가지 '설치installation'는 교육이다. 모든 카지노 도박대 책임자pit boss와 하키 심판이 새로운 규칙을 숙지하고, 이를 어기는 이들을 찾아낼 수 있도록 교육하고 – 적발된 이들을 적절히 처벌하면 된다. 마찬가지로, 합법적이었던 세금 회피 전략은 불법적인 탈세가 되고, 그런 행위가 발견되면 처벌된다(혹은 그렇게 되기를 바란다).

이것은 다른 문제를 부각한다. 사기꾼은 찾아내기 어려울 수 있다. 룰렛은 해킹이 더 이상 소용이 없도록 베팅 시스템을 바꿀 때까지 사기꾼들에게 취약했던 사실을 상기하기 바란다. 이런 문제는 앞으로도 되풀이해서 대두될 것이다. 컴퓨터 코드를 업데이트하면 해킹은 더 이상 불가능하다. 세금 코드는 업데이트하더라도 여전히 해킹이 가능하다 – 다만 더 이상 합법적 허점이 아닐 뿐이다(그리고 내가 내린 정의에 따르면 이것은 더 이상 해킹이 아니다). 이는 탐지 시스템도 업데이트해서, 이제는 불법화한 사기꾼들을 잡고 처벌할 수 있어야 한다는 뜻이다.

패치는 감독 기구가 더디게 반응하거나, 심지어 패치가 필요한지에 대해 통일된 비전을 갖고 있지 않을 때도 그 효과가 떨어진다. 다시 말하면, 그 시스템에 명확한 목표가 없는 경우를 가리킨다. 예컨대, 세금 코드를 '패치'

한다는 것은 무슨 뜻인가? 대부분의 경우, 그것은 또 다른 법을 통과시켜 본래 법규의 취약점들을 막는다는 뜻이다. 그렇게 하는 데는 몇 년이 소요 된다. 세금 코드는 공공 정책으로 성취하려는 비전이 서로 다른 정치인들 이나 정당이 경합하는 정치적 영역에서 만들어진 것이기 때문이다. 또한 그런 취약점으로 이권을 누리는 당사자들은 현행 법이 계속해서 그런 행위 를 허용하도록 입법 시스템을 해킹하려 시도할 것이다. 블랙잭에서 카드 카운팅을 하는 당사자들이 카지노의 규칙을 만든다고 가정해 보라. 탈세가 스마트한 행위로 칭찬받듯이 블랙잭의 카드 카운팅은 게임에서 이기는 영 리하고 정직한 방식으로 간주될 것이다.

입법적인 패치 – 법 개정 – 가 부재한 상황에서, 법원은 매우 구체적인 패치에 먼저 주목할 수 있다. 컴퓨터의 세계에서, 이것은 핫픽스hotfix로 불 린다. 특정 버그나 취약점을 고치기 위해 신속하게 진행하는 소프트웨어 업데이트를 가리킨다. 이 용어는 본래, 이들 업데이트fix가 현재 가동 중인 hot 시스템들에 적용된다는 상황을 반영한 것이다. 이런 작업은 더 위험하 다. 잘 돌아가던 소프트웨어는 패치가 초래한 모종의 문제 때문에 다운돼 버릴 수도 있다. 현재 핫픽스는 널리 사용되고 있지만 – 운영체제의 업데 이트는 작동 중에 벌어지며, 많은 경우는 클라우드에서 작동되는 동안에 일어난다 – 그 용어가 처음 나왔을 당시에는 그렇지 않았다.

12장

더 미묘한 해킹 방어

해킹의 효율성을 줄이는 것이 두 번째 방어다.

비즈니스 이메일에 대한 해킹은, 기술 상의 취약점보다는 사람들의 심리에 깃든 취약점을 이용한다는 점에서 소셜엔지니어링social engineering 공격이다. 이 사기극에서, 피해자는 이메일을 통해 믿을 만한 소스로부터 적법해 보이지만 그 내용은 평소와 다른 요청을 받는다. 회사의 정상적인 프로토콜에도 어긋나는 내용이다. 이를테면 회계 담당자는 한 판매 회사로부터 새로운 은행 계좌로 돈을 지불하라는 메시지를 받을 수 있다. 또는 어느 주택 구입자는 타이틀 회사title company[1]로부터 융자 할부금을 어떻게 송금할지 알려주는 이메일을 받을 수 있다. 혹은 한 회사의 재무 책임자는 수백만 달러를 특정 계좌로 급히 보내라는 CEO의 이메일을 받을지 모른다. 여기에서 수신 계좌들은 사기꾼의 것이고, 그렇게 돈을 보낸 피해자는 이를 되찾을 가망이 거의 없다. 이런 형태의 사기로 발생한 피해는 수십억 달러에 이른다.

---

1 미국에서 타이틀 회사의 역할은 해당 지역 카운티에 기록돼 있는 매매 주택의 소유권 정보를 법적 사실대로 기록하는 것이며, 구입자와 융자 은행을 위해 매매에 관한 타이틀(소유권) 보험증권을 발급하는 것이다. — 옮긴이

이 사기극에서 때로는 계약사들의 적법한 이메일 계정들이 실제로 해킹된 상태인데, 그럴 경우 피해자 측이 송신자를 신뢰할 가능성은 더 높아진다. 더 흔한 경우, 사기 이메일 주소들은 진짜 주소들의 미묘한 변주로 구성된다. 예를 들면 적법한 '아무개@companyname.com' 대신 '아무개@c0mpanyname.com'인 식이다. (알파벳 'o' 대신 그와 비슷해 보이지만 실제로는 전혀 다른 숫자 '0'을 썼다.) 여기에서 공격자가 노린 취약점은 사람의 부주의, 혹은 너무 쉽게 믿어버리는 경향이다.

어떤 취약점이 패치되지 않는 데는 많은 이유가 있다. 정책 부문의 경우, 그 취약점을 패치하는 데 필요한 입법 절차가 제대로 기능하지 않기 때문일 수 있다. 혹은 의무적으로 패치하도록 강제할 만한 감독 기구가 없을 수도 있다. 내가 방금 제시한 소셜엔지니어링 해킹의 경우는 우리 두뇌의 일반적인 작동 방식을 활용한 것이기 때문에, 인간이 다르게 진화할 때까지는 완전히 패치되지 않을 것이다.

어떤 취약점을 패치할 수 없는 경우, 우리에겐 세 가지 선택 사항이 있다. 첫째는 시스템 자체를 재설계해 해킹이 너무 어렵거나, 너무 큰 비용을 요구하거나, 그로부터 얻는 수익이나 해당 시스템에 미치는 피해가 더 적도록 만드는 것이다. 이것은 특정한 해킹 행위를 불법화하는 것만으로는 미흡해서, 그런 행위 자체를 더 어렵게 만들고자 할 때도 유용한 방법이다.

둘째는 예지foreknowledge다. 비즈니스 이메일이 어떻게 유린되거나 이용되는지 배운다면 우리는 그와 비슷한 공격 시도를 접했을 때 더 잘 인식하고, 그래서 − 바라건대 − 거기에 잘 속아넘어가지 않게 될 것이다. 이것은 자동 필터 장치를 피해 우리에게 도달한 이메일과 전화 사기에 방어하는 방법이다. 잠재적 피해자들이 갖는 공통된 인간적 편견, 이를테면 두려움이나 상급자의 지시를 따라야 한다는 강박감을 노린 영악한 '인지적 해킹 행위cognitive hacks'를 방어하는 방법이기도 하다.

마지막 선택은 취약한 시스템을 어떤 식으로든 안전하게 보완해주는 추가 시스템을 설치하는 것이다. 비즈니스 이메일이 해킹된 경우, 해당 기업은 일정 금액 이상의 송금에 대해서는 두 사람의 승인을 거치도록 지시할 수 있다. 그러면 설령 해킹이 성공해서 문제의 직원이 속아넘어간다고 해도, 해커는 그런 기만 행위로부터 아무런 수익도 얻을 수 없게 된다.

이런 선택 사항은 보안이 취약한 IoT 기기들의 문제에 대한 해법의 하나로 종종 논의된다. 우려되는 것은 수년 내에 온갖 종류의 취약한 IoT 기기들이 우리 가정과 네트워크에 연결되지만 이들의 보안을 보장할 아무런 방법도 없다는 점이다. 한 가지 해법은 네트워크가 이런 기기들의 연결을 탐지하고 그 기능을 제한하도록 함으로써 해킹 위협을 줄이는 것이다. 이것은 가정의 라우터가 IoT 기기들을 탐지하고, 이들이 정해진 기능 이상의 행위를 시도할 때 — 이를테면 집안의 IoT 냉장고가 스팸 이메일들을 날리거나 암호화폐를 마이닝mining 하거나, 서비스 거부 공격에 참여하는 식 — 이를 차단한다는 뜻이다.

세 번째 방어는 해킹이 벌어진 다음에 이를 탐지하고, 피해로부터 회복하는 것이다.

2020년 러시아의 해외 첩보 서비스 기관인 SVR은 솔라윈즈SolarWinds라는 이름의 네트워크 관리 소프트웨어 개발사에 소속된 업데이트 서버들을 해킹했다. 솔라윈즈는 대부분의 「포춘」 500대 기업들과 미국 정부 부처들을 비롯해 전세계에 30만 개 이상의 고객사를 보유하고 있었다. SVR은 그 회사의 제품들 중 하나인 오리온Orion의 업데이트 파일에 백도어backdoor를 설치하고 기다렸다.

여기서 잠깐 생각해 보자. 몇 페이지 앞에서 나는 컴퓨터업계의 주된 해킹 방어 전략은 패치라고 설명했다. SVR은 그 회사의 패치 절차를 해킹해 제품들 중 하나의 업데이트 파일에 백도어를 끼워넣은 것이었다. 만 7000

명이 넘는 오리온 고객들은 해킹된 업데이트 파일을 내려받아 설치했고, 그럼으로써 부지불식간 SVR에 시스템 접근권을 제공했다. SVR은 모든 사람들이 컴퓨터의 보안을 향상시키는 데 필요하다고 믿었던 바로 그 절차를 악용했다. 이것은 비유하자면 전시중戰時中 적십자사의 차량에 전투 병력을 숨긴 것과 비슷한 행위였다(비록 SVR의 행위는 비유한 적십자사의 경우만큼 전세계적 비난을 받거나 국제법으로 금지되지는 않았지만).

그 해킹은 미국 국가안보국이나 미국 정부의 어느 부처에 의해 발견되지 않았다. 대신, 보안 회사인 파이어아이FireEye가 자체 시스템들을 정밀 감사하는 과정에서 발견했다.

솔라윈즈 해킹 사실이 발견되자마자 이 작전이 얼마나 재난적이었는지(혹은 보는 이에 따라 얼마나 성공적이었는지) 금방 분명해졌다. 러시아 측은 미국무부, 재무부, 국토안보부, 로스 앨러모스 국립연구소Los Alamos National Laboratory, 샌디아 국립연구소Sandia National Laboratory, 국립보건원National Institutes of Health의 네트워크에 불법 침투했다. 마이크로소프트, 인텔, 그리고 시스코에 침투했다. 캐나다, 멕시코, 벨기에, 스페인, 영국, 이스라엘, 아랍에미리트UAE 등의 네트워크들에 접속했다.

이 모든 시스템들에 접속한 다음, SVR 요원들은 솔라윈즈의 취약점과 연관되지 않은 새로운 접속 수단을 설치했다. 그래서 해킹된 기관과 회사들이 애초 러시아가 취약점을 심는 통로로 활용한 업데이트 절차를 보완해 이를 이용할 수 없게 만든 다음에도, 일단 뚫렸던 네트워크들은 여전히 취약한 상태로 남을 수밖에 없었고, 이들은 다른 어떤 취약점이 이용되는지 알 도리가 없었다. 보안을 확실히 보장받는 유일한 방법은 모든 하드웨어와 소프트웨어를 버리고 처음부터 다시 시작하는 수밖에 없었다. 어느 기관도 그렇게 하지는 않았으므로, 짐작하건대 이들 네트워크는 여전히 러시아 첩보기관에 취약한 상태라고 볼 수 있다.

여기에서 몇 가지 교훈을 얻을 수 있다. 첫째, 탐지는 어려울 수 있다. 때로는 해킹이 벌어지는 와중에 그것을 탐지할 수도 있지만, 대부분의 경우는 감사 등을 통해 이미 벌어지고 난 다음에야 탐지한다. 둘째, 어떤 해킹은 워낙 치명적이어서 아무런 대응도 충분하지 않다. 그리고 마지막으로, 어떤 해킹은 그로부터 회복하기가 불가능할 수 있고, 그런 경우 회복은 다음 해킹에 대비해 해당 시스템의 보안성을 높이는 일이다.

마지막 방어는 취약점들을 그것이 이용되기 전에 찾아내는 일이다.

레드 팀red-team은 내부의 보안 취약점을 찾아내기 위해 자기 기관이나 조직 내부의 시스템을 해킹하는 팀을 지칭한다. 이런 종류의 분석에 특화된 회사들도 많지만, 외부의 힘을 빌리지 않고 사내 개발팀이 품질 관리 절차의 일환으로 직접 할 수도 있다. 레드팀은 외부의 해커와 같은 자세로 자사 시스템에 접근한다. 그렇게 해서 여러 취약점을 찾아내고 나면 (컴퓨터 세계에서 취약점은 늘 발견된다) 해당 소프트웨어를 출시하기 전에 패치한다.

이 개념은 군대에서 나왔다. 전통적으로, 레드팀은 군사 훈련에서 가짜 적으로 행세한다. 이 용어는 사이버보안 부문으로 건너와 적인 것처럼 사고하고 시스템의 취약점을 찾아내도록 훈련된 그룹을 뜻하는 말로 일반화했다. 이 확장된 정의는 군사 기획 분야로 통합됐고, 이제는 군의 전략적 사고와 시스템 디자인의 일부로 정착했다. 미 국방부 – 특히 국가 안보 부문 – 는 오래 전부터 레드팀 접근법을 기획 절차에 통합해 왔다. 미 국방과학위원회Defense Science Board는 레드팀의 중요성을 이렇게 정리했다.

레드팀 전략은 국방부에 지금 특히 중요하다 … 떠오르는 여러 운용 개념들의 약점을 실제 적성국들보다 앞서 발견하기 위해서는 적극적인 레드팀 전략이 필요하다.

레드팀 접근법을 취하지 않는다면 적국이나 적대 세력이 먼저 시스템의 취약점을 발견하는 것을 용인할 수밖에 없다. 그리고 만약 다른 세력들이 먼저 취약점들을 찾아낸다면, 어떻게 그것들이 악용되기 전에 수정할 수 있겠는가? 컴퓨터 환경에서 해커들이 그런 취약점을 찾아내더라도 악용하지 않도록 설득하는 주요 수단은 컴퓨터 해킹을 범죄화하는 것이다. 만약 당신이 해커이고 새로운 취약점을 발견한다면 그것을 이용할 수 있지만 들킬 경우 징역형을 감수해야 한다. 하지만 그것을 암시장이나 회색시장grey market에서 다른 범죄자들에게 팔 수도 있다.

그에 맞선 대응 인센티브는 소프트웨어 회사들이 자사 제품의 취약점을 찾아낸 사람들에게 포상금을 주는 버그 바운티bug bounty 제도이다. 그러면 보안 연구자들은 회사에 제보해 해당 취약점이 패치될 수 있도록 할 것이라는 아이디어이다. 버그 바운티 프로그램은 효과적일 수 있다. 물론 널리 사용되는 컴퓨터 시스템의 취약점을 찾아낸 해커는 바운티보다 더 많은 돈을 받고 범죄자나 사이버무기 제조사들에게 팔 수도 있다.

어느 경우든, 한 시스템에 대해 더 많이 알수록 새로운 취약점들을 찾아내기도 더 쉽다. 컴퓨터만 읽을 수 있는 목적 코드object code뿐 아니라 사람이 읽을 수 있는 소스코드까지 볼 수 있다면 특히 더 그렇다. 마찬가지로, 판결에 대한 정보뿐 아니라 실제 규정집까지 보유한다면 그로부터 취약점을 찾아내기는 더 쉽다.

13장

디자인 단계에서
해킹 위험성 제거하기

오토런^{AutoRun}은 윈도우95에서 처음 선보인 기능이다. 이전까지는, CD롬에 들어 있는 소프트웨어를 컴퓨터에 설치하려면 수동으로 설치 스크립트를 돌려야 했다. 오토런 기능이 나온 뒤에는, 디스크를 컴퓨터에 넣기만 하면 시스템이 자동으로 설치 스크립트를 찾아내어 작동시켜 준다. 컴퓨터 지식이 깊지 않은 일반 사용자들은 오토런 기능 덕택에 소프트웨어 설치가 한층 더 쉬워졌다.

불행하게도 그 기능은 바이러스 작성자들이 맬웨어를 시스템에 설치하는 데도 사용됐다. 바이러스는 CD롬이나 USB에 숨어 있다가 순진한 사용자가 그것을 컴퓨터에 넣자마자 자동으로 실행된다. 아무 USB 스틱이나 함부로 컴퓨터에 꽂지 말라는 보안 경고가 나오게 된 배경이다.

주목할 것은 이 취약점이 실수 때문이 아니라는 점이다. 보안성^{security}과 가용성^{usability} 간의 균형을 잡으려는 시도였고, 1995년 당시에는 바람직한 설계 상의 타협으로 평가됐겠지만 그로부터 10년 뒤에는 더 이상 바람직하게 여겨지지 않게 됐다. 오토런으로 인한 여러 시스템 상의 문제가 우후죽순처럼 불거지자 마이크로소프트는 2011년 마침내 윈도우 비스타에서 그 시스템을 재설계해 USB 스틱, 네트워크 드라이브, 그리고 다른 매체들에 대해서는 오토런 기능을 껐다. 그리고 DVD처럼 점점 더 낙후돼가는 매체들만 오토런 기능을 허용했다.

여기에서 핵심은 설계 절차만으로는 해킹을 완전히 막을 수 없다는 점이다. 왜냐하면 (1) 보안은 시스템 설계가 최적화해야 할 여러 특성들 중 하나에 지나지 않으며, (2) 해커들이 사용하는 기법과 그들의 표적과 동기는 사회와 기술의 변화에 맞춰 끊임없이 진화하기 때문이다. 설계자는 시스템을 조직하고 운영하는 방식에 관한 기본 가정을 재고할 필요가 있다. 오늘 훌륭한 디자인은 내일 결함이 있는 디자인으로 바뀔 수 있고, 그런 디자인에서 해커들은 언제나 착취할 수 있는 방법을 찾아낸다.

시스템이 해킹되기 전에 그로부터 취약점을 찾아내는 일보다 더 바람직한 것은 취약점이 더 적은 시스템을 만들려 의도적으로 노력하는 일이다. 다시 말하면, 처음부터 취약점이 존재하지 않도록 설계하라는 것이다. 컴퓨터 보안에서 이것은 '안전한 시스템 설계', 혹은 '보안 중심 설계security by design'라고 불린다.

이것은 말이 쉽지 실행하기는 훨씬 더 어렵다. 컴퓨터 코드는 복잡하기 때문에 그 안에 숨은 취약점들을 모두 찾아내기는 불가능하다. 불완전한 인간의 능력으로는 버그가 없는 것은 고사하고 취약점이 없는 소프트웨어를 만들어낼 수 없다. 보안성을 보장하는 설계 방법론은 그만두고, 그런 소프트웨어 설계를 위한 이론조차 우리는 갖고 있지 못하다. 하지만 우리가 현재 상태보다 훨씬 더 잘하지 못하는 주된 이유는 안전하고 믿을 만한 코드를 작성하는 작업은 느리고, 어렵고, 비용이 많이 드는데, 굳이 그런 수준의 코드를 만들어야 할 경제적 인센티브는 대부분의 경우 부재하기 때문이다. 항공 전자기기나 우주 왕복선처럼 확실한 예외를 논외로 친다면, 대부분의 소프트웨어는 빠르고 조잡하게 작성된다. 그런 상황에도, 우리에게는 취약점과 그 악용을 최소화하기 위한 설계 원칙이 있다.

단순성simplicity: 시스템은 더 복잡할수록 더 취약하다. 이유는 많지만 기본적으로 복잡한 시스템은 복잡한 만큼 잘못될 수 있는 요소들이 많다. 예를 들면 거대한 업무용 빌딩이 단독주택보다 잠재적 취약점들이 더 많다. 이에 대한 해독제는 단순성이다. 물론, 많은 시스템들은 본질적으로 복잡하지만, 한 시스템이 더 단순하게 설계될 수 있다면 보안성도 그만큼 더 높아질 수 있다.

심층 방어defense in depth: 이 원칙의 기본 개념은 취약점 하나가 전체 시스템을 파괴해서는 안 된다는 것이다. 이런 원칙의 핵심을 가장 잘 보여주는 곳은 컴퓨터 시스템의 다중인증multifactor authentication이다. 더 나은 시스템들은 사용자 이름과 비밀번호만 – 단일 실패점 – 사용하는 대신, 복수 인증법을 채용한다. 예를 들면 내가 쓰는 이메일은 구글 인증 앱Google Authenticator을 사용해 보안성을 한 단계 더 높일 수 있다. 인증 앱은 내가 늘 휴대하는 어떤 것, 대개의 경우 스마트폰과 연계된다. 내 계정에 접속하기 위해서는 스마트폰의 잠금 장치를 풀고, 인증 앱을 열어 제한된 시간 안에 일정 숫자를 입력해야 한다. 다른 다중인증 방식으로 지문 같은 생체인식 시스템, 혹은 컴퓨터에 직접 꽂아야 하는 소형 USB 기기가 있다.

컴퓨터 시스템과 다른 분야에서 심층 방어는 단일 취약점이 성공적인 해킹의 빌미가 되는 것을 막는 것은 무엇이든 해당된다. 현관문 손잡이에 딸린 잠금 장치에 더해 설치된 데드볼트deadbolt 도어록이나, 군사 기지를 둘러싼 담장 위에 설치된 가시철사barbed-wire, 혹은 일정 액수 이상의 재무 거래는 두 사람의 승인을 받도록 한 요구 사항이 그런 경우에 해당한다. 어떤 해킹 행위가 이런 복수 방어책 중 하나를 뚫는다고 해도, 다른 방어책까지 극복할 공산은 훨씬 더 낮다.

구획화compartmentalization: 영리한 테러리스트 기관들은 조직을 개별 셀로 분할한다. 각각의 셀은 다른 셀들에 대해 아는 게 거의 없기 때문에 한 셀이 들통나거나 체포되더라도 다른 셀들은 안전하다. 이것은 구획화로, 어느 특정한 공격의 효과를 제한한다. 다른 사무실들마다 각자의 열쇠를 쓰도록 하거나 다른 계정들마다 각자의 비밀번호를 갖도록 하는 규정도 같은 개념에서 나왔다. 때때로 듣는 '최소 권한의 원칙the principle of least privilege'은 사람들에게 각자의 업무를 완수하는 데 필요한 수준의 접근권만을 부여하라는 규칙이다. 당신에게 회사 건물내 모든 사무실에 접근할 수 있는 마스터 키가 주어지지 않은 것도 그 때문이다. 당신의 업무 수행에 필요하지 않은 것이다.

컴퓨터 네트워크에서 이것은 구분화segmentation로 불리며, 네트워크의 부분들을 서로 구분해 한 부분에 대한 해킹이 전체 네트워크에 대한 해킹으로 확대되지 않도록 막는다. 테러리스트 조직이 스스로를 보호하기 위해 셀 단위로 운용되는 것과 비슷하다. 구분화는 공격자가 한 네트워크에 침투했을 때 가장 먼저 무력화하려 시도하는 기능이다. 예컨대 구분화가 잘 이뤄졌다면 SVR이 솔라윈즈를 해킹했다 하더라도 그 네트워크의 다른 부분들에 접근해 추가 맬웨어와 백도어들을 설치하는 것을 막을 수 있었을 것이다.

이 개념은 사회의 여러 시스템들에도 적용된다. 정부의 규제 담당자들은 그들이 감독하는 산업 분야에서 어떤 금전적 이익도 있어서는 안 된다 (그러나 이 원칙은 정부와 민간 산업계를 수시로 오가는 인사 경향 때문에 자주 침해된다). 혹은 게리맨더링gerrymandering으로 혜택을 누릴 수 있는 선출 관료들이 선거구를 획정해서는 안 된다.

페일 세이프/페일 시큐어^{Fail-Safe/Fail Secure}: 사고든 에러든 혹은 공격 때문이든 모든 시스템은 실패하게 마련이다. 우리가 원하는 것은 시스템들이 실패하더라도 가능한 한 안전과 보안성은 유지되도록 하는 일이다. 때로 이것은 기차의 '데드맨 스위치^{dead man's switch}'처럼 단순하다. 이것은 만약 운전자가 사망이나 의식 불명 등으로 기차를 정상 조작할 수 없게 되면, 기차로 하여금 가속을 멈추고 점차 속도를 줄여 멈추게 하는 장치다. 때로 이것은 복잡하다. 핵 미사일 발사 시설들은 탄두가 우발적으로 발사되는 일이 결코 일어나지 않도록 온갖 유형의 사고 방지용 안전 장치를 만들어 놓았다.

사회의 여러 시스템도 안전 장치를 가질 수 있다. 많은 법규는 그와 비슷한 장치를 갖췄다. 살인은 어떤 수단이 사용됐든 상관없이 불법이다. 그것을 합법으로 인정받기 위해 어떤 영리한 방법을 고안해 낸다 해도 마찬가지다. 미국의 '대체 최소 세금^{Alternative Minimum Tax, AMT}' 제도도 일종의 안전 장치로 작동하도록 제정된 것이다. 이는 세법에서 어떤 종류의 허점을 얼마나 많이 찾아내든 납세자는 최소한의 세금은 반드시 내야 한다는 규칙이다. (그럼에도 AMT는 의도한 대로 작동하지 않았고, 이는 실패 방지와 안전을 보장하기가 얼마나 어려운지 잘 드러내는 대목이다.)

═══

물론, 이 모든 대응책들은 해킹의 유효성도 감소시킨다.

이 장에서 다룬 어떤 내용도 새로운 것은 아니다. 나는 이 지형의 많은 부분을 2000년에 출간한 전작 『비밀과 거짓말^{Secrets and Lies}』에서 이미 다룬 바 있다. 그 전과 후에, 다른 여러 필자들도 이 문제를 짚은 저서들을 내놓았다. 그럼에도 보안 설계의 원칙과 원리를 이해하는 일은 해킹의 유효성을 제한하는 데 매우 긴요하다. 기본적인 보안 원칙들을 시스템 설계에 더

충실히 반영할수록, 그 시스템은 해킹으로부터 더 안전할 것이다.

　일선 기업들이 이런 기법들을 사용할지의 여부는 해당 산업 분야의 경제 논리에 좌우된다. 애플이나 마이크로소프트 같은 회사는 중소 규모의 모바일 게임 개발사들보다 더 많은 자금을 소프트웨어 보안에 투자할 공산이 크다. 마찬가지로, 항공기, 승용차, 의료 장비 등에 들어가는 소프트웨어를 만드는 회사는 전자 장난감용 소프트웨어를 만드는 곳보다 훨씬 더 많은 비용과 노력을 보안 부문에 투자할 것이라고 짐작할 수 있다. 몇 가지 예외는 있지만, 그런 직관은 대체로 맞다.

14장

방어의 경제학

1971년, '댄 쿠퍼Dan Cooper'라는 이름으로 항공권을 산 누군가가 꼬리 날개 쪽에 설치된 계단을 기발하고 의도되지 않은 방식으로 사용해 보잉 727을 해킹했다. 그는 항공기를 성공적으로 납치한 뒤 하늘을 나는 와중에 현금 20만달러를 챙겨 낙하산을 타고 뛰어내렸다. 그리고 완전히 종적을 감췄다. 많은 모방범죄가 잇따랐고, 보잉 사는 결국 727의 디자인을 바꿔 꼬리 날개 밑에 설치된 계단을 없앴다. 상업용 항공기가 비행하는 도중에 낙하산을 타고 뛰어내릴 수 있는 가능성 자체를 차단해 버린 것이었다. 이것은 효과적이지만 값비싼 취약점 패치 작업이었다. 하지만 이 취약점은 애초에 왜 존재했을까? 보잉 사는 그런 위협을 예상하지 못했거나, 혹시 예상했더라도 발생 가능성은 거의 없다고 판단했을 것이다.

위협 모델링threat modeling은 시스템에 대한 모든 위협 요소들을 망라하기 위한 시스템 설계 용어이다. 만약 그 시스템이 우리가 사는 집이라면 가치가 있는 모든 것들을 열거하게 된다. 값비싼 가전제품들, 집안의 가보, 피카소의 진본 그림, 집에 사는 구성원들 등등. 그러고 나서 누군가가 집안에 무단 침입할 수 있는 여러 잠재적 방법들을 따져본다. 잠기지 않은 문, 열린 창문, 닫힌 창문 등등. 가택을 침입할 여러 유형의 사람들도 고려한다.

전문 절도범, 이웃집 아이, 스토커, 연쇄살인범. 예를 들면 가정 폭력이 잦은 배우자의 경우처럼, 굳이 무단 침입할 필요가 없는 사람들의 잠재적 위협도 따져본다. 그리고 마지막으로 이 모든 정보를 종합해 어떤 위협이 정말로 우려할 만한지 그리고 어떤 경우가 무시해도 될지, 특정 위협을 줄이기 위해 얼마만한 노력을 기울여야 할지 등 상세한 모델을 세운다. 만약 당신이 진본 피카소 작품을 소유하고 있다면 가택 보안의 중점은 예술품 절도를 막는 데 놓일 것이다. 당신이 한 나라의 대통령이라면 위협 모델링의 양상은 다를 것이다. 당신이 전쟁 지역에 살고 있는 경우는 또 다른 모델링을 낳을 것이다.

이와 같은 경제적 고려는 해킹 방어를 생각할 때 필수적인 부분이다. 해킹으로 인한 예상 피해 비용을 결정하라. 특정한 방어 대책의 비용과 효율성을 결정하라. 그래서 비용-편익 분석cost-benefit analysis을 통해 그런 방어가 가치가 있는지 판단하라. 어떤 경우는 그럴 가치가 없다. 예를 들면, ATM의 많은 보안 대책들은 해킹과 사기를 줄일 수 있음에도 불구하고, 정당한 고객들이 사용하는 데 불편을 끼치고 짜증을 유발할까봐 실제로 적용되지 않았다. 지문 스캔이나 얼굴 인식 기술을 쓸 수도 있었지만 많은 고객들은 프라이버시 침해라고 반발할 우려가 컸다. 그런 대응책들로 인해 많은 이들이 ATM을 사용하지 않는다면 이전보다 더 안전할지는 몰라도 수익성은 더 낮아질 것이었다.

해킹과 그에 대한 방어를 이해하는 데 필수적인 또 하나의 경제학 개념은 '외부 효과externality'이다. 경제학에서 외부 효과는 기업이나 개인 등 어떤 주체의 행위가 다른 경제 주체들에게 기대되지 않은 영향을 미치는 것을 가리킨다. 강을 오염시키기로 결정한 어떤 공장주를 생각해 보자. 하류 지역에 사는 사람들은 질병을 앓겠지만 공장주는 거기에 살지 않으므로 그런 문제를 무시한다.

물론, 이것은 완전히 맞지는 않다. 공장주의 직원들이 하류 지역에 살지 모른다. 이 공장의 고객들이 하류에 살 수도 있다. 환경운동가들이 그런 오염 행위를 폭로해 언론은 공장에 비판적인 기사들을 게재하고 그럼으로써 여론은 그 공장주로부터 등을 돌릴지 모른다. 어쨌든 우리의 시스템적 사고 테두리에서, 강물 오염은 그 공장의 외부 효과다.

해킹은 외부 효과를 초래한다. 해킹에는 비용이 따르는데, 그 비용은 사회의 나머지 사람들로부터 촉발된 게 아니다. 그것은 상점에서 물건을 훔치는 들치기와 아주 흡사하다. 들치기로 인한 손해를 보상하는 데, 혹은 상점에 새로 설치된 절도 방지 장치의 비용을 지불하는 데 모두가 종전보다 더 높은 가격을 지불해야 한다.

외부 효과로 초래된 문제의 해법을 우리는 안다. 외부 효과를 문제의 연원인 시스템을 소유하고 결정을 내리는 사람 본인의 문제로 바꿔야 한다. 이렇게 하자면 그런 비용이 해당 시스템에 직접 적용되도록 규칙을 설정해야 한다.

이상적인 세계라면 이것이 잘 통할 것이다. 현실에서는 법 집행과 처벌 수준에 달렸다. 변호사들과 재판 결과에 달렸다. 규제 기관들의 대응도 주요 변수인데, 이것은 그 책임자의 성향에 따라, 법규의 완화를 꾀하는 로비스트들에 따라, 혹은 캠페인 기부자들과 이들의 어젠다에 따라 달라질 수 있다. 관련 업계와 학계의 연구 결과는 정책 논의의 방향을 바꿀 수 있기 때문에 역시 변수가 된다. 일반 시민들이 그런 비용의 존재를 알고, 누가 그 비용의 출처로 비난받아야 하는지 그리고 어떻게 그들로 하여금 정당한 대가를 지불하게 만들지 안다면 외부 효과의 문제는 훨씬 더 바람직하게 해소될 수 있을 것이다.

기술 시스템들은 위협 모델이 바뀔 때 취약해진다. 한 시스템은 기본적으로 당대의 현실을 반영해 설계된다. 그렇다면 그 시스템이 사용되는 어느 시점에 무엇인가 바뀌는 것은 필연적인 현상이다. 그 이유가 무엇이든, 과거에 보안의 근거로 삼았던 가정들은 더 이상 맞지 않게 되고 해당 시스템은 비보안insecurity의 환경으로 접어들게 된다. 한때 사소하거나 무관하게 취급됐던 취약점들은 결정적 위험 요소로 발전한다. 그런가 하면 결정적이라 여겨졌던 취약점들이 대수롭지 않은 것으로 여겨진다. 그런 변화와 더불어 해킹은 더 쉬워지거나 더 어려워질 수 있고, 더 혹은 덜 수익을 낼 수 있으며, 더 혹은 덜 흔해진다.

이것을 가장 확연하게 드러내는 사례는 인터넷 자체일 것이다. 지금은 터무니없게 들리겠지만 인터넷은 처음 설계될 때부터 보안을 아예 염두에 두지 않았다. 1970년대 말과 1980년대 초까지만 해도 인터넷은 아무런 중요한 업무에도 이용된 적이 전혀 없었고, 인터넷에 접속하려면 연구 기관의 소속원이어야 했다. 그리고 인터넷에 연결된 다중 사용자 메인프레임mainframe 컴퓨터들은 자체 보안 장치가 있었다. 그런 이유들 때문에, 인터넷의 오리지널 설계자들은 다 단순한 프로토콜 디자인을 앞세우면서 보안은 의도적으로 무시했고, 종점endpoint의 개별 사용자들이 각자 보안을 고려하도록 남겨놓았다.

이런 이야기가 어떻게 귀결되는지 우리는 알고 있다. 사정이 달라졌다. 더 구체적으로 말하면, 아무런 보안 대책도 갖추지 않은 1인용 PC들이 인터넷과 연결되기 시작했는데, 네트워크 설계자들은 이 컴퓨터들 역시 메인프레임 급의 다중 사용자 보안 대책을 갖췄을 것이라고 추정했다. 더 나아가 인터넷의 용도 자체가 완전히 달라졌다. 속도가 빨라졌다. 스케일이 변했다. 사용 범위가 변했다. 그 중심점이 변했다. 초창기에는 생각해볼 가치조차 없었던 해킹의 잠재적 가치가 돌연 커졌다. 위협 모델이 달라졌다. 그리고 이는 비용-편익 분석의 결과가 달라졌다는 뜻이었다.

컴퓨터 보안 전문가들은 환경의 역동적 성격을 잘 알고 있다. 몇 년 주기로 세상은 변하고, 보안 환경도 그런 변화를 따라가는 것 같다. 스팸 이메일의 문제는 광고 전단지가 가졌던 문제와는 결이 다르다. 두 매체의 경제학이 다르기 때문이다. 스팸 이메일은 전단지와는 비교도 안 될 만큼 비용이 적게 들고 유포도 훨씬 더 쉽다.

이런 역동적 환경에서 보안을 유지하려면 해커들보다 한 발 앞서야 한다. 우리가 컨퍼런스, 저널, 대학원 프로그램, 해킹 경연대회 등 다양한 형태로 컴퓨터 보안 연구에 매진하는 이유이다. 우리는 해커의 동향 정보와 최선의 방어 대책들을 서로 교환한다. 새로운 취약점들이 어디에서 나타날지 예측하고 어떻게 해커들이 반응할지 파악하려 애쓴다.

법률이 해커들에 적절히 대응하려면 규제 기관들이 유연하게 새로운 해킹 방식들을 금지하고 신종 해커들을 처벌할 수 있도록 일반적인 규칙을 세워야 한다. 미국에서 1986년에 제정한 컴퓨터 사기 및 남용 방지법Computer Fraud and Abuse Act은 기존 법들이 모든 컴퓨터 관련 범죄들을 커버할 수 있을 만큼 충분히 폭넓지 않다는 우려에서 나온 결과물이다. 여러 조항들 중 하나를 예로 들면, 허가 없이 다른 사람의 컴퓨터 시스템에 접속하거나 본인의 인가된 접근 범위를 초과해 사용하는 행위를 범죄로 규정했다. 일반적인 언어로 광범위한 컴퓨터 관련 해킹 행위들을 포괄한 것은 좋았지만 그 정도가 지나쳐 2021년 미 대법원이 그 범위의 폭을 줄여야 할 정도였다. 하지만 법의 핵심은 검찰이 이렇게 말할 수 있도록 하는 것이다. "맞아요, 시스템은 그걸 허용했죠. 하지만 문제의 본질을 따져봅시다. 그런 행위가 허용되기는 했지만 분명히 시스템에서 의도된 내용이 아니었고 당신도 그게 잘못임을 알았어요. 그러므로 그건 불법입니다."

많은 사회적 시스템은, 적어도 일정 수준까지는 기존 체제를 수선할 능력과 더 일반적인 규칙을 세울 권한을 지녔다. 이것은 다양한 대답이 가능한 질문이다. 우리는 다양한 사회적 시스템들의 수명 주기를 어떻게 관리할 것인가? 현행 민주적 제도와 법규가 여전히 제 몫을 하는지 평가하기 위해 얼마나 자주 검토해야 할까? 그리고 제 몫을 하지 못한다는 평가가 나온다면 어떻게 해야 하는가? 우리는 몇 년 주기로 새 랩탑과 스마트폰을 구입하며, 이들은 기존 제품보다 더 높은 보안성을 자랑한다. 그와 같은 갱신 작업을 사회적 시스템에서는 어떻게 할 수 있을까?

15장

회복 탄력성

규범 시스템은 규칙 시스템과 다르다. 규범은 그 속성상 해킹해서는 안되는 것이다. 규범을 해킹한다는 것은 곧 규범을 침해한다는 뜻이다. 다른 한 편, 규범은 비공식적이고 성문화하지 않았기 때문에 해석의 여지가 더 많다. 이것은 규범의 한계를 넘어서거나 특정 결과를 위해 자기 행동을 합리화할 동기가 큰 사람들의 입장에서는 훨씬 더 큰 잠재력을 가진 것으로 해석된다. 그리고 그런 시스템들은 해킹 방어를 위해 사람들을 필요로 하기 때문에, 규범들은 해킹을 허락하는 쪽으로 진화하기가 더 쉽다.

도널드 트럼프가 기존의 사회적 정치적 규범들을 무너뜨리는 데 성공했다는 점에서, 최근 미국 정치의 흐름은 이런 현상을 잘 보여준다. 나는 이 책에서 가능하면 그를 예로 들지 않으려 했다. 지나치게 정치적이기 때문이다. 하지만 그가 여기에서 제공하는 사례는 무시하기에는 너무나 생생하다. 사회는 자체 규범들에 대한 사소한 침해에 대해서는 스스로 수정하는 메커니즘이 있고 대체로 잘 작동한다. 공개 망신, 정치적 반발, 언론, 투명성 같은 장치들이 그것이다. 트럼프는 그런 메커니즘들을 압도해 버렸다. 너무 많은 스캔들이 너무 빨리 터졌다. 공직자의 바람직한 행태를 강제할 수 있었을 메커니즘은 트럼프 같은 후보자 앞에서 무력했다. 규범은 그것을 어겼을 때 그 대가를 치러야만 작동하는데, 미국 사회는 그런 규범 침해의 쓰나미를 감당하지 못했다. 트럼프는 그럼으로써 수많은 상황과 방향들에서 경계를 무너뜨릴 수 있었다. 그리고 많은 경우, 그것은 바탕을 이루는 규범들을 파괴했다.

다른 한 편, 규범들의 시스템에 대한 도전은 그 규범의 회복 탄력성을 높일 수도 있다. 규범들은 묵시적이고 유연하며 가장 쉽게 변화시킬 수 있는 시스템이다. 규범들의 시스템은 거기에 도전하거나 그것을 바꾸는 데 돈이나 법률 지식, 혹은 기술을 요구하지 않는다. 물론 그런 요소들이 도움이 될 수는 있다. 사회의 일반적 행태와 묵시적 기대는 그에 대해 발언할 용의가 있는 누구로부터든 도전을 받을 수 있고, 그럴 수 있는 플랫폼도 있다. 그리고 그런 도전은 관련된 규범들이 깨지는 대신 휘어졌다가 다시 회복될 수 있도록 도와주는 연료를 제공한다.

회복 탄력성은 중요한 개념이다. 인체부터 행성의 생태계에 이르기까지, 조직 시스템부터 컴퓨터 시스템에 이르기까지 모든 것에 적용되는 개념이다. 그것은 한 시스템이 해킹을 비롯한 교란이나 난관으로부터 회복되는 능력이다.

단일한 강철봉 대신 여러 가닥을 하나로 꼰 케이블로 현수교를 만드는 이유도 회복 탄력성 때문이다. 단일한 강철봉은 갑자기 그리고 파멸적으로 끊어져버릴 수 있지만, 여러 가닥을 하나로 꼰 케이블은 천천히 그리고 요란하게 끊어진다. 우리의 두뇌와 신체가 주변의 갖은 상황들에 수많은 방식들로 적응하는 이유, 그리고 훌륭한 택시 운전수가 어떤 목적지에 다다르는 여러 다른 길을 아는 이유도 거기에 있다. 캘리포니아 주의 오렌지 카운티Orange County가 1994년 파산을 선언한 다음에도 적절히 기능하는 카운티 정부 시스템을 유지하는 것도 그 때문이다.

보안에서 회복 탄력성은 시스템의 새로운 특성으로, 불침투성impenetrability,

항상성恒常性, homeostasis, 중복성redundancy, 기민성agility, 경감성mitigatio, 회복성recovery 같은 특성들과 조합될 수 있다. 회복 탄력성이 높은 시스템들은 허약한 시스템들보다 더 안전하다. 우리가 앞에서 논의한 많은 보안 대책들은 모두 해킹에 대한 시스템의 회복 탄력성을 높이기 위한 것이다.

여기에서 또 한 가지 지적할 내용이 있다. 우리는 해킹 방어에 대해 대개 추상적으로 이야기해 왔지만, 어떤 방어 논의든 누가 누구로부터 방어하느냐는 질문을 먼저 짚지 않으면 안된다. 특정한 해킹이 유익한지 해로운지 누가 결정하는가? 그리고 가장 중요하게는 누가 방어를 책임지며, 노력과 비용 면에서 얼마만한 방어가 적정한가?

지금까지 내가 제시한 사례들은 퍽 단순했다. 해당 시스템을 책임진 사람이나 기관이 있고, 이들이 방어를 담당한다. 예를 들면, 특정한 윈도우 해킹이 문제인지 아닌지, 그리고 어떻게 피해를 경감할지 결정하는 것은 마이크로소프트의 경영진이다. 대부분의 경우 이들의 대응은 패치다. 패치가 쉽지 않다면 한동안 그 취약점과 더불어 지내야 한다. (오토런이 그런 경우다.) 우리는 신속하게 패치되는 해킹 사례들을 안다. 전혀 패치되지 않은 해킹 사례를 안다. 시스템을 패치하는 비용이 너무 커서 문제의 해킹을 수용한 사례도 안다. 만약 사기로 인한 손실이 그 시스템을 패치하는 데 드는 비용보다 적다면, 해당 신용카드 회사는 문제의 사기를 묵인할 것이다. 상점들은 때로 들치기범들shoplifters이 물건을 훔쳐 나가도 내버려둔다. 점원이 그것을 막으려다 상해를 입을 수도 있고, 엉뚱한 사람을 들치기범으로 오인했다가 골치아픈 송사에 휘말릴 수도 있기 때문이다.

해킹으로부터 스스로를 방어할 수 있는 사회적 정치적 시스템들을 구축하고자 할 때, 우리는 입법자들과 그것을 시행하는 규제자들 간의 균형을 감안해야 한다. 사회 구성원들에 대한 책임의 차원과 성격 면에서 규제자들과 입법자들은 다르다는 점이 그 이유 중 하나다. 다른 한편, 입법자들이 규제할 내용을 시시콜콜하게 적시하게 되면 현실의 다종다양한 상황에 적용하기가 어렵다. 입법자들이 법규의 시행 여지를 규제자들에게 많이 허용할수록 해당 시스템은 해킹 행위에 더 기민하게 대응할 수 있고, 따라서 회복 탄력성도 더 높아질 것이다.

사회의 여러 시스템들을 해킹으로부터 방어하는 일은 해당 시스템을 설계한 이들만의 문제가 아니다. 사회 자체의 문제이고, 사회적 변화와 진보에 관심을 갖는 모든 사람들의 문제이기도 하다.

3부

금융 시스템 해킹

16장

해킹의 천국

중세 가톨릭교의 중심 교리는 속죄penance와 구원redemption이었다. 죄를 지었다면 속죄하고 용서를 받을 수 있다는 개념이었다. 큰 죄는 회개뿐 아니라 커다란 속죄의 행동을 요구했는데 많은 이들은 감당할 수 없는 내용이었다. 평생의 죄업에 대한 유일한 속죄의 길이 예루살렘 순례라면, 대부분의 사람들은 면죄를 성취할 가망이 없었다. 논리적인 차선책은 자신을 대신해 그 일을 해줄 수 있는 사람들에게 돈을 기부하는 것이었다. 그것은 합리적인 타협이었고, 교회로서는 자선적 기부를 독려하는 수단이었다. 그래서 한 도시의 교회가 새 지붕이 필요하다면, 면죄가 필요한 부자는 속죄의 대가로 지붕 수리비를 내도록 권유받을 수 있었다. 그럼으로써 부유한 죄인은 '면죄부indulgence'의 형태로 용서를 받았다. 기본적으로 신 앞에 섰을 때 그 사람이 면죄됐음을 인증하는 문서였다. 지금까지는 다 그럴듯하다.

이 구도의 취약점은 면죄부가 무제한적인 상품이라는 데 있다. 교회 인사들은 면죄부를 일종의 통화처럼 남용하기 시작했다. 전체 시스템은 제대로 규제되지 않았고, 이는 아무도 면죄부가 판매되는 방식을 효과적으로 제한할 수 없었다는 뜻이다. 교회는 얼마든지 많은 면죄부를 찍어 팔 수 있었고,

부자들은 원하면 언제든 면죄부를 살 수 있다는 사실을 깨달았다. 중개상들이 나타나 부패한 주교들을 매수해서 면죄부 재판매의 권리를 사들였다. 구원의 한 방식으로 출발했던 시스템은 수익과 권력의 시스템으로 변질됐다. 1517년 마르틴 루터^{Martin Luther}는 면죄부 판매 남발을 비판한 '95개조 논제^{Ninety-five Theses}', 혹은 '면죄부의 권능과 효용성에 관한 반박문^{Disputation on the Power and Efficacy of Indulgences}'을 독일 비텐베르그에 있는 캐슬 교회^{Castle Church}의 문에 게시하면서 '프로테스탄트 종교 개혁^{Protestant Reformation}'의 시발점을 만들었고 1세기 넘게 전개된 종교 전쟁에 불을 붙였다.

돈이 되는 곳은 어디든 해킹이 존재한다. 그리고 수익이 남는 해킹 방법을 찾아낸 사람들은 큰 돈을 벌 수 있다. 그런 면에서 금융 시스템만큼 해킹에 적당하고 수익을 약속하는 분야도 달리 없다. 16세기 초 도미니코 수도회의 수사인 요한 테첼^{Johann Tetzel}은 두 가지 혁신적인 면죄부 상품을 발명했다. 첫째, 그는 사망한 친구들을 위한 면죄부를 사면, 내세에서의 그들의 지위가 연옥에서 천국으로 '업그레이드' 할 수 있다고 홍보했다. 그리고 둘째, 이미 저지른 과거의 죄만이 아니라 미래의 죄까지 사면해 줄 수 있다고 주장하는 면죄부를 팔았다. 일종의 '지옥 탈출^{get out of hell free}' 카드 같은 것이었다.

가톨릭 신학자들과 마르틴 루터 같은 개혁자들의 상당한 반발에도 불구하고, 로마 교황청은 그 행태를 제대로 단속할 수 없었다. 교회들은 대규모의 면죄부 판매와 재판매로부터 얻는 막대한 수익에 의존하게 됐고, 그 때문에 어떤 구체적 대응을 할 생각도 못했다. 예컨대 테첼의 면죄부 판매 수익은 산 피에트로 대성당^{St. Peter's Basilica}의 주요 수입원이었다.

우리가 이미 논의한 해킹 행위들은 많은 경우 피해 시스템의 관리자에 의해 저지됐다. 항공사들은 해킹된 마일리지 프로그램을 업데이트해 문제점을 바로잡았다. 스포츠는 해당 종목의 운영자들이 경기 규칙을 업데이트

했다. 하지만 때로는 해당 시스템의 운영자나 통제자에 의해 해킹이 허용되는 − 심지어 합법으로 선언되는 − 경우가 있다. 곡선을 가미한 하키 스틱은 더 흥미진진한 경기를 위해 합법화했다. 카드 카운팅이 가능할지 모른다는 착각이나 유혹은, 카지노 측으로서는 더 큰 수입을 올리는 한 이유로 작용한다. 비록 프로 수준의 카드 카운팅은 그렇지 않아도 말이다.

해킹이 이처럼 정상적인 규범이나 관행으로 자리잡는 경우가 많은 곳은 금융계이다. 새로운 해킹 기법은 규제 기관들의 철퇴를 맞기도 하지만 더 많은 경우는 허용이 되고 심지어 사후에 법규에 편입되기도 한다. 이것은 금융 시스템의 혁신 메커니즘 중 하나이다. 이 분야의 새로운 아이디어들은 규제 기관들에 의한 허용의 형태가 아니라, 실제 사용자들에 의한 해킹의 형태로 등장한다.

해킹에 대한 명확한 해법은 시스템을 패치하는 것이지만 때로는 정치적으로 불가능하다. 권력과 돈은 로비스트의 근육 노릇을 하고, 이는 의사 결정의 변화로 귀결된다. 이것은 금융 시스템에 대한 해킹이 결코 패치되지 않는다는 뜻이 아니라 다른 분야보다 시간이 더 걸릴 수 있다는 뜻이다. 종교인들의 면죄부 남발 사태는 교황 비오 5세(1504년~1572년)가 1567년 금융 거래를 동반한 면죄부 판매를 금지하는 방식으로 문제의 시스템을 패치할 때까지 지속됐다.

자본가들은 막강한 해커들이며, 수익은 해킹을 부추기는 − 그리고 해킹을 관행처럼 만드는 − 강력한 동기이다.

17장

뱅킹 해킹

오늘날 정상적인 은행 업무로 인식하는 많은 절차들이 사실은 해킹에서 비롯했다. 여러 힘센 기관이나 세력들이 자신들의 행태와 수익을 제한하는 규제안들을 회피하려는 시도에서 나왔다. 이것은 비판하려는 게 아니다. 해킹은 정부로 하여금 규제안을 검토하고 업데이트하도록 강제하는 한 방식이다.

20세기의 대부분 동안, 연방준비제도이사회Federal Reserve가 '레귤레이션 Q Regulation Q'라고 불리는 규칙을 통해 미국의 은행 시스템을 규제해 왔다. 1933년 대공황Great Depression 이후 만들어진 레귤레이션 Q는 다른 유형의 계좌들에 대한 금리, 개인 및 기업 고객들에 대한 요율 등을 통제했다.

레귤레이션 Q는 일종의 보안 조치다. 이 규제가 나오기 전까지, 은행들은 고객 예치금에 더 높은 금리를 제시하며 서로 경쟁을 벌였다. 그로 인해 은행들은 약속한 금리를 지키기 위해 위험한 비즈니스 행태를 보였다. 레귤레이션 Q는 그처럼 은행 시스템에 내재한 위험을 줄이기 위해 설계된 조치였다.

이것은 40년 이상 제대로 작동했다. 1970년대 금리가 크게 높아지자 은행들은 더 높은 금리로 다른 투자 상품들과 경쟁하기 위해 레귤레이션 Q의 규제를 피할 방안을 필사적으로 찾았다. 1970년대 초에 등장한 '나우NOW' 계좌는 그 결과로 나온 해킹이었다. NOW는 'Negotiable Order of Withdrawal'[1]의 준말로, '협의성 인출 지시'를 뜻한다. 이것은 계정 소유주가 마음대로 돈을 인출할 수 있는 요구불 예금과, 미리 정해진 기간 동안 계정 소유주의 돈을 묶어놓는 저축성 예금 간의 차이를 공략한 결과다. 나우 계정은 겉으로 보기에 이자가 붙는 요구불 예금 계좌와 다를 바 없지만 기술적으로는 저축성 계좌이다.

우리는 나우 계정을 만들어낸 해커를 안다. 바로 매사추세츠 주 우스터Worcester에 있는 '소비자저축은행Consumer Savings Bank'의 회장 겸 최고경영자인 로널드 헤이즐턴Ronald Haselton이다. 헤이즐턴은 왜 저축성 계좌로 수표를 쓸 수 없느냐고 묻는 한 고객의 말을 우연히 엿들었다고 한다. 그도 그것이 궁금해지기 시작했고, 그 결과 레귤레이션 Q의 규칙을 해킹해 이자가 붙는 당좌예금 상품을 만들었다.

현대의 양도성예금증서Certificates of Deposit, CDs는 혁신적인 은행 해킹의 또 다른 사례다. 이 해킹은 증권 중개인을 끌어들여 예금증서의 2차 시장을 창출하고, 그럼으로써 기업 고객들이 관심을 갖게 만들었다. 이 방식을 처음 꾀한 해커들은 지금은 시티코프Citicorp가 된 '퍼스트 내셔널 시티 은행First National City Bank'의 직원들이었다. 1961년, 시티 은행은 이자가 붙는 일반 계정들보다 더 높은 금리를 제공하는 양도성예금증서를 선보였고, 5년 뒤에는 런던 시장에도 진출했다. 그로부터 얼마 지나지 않아서, 시티 은행은 양도성예금증서를 더 높은 금리로 발행하지 못하게 하는 은행 규제를 피하기 위해 지주회사로 기업의 성격을 변경했다. 미 의회는 그런 편법에 대응해

---

1 NOW(Negotiable Order of Withdrawal) 계정은 요구불 예금과 저축성 예금을 혼합한 미국의 금융 상품이다. 고객은 수표를 발행하거나 미리 통지하는 방식으로 예금을 인출할 수 있다. 당좌예금이므로 이자도 받을 수 있다. - 옮긴이

1956년 제정된 '은행지주회사법Bank Holding Company Act'을 개정해 연방준비이사회로 하여금 은행 지주회사들에 대한 감독과 규제를 맡도록 했다.

20세기 중반에 등장한 또 다른 금융 해킹 사례인 머니마켓펀드Money Market Fund2와 유로달러Eurodollar3 계정은 둘다 일반 계정들에 제시되는 금리 규제를 회피하기 위해 등장했다. 이 해킹 사례들은 규제 기관들이 문제의 허점을 메우지 않기로 결정하거나 의회가 합법화함으로써 결국 정상적인 상품들로 편입됐다. 예를 들면, 나우 계정은 매사추세츠 주를 시작으로 뉴햄프셔 주와 뉴잉글랜드 주가 합법화했고 1980년 마침내 미국 전역으로 확대됐다. 은행지주회사법이 설정한 여러 다른 제한 조항들은 1994년 리글-닐 주간 은행업무 효율성 제고법Riegle-Neal Interstate Banking and Branching Efficiency Act이 제정되면서 폐지됐다. 이것은 2000년대까지 계속 이어진 은행 업무 규제 철폐 흐름의 일부였다.

이것은 기본적인 모델이고, 앞으로도 되풀이해서 이와 같은 양상을 보게 될 것이다. 정부는 은행들이 경제에 미칠 수 있는 피해 규모를 줄이기 위해 규제를 통해 이들의 행태를 제한한다. 그 규제는 은행들의 수익 규모도 줄이므로, 은행들은 그에 반발해 우회로나 허점을 찾는다. 그 결과 규제 기관들이 미처 예상하지 못했거나 구체적으로 금지하지 않은 부분에 집중해 수익성 높은 비즈니스 상품이나 서비스를 만들어낸다. 그리고 규제 기관 — 그리고 정부 자체 — 에 가능한 영향력을 총동원해 자신들이 해킹한 부분이 개정돼 금지되는 대신 합법화 되도록 만든다. 그로 인한 부작용은 전국민에 피해를 끼치는 심각한 금융 위기이다.

이런 해킹 행위는 지금도 계속된다. 2008년 글로벌 금융 위기를 계기로

---

2 단기 금융상품에 집중 투자해 단기 금리의 등락이 펀드 수익률에 신속히 반영될 수 있도록 한 초단기 공사채형 금융상품. – 옮긴이

3 유럽 은행에 예치돼 있는 미국 달러. – 옮긴이

2010년 제정된 도드-프랭크 월스트리트 개혁 및 소비자 보호법Dodd-Frank Wall Street Reform and Consumer Protection Act은 금융 규제 시스템 전반을 개혁할 의도였다. 투명성을 높이고 도산 위험을 줄이고 또 다른 금융 위기를 피하기 위해 다양한 은행 업무 규제안을 담았다. 특히 자주 남용되고 2008년 금융 위기의 주범으로 지목됐던 파생상품을 집중 규제했다.

도드-프랭크 법은 취약점이 많았다. 은행들은 즉각 사내 변호사들을 동원해 그 법의 의도를 우회할 수 있는 허점들을 찾기 시작했다. 경제에 미칠 위기 따위는 이들의 안중에 없었다. 처음에 이들은 미국에서 벌이는 '활동이나 상거래와 직접적이고 상당한 커넥션'을 가지고 있지 않은 해외 활동은 예외로 인정한다는 조항을 파고들었다. 그 취약점이 수정되자 이들은 해외 '지사branch' 해외 '계열사affiliate'의 미묘한 정의를 물고 늘어졌다. 이것도 오래 가지 않았다. 마침내, 이들은 '보증한다'라는 뜻의 'guarantee'라는 단어에 집중했다. 기본적으로, 이 모든 해외의 파생상품들은 미국에 있는 모회사의 '보증'을 받고 있었고, 이는 해외 계열사들에 무슨 일이 생길 경우 그 손실을 모회사가 보전한다는 뜻이었다. '보증한다'는 뜻의 'guarantee'와 그에 상응하는 용어들을 계약서에서 제거함으로써 이들은 법 적용을 피할 수 있었다.

2014년 말에 이르러, 은행들은 자체 스왑거래swap trade[4]의 95%를 규제가 더 느슨한 해외로 이전했다. 도드-프랭크 규제를 피하기 위한 또 다른 해킹 행위였다. 선물 시장을 감독하는 상품거래위원회Commodity Futures Trading Commission는 2016년 이 허점을 보완하려 시도했다. 스왑거래 상품은 도드-프랭크 규제를 회피하기 위해 해외로 보낼 수 없으며, 보증된 스왑뿐 아니라 보증되지 않은nonguaranteed 스왑도 모회사가 손실을 보전해야 한다고 규

---

4 서로 다른 금리 또는 통화로 표시된 부채를 상호 교환하는 거래. - 옮긴이

칙을 정했다. 하지만 새 규칙들은 트럼프 대통령이 취임하기 전에 완결되지 않았고, 그가 임명한 위원장은 새 규칙을 시행할 의지가 전혀 없었다.

다른 해킹 행위는 소위 '볼커 규칙Volcker Rule'과 연관된 것이었다. 도드-프랭크 법의 일부인 이 규칙은 은행들로 하여금 자체 계정들로는 일정한 투자 행위를 금지하는 한편 헤지펀드나 사모펀드와의 거래를 제한한다. 은행들은 만약 문제의 돈이 자체 계정에서 나오지 않았다면 그런 금지 조항에 해당하지 않는다는 사실을 재빨리 간파했다. 이는 다양한 파트너십과 투자 회사를 설립할 수 있다는 뜻이었다. 볼커 규칙은 트럼프 행정부 기간에 폐지됐고, 따라서 많은 해킹 행위는 더 이상 필요 없게 됐다. 마지막으로, 은행들은 소위 '유동성 관리liquidity management'가 목적이라고 주장함으로써 도드-프랭크 법의 모든 '거래 계정trading accounts' 규칙을 회피할 수 있음을 깨달았다.

은행과 관련한 해킹 행위는 우리가 앞으로 되풀이해서 보게 될 또 다른 특성을 보여준다. 은행과 규제 기관은 끝없는 고양이와 쥐의 경쟁을 벌인다. 규제 기관은 무책임하고 공격적이고 부패한 행태를 제한할 임무를 지닌다. 은행들은 가능한 한 많은 돈을 버는 것이 목적이다. 두 목표는 서로 상충할 수밖에 없으므로 은행들은 어디서든 언제든 가능하기만 하면 규제 시스템을 해킹한다. 어느 은행이든 그러지 않는 곳은 그렇게 공격적인 은행에 추월되고 말 것이다.

규제안의 허점을 보완한다는 당연한 대응책은 해킹 행위를 적법한 행태로 바꾸려는 업계의 공격적인 압박에 좌절된다. 이것은 주로 로비 활동을 통해 완수되지만 '규제 포획regulatory capture'으로 성취되기도 한다. 규제 포획은 규제 기관이 규제의 대상인 업계에 압도돼 공익보다는 도리어 업계의 이익에 봉사하는 쪽으로 왜곡 기능하게 되는 경향이다. 은행업계는 입법 절차 자체를 해킹하는 방식으로도 자신들의 이익을 관철한다. 금융 서비스

산업은 1998년부터 2016년까지 74억 달러(약 9조5천억원)를 로비 활동에 지출했는데, 그 중 은행업계의 로비 규모만도 12억 달러에 달했다.

법안 수정이나 보완 같은 '패치'가 유효한 해법이 아니라면, 우리는 해킹되기 전에, 더 중요하게는 그것이 기반 시스템에 정착되고 로비스트들이 합법화를 꾀하기 전에, 먼저 취약점들을 찾아내지 않으면 안된다. 금융 시스템의 경우, 정부 기관들은 회계사와 변호사들을 고용해 공격자/적의 입장에서 허점을 찾아내게 한 뒤, 법규가 아직 초안 단계일 때 개선할 수 있을 것이다.

미국을 비롯한 몇몇 나라들에서, 적어도 일부 기관은 이미 이런 식으로 문제를 보완하면서 제안된 규제안에 일반 대중의 제안을 반영하고 있다. 이런 절차의 의도는 규제안이나 규칙이 어떻게 왜곡될 수 있는지, 그리고 단기간의 기술 진보가 규칙에 어떤 영향을 미칠지 미리 파악해 규제 문안을 즉각 수정하자는 것이다. 이것이 규제 포획이나 입법 과정의 로비 문제를 완전히 일소하지는 않지만 적어도 허점이 보완되더라도 이 강력한 해커들 – 산업계 – 이 무엇인가를 크게 잃어버리는 사태도 벌어지지 않을 것이다.

다른 한 편, 로비스트들은 여론 수렴 과정을 남용해 규제 기관들이 허점을 내버려두도록 압력을 가하거나, 심지어 이전에는 없었던 새 허점을 만들 수도 있다. 여론 수렴 절차 같은 통치 시스템을 더하는 경우 해커들의 주의가 표적 그 자체로부터 해당 표적을 통치하는 시스템으로 옮겨갈 수 있는데, 이것이 해커들의 또 다른 손쉬운 표적으로 전락하지 않도록 주의하고 기민하게 대응해야 한다.

18장

금융 거래 해킹

주식 시장, 상품 거래소, 그리고 다른 금융 거래 시스템들도 해킹 당할 여지가 많은 분야다. 이것은 처음부터 그랬지만 이들 시스템이 전산화하고 자동화하면서 더욱 위험성이 커졌다.

이 영역의 해커들은 정보를 표적으로 삼는다. 금융 거래소가 제대로 작동하는 경우, 더 나은 정보를 가진 거래자들은 낮은 값에 사고 높은 값에 팔 수 있으므로 더 나은 결과를 얻는다. 해커들은 이 메커니즘을 두 가지 기본적인 방법으로 왜곡한다. 첫째, 아직 공식 발표되지 않은 정보를 지렛대 삼아 다른 누구보다도 먼저 수익성 높은 거래를 진행한다. 둘째, 허위 정보를 유포해 시장을 교란한 뒤, 사람들이 속았음을 깨닫기 전에 이익이 남는 거래를 수행한다. 둘 다 시장의 공정성, 즉 투자자들은 시장 정보에 평등한 접근성을 갖는다는 개념을 훼손한다.

첫 번째 유형에 속하는 대표적 해킹은 내부자 거래insider trading지만 워낙 오래 전부터 불법으로 규정됐기 때문에 더 이상 해킹이라 볼 수 없다. 일반적으로, 내부자 거래는 비공개 정보를 근거로 증권을 사거나 파는 행위를 동반한다. 거래자는 공식 발표 전에 자기 회사의 매출 규모를 아는 CEO, 재무보고서를 쓰는 PR 관계자, 혹은 해당 보고서를 출간하기 전에 그 내용을 볼 수 있는 출판업자 등일 수 있다. 내부자 거래의 피해는 이중적이다. (1) 그런 핵심 정보를 모르는 모든 사람들에게 피해를 끼치며, (2) 시장 시스템의 공정성에 대한 대중의 불신을 초래한다.

미국에서, 내부자 거래는 1934년 제정된 증권거래법Securities Exchange Act of 1934에서 범죄로 규정됐고, 이후 미 대법원의 여러 판결을 통해 확인되고 정교하게 발전했다. 2021년, 세 사람이 '롱 아일랜드 아이스 티 컴퍼니Long Island Iced Tea Co.'가 '롱 블록체인 컴퍼니Long Blockchain Co.'로 이름을 바꾸기 전 주식을 매입해 내부자 거래 혐의로 기소됐는데 이들이 주식을 매입한 것은 당시 일대 붐이던 블록체인의 거품에 편승하려는 의도 외에는 달리 이유가 없었다. 이 경우처럼 오랫동안 지속돼 온 규칙은 성공적인 시스템 패치 혹은 보완의 명확한 사례라고 볼 수 있다.

이런 금지 조치가 거의 90년에 걸친 여러 해킹 시도와 규제적 타성에도 살아남은 것은 실로 놀랍다. 여기서 얻을 수 있는 교훈 하나는 폭넓은 규칙이 더 강건하고 유연하며 탄력적인 규제 시스템으로 기능한다는 점일 것이다. 한 법규가 단순하면 그 안에 포함될 수 있는 취약성도 최소화할 수 있다. (우리는 복잡한 도드-프랭크 법규가 얼마나 취약한지 앞에서 살펴보았다.) 아서 레빗Arthur Levitt 전 증권거래위원회SEC 위원장에 따르면, "(법규가) 더 구체적일수록 법조계 인사들은 그 구체적 조항들을 에두를 수 있는 여러 다양한 길을 찾아낸다. [증권거래위원회와 법무부는] 이 법들을 의도적으로 모호하게 만들어 사안을 법정에 가져갈 수 있는 근거를 극대화하기를 원한다." 내부자 거래 규칙들은 추가적인 해킹 시도들을 막기 위해 의도적으로 그 폭이 넓다.

선행매매front running도 비밀 정보를 활용한 해킹 행위다. 만약 당신이 브로커이고 뭔가 큰 거래가 곧 일어날 것을 안다면, 그 직전에 당신 자신을 위해 자잘한 거래를 수행한다. 그리고 나서 클라이언트의 거래를 실행한다. 그러면 시장이 움직이고, 당신은 즉각 수익을 올리게 된다. 내부자 거래처럼, 이것도 불법 행위로 규정돼 왔다.

금융 시장과 네트워크에 대한 일부 해킹은 그 네트워크들을 둘러싼 정보 시스템을 노릴 것이다. 예를 들면, 증권거래위원회는 2015년 비즈니스와이어Business Wire와 피알뉴스와이어PRNewswire의 네트워크에 침투해 상장 기업들과 관련된 10만 개 이상의 비공개 보도 자료를 훔쳐낸 두 우크라이나 해커를 기소했다. 훔쳐낸 자료들은 거래자들의 네트워크로 유포됐고, 이들은 앞서 취득한 정보를 바탕으로 내부자 거래 시스템과 흡사하게, 주가가 오르게 될 기업들의 주식에 투자했다.

두 번째 유형의 해킹은 거짓정보를 만들어내는 것이다. 여기에 해당하는 익숙한 사례는 '펌프 앤 덤프pump-and-dump', 주가를 인위적으로 띄운 뒤 팔아넘기는 수법이다. 주모자들은 먼저 잘 알려지지 않은 주식을 매입한다. (1주에 1달러도 안하는 소위 '페니penny' 주식 시장은 펌프 앤 덤프의 단골 표적이다.) 이어 잠재적 수익성이 높다며 사실을 호도하는 거짓 정보로 그 주식을 다른 이들에게 추천한다. 사람들이 속아서 그 주식을 매입하면 주가가 올라가고 주모자들은 그 기회를 틈타 주식을 매도한다. 과거에는 이 사기극에 잠재적 투자자들에게 전화를 거는 대목이 포함됐다. 요즘은 주식 거래를 다루는 온라인 메시지 보드, 소셜미디어 그룹, 스팸 메일 등이 더 자주 이용된다. 그것이 레딧Reddit 금융 포럼인 r/월스트리트베츠r/WallStreetBets의 주도자들이 소매 투자자들에게 게임스탑GameStop의 주가를 '달까지to the moon' 끌어올리도록 밀어붙이는 것이든, 혹은 일론 머스크Elon Musk가 자신의 비트코인 구매 내용을 수백만 팔로워들에게 트윗하는 일이든, 투자자들은 온라인 소통 채널을 이용해 사상 유례없는 속도와 규모로 다른 투자자의 기대를 조작해 자기 자신들의 수익(그리고 타인들의 손실)을 위한 자산 거품을 생산해 낸다. 온라인 거래가 대중화하면서 이러한 해킹 행위는 심지어 더 큰 수익으로 이어질 수 있다. 펌프 앤 덤프는 대개 불법이고 적발되면 무거운 벌금을 물어야 한다. 다른 한 편, 기소하기는 어려울 수 있다. 2021년 게임스탑 거래 열풍과 연관해서도 머스크나 다른 누구도 기소되지 않았다.

초단타매매의 일종인 스푸핑spoofing은 거짓정보의 유포를 동반한 또 다른 해킹이다. 여기에서 거래자는 수백만 달러 규모의 매수 주문을 냈다가, 다른 거래자들이 이를 감지하고 따라오면 재빨리 취소한다. 이런 행위 또한 불법이며, 적지 않은 사람들이 그런 행위로 유죄 판결을 받았다.

언론의 탈을 쓴 기만적 보도의 한 형태인 가짜 뉴스fake news는 점점 더 널리 사용되는 시장 해킹 방법이다. 해커들은 기업들의 가치를 왜곡해 주가의 등락을 유도하고 그로부터 수익을 챙긴다. 예를 들면 2015년, 해커들은 블룸버그 통신Bloomberg.com을 가장한 가짜 사이트를 통해 310억 달러 규모의 트위터 매수 제안이 나왔다는 가짜 뉴스를 퍼뜨려 트위터의 주가 폭등을 유도한 뒤, 인위적으로 부풀려진 가격에 트위터 주식을 매도했다. 문제의 가짜 사이트는 진짜 블룸버그 통신과 유사한 디자인에 비슷한 주소URL를 사용했다. 가짜 언론 보도, 가짜 트윗, 그리고 심지어 가짜 증권거래위원회SEC 보고서까지 그와 비슷한 사기극들에 악용됐다. 증권거래위원회는 이 모든 행태를 불법으로 규정한다.

이런 해킹에 대해 곰곰 생각해 보면, 거짓 정보는 금융 네트워크에 대한 해킹이라기보다는 다른 거래자들에 대한 해킹이라고 볼 수 있다. 거래자들의 행태에 영향을 미치려는 시도이다. 이것들은 실제로는 우리의 인지 시스템cognitive systems에 대한 해킹이다.

금융 거래 시스템이나 행위에 대한 다른 해킹은 위험을 줄이는 새로운 방법들을 찾는 것인데, 여기에는 흔히 금융 규제안에서 허점을 찾아내는 행위가 포함된다. 헤지펀드는 1960년대 처음 등장할 때부터 그런 양상을 보여주었다. 처음에는 위험을 서로 '회피하는hedging', 또는 '상쇄하는

offsetting' 방식으로, 다음에는 다양한 투자 전략들로, 그 다음에는 컴퓨터의 힘을 빌린 거래 행위로 위험은 최소화하고 수익은 극대화한다는 목표였다.

헤지펀드의 존재 자체가 금융 규제 시스템을 해킹하는 일과 결부돼 있다. 처음 등장할 때부터 헤지펀드는 증권거래위원회의 감독 대상을 받지 않을 수 있는 법률적 허점을 통해 보호돼 왔다. 헤지펀드는 고소득자와 기관 투자자들만을 클라이언트로 받기 때문에, 시장에서 개인 구매자들을 보호할 목적으로 설계된 1933년의 증권법Securities Act의 감독 대상에서 제외된다. 한편 1940년 제정된 투자회사법Investment Company Act of 1940에 서술된 범주를 절묘하게 비껴감으로써 헤지펀드는 등록된 투자회사들에게 금지된, 특히 쇼팅shorting[1] 같은 투자 기법들도 쓸 수 있다. 2010년, 도드-프랭크 법은 헤지펀드도 증권거래위원회의 감독을 받도록 정했지만 여전히 대체로 규제를 받지 않는 상태이다. 헤지펀드는 금융 시스템의 정상적인 부분이 돼 버렸다.

지난 수십년간 헤지펀드는 금융 규제 규칙들의 허점을 끊임없이 찾아내고 이용해 왔다. 때로 그 허점들은 그것을 처음 발견한 이들이 엄청난 돈을 벌고난 다음에 보완된다. 때로는 아예 법규를 수정해 특정한 해킹 행위를 합법화하기도 한다. 대부분의 경우는 법규의 허점을 노려 이용되다가 결국 정상적인 행태로 수용된다. 헤지펀드를 운영하는 이들이 다른 사람들보다 특별히 더 똑똑한 것은 아니다. 단지 금융 시스템을 더 잘 이해하고, 취약점을 찾아낸 뒤 이를 수익의 수단으로 활용할 수 있을 뿐이다. 주어진 시스템을 잘 아는 사람들이 바로 그에 대한 해킹을 통해 수익을 얻는 사람들이기 때문에, 그 시스템의 허점이 제때 보완될 공산은 매우 낮다.

---

1   쇼트 셀링(short selling)이라고도 하며, 특정 종목의 주가가 하락할 것으로 예상되면 해당 주식을 보유하고 있지 않은 상태에서 주식을 빌려 매도 주문을 내는 투자 전략이다. – 옮긴이

이는 모두 다양한 층위에서 복수의 시스템들에 대해 시도되는, 비교적 복잡한 해킹이다. 컴퓨터의 빠른 속도와 자동화를 활용한 스푸핑과 선행매매처럼, 어떤 해킹들은 기술적 수준에서 진행된다. 어떤 경우는 금융 시장의 수준에서 진행된다. 증권 관련 법규에서 취약점을 찾아내는 경우처럼, 입법 차원에서 진행되는 해킹도 있다. 이것은 모두 다음 장들에서 설명하게 될 여러 해킹들의 소우주microcosm이다.

19장

컴퓨터화된 금융 거래의 해킹

요즘 금융 거래는 모두 컴퓨터화했고, 그런 변화는 온갖 유형의 해킹 시도를 불러일으키는 계기로 작용했다. 예컨대 선행매매front running 는 이제 시행하기는 더 쉬워진 반면, 규제 기관에서 이를 탐지하기는 더 어려워졌다. 어떤 주식이 소셜미디어의 밈meme, 유행어으로 떠오르면 매입하고 부정적인 뉴스가 널리 유포되면 매도하도록 설정된 자동화 거래 프로그램은, 여기에 '감정 분석sentiment analysis' 결과를 연계함으로써 주가를 인위적으로 띄웠다가 팔아치우는 '펌프 앤 덤프'나 조직적인 비방 운동을 통한 수익률이 훨씬 더 높아졌다. 하지만 현대의 금융 거래에서 단연 악질적인 해킹은 HFT로 약칭되는 '초단타매매high-frequency tading'이다. 진짜 정보를 활용하거나 거짓 정보를 유포하는 대신, HFT는 공개 정보를 빛의 속도로 악용한다.

HFT는 고성능 컴퓨터를 이용한 알고리듬 매매의 한 형태로, 연금 기금이나 보험사 같은 기관 투자가들이 대규모 거래 주문을 넣을 때 발생하는 가격 편차를 활용한 고빈도매매 또는 초단타매매이다. (이 대규모 주문들은 주가에 상당한 영향을 끼칠 수 있다.) HFT 알고리듬은 이 주문들뿐 아니라 주가에 영향을 미칠 가능성이 높은 다른 사건들도 탐지함으로써 그로부터 수익을 올린다. 이 거래들은 '고빈도high frequency'라고 불리는데, 아주 미세한 가격

등락에도 매우 빠른 속도로 '낮은 값에 사고 높은 값에 팔려고' 시도하기 때문이다. 매매는 종종 1000분의 1초나 심지어 100만분의 1초 안에 이뤄지며, 매매 회사들은 인터넷 속도를 극대화하기 위해 서버 공간을 거래소로부터 가까운 곳에 구축하려 경쟁을 벌일 정도이다. 마치 개가 인간이 듣기에는 너무 높은 주파수 대역의 소리를 들을 수 있듯이, 고빈도 거래 알고리듬은 사람은 도저히 인지할 수 없는 미세한 패턴을 인식하고 그에 반응한다.

이것은 해킹의 일종이다. 시장의 의도가 구매자와 판매자가 각자에게 이익이 된다고 판단한 가격대에 돈과 상품을 거래하도록 해주는 것이라면, HFT는 그런 의도를 해킹한다. 시장의 모든 구성원들이 각자의 투자 판단에 필요한 시장 정보에 동등한 접근권을 가져야 한다고 믿는다면, HFT는 이를 깨뜨리는 해킹이다. 기본적으로, HFT는 마이크로프로세서의 초인적 반사 능력을 이용해 시장 시스템이 작동하면서 발생하는 무작위 소음으로부터 작은 액수의 돈을 누적적으로 벌어들인다. 그것은 원활한 거래를 돕는 컴퓨터 시스템의 한 부분이다. 명백히 시장 설계자들은 의도하지도 예상하지도 못했던 내용이다. 명백히 해당 시스템의 본래 목표를 배반하고 사적인 이익에 봉사하는 양상이다. 명백히 기생적인 현상이다.

HFT가 그 안에 내재한 불공정성보다 더 나쁜 것은 금융 거래 시스템에 새로운 위험과 변동성을 가져온다는 점이다. 2010년 미국 주식시장은 급속도로 붕괴하면서 불과 36분 남짓 만에 1조달러를 잃었다가 다시 반등했다. 아무런 원인도 밝혀지지 않았지만 그 붕괴의 규모는 HFT 때문에 더욱 커졌다. 2012년, 나이트 캐피탈 그룹Knight Capital Group은 HFT를 제어하는 새 소프트웨어의 오류 때문에 4억 4000만 달러를 잃었다. 이런 사건들이 보여주듯이, HFT와 자동화 매매 시스템들은 가공할 속도와 대규모 물량 때문에 사람 거래자들이 벌이는 일반적인 매매 방식보다 훨씬 더 위험하다. 그리고 HFT는 알고리듬 거래 시스템을 사용할 수 없는 사람들을 불리한 처지로 내몬다.

여기에서 내가 다루는 여러 해킹들과 달리, 그리고 지독한 불공평성에도 불구하고, HFT는 합법화했다. 미국의 경우 금융산업규제청Financial Industry Regulatory Authority, FINRA은 알고리듬 거래 시스템들의 작동 논리와 방식을 더 투명하게 공개하도록 독려하는 규제안을 도입했고, 유럽연합EU도 비슷한 규칙을 가지고 있다. 둘 다 HFT 매매 방식을 둔화하는 데는 별로 소용이 없다. HFT 사용이 절정을 이루던 2009-2010년, 미국 주식 매매의 60-70%가 고빈도 매매 방식이었던 것으로 추정된다. 그리고 개인 투자자가 HFT 브로커와 계약을 맺고 컴퓨터 알고리듬 매매에 참여할 수도 있지만 전문 HFT 거래자들은 여전히 다른 개인 투자자보다 더 빠르고 효율적으로 고빈도 매매를 벌일 것이다. HFT 전문 기업들은 시장의 다른 투자자들보다 몇십 분의 1초 더 빨리 임박한 주문을 보기 위해 가외의 비용을 지불할 수 있다. 불공평한 이점의 또 다른 사례다.

컴퓨터의 빠른 속도로 진행되는 매매에서 오탈자typo에 편승하는 것은 또 다른 시장 해킹 방식이다. 컴퓨터화한 매매 시스템에서 오탈자는 드물지 않다. 그런 실수로 인한 대실패는 뉴스가 되기도 한다. 예컨대 일본 기업인 미즈호 증권사Mizuho Securities Co.는 직원 한 명이 1주당 61만엔이 아니라 61만주를 1엔에 내놓는 '치환 오류transposition error'를 저지르는 바람에 한 번의 주식 거래로 2억 2500만 달러의 손실을 입었다. 도이치은행Deutsch Bank는 소위 '팻 핑거 에러fat-finger error'[1]로 60억 달러의 헤지펀드를 우발적으로 전송했다. 또 다른 사례에서 도쿄 증권 거래소Tokyo Stock Exchange의 한 매매자는 버튼을 잘못 누른 뒤 42회의 개별 거래를 한꺼번에 취소하려다 6,170억 달러를 잃었다. 또 다른 '팻 핑거' 사례인 셈이다.

---

1 키보드로 입력할 때 한 손가락으로 동시에 두 개의 키를 치는 바람에 벌어지는 실수. - 옮긴이

이들 중 어느 것도 해킹이 아니다. 단지 실수일 뿐이다. 여기에서 해킹은 누군가의 업무 착오나 실수로부터 수익을 얻겠다는 기대로 일부러 비정상적인 매수 매도 주문을 내는 일이 될 것이다. 오퍼를 내는 데는 아무 비용도 들지 않으므로, 이 대목에서 해킹은 황당하고 비현실적인 오퍼들로 시장 시스템들에 끊임없이 부담을 가하는 일일 것이다. 그럼에도 이런 시도의 대부분은 바람대로 진행되지 않겠지만 어쩌다 한두 번, 드물게 다른 누군가의 실수로 막대한 수익을 내게 될 수도 있다.

그렇다면 이런 위험을 어떻게 방어할 수 있을까? 금융 규칙은 비교적 유연하므로 적기에 패치하는 일은 유효한 해법이다. 금융 규칙은 의도적으로 광범위하게 입안됐기 때문에 규제 기관의 재량도 상당 부분 허용된다. 법원과 규제 기관들은 기존 법을 재해석하거나 명확히 함으로써 빠르고 손쉽게 특정 매매 방식을 금지하거나 규제할 수 있다. 그렇다고 해도, 금융 거래의 많은 해킹이 합법화거나 정상화하기 때문에 패치의 효율성은 제한적이다.

보안성 높은 시스템 설계가 유력한 방어 수단으로 떠오르는 것은 이 대목이다. 우리는 고빈도 매매로 인한 취약성을 줄여주는 금융 시스템을 설계할 수 있다. 이미 많은 시장들은 주가 등락이 일정 수준을 넘어서는 경우 일시적으로 매매를 자동 중지하는 '서킷 브레이커circuit breaker, 시장 매매 정지'장치를 갖추고 있다. 그뿐이 아니다. 예를 들면 모든 매매는 초당 – 혹은 10초당 – 한 번씩 집행되도록 요구할 수 있다. 혹은 위험한 HFT 매매를 자동 탐지해 매매를 지연하거나 완전히 취소하는 시스템을 만들 수도 있다. 하지만 규제 기관이 요구하는 어떤 설계 변화 요구든 유력한 투자자들의 원하는 방향과는 충돌할 수밖에 없다. 교황은 마르틴 루터의 95개조 논제가 발표된 지 50년이 지나서야 면죄부를 재디자인했다. 우리가 그렇게 오래 기다려야 할 필요가 없음은 자명하다.

20장

럭셔리 부동산

런던, 뉴욕, 밴쿠버, 그리고 세계의 다른 수많은 대도시들에서 럭셔리 부동산은 과거와 사뭇 다른 동향을 보인다. 이것은 더 이상 부자가 자기 집이나 별장을 사는 문제가 아니다. 돈세탁의 수단이다.

이 분야의 해킹은 이렇게 벌어진다. 만약 당신에게 몇백만 달러(혹은 루블)의 비자금이 있다면 그것을 당좌 계좌나 투자 계좌에만 묵혀둘 순 없다. 정부는 은행들에 그 돈의 출처를 비롯해 온갖 시시콜콜한 질문을 하도록 요청하고, 만약 대답이 타당하지 않으면 고객거래신고서Suspicious Activity Report를 제출하라고 요구한다. 하지만 여기에도 한 가지 취약점이 있는데, 바로 부동산 분야에서 그렇다. 많은 나라들의 경우, 부동산 구입을 둘러싼 규제는 은행과 금융 시장에 대한 규제와는 비교도 되지 않을 만큼 허술하고 느슨하다. 은행들은 사기와 돈세탁을 막기 위해 고객을 잘 조사하고 거르도록 요구받지만, 그런 규칙은 부동산 거래에 연루된 해외의 페이퍼 컴퍼니 shell company에는 적용되지 않는다. 중개인과 판매자 들은 출처가 의심되는 현금에 대해 아무런 질문도 던지지 않는다. 정부에서 요구하지 않기 때문이다. 그런 취약점을 알게 되면, 당연히 그 부분을 공략할 수밖에 없다.

먼저 당신은 실제 거주할 의도가 전혀 없는 어느 도시의 초고가 아파트를 구입한다. 그런 구입 절차는 개인적 연관성을 숨기기 위해 페이퍼 컴퍼니를 거친다(이는 기술적으로 '수익 소유권beneficial ownership'이라고 불린다). 이어 그 부동산을 담보로 은행 융자 자격을 얻는다. 그렇게 빌리는 돈은 깨끗하고, 따라서 규제 기관의 감시나 간섭을 받을 걱정 없이 주식시장이나 다른 평범한 부문에 투자할 수 있다. 해당 아파트의 가치가 올라갈지 여부는 애초부터 그런 목적에 산 것이 아니기 때문에 당신의 관심사가 아니다. 하지만 시세가 오른다면 그를 근거로 더 많이 대출받을 수 있으므로 금상첨화다. 세입자가 얼마나 건전하든 아파트의 가치를 떨어뜨릴 것이기 때문에 아무에게도 임대하지 않는다.

은행 사기 혐의로 러시아를 탈출한 안드레이 보로딘Andrey Borodin이 런던에 1억 4000만 파운드(약 2300억 원)짜리 럭셔리 아파트를 소유한 것도 이런 방법을 통해서였다. 그만이 아니었다. 국제투명성기구Transparency International의 2015년 보고서에 따르면 총 재산가치가 44억파운드에 달하는 영국의 호화 부동산 160개가 모두 이른바 '부패 고위험 인사들'의 소유였다. 뉴욕과 마이애미 같은 도시들에는 아무도 살지 않는 럭셔리 아파트들이 즐비하다. 2014년 「뉴욕타임스」가 한 럭셔리 빌딩을 조사한 결과 전체 가구의 80%가 페이퍼 컴퍼니 소유로 돼 있었다.

이 똑같은 트릭은 돈세탁을 시도하지 않는 경우에도 통한다. 앞에 예로 든 정도로 잘 먹히지는 않지만. 부동산은 여전히 돈을 묵혀두고 융자 담보로 쓰기에 좋을 뿐 아니라, 부동산 가격이 오르면 그 주인의 융자 한도까지 늘려준다.

이 모든 내용은 럭셔리 부동산 시장의 기묘한 특성을 잘 설명해준다. 많은 소유주는 특별한 사정이 없는 한 집이 팔리지 않아도 시장 환경을 고려해 가격을 낮추지 않는다. 실제 부동산 매매가 일어나지 않는 한, 그 부동산의 가치는 떨어지지 않기 때문이다. 럭셔리 부동산을 소유한 대다수는 가치보다 낮게 팔기보다 계속 소유하면서 본래 가치를 유지하는 결과를 더 선호한다.

이것은 해당 럭셔리 부동산이 위치한 이웃에서 살고 싶어하는 사람들에게 직접 피해를 끼친다. 주변에 거주하는 사람이 적어지므로 이 지역의 상업용 부동산 시장도 와해된다. 런던 메이페어Mayfair의 소매점들은 해당 지역 부동산의 30%가 역외 돈세탁범들의 소유로 모두 빈집 상태였기 때문에 수지가 맞지 않아 문을 닫을 수밖에 없었다.

이런 문제에 대한 처방은 취약점만큼이나 명확하다. 부동산 시스템도 다른 금융 시스템들과 맞추는 규제 변화다. 2016년 미국 재무부는 돈세탁범들의 유력한 표적으로 추정되는 12개 도시를 선정해 그곳에서 유한책임회사Limited Liability Company, LLC가 설립될 때 그 수익적 소유자beneficial owner가 누구인지를 밝히도록 요구한 '지역 표적 명령geographic targeting order' 프로그램을 시범적으로 시행했다. 그 결과 LLC 자격으로 부동산을 현금 구매하는 비율이 70%나 떨어졌다. 이 요구 사항은 전국 차원으로 확대돼 영구적으로 시행될 수도 있다. 사실 지역표적명령은 최근 갱신돼 새로운 부동산 시장들로 확대됐다. 연방정부는 은행업계가 시행하도록 의무화한 '고객 파악 제도Know Your Customer Rule'에 페이퍼 컴퍼니의 수익적 소유자들도 포함하도록 그 범위를 확대했다. 그리고 연방정부는 고객의 상세한 조사로부터 제외되는 '임시 면제' 조항도 제거할 수 있었다. 이것은 지금은 영구 법률이 된 듯한 2001년의 '애국자법PATRIOT ACT'이 제정될 당시 영악하게 끼워넣을 수 있었던 면책 조항이었다.

비록 러시아의 우크라이나 침공을 계기로 영국이 러시아 경제 제재를 꾀하면서 상황이 어느 정도 바뀌기는 했지만, 이 규제를 바꿀 만한 정치적 동기는 여전히 미약하다. 그런 관성의 이유는 물론 권력이다. 부동산 개발, 건설 등등 아무런 규제를 받지 않는 럭셔리 부동산의 매매로부터 혜택을 누리는 산업 분야는 많다. 그리고 이를 규제함으로써 혜택을 받을 만한 권력층 인사는 거의 없다. 세금 수입을 늘리고, 주택 가격을 안정시키고, 사람들이 매매하고 임대할 수 있는 주택 수를 늘리고, 돈세탁 범죄의 여지를 줄이는 등의 대안은 권력층을 제외한 우리 모두가 원하는 일이다.

이제 부동산을 통한 돈세탁은 워낙 통상적으로 벌어지는 비즈니스 행태가 돼 해킹으로 치기도 어려울 정도다. 고액 예술품의 경우도 마찬가지다. 양질의 예술품을 값싸게 구입한 뒤 그보다 훨씬 더 높은 가치 평가를 받은 뒤 이를 면세 대가로 박물관에 기증하는 해킹 방식이다. 그 때문에 우리 사회는 세수 손실의 피해를 입는다.

21장

사회적 해킹은 종종 관행이 된다

해킹을 생각할 때, 우리는 그것이 해당 시스템의 설계자들에 의해 재빨리 봉쇄된다고, 다시 말해 '패치'된다고 생각한다. 이것은 컴퓨터 해킹에서 일반적으로 벌어지는 현상이다. 2022년 5월 현재, 언론에 보도된 세 가지 취약점은 다음과 같다.

- 시스코Cisco는 자사의 엔터프라이즈 NFV 인프라스트럭처 소프트웨어 Enterprise NFV Infrastructure Software에서 찾아낸 여러 취약점을 발표했다. 그 중 한 취약점은 공격자로 하여금 게스트 가상 머신guest virtual machine 에서 호스트 머신으로 점프하는 것을 허용하기 때문에 결과적으로 전체 호스트 네트워크가 침해될 수 있다.
- 클라우드 보안 회사인 F5는 자사 제품들에 영향을 미치는 43개의 취약점들을 고객사들에게 경고했다. 그 중 하나는 "네트워크 접근이 승인되지 않은 공격자가 관리 포털 그리고/또는 자체 IP 주소들을 통해 BIG-IP 시스템에 접속해 임의로 시스템을 제어하거나 파일을 만들고 삭제하거나 서비스를 중지시킬 수 있게" 한다는 내용이었다.
- AVG 코퍼레이션은 자사의 안티바이러스 제품들의 코드에 2012년부

터 포함돼 있던 고위험 취약점 두 개의 상세한 내용을 발표했다. 공격자들은 두 오류를 통해 보안 소프트웨어의 작동을 멈추게 하거나 사용자의 운영체제를 교란할 수 있었다.

문제의 취약점들은 예외없이 연구자들이나 제작사들이 발견해 시스템 설계자들에게 비밀리에 통보돼 패치된 다음에야 그런 내용이 공식 발표됐다.

컴퓨터 보안 분야에서 이것은 '책임 공개responsible disclosure'라고 불린다. 그 반대의 개념은 '제로데이 취약성zero-day vulnerability'이다. 이것은 범죄자, 정부 기관, 혹은 해커가 아무도 몰래 처음 발견한 다음 다른 범죄 집단이나 정부 기관들에 팔아넘기고, 해당 시스템을 관리하는 기관은 문제의 취약점이 그런 기관들에 악용돼 피해를 입을 때까지 그런 사실을 알지 못하는 취약점이다. 이런 경우는 누구도 미리 경고를 받을 수 없다.

우리가 앞 장들에서 논의한 해킹 사례들뿐 아니라 이 책 전반에 걸쳐 다루게 될 사례들 가운데 책임 공개 개념이 작동하는 곳은 거의 없다. 컴퓨터 보안 분야를 제외한 나머지 부문들에서는 그것이 더 정상이다. 어느 헤지펀드 매니저가 어느 금융 시스템에서 수익성 좋은 해킹의 기회를 발견하는 경우, 그는 그 허점이 보완되도록 규제 기관에 알리지 않는다. 나중에 정부 기관이 그런 허점을 알고 금지할 때까지 그는 그런 이점을 활용한다.

이것이 더 일반적으로 진행되는 절차다. 첫째, 모종의 허점이 발견되고 이를 이용한 시스템 해킹이 진행된다. 궁극적으로 이 해킹은 널리 알려진다. 그 알려지는 속도는 해킹의 성격에 따라, 그것이 어떻게 작동하고 얼마나 큰 수익을 안겨줄 수 있는지, 해당 시스템이 얼마나 널리 사용되는지, 그리고 문제의 해킹에 대한 정보가 얼마나 빨리 유포되는지 등에 따라 느릴 수도 있고 빠를 수도 있다. 어느 시점에서 시스템의 관리자나 제작사는 그 해킹에 대해 알게 된다. 이들의 선택지는 두 가지다. 하나는 패칭을 통해 시스템의 규칙을 바꿈으로써 더 이상의 해킹을 막는 것이다. 아니면 문제의 해킹을 아예 시스템에 편입시켜 정상화해 버리는 것이다. 정상 기능 중 하나로 만들면 누구나 그것을 사용하게 돼 아무런 경쟁 우위도 누릴 수 없게 되므로 문제의 해킹은 자연스럽게 소멸된다.

금융 분야 해킹의 역사는 곧 정상화normalization의 역사이다. 누군가가 금융 분야의 허점을 해킹해 막대한 규모의 돈을 번다. 다른 이들이 그 사람의 방식을 베껴 역시 큰 돈을 번다. 그 즈음 규제 기관들이 이를 인지하고 개입한다. 때로 이들은 문제의 해킹을 불법으로 규정해 해커들을 기소한다. 하지만 대부분의 경우, 이들은 그 해킹을 소급해 승인한다. 그렇게 되면 해킹은 금융 활동의 정상적인 한 부분으로 편입된다. 그런 정상화 절차는 늘 의도적으로 일어나는 것은 아니다. 헤지펀드의 경우처럼 어떤 해킹 행위는 그저 무시되고, 그러한 무대응을 통해 수동적으로 정상화한다.

이자가 붙는 NOW 계좌나 양도성예금증서처럼 금융계에 혁신을 불러온 해킹의 경우는 긍정적일 수 있지만 그에 따른 비용도 요구된다. 앞에 예로 든 여러 해킹 행위들은 정보, 선택, 혹은 인지적 판단능력agency을 표적으로 삼아 공정성을 해친다. 이런 해킹은 혁신적이기보다는 전복적이다. 이런 행위의 정상화는 부유 계층의 권력이 다른 모든 사람들의 희생을 발판으로 관철됐음을 증명한다.

정상화는 새로운 현상은 아니며, 해커들과 규제 기관들 간의 쫓고 쫓기는 고양이-쥐식 추격전 양상도 마찬가지다. 중세 시대, 가톨릭 교단과 세속 정권 모두 이자가 붙는 대부 사업을 죄악이라고 간주했기 때문에 매우 엄격하게 규제했다. 은행업이 한 직종으로 발전하면서 부유한 은행가들은 점점 더 정교한 방법들로 이러한 규제를 회피했다. 회계장부를 조작하거나, 고리대금업을 합법적인 것으로 허위 분류하거나, 대부 이자를 대출자의 선물로 위장하는 식이었다. 한 해킹 행위는 '건乾 해운 대부dry sea loan'라고 불렀는데, 금지된 대부 행위를 허위 해운 활동과 연계해 합법적인 '해운 대부sea loan'로 둔갑시켰기 때문이다.

중세의 고리대금업 해킹 행위들에 대한 대응은 이 장 전체에 메아리친다. 12세기와 14세기 사이에, 가톨릭 교단은 건 해운 대부 같은 새로운 금융 변칙들에 대응하기 위해 고리대금업 규제 내용을 개선해 더 정교한 단속 제도를 도입하는 한편, 기소된 고리대금업자들에 대한 처벌을 더욱 강화했다. 하지만 부자들은 자신들의 수입 원천을 보호할 방법이 있었다. 부유한 조합들guilds은 교회의 규제를 벗어난 금융 제품들을 만들 수 있는 자원과 전문성을 갖추고 있었다. 그리고 교회가 고리대금 규제법 위반자들로부터 헌금과 금융 형태의 배상금restitution을 받도록 함으로써 고리대금업의 조건부로 승인을 부추기는 규제기관 포섭 활동도 벌였다. 현대의 은행업은 기본적으로 1517년 제5차 라테란 공회의公會議, Fifth Lateran Council에서 출발했는데, 유익한 해킹으로 평가돼 정상적인 비즈니스 형태로 정착한 한 사례이기도 하다. 만약 당신이 은행에서 융자금을 받아 집을 구입했거나, 대학 등록금을 융자받았거나, 대부금으로 창업한 적이 있다면, 애초에 해킹으로 출발한 것들이 비즈니스 형태의 일부로 정상화한 사실에 감사해야 할 것이다. (라테란 공의회는 전당포도 합법화했으므로, 이를 이용한 적이 있다면 그것도 감사할 일이다.)

오늘날 정상화는 흔한 현상이 된 듯하다. 고빈도 매매와 관련된 대부분의 해킹 행위들도 1백년 전에 발명됐다면 불법으로 규정됐을 것이라고 나는 확신한다. 마찬가지로, 나는 내부자 거래가 지난 10년, 20년 사이에 발명됐다면 합법으로 용인됐을 것이라고 확신한다.

22장

시장 해킹

2010년부터 2014년까지, 골드만 삭스^{Goldman Sachs}는 디트로이트 지역에 27개의 산업용 창고를 가진 알루미늄 보관 회사를 소유하고 있었다. 하루에도 몇 차례씩, 트럭들이 700kg 가까운 금속 막대들을 싣고 한 창고에서 실어 다른 창고에 부리는 작업을 되풀이했다. 매일.

그것은 물론 해킹이었다. 알루미늄의 현장 가격은 부분적으로 구매로부터 배송까지 얼마나 걸리느냐에 따라 계산된다. 디트로이트의 27개 창고는 전국 알루미늄 공급량의 4분의 1 이상을 보관하고 있었기 때문에 이처럼 알루미늄 자재의 보관 위치를 끊임없이 바꾸는 일은 그 가격에 영향을 미쳤고, 골드만 삭스의 편법 운영은 자사의 수익을 극대화하는 쪽으로 알루미늄의 가격을 조작하는 결과를 낳았다.

이것은 기본적으로 골드만 삭스만한 자금력이 없는 사람들에게는 불가능한 해킹이었다. 시장 경제에서 해킹을 하려면 자금력이 있어야 하고, 따라서 해킹으로부터 혜택을 보는 것은 부유한 세력이다.

시장 해킹은 우리가 제품과 서비스를 만들고 판매하는 과정에서 취약점을 찾아내 이용한다. 그 과정은 이를테면 공급과 수요, 소비자의 선택, 기업들이 시장에 진입하거나 시장을 떠나는 방식, 그리고 애초에 어떤 종류의 제품들이 제안되는지와 같은 내용을 담고 있다.

시장 자본주의, 즉 자유로운 시장의 개념은 독특한 이점들을 통해 다른 상업 시스템을 대체한다. 시장 자본주의는 공산주의 같은 중앙 계획 시스템들과 대조적으로 어느 한 기관에 의해 통제되지 않는다. 개인들은 각자 본인에게 최선의 이익이 되는 쪽으로 개인적 결정을 내리고, 자본은 가장 높은 수익을 낼 수 있는 쪽으로 흘러가며, 그런 카오스 상태에서 효율적인 시장이 떠오른다. 적어도 완벽한 세상이라면 그럴 것이라는 말이다.

이 모든 것이 통할 수 있게 해주는 기본 메커니즘은 경합하는 판매자들 사이에서 자신에게 최선의 이익이 되도록 결정을 내리는 개별 구매자들이다. 시장의 규칙은 그런 기본 메커니즘이 계속 작동하도록 유지하면서 시스템이 더 큰 피해를 초래하지 않도록 예방하는 목적을 가지고 있다. 여기에는 기만적 거래 관행과 위험한 근로 환경을 금지한 경우처럼 누구나 예상할 수 있는 내용의 법규도 있고, 계약 집행, 국가 통화, 분쟁 조정을 위한 민사 재판소 등을 다룬 법규도 있다.

시장이 성공하려면 정보, 선택, 그리고 판단 능력^{agency} 세 가지가 필요하다. 구매자들은 현명한 구매 결정을 내리기 위해서는 해당 제품과 서비스에 대한 정보가 필요하다. 어떤 이점과 문제점이 있는지, 가격은 얼마인지, 사양은 어떤지 등등을 알 수 있어야 한다. 구매자들은 복수의 판매자들 가운데 선택할 수 있어야 한다. 그렇지 않으면 가격을 제어하고 혁신을 추동할 수 있는 경쟁이 일어나지 않는다. 그리고 구매자들은 다른 판매자들에 대한 정보와 지식을 활용해 최적의 상대를 고를 수 있는 판단 능력이 필요하다. 시장의 이 세 가지 요소는 모두 성공적으로 해킹됐다.

- 복잡한 제품 소개는 정보의 선명성을 떨어뜨린다. 일례로, 서로 다른 셀폰 프로그램, 신용카드, 혹은 주식 투자 설명서 등의 가격을 비교해

보라. 모호하고 기술적이며 복잡한 설명은 혼동을 초래해 구매자들이 현명한 결정을 내리기 어렵게 만든다. 이것은 상당 부분 하이테크 세계가 본래 복잡한 탓도 있지만, 다른 한편 사용자들이 정확한 정보에 접근하는 것을 방해하기 위해 일부러 정보를 더 어렵게 제공하는 해킹 탓도 크다.

- 독점은 선택을 불가능하게 만든다. 독점은 새로운 게 아니고, 자본주의 이전에는 해킹으로 치부되지도 않았다. 하지만 구매자를 놓고 경쟁하는 판매자들로 구성된 시장 시스템에서 독점은 그 시장 메커니즘을 전복한다. 애덤 스미스는 1776년, 사업가들의 경제적 이익은 종종 대중의 이익과 불일치한다고 설명하면서 이에 대해 썼다. 사업가, 그리고 기업의 목표는 수익을 극대화하는 것이다. 대중의 목표는 (대체로) 제품의 분량, 품질, 다양성, 혁신을 극대화하는 한편 가격은 최소화하는 것이다. 경쟁이 없다면 판매자들이 더 이상 구매자를 잃을 걱정이 없고, 따라서 대중이 원하는 어떤 것이든 제공할 인센티브도 없어진다.

- 잠금lock-in 효과는 경쟁 제품들 중에서 자유롭게 고를 수 있는 우리의 판단 능력을 감퇴시킨다. 지금 코카콜라를 마시는 사람이라도 입맛에 맞지 않으면 내일 펩시콜라를 마실 수 있다. 하지만 그 사람은 지금 자신의 셀폰 사용 조건이 마음에 들지 않거나 이용하는 이메일 제공사, 혹은 신용카드 회사에 불만이 있더라도 내일 여전히 같은 셀폰 플랜, 이메일 제공사, 그리고 신용카드를 사용할 것이다. 다른 플랜이나 서비스로 갈아타기 위해 감수해야 할 돈과 시간, 불편함, 그리고 새롭게 배워야 할 번거로움의 비용이 더 크기 때문이다. 그게 바로 잠금 효과다. 그리고 해킹은 그와 같은 잠금 효과를 더욱 강화하는 여러 다른 방법들로 나타난다. 오디오 플레이어나 전자책 리더를 바꾸는 비용을 크게 높이는 독점적 파일 포맷, 비즈니스 앱을 바꾸기 더 어렵게 만드는

맞춤화, 자신의 계정을 지우면 친구들의 계정에 접근할 수 없게 만드는 소셜 네트워킹 사이트들, 혹은 탈퇴할 때 데이터를 가져갈 수 없게 만든 앱 등이 그런 경우이다.

이 모든 해킹의 결과, 기업들은 시장 시스템을 교란하고 대중에게 피해를 끼치면서 자신들의 이익을 극대화한다.

규제를 통해 이런 시장 실패를 줄일 수 있다. 규제 철폐는 그 본질상 어떤 행위를 막는 장애물들을 제거한다. 더 많은 해킹을 허용함으로써, 사실상 해킹 방법이나 그로 인한 결과를 아무도 모르는 상태에서 미리 승인해버리는 효과를 낳는다. 이것은 물론 좋기도 하고 나쁘기도 하다. 혁신이 신속하게 시행될 수 있다는 점에서 좋다. 그리고 혁신으로 볼 수 없는 부정적 행태 또한 그처럼 신속하게 시행될 수 있다는 점에서 나쁘다.

적어도 미국의 경우, 역사적으로 혁신을 우선시했고 따라서 규제 구조 또한 최소한으로 제한돼 왔다. 이것은 대체로 성공했는데, 악의적 해킹으로 초래되는 피해의 규모가 잘 억제된 덕택이었다. 하지만 이제는 신기술의 막강한 영향력과 경제의 글로벌한 성격 때문에 더 이상 그렇지 못하다. 탐욕과 이기주의에 기반한 경제 시스템은 그런 특성들이 기반 시스템을 파괴할 수 없는 경우에만 통한다. 그리고 "빠르게 움직이고 무엇이든 깨부수라"라는 페이스북의 유명한 모토는, 그렇게 깨부수는 대상이 자기 자신의 것들인 경우에만 유효하다. 만약 다른 누군가의 시스템도 연계돼 있다면 깨부수는 행위를 재고할 필요가 있고, 이미 부숴버렸다면 다시 고쳐놓아야 할 것이다.

23장

대마불사

대마불사^{Too Big to Fail}라는 표현은 우리의 시장 경제가 가진 치명적 취약성을 잘 요약한다. 만약 한 기업이 워낙 커서 그 기업이 도산할 경우 경제 시스템에 위험을 초래할 수 있다면 그 기업은 심지어 더 큰 모험수를 마음껏 둬도 된다. 정부가 그 기업의 실패를 용인하지 못할 것이기 때문이다. 이런 개념은 J. 폴 게티^{J. Paul Getty}가 언급했다는 발언에 잘 녹아 있다(실제로는 존 메이나드 케인즈^{John Maynard Keynes}의 발언일 가능성이 높다): "만약 당신이 은행에 100달러를 빚졌다면 그건 당신의 문제. 만약 은행에 1억 달러를 빚졌다면 그건 은행의 문제." 이것이 '대마불사'의 요점이다.

좀더 상세히 들어가 보자. 어떤 기업들은 우리 경제의 작동에 워낙 긴요한 역할을 하기 때문에 실패가 용납되지 않는다. 이들은 너무 비대해지고 너무 긴요해져서, 설령 손실이 너무 커지더라도, 정부 입장에서는 공적자금을 투입해 연명시키는 비용이 도산하도록 내버려두는 쪽보다 더 낮다.

판매자들이 구매자를 끌어모으기 위해 경쟁한다는 시장의 기본 메커니즘을 상기해 보자. 성공적인 판매자들은 번성하고 그렇지 못한 곳들은 쇠퇴한다. 위험한 결정을 고려 중인 정상적인 기업인이나 조직을 상상해 보자. 이들은 성공에 따른 수익과 실패에 따른 비용을 따져야 하고, 궁극적인 결정도 양쪽을 고려한 내용일 것이다. 그에 견주어 너무 중요해서 실패하면 안 된다고 평가되는 기업의 경영진은 자신들의 어떤 허술한 결정이든 그로 인해 발생하는 비용은 납세자들의 돈으로, 다시 말해 사회 전체의 비용으로 충당되리라는 것을 안다. 이것은 도덕적 해이moral hazard를 낳고 위험한 의사 결정을 부추기는 계기로 작용한다. 만약 이들의 결정이 성공적이라면 사업은 번성할 것이다. 그리고 설령 성공적이지 못하더라도 그에 따른 손실로부터 보호받을 것이다. '대마불사'는 잘못된 베팅에 대한 일종의 보험이다. 이것은 우리의 시장 시스템을 심각하게 교란한다. 이것은 돈과 권력을 동력으로 삼은 왜곡이다. 그리고 이것은 일종의 해킹이다.

2008년 금융 위기의 여파로 도산 위기에 몰린 월스트리트의 여러 은행과 금융 기관들을 미국 정부는 구제했다. 이들이 위기에 몰린 것은 그 경영진과 관리자들의 잘못된 비즈니스 결정 탓이었다. 정부는 위기에 몰린 기업들의 자산과 주식, 모기지 담보 증권mortgage-backed securities[1]에 대한 정부의 매입을 인가한 '부실 자산 구제 프로그램Troubled Asset Relief Program'을 통해 이들을 구제했다. 7000억 달러에 이르는 그 긴급 구제는 전체 미국 경제를 보호하는 데 필수라고 여겨졌다. 긴급 구제 없이는 미국 경제 자체가 붕괴하고 말 것이라는 공포가 그 뒤에 깔려 있었다. 전체 경제의 붕괴로 이어진다면 정부가 구제 프로그램에 지출해야 할 비용은 침체의 심각성에 따라 편차는 있겠지만 어쨌든 7000억 달러보다 훨씬 더 클 것이었다. (경제 침체 상황에서는 사람들의 수입이 줄어 세금도 적게 내기 때문에 정부 수입은 감소하는 반면, 실업 보험 같은 프로그램들에 대한 정부의 지출은 증가한다. 한 마디로, 침체는 그 정도가 심각할수록 더 큰 비용을 요구한다.)

미국 정부가 '대마불사' 기업들을 구제한 것은 이번이 처음은 아니다.

---

1 주택용이나 상업용 부동산을 담보로 하는 대부채권을 유가 증권화한 것. – 옮긴이

1930년대, 수많은 은행들의 도산을 계기로 이들을 감독하고 소비자들의 예금을 보호할 목적으로 연방예금보험공사Federal Deposit Insurance Corporation, FDIC가 설립됐다. 1979년, 정부는 자동차 제조사인 크라이슬러Chrysler를 구제했다. 15억 달러 규모로 비교적 작은 규모의 구제였지만 그 명분은 비슷했다. 먼저 국가 안보가 명분으로 제시됐다. 냉전이 한창이던 당시, 크라이슬러는 미국의 주력 전차인 M1 에이브럼스Abrams 탱크를 만들고 있었다. 경제 문제도 나왔다. 디트로이트를 비롯한 지역 사회의 70만여 일자리를 구제하기 위해 필요하다는 명분이었다. 그리고 미국은 당시 일본과 자동차 무역 전쟁의 와중에 있었다. 구제는 성공적이었다. 크라이슬러는 융자금을 이자까지 더해 일찍 갚았다.

'대마불사' 해킹은 기본적으로 위협 모델threat model의 변화로부터 기인한다. 시장 경제의 메커니즘이 처음 발명됐을 당시는 어떤 비즈니스도 전체 경제에 영향을 미칠 만큼 긴요하다고 여겨지지 않았고, 따라서 정부 개입을 필요로 하지도 않았다. 이것은 부분적으로 규모 탓도 있었지만, 중요한 사회적 기능들은 민영화하지 않은 이유도 있었다. 물론 어느 기업이든 성장할 수 있었지만, 요즘과 같은 천문학적 규모까지는 아니었다. 그런 수준의 성장은 현대의 여러 기술을 필요로 했다.

초대형 기업들을 규제하려는 시도들은 기껏해야 미온적인 수준에 그쳤다. 그런 기업들이 막강한 로비력으로 정부의 감독을 최소화하는 노력을 기울인 탓이었다. 2010년의 도드-프랭크 금융 개혁안은 '대마불사' 기업들의 위협을 줄이려는 시도였지만 의회의 논의와 승인 과정을 거치는 동안 그 효능을 상당부분 상실했고, 후속 세제 개혁 입법 과정에서 유명무실해졌다.

'대마불사' 해킹에 대응하는 한 방법은 초대형 기업들을 직접 구제하지 않는 것이다. 2008년 당시 미국 정부는 최소한 두 가지 다른 대응 방식을 취할 수 있었다. 하나는 긴급 구제의 조건으로 모기지를 재구성해 채무 불이행을 막는 방식이었다. 그리고 대형 은행들에 대해서는 구제 자금을 채무자들을 돕는 데 쓰는 조건으로만 구제 대책을 시행할 수 있었다. 당시 국가경제회의National Economic Council 의장인 래리 서머스Larry Summers는 두 방안을 모두 기각했다. 2008년의 은행 구제책은 어떻게 부자들이 지어낸 해킹을 부자들이 보호하는지 보여준 또 다른 사례이다.

전체 경제 시스템에 대한 대마불사 기업들의 영향력을 줄이는 가장 효과적인 방법은 애초에 대마불사 기업의 출현을 허용하지 않는 것이다. 2009년, 사회학자 던컨 와츠Duncan Watts는 "너무 커서 실패하면 안 된다고? 너무 커서 존재하면 안되도록 하는 건 어떤가?Too Big to Fail? How About Too Big to Exist?"라는 제목의 칼럼을 썼다. 그는 일부 기업들이 너무 크고 강력해서 사실상 정부를 자신들의 위험한 비즈니스 결정에 대한 보험처럼 사용한다고, 그래서 납세자들에게 실패의 비용을 전가한다고 주장한다.

이와 같은 해킹은 앞으로 다시 논의할 세 가지 속성을 예증한다. 첫째, '대마불사'는 일반화가 가능하다. 대형 은행들, 대형 부동산업체, 그리고 경제의 다른 '필수essential' 산업체들이 '대마불사' 논리를 펼 수 있다고 인식하게 되면서, 시장 경제 전체는 걷잡을 수 없이 몸집을 불리는 기업들에 대해 취약해진다. 둘째, '대마불사' 해킹은 조직화하고 의사 결정에 변화를 불러온다. 2008년의 긴급 구제책은 '대마불사'를 사실상 법률화해 버렸다. 연방 정부가 은행, 부동산업체, 그리고 자동차업계를 구제할 용의가 있음을 시위하면서, 의회는 그 해킹을 대규모 금융거래의 또 다른 일부 정도로 정상화했다. 그리고 셋째, '대마불사'라는 개념 자체가 대기업을 규제하는 기관들의 동기를 약화하고, 결과적으로 규제 기관 자체의 효력도 떨어뜨린다.

확신컨대, 요즘 기업들은 '대마불사' 구제책을 자신들의 궁극적인 보안 증서 정도로 간주한다. 특히 도드-프랭크 법안을 통해 명시적으로 구제 확약을 받은 시티그룹Citigroup, 제이피모건 체이스JPMorgan Chase, 뱅크오브아메리카Bank of America, 골드만 삭스Goldman Sachs 같은 기관들은 정부가 앞으로 또 구제해줄 것임을 알고 있다. 이것은 우리의 시장 경제에 엄청난 피해를 끼침에도 불구하고 정상적인 경제 행태로 자리잡은 해킹의 사례다.

24장

벤처 자본과 사모 펀드

음식 배달앱들은 지속 불가능한 비즈니스 모델에 의존하고 있다. 코로나 바이러스의 세계적 유행으로 대다수 사람들이 집에 머물러 있던 2020년, 도어대시DoorDash는 1억 3900만 달러, 그럽허브Grubhub는 1억 5600만 달러의 손실을 보았다. 우버이츠Uber Eats의 재무제표를 찾기는 어렵지만 그 모회사인 우버는 68억 달러의 적자를 기록했다. 그나마도 2019년의 손실금 85억 달러보다는 나아진 수치였다. 음식 배달 비즈니스는 개별 투자자들에게도 지속 가능하지 않다. 누구에게도 통하지 않는다. 배달원들은 아무런 혜택이나 직업적 안정성이 없는 긱gig 경제 근로자들[1]로 보수가 열악하다. 레스토랑들도 별로 얻는 것이 없다. 누적적인 매출이 일어나는 것도 아니고, 배달 서비스가 잘못되는 경우 레스토랑의 평판이 타격을 입는다. 고객들에게 큰 혜택이 있다고 보기도 어렵다. 서비스 수수료 때문에 더 높은 가격을 지불해야 하고 온갖 배달 문제로 골치를 앓기도 한다. 사정이 이러함에도 배달 서비스가 존재하는 이유는 소프트뱅크SoftBank 같은 벤처 자본 기업들이 이 사업에 수백억 달러를 쏟아부으면서 언젠가는 배달 산업

---

1 프리랜서처럼 어디에도 소속되지 않은 채 계약직이나 임시직으로 일하는 근로자들. ─ 옮긴이

이 레스토랑 산업계 못지 않은 수익을 내리라 기대하기 때문이다. 이런 투자 전략은 일종의 해킹 행위다. 시장 자본주의는 구매자들의 비조직적인 집단 지성이 판매자들에게 영향을 미치는 시스템으로 여겨진다. 벤처 자본venture capital, VC의 유입은 이런 메커니즘을 막는다. 판매자들의 판단 능력을 방해한다.

벤처 자본이 자금 조달 모델의 하나로 작동한 지는 수백 년이 지났지만 본격적으로 떠오른 것은 1980년대에 이르러서였다. 벤처 자본은 초기 기술 기업들의 부상과 2001년의 닷컴 거품의 형성과 몰락에 결정적인 역할을 했다. 그리고 이후 꾸준히 성장해, 글로벌 차원의 벤처 자본 시장은 2010년 500억 달러, 2019년 2,950억 달러 규모로 커졌다. 나도 개인적으로 벤처 자본의 혜택을 받았다. 벤처 자본의 지원을 받아 처음 창업한 기업을 2006년 BT에 매각했고, 두 번째는 2016년 IBM에 팔았다.

벤처 자본 자체는 해킹이 아니다. 해킹은 수익이 나는 기업들이 시장 경제의 역동성을 무시하기 위해 벤처 자본 자금을 이용하는 일이다. 우리는 모종의 중앙 기획자가 어느 비즈니스는 계속 유지하고 어느 비즈니스는 폐쇄하라고 결정하는 상황을 원치 않는다. 하지만 벤처 자본 기업이 개입되면 정확히 그런 상황이 벌어진다. 벤처 자본이 투입되면 기업들은 서로 경쟁하거나, 정상적인 수요 공급의 법칙을 걱정할 필요가 없다. 이들은 그와 같은 외부 자금원의 힘을 빌려, 일반적인 비즈니스 환경이라면 황당하게 여겨질 법한 행위도 저지를 수 있다. 이를테면 자사 제품들을 공짜로 뿌린다든지, 지나치게 많은 급여를 지급한다든지, 막대한 금융 손실을 감수한다든지, 사람들에게 피해를 입히는 서비스를 제공한다든지 하는 식이다. 이것은 기본적으로 엘리트 투자자들에 의한 중앙 계획으로, 만약 정부가 그 역할을 맡았다면 공산주의라고 불렸을 것이다.

우버는 2009년 설립된 이래 255억 달러에 달하는 벤처 자금을 받았다.

이 회사는 이후 단 한 해도 수익을 내지 못했다. 2019년, 우버는 85억 달러의 손실을 기록했는데, 이는 그 해 제공된 52억 회의 승차 서비스에서 매회 58센트를 까먹은 셈이었다. 사정이 이러함에도 우버가 존재할 수 있는 유일한 이유는 이 돈 먹는 하마에 자본을 쏟아부을 용의를 가진 투자자들이 있기 때문이다. 이들은 어쩌면 무인 운전 기술이 나와 모든 인간 운전자를 해고하고 완전한 자동 운전 체제로 돌입하게 될 날을 기다리는지도 모른다.

위워크WeWork도 수익 한 번 내지 못하고 지난 3년간 100억 달러를 까먹었다. 벤처 자본을 연료로 삼은 위워크의 거품은 2019년 주식 상장을 시도하다 실패하면서 극적으로 터졌다. 코로나 바이러스 대유행으로 인한 재택근무 흐름은 위워크의 비즈니스에 더욱 큰 타격을 입혔고, CEO와 회장을 겸직하고 있던 회사의 공동 창업자는 퇴출됐다. 위워크가 사상 유례없이 성장할 수 있었던 유일한 이유는 2010년 창업 시점부터 2019년 여름까지 128억 달러의 벤처 자본을 유치한 덕택이었다. 뒤에는 채무 구제용으로 수십억 달러를 더 모금했다.

이 사례들은 불량 투자나 심지어 사기성 불량 투자와도 같지 않다. 퀴비Quibi는 10분 미만 분량의 비디오 콘텐츠를 제공한다는 개념으로 서비스를 공식 개시하기도 전에 17억 5000만 달러 이상의 벤처 자본 자금을 확보했지만 참담한 반응 앞에서 6개월 만에 비즈니스를 접고 말았다. 테라노스Theranos의 엘리자베스 홈스Elizabeth Holmes는 단 하나의 성공적인 제품조차 내놓지 못한 기업을 오직 벤처 자본의 자금만으로 수년간 운영하다 10억 달러의 손실을 투자자들에게 안겼다. 이들은, 비록 구매자들/투자자들이 잘못된 구매 결정을 내렸고, 테라노스의 경우 완전한 사기극에 휘말린 셈이 됐지만 어쨌든 정상적으로 작동하는 시장의 사례라고 볼 수 있다.

대체로, 벤처 자본 시스템은 여러가지 방법으로 시장 자본주의를 전복한다. 시장을 왜곡해 투자 기업들이 판매하는 제품이나 서비스의 실제 비용이나 가치를 크게 과장한다. 수익이 나지 않는 기업과 지속 불가능한 비즈니스 모델이 잘나가는 것처럼 호도하고 틀린 정보를 유포한다. 벤처 자본 시스템은 특히 기술 분야의 전문 인력이나 직원의 실제 가치를 부풀린다. 그리고 마지막으로, 수송, 주택, 미디어 등과 같은 전체 시장 범주의 실상을 왜곡한다. 예컨대 우버와 리프트Lyft는 운전자들의 노동 가치를 제대로 반영하지 않는, 터무니없이 낮은 가격을 책정함으로써 도저히 지속 가능하지 않은 승차 공유 서비스 시장을 만들었다.

벤처 자본의 자금은 혁신을 가로막는 해킹이기도 하다. 실질적인 제품 개선보다 재무 수익을 중시함으로써, 일정한 유형의 혁신은 우선시하면서 다른 유형은 무시한다. 벤처 자본으로 운영되는 기업 입장에서 중요한 것은 오직 투자수익률뿐이다. 따라서 시장 경제의 목표 중 하나가 혁신을 촉진하는 것이라면, 벤처 자본 투자는 그 목표를 방기하도록 부추기는 셈이다. 벤처 자본 투자자들은 10년 안에 투자금을 회수할 것으로 기대하며, 투자한 기업의 운영 방향도 그에 따른다.

그와 비슷하게, 벤처 자본 문화는 매우 높은 수익률을 실현하려는 노력만을 보상한다. 투자자들은 여러 다른 아이디어와 비즈니스 모델을 가진 수백 개의 기업들에 돈을 댄다. 그들 중 대다수가 실패하겠지만 한두 기업이 대성공을 거두기만 하면 그런 실패를 보상하고도 남을 것이라는 계산에서다. 그래서 벤처 자본의 자금을 관리하는 이들은 지속 가능한 장기적 비즈니스보다 '큰 것 한 방swing for the fences'을 찾는 데 골몰한다. 벤처 자본 자금을 받는 기업들이 그토록 막대한 자금 손실을 감수할 수 있는 것은 그 때문이며, 그런 기형적 투자 문화는 사회적으로도 갖은 피해를 끼친다. 그러한 자금 손실은 벤처 자본계의 용어를 빌리면 '유니콘' 기업들에 의해 보상된다.

사모펀드는 또 다른 해킹을 가능케 한다. 바로 부채금융debt financing이다. 사모펀드 회사들이 기업들을 인수하기 위해 다수 지분을 확보하고자 할 때, 이들은 해당 기업들의 자본보다 부채에 집중한다. 이를 이용해 기업들에 편승한 다음 그로부터 돈을 뽑아내고, 이들의 부채 상황을 더욱 악화한 뒤 기업 자체를 매각함으로써 더 많은 수익을 올리면서, 모든 채무자들을 완전히 파탄시킨다. 2021년 극적으로 몰락한 그린실 캐피탈Greensil Capital이 그런 경우였다. 공급망 금융 기업으로 출발한 이후 10년간 무차별 확장을 거듭해 460만달러의 부채를 가진 다국적 중간 기업으로 커졌다가 도산한 그린실의 변신은 소프트뱅크의 투자와 대출금으로 가속화했다. 그를 통해 소프트뱅크는 그린실의 수상하고 편법적인 회계 방식에도 불구하고 수백만 달러의 자금을 확보해 주었다.

여기에 아무런 불법성은 없다. 벤처 자본 투자와 사모펀드는 우리 경제의 정상적인 부분으로 인식돼 이들을 해킹으로 보는 것이 이상하게 여겨질 정도다. 하지만 해킹이 맞다. 이들은 대부분의 정상적인 시장 메커니즘을 왜곡한다. 아무도 이를 해킹이라 부르지 않고, 모두가 파괴적disruptive이라거나 혁신적innovative이라고 부를 뿐이다. 이것이 합법이고 정상적인 비즈니스로 용인된다고 해서, 돈과 권력이 어떤 행태가 용인되고 누가 도박 테이블의 자리를 차지할지 결정한다는 사실이 바뀌지는 않는다.

25장

해킹과 부

프로 스포츠에서 샐러리캡salary cap, 팀 연봉 상한제은 더 많은 자금력을 가진 팀들의 부당한 우위를 줄여 리그의 공정한 경쟁을 유지하기 위한 장치다. 기본적으로, 모든 팀들은 소속 선수들에게 지불할 최대 연봉 총액에 합의한다. 물론 그런 합의서들은 해킹된다. 스포츠 종목과 규칙의 세목에 따라 조금씩 다르긴 하지만 팀들은 연봉을 사이닝 보너스signing bonus에 숨기기도 하고, 다년간의 할부 방식으로 나눠 지급하거나 팀 후원사들과 계열사들도 선수들을 채용하도록 하는 방식으로, 선수의 배우자를 채용하는 방식으로, 혹은 소속 마이너리그 팀의 예산에 넣는 방식으로 선수들의 실제 연봉을 숨긴다. 프로 스포츠에는 엄청난 액수의 돈이 연계돼 있다. 팀들은 샐러리캡 규칙을 빠져나가기 위해 갖은 수를 쓴다.

지금까지 살펴본 은행 시스템과 금융 시스템의 해킹은 대체로 부유한 이들이 더욱 큰 부를 축적하기 위한 시도들이었다. 이것은 컴퓨터 해킹에 대한 전형적인 개념을 물구나무 세운다. 우리는 통상적으로 해킹을 약자들이 강력한 시스템에 맞서는 대항문화적 속성의 어떤 것으로 생각한다. 어나니머스Anonymous라는 해커 그룹은 이런 성격의 해킹을 보여주는 좋은 사례이다. 하지만 그보다는 부유한 이들이 자신들의 이익을 위해, 그것이 금융적 수익이든 혹은 더 큰 권력이든, 시스템들을 해킹하는 것이 더 일반적이다.

부유층은 그렇지 못한 사람들보다 해킹의 기회와 표적을 더 잘 찾아낼 수 있는 여러 이점을 가지고 있다. 무엇보다 이들은 스스로 뛰어난 해커일 필요가 없다. 부유한 이들은 성공적인 해킹에 요구되는 전문성, 다시 말해 취약점을 찾고, 익스플로잇을 만들고, 해킹을 수행할 수 있는 전문 해커를 고용할 수 있는 돈이 있다. 그뿐 아니라, 돈은 정치에서 워낙 중요하기 때문에, 부유층은 해킹을 정상적인 행태의 일부로 바꾸는 데도 더 능란하다. 자신들의 해킹이 법적으로 용인될 수 있도록 금전적 권력을 행사할 수 있다는 말이다.

2009년 제너럴모터스는 파산을 선언할 때 기존 주식도 전혀 무가치하다고 선언하면서, 완전히 새로운 주식을 발행한 뒤 이를 팔아 자본을 마련했다. 그로부터 회사 중역과 부유한 투자자들은 수익을 얻은 반면 보통 주주들은 피해를 입었다. 그들 중 많은 경우는 직원과 은퇴자였다. 그것은 수익성이 큰 해킹이었지만 이미 부자인 사람들에게만 적용되는 수익이었다.

우리가 여기에서 다시금 확인하는 것은 부자들은 해킹에 더 능하다는 점이다. 집중된 자원을 가진 사람과 조직 들이 해킹의 기회를 찾고 실행하는데 더 유리하다. 그리고 그런 해킹을 합법화하고 정상화하는 데도 더 능란하다.

2020년, '쿰-엑스cum-ex 트레이딩'[1]이라는 이름의, 주식매매가 연계된 새

---

1 '쿰-엑스' 스캔들은 2012년 이전에 진행된 대규모 거래 행위로, 배당금 지급 절차에 존재하는 허점을 악용해 복수의 세금 환급을 받아내는 수법으로 '독일 배당세액 스캔들'이라고도 불린다. 은행과 주식브로커 들은 배당권이 있는(쿰) 주식과 없는(엑스) 주식을 급속히 거래하는 방식으로 실제 주주의 신원을 은폐한다. 이는 거래 양측이, 배당금이 지급되기 전에 주식을 팔고 배당금이 지급된 다음에 해당 주식을 이전하기로 합의할 수 있다는 뜻이다. 이 수법으로 주식을 판 쪽과 산 쪽 모두 양도소득세에 대한 세금 환급을 신청할 수 있었다. 여러 사람과 기관간 급속 주식 거래로 소유자가 여러 명인 것처럼 보이게 만드는 방식으로 복수의 세금 환급을 받아냄으로써 막대한 수익을 챙기는 수법이었다. 은행가, 브로커, 헤지펀드, 글로벌 세무 자문 회사, 투자 회사, 변호사, 보험회사 들이 자행하는 대규모 주식 거래 사기극이었다. — 옮긴이

로운 세수稅收 시스템 해킹 소식이 알려졌다. 쿰cum과 엑스ex는 각각 '포함된 with'과 '결여된without'의 뜻을 가진 라틴어다. 이 해킹 수법에 대한 「뉴욕타임스」의 설명은 이렇다. "쿰-엑스 트레이드는 용의주도한 타이밍과 십여 개의 다른 거래 조정을 통해 한 그룹의 주식에 지불된 배당소득세에 대해 두 차례의 환불을 이끌어낸다." 첫 번째 환불은 적법이지만 두 번째는 그렇지 않다.

이것이 해킹이라는 사실은 명백하다. 한 개인이나 기업이 한 번의 지불에 두 번의 세금 환급을 받을 것이라 기대하지도 의도하지도 않았기 때문이다. 하지만 당시 세금 시스템에서 그것이 허용됐고, 이 해킹을 사용한 은행가, 변호사, 투자자 들은 2006년부터 2011년까지 유럽연합 나라들로부터 600억 달러의 공돈을 챙겼다.

독일은 최근 '크리스티안 S.Christian S.'로 알려진 은행가를 그와 같은 죄목으로 10년형을 내렸다. 하지만 이것은 확정되지 않았다. 크리스티안 S의 판결은 항소 결과를 기다리는 중이다. 런던의 은행가 두 명은 2020년에 저지른 쿰-엑스 트레이딩 혐의로 집행유예 판결과 더불어 1400만 파운드(약 235억 원)의 벌금형을 선고받았다. 독일의 한 프라이빗 뱅크private bank[2]는 독일의 세무 당국에 1억 7660만 유로(약 2억 6000억 원)를 지불하라는 명령을 받았다. 독일의 한 전직 고위 세무 조사원은 2012년 쿰-엑스 스캔들에 대한 뉴스가 터지자 스위스로 도피했지만 결국 독일로 신병이 인도돼 재판에 넘겨졌고, 해당 수법을 조언하고 같은 수법을 쓰는 은행가들로부터 수수료를 받은 혐의로 기소됐다. 모건 스탠리 은행의 프랑크푸르트 지점 사무실은 쿰-엑스 수사의 일환으로 압수 수색을 당했다. 더 많은 기소가 진행 중

---

2 높은 수준의 소득이나 막대한 자산을 보유한 개인 고객에게 차별화된 뱅킹, 투자, 기타 금융 서비스를 제공하는 일종의 부티크 은행. – 옮긴이

이다. 독일 한 나라만도 쿰-엑스 거래와 관련해 1000명이 넘는 변호사와 은행가 들을 수사하고 있다.

여기에서 우리는 해킹, 합법성, 도덕성 같은 요소들의 상호 작용을 볼 수 있다. 2016년 대선 당시 본인의 탈세에 관한 질문에 도널드 트럼프 후보는 "그건 내가 똑똑하다는 뜻이죠"라고 대답한 것으로 유명하다. 하지만 그런 행위가 그를 도덕적인 인물로 만들지는 않는다. 만약 그가 법률상의 허점을 이용함으로써 합법성을 유지했다면 도덕적이었다고도 할 수 있을지 모르지만, 그렇다고 세법의 허점이 보완되지 않아야 한다는 뜻은 아니다.

쿰-엑스 트레이딩은 유럽 여러 나라와 그 시민들에게 최소한 600억 달러의 피해를 입혔지만 그 중 대부분은 영영 회수되지 않을 것이다. 해킹은 주로 부자와 권력자 들에 의해 자행되는 기생적 행위이며 그로 인한 피해는 우리 모두의 몫이다.

4부

법률 시스템 해킹

26장

법률 해킹

세금 해킹은 건축과 건설 부문에서 놀라우리만치 자주 등장한다. 망사르드 지붕mansard roof[1]은 나폴레옹 시대 프랑스에서 유명해졌다. 지붕의 경사를 중간에 꺾어 가외의 실내 공간을 만들지만 기술적으로는 그 층이 지붕의 일부이기 때문에 세금을 더 내지 않아도 됐다. 갬브럴 지붕 gambrel roof[2]도 추가 층의 존재를 숨겨 1798년에 제정된 미 연방 직접세법 Federal Direct Tax Law의 적용을 피했다. 페루와 다른 지역의 건물들은 외벽과 지붕 밖으로 철근이 튀어나와 있고 부근에 돌무더기가 쌓인 것을 흔히 볼 수 있는데, 이렇게 하는 이유는 미완성 건물들에 대해서는 재산세가 덜 부과되기 때문이다.

이쯤에서 무엇이 해킹이고 무엇이 해킹이 아닌지 상기해볼 필요가 있다. 1696년부터 1851년까지 영국의 주택 소유자들은 각 가정의 창문들에 부과되는 세금을 피하기 위해 창문을 막아버렸다. 이것은 해킹에 해당된다. 집

---

1   전후 양면 또는 사면이 한번 꺾여 두 물매로 된 지붕(말잔등지붕). 지붕의 경사가 중간에 꺾여 있어서 다락의 공간이 일반적인 박공지붕보다 넓어지게 된다. – 옮긴이

2   합각(合角) 지붕이라고도 한다. 박공지붕의 일종으로 완만한 윗부분과 급경사인 아랫부분 2단으로 구성된다. 다락방을 넓게 하기 위한 목적인데, 미국의 뉴잉글랜드 지방 등에 많다. – 옮긴이

에 설치된 창문의 숫자로 주택의 크기를 가늠하는 당시의 접근법을 창문을 막는 방식으로 유명무실화했기 때문이다. 만약 당시 세법이 주택 크기를 직접 측정하는 방식이어서 주택 소유자들이 세금을 적게 내기 위해 건물을 헐어버렸다면 이것은 해킹일 수 없다. 한 시스템이 부과하는 비용을 피하기 위해 그로부터 탈퇴하거나 시스템의 일부를 파괴하는 것은 해킹이 아니다. 해킹은 시스템에 계속 참여하는 가운데, 그 시스템의 규칙에서 허점을 찾아내고 활용해 그것을 자신의 경쟁우위로 바꾸는 행위다.

정부는 언어를 통해 조치를 취하며, 그 언어들은 세계의 상태를 바꿀 수 있다. 의회는 법률을 통과시킨다. 대통령은 행정명령을 발동한다. 기관들은 규칙을 만든다. 이것들은 모두 강제력과 연계된 언어일 뿐이다. 이 언어들은 어떤 면에서 코드code라고 볼 수 있다. 컴퓨터 코드처럼, 이 언어에는 버그와 취약점이 도사리고 있다. 어느 법률 조항의 저자들이든 불완전하며 실수를 저지를 수 있고 또 외부의 영향에 좌우될 수 있다. 그렇기 때문에 법률은 해킹될 수 있다. 법률의 작성자들은 혹은 우발적으로 혹은 의도적으로 법에 취약점을 남겨놓을 수 있고, 이는 필연적으로 해커들에게 발견될 수밖에 없을 것이다. 그리고 법을 해킹하려는 의지는 항상 존재한다.

사치 금지법, 혹은 윤리 규제법sumptuary laws은 사치품과 호화품을 규제했다('사치스럽다'라는 뜻의 sumptuous를 떠올리면 이해하기 쉽다). 이런 법령은 역사적으로 파티나 연회, 축제, 행사 등에서 귀족들끼리 서로 사치스러운 경쟁을 벌이는 것을 예방할 목적으로 제정됐다. 때로는 하층 계급의 사람들이 귀족들을 너무 흡사하게 흉내내는 것을 막을 목적으로 제정되기도 했다. 양쪽 모두, 그런 법령에 반발한 사람들은 그를 해킹하려 시도했다.

예컨대 연회는 제공되는 요리 코스의 수나 육류의 다양성에 제한을 두었다. 이를테면 1356년에 제정된 피렌체Florentian 법은 결혼식에서 제공되는 코스의 수를 셋으로 제한했다. 하지만 과일, 야채, 치즈는 그 '코스'의 정의에서 제외됐고, 주최자들은 그런 허점을 이용해 추가 코스들을 더했다. 그리고 단일한 '로스트roast'는 하나나 그 이상의 다른 고기류를 채워넣은 하나의 고기로 구성된다. 닭고기를 오리 고기 안에 넣고, 그것을 다시 칠면조 고기 안에 넣은 터더켄turducken 요리는 본래 사치 금지법을 해킹한 결과이다. 이것은 어떻게 부자들이 법조문을 위반하지 않으면서도 해당 법의 취지를 완전히 망쳐놓을 수 있는지 다시 한 번 생생히 보여준다.

법률 시스템은 또 다른 규칙의 시스템일 뿐이며 해킹에 취약하다. 어느 면에서, 이들은 해킹될 수밖에 없는 속성을 가졌다. 법조문은 주로 강제되는 내용을 다룰 뿐 법의 취지나 정신은 거의 짚지 않는다. 법조문의 규칙을 위반하지는 않지만 해당 법의 취지에는 어긋난다고 여겨지는 허점을 찾아낸다고 해도 그것은 법조문이 제대로 작성되지 않은 탓이지 당신의 잘못은 아니다. 이런 주장은 세법을 해킹해 탈세하는 이들에게서 쉽게 들을 수 있는 내용이기도 하다.

그리고 법률은 어디에서나 해킹된다. 2020년 미국 연방준비위원회는 코로나 바이러스 팬데믹으로 타격을 받은 기업들을 돕기 위해 긴급 자금 대출 프로그램을 시행했다. 미국 기업들만 참여 자격이 있었지만 외국 기업들은 금세 미국 기업으로 둔갑해 해당 프로그램을 해킹할 수 있는 방법을 찾아냈다. 캘리포니아 뉴포트 비치Newport Beach에 있는 퍼시픽 투자관리회사Pacific Investment Management Company는 국내 세금을 회피할 목적으로 케이먼 아일랜드Cayman Island에 등록된 헤지펀드를 운영하고 있다. 하지만 그 헤지펀드는 델라웨어Delaware의 한 기업에 투자하면서 이를 캘리포니아의 모회사와 연계함으로써 증권 매수용 자금을 빌릴 수 있었고, 이어 정부의 구제 프로그램으로부터 1310만 달러를 빌린 뒤 이 융자금을 더 비싼 오리지널 증권 매수 자금을 갚는 데 썼다. 헤지펀드는 그런 방식으로 즉각 수익을 올렸고, 이는 적법했지만 실상은 다른 모든 미국민에게 피해를 입힌 셈이었다. 반사회적인 행태지만, 나는 이들의 독창성만은 높이 산다.

내가 생각하는 법률 해킹의 개념은 비단 법에만 국한되지 않는다. 어떤 규칙이든 해킹될 수 있다. 역사상 금욕^{abstinence}에 대한 가톨릭 교단의 규칙들은 매우 다양했고, 일반적으로 특정 시기에 고기를 먹지 않는 내용이 포함돼 있었다. 이것은, 비록 유대교의 속죄일인 욤 키푸르^{Yom Kippur}나 이슬람교의 라마단^{Ramadan}에 견주면 부분적인 것에 지나지 않았지만 금식^{fast}이라고 불렸다. 하지만, 사람들의 기본 속성은 어쩔 수 없는지라, 중세적 사고의 많은 부분은 특히 사순절^{Lent3}이나 강림절^{Advent4}처럼 한 달여 길게 지속되는 금식 기간 동안에 적용돼 '고기'와 '고기가 아닌 것'의 구분에 엄격했다. 생선은 고기로 치지 않았다. 얼굴은 희고 목은 검은 그린란드산 흑기러기^{barnacle goose}도 비늘로 뒤덮인 물갈퀴가 있고 물에서 새끼를 낳는다고 알려져 있었기 때문에 고기로 취급되지 않았다. 그와 비슷한 논리는 비버에도 적용돼 고기로 간주되지 않았다. (이것은 단순한 역사적 호기심의 문제가 아니다. 심지어 지금도 디트로이트의 가톨릭 교단은 1700년대의 판결에 근거해 금식 기간에 사향쥐^{muskrat}를 먹는 것이 허용된다.) 몇몇 프랑스 수도원들은 양수^{羊水}에서 헤엄친다는 근거로 토끼의 태아를 요리로 제공했다. (사실이다. 지어낸 얘기가 아니다.) 토마스 아퀴나스^{Thomas Aquinas}는 닭이 본래 수생 동물이기 때문에 – 그게 무슨 뜻이든 – 고기가 아니라고 선언했다. 일부 주교들은 그보다 더 나아가, 모든 날짐승은 4족 보행이 아니기 때문에 단식 대상이 아니라고 선언했다.

그보다 더 현대에 벌어진 금식 규칙에 대한 해킹은 사우디아라비아의 부자들 사이에서 일어났다. 이들은 라마단을 한 달간 이어지는 파티로 취급

---

3 기독교인이 예수의 고행을 기리는 행사로, 성회 수요일(Ash Wednesday)부터 부활절 일요일(Easter) 전날까지 40일간 이어진다. – 옮긴이

4 크리스마스 전의 약 4주간. – 옮긴이

해, 밤에는 대부분 깨어있고 낮 시간에 잠을 잔다.

어떤 법이든 해킹의 대상이다. 그리고 어떤 법의 의도를 깨트리려는 사람들이 존재하는 한, 해킹도 벌어질 수밖에 없다.

27장

법률 상의 허점들

죽음의 영역Zone of Death은 미국 헌법의 기묘한 취약점이다. 이것은 주 단위 사법 기관과 지역 단위 사법 기관 간의 논쟁적인 관할 구역jurisdiction 규칙에서 연유한다. 수정헌법 3조, 2절의 재판 조항은 이렇게 규정하고 있다. "탄핵의 경우를 제외한 모든 범죄의 재판은 배심원단에 의해 판결돼야 하며, 그러한 재판은 해당 범죄가 발생한 주에서 진행돼야 한다…." 수정 헌법 제6조의 인접 요구 조항은 "모든 연방 형사 기소에서, 피의자는 범죄가 발생한 주와 지역의 공정한 배심원단에 의한 신속하고 공개된 재판을 받을 권리가 있다…"라고 명시하고 있다.

미국 와이오밍 지역의 연방 지방법원은 몬태나 주와 아이다호 주의 일부까지 미치는 옐로스톤 국립공원 전체에 대한 관할권을 갖는다. 당신이 옐로스톤 국립공원의 아이다호 주 지역에서 살인을 저질렀다고 가정해 보자. 당신은 3조에 따라 아이다호 주에서 재판을 받도록 돼 있기 때문에 와이오밍 주 – 당신이 체포된 관할 구역 – 에서는 재판을 받을 수 없다. 하지만 수정 헌법 6조에 따르면 당신 재판의 배심원단은 범죄가 발생한 주(이 경우 아이다호 주)와 구역(이 경우 와이오밍 주)에 거주해야 한다. 이는 배심원단이 옐로스톤 국립공원의 아이다호 주 지역에 거주하는 사람들로 꾸려져야 한다는 뜻인데 여기에는 사람이 살지 않는다. 기본적으로, 당신을 살인죄로 기소할 수 있는 아무런 헌법적 방법이 없다는 뜻이다.

아무도 이 특정한 해킹을 이용해 살인죄를 면한 적은 아직 없지만 밀렵 변호의 수단으로 사용된 적은 있다. 2007년 한 남성이 몬태나 주 경계에서 옐로스톤 공원의 엘크를 불법으로 사살했다. 기소된 다음, 그의 변호사는 이 해킹을 변호 수단 중 하나로 내세웠다. 법원은 이를 받아들일 경우 '죽음의 영역' 허점을 굳히게 된다며 그 주장을 기각했다. 그렇게 함으로써 문제의 해킹을 무력화했다.

이 해킹의 더 음험한 적용은 원주민 지역에서 지나치게 자주 발생한다. 원주민 법원은 원주민 지역에서 범죄를 저지른 비원주민을 재판할 수 없다. 오직 연방 법원만이 재판할 수 있지만, 우려할 만한 숫자의 재판을 집행하지 않는다. 이는 비원주민 미국인들이 원주민 지역에서 원주민 여성을 폭행하거나 강간하더라도 사실상 아무런 처벌도 받지 않을 수 있다는 뜻이다. 보고서에 따르면 성폭행을 당한 미국 원주민 여성의 80%가 비원주민 남성들로부터 피해를 입었다.

마지막으로 한 가지 해킹을 더 들겠다. 주의 경계 안에 있는 연방 관할 지역들은 연방 정부 소유인데, 미국 법률 시스템의 취약성을 드러내는 곳으로도 널리 알려져 왔다. 대표적인 연방 관할 지역은 군 기지, 연방 법원, 연방 형무소와 다른 연방 빌딩들, 그리고 국유림과 국립공원들이다. 이런 장소들은 해당 주들이 그 소유권을 연방 정부에 넘긴 곳이기 때문에 특별한 법적 지위를 갖는다. 주와 지방 차원 법규의 적용을 받지 않는 것이다.

시간이 지나면서, 법률 시스템은 이런 취약성을 보완할 방법을 모색했다. 1937년 미 대법원의 판결에 따라 연방 관할 지역에도 주 세금이 적용됐다. 1970년 에반스 대 콘맨Evans v. Cornman 소송에서 대법원은 연방 관할 지역의 거주자들(예컨대 국립공원 경계 안에 자리잡은 개인 주택의 거주자들)도 주 선거에 투표할 수 있다고 판결했다. 다른 더 소소한 보완책들이 법원을 통해 마련됐지만 연방 관할 지역은 여전히 형사법, 차별금지법, 노동보호 규정 등 수많은 주 법규로부터 면제된다.

연방 관할 지역의 거주자들은 또한 푸아그라foie gras 금지 규정의 적용을 받지 않는다. 푸아그라는 당질 사료를 강제로 먹이는 '가바주gavage'라는 방식을 통해 비대하게 만든 오리나 거위의 간을 가리킨다. 2주간 하루 두 번씩 당질 사료를 억지로 먹이면 간은 정상 부피보다 10배 가량 비대해지고 이때 요리가 시행된다. 동물보호운동가들은 꾸준히 가바주 방식에 반대하는 운동을 벌여 왔고, 2004년 캘리포니아 주는 푸아그라의 판매와 생산을 금지했다. 이후 금지령은 되풀이해서 위법 소송에 휘말렸다. 2014년, 프레시디오 소셜 클럽Presidio Social Club이라는 샌프란시스코의 레스토랑 소유주는 자신의 클럽이 연방 관할 지역에 자리잡고 있기 때문에 캘리포니아의 푸아그라 금지법은 자신들에게 적용되지 않는다고 지적했다. 하지만 법원 판결이 나오기 전, 클럽 소유주는 레스토랑 앞에서 피켓을 들고 반대하는 동물보호운동가들의 시위에 못이겨 메뉴에서 푸아그라를 뺐다. 그래서 이 특정한 해킹에 대한 최종 판결은 없다.

이 모든 일화들에서, 진짜 보완은 법을 제정하거나 수정해 허점들을 고치는 일이다. 의회는 죽음의 영역을 아이다호의 미국 연방 지방법원 관할로 지정할 필요가 있다. 의회는 원주민들이 그들의 자치 구역 내에서 원주민 여성과 소녀들에게 안전 대책과 자원을 제공할 수 있도록 관할권과 인프라를 보장해야 한다. 2013년에 제정된 여성폭력보호법Violence Against Women Act이 부분적으로 이런 취약점을 보완하기는 했지만, 2019년 이 법에 대한 재승인이 이 조항과는 무관한 이유로 총기 옹호 로비에 밀려 무산됐다.

28장

관료주의 해킹

일련의 규칙들이 만들어지면, 그를 따라야 하는 사람들은 그 규칙의 범위 안에서 최적의 수준으로 행위를 맞춘다. 그러는 과정에서 규칙이 명시적으로 내세운 목표와 맞지 않게 되는 상황이 되더라도 계속 그렇게 간다. 예를 들면 사업 판촉을 위해 해충을 부러 풀어놓는 해충구제업자나, 학생의 시험 성적을 높이기 위해 시험에 나올 내용과 범위만 가르치는 교사가 그런 경우이다. 경제학자들은 이것을 '굿하트의 법칙Goodhart's law'이라고 부른다. 어떤 조치measure가 표적이 되면, 그것은 더 이상 좋은 조치가 되지 않는다. 이런 방식으로, 관료주의적 규칙들은 그것을 따르고 싶어 하지 않는 사람들에 의해 언제나 해킹된다.

관료주의는 아래로부터 해킹된다. 그로 인해 제약을 받게 되는 사람들이 그를 극복하거나 우회하기 위해 관료주의적 조치를 해킹하는 것이다. 1980년대, 미 항공우주국NASA, 나사의 대니얼 골딘Daniel Goldin 국장은 대체로 빈사 상태였던 나사의 관료주의를 해킹해 규제 상의 허점을 찾아내 적용함으로써 '화성 패스파인더Mars Pathfinder' 임무의 경우처럼 더 값싼 우주 탐사선들을 더 많이 발사할 수 있었다. 18F[1]와 미국 디지털 서비스US Digital Service의 경우처럼 새롭게 출범한 공공 혁신 기구들은 인터넷의 속도에 걸맞은 기술적 업그레이드를 시행하기 위해 여러 굼뜨고 복잡한 정부의 채용, 계약, 조달 절차를 해킹했다. 영국과 캐나다의 정부 공학자들도 그와 비슷한 작업을 벌였다.

관료주의에 반대하는 이들도 관료주의를 해킹한다. 준법투쟁work-to-rule 은 태업에 가까운 노동 쟁의 전술이다. 이것은 악의적인 법규 준수로, 정해진 규칙을 정확히 준수함으로써 – 당연히 – 일상적인 업무를 사실상 중단시킨다. 이 방식의 몇몇 사례는 명확하다. 즉 허락된 휴식 시간을 모두 사용하고, 정시에 업무를 멈추는 식이다. 간호사는 자신의 직무가 아니라는 이유로 전화를 받지 않을 수도 있다. 이 전술은 수십년에 걸쳐 그 효과가 입증됐으며, 야로슬라브 하세크Jaroslav Hašek의 미완의 풍자소설『착한 병사 슈베이크의 세계대전 중의 모험The Fate of the Good Soldier Švejk during the World War』에 영감을 불어넣었다.

이중 몇몇 대목은 명백히 해킹이다. 모든 것을 공식 채널을 통해 수행해야 한다고 고집하고, 타당한 방식으로 문서 작업을 늘리고, 모든 규제를 곧이곧대로 적용하는 동기는 물론 그런 규칙을 정한 시스템 자체를 무력화하기 위함이다.

1980년대, 말레이시아에는 '세와 파디sewa padi'라고 불리는 소작료 시스템이 있었다. 기본적으로, 소작료는 추수 뒤에, 수확 품질을 고려해 걷었다. 그래서, 예상했다시피, 감독이 소홀한 경우 농민들은 공식 수확이 시작되기 전 한밤중에 몰래 수확함으로써 실제 수확 물량의 일부를 미리 제거

---

1 18F는 디자이너, 소프트웨어 엔지니어, 전략가, 제품 관리자 등으로 구성된 미 연방 총무청(General Services Administration) 산하의 특별팀이다. 이들은 다른 정부 기관들과 협력해 기술 문제를 해결하거나 제품을 개발하거나 공공 서비스를 개선한다는 목표를 가지고 있다. – 옮긴이

했다. 아니면 타작을 엉성하게 해 수확량을 줄이고 벼 줄기에 남은 쌀은 나중에 챙기면서, 지주에게는 일부 작물이 피해를 입었다는 변명으로 자신들의 행태를 은폐했다. 이것은 대체로 사기였지만 일부 전술은 해킹으로 간주할 만했다. 정부는 작물을 심기 전에 소작료를 확정해 버리는 새로운 시스템 '세와 투나이sewa tunai'를 도입해 이 취약점을 보완했다.

이와 같은 형태의 해킹은 흔하다. 1902년, 하노이 정부는 쥐를 박멸하기 위해 쥐 꼬리를 가져오면 돈을 주었다. 사람들은 쥐를 죽이는 대신 덫으로 잡아 꼬리를 잘라낸 다음 다시 야생으로 풀어놓으면 더 많은 쥐로 번식돼 그만큼 잡을 쥐도 더 늘게 될 것이라는 점을 깨달았다. 1989년, 멕시코시티 당국은 대기 오염을 줄이기 위해 자동차 번호판의 홀·짝수제를 도입해 이틀에 한 번만 운전하도록 유도했다. 사람들은 차를 한 대 더 장만하는 것으로 대응했는데 종종 낡고 배기가스를 더 많이 배출하는 차량인 경우가 많았다.

얼마전 나이로비의 우버 운전자들은 승객 운임에서 회사가 떼어가는 수수료를 줄이는 해킹 방법을 고안했다. 우버를 이용하려는 사람들은 우버 앱을 통해 운전자를 찾는데, 이 앱은 운임도 정한다. 하지만 그 앱으로 운전자와 승객이 막상 만나면 '카루라karura'를 하기로 합의한다. 앱에서 승차 요청을 취소한 뒤 요금을 운전자에게 직접 지불하므로 우버에 수수료를 떼이지 않는다.

보잉 737 맥스를 둘러싼 재난적 소동은 규제 당국과 피규제 업계의 과도하게 친밀한 관계가 어떻게 규제 기관의 과실로 이어지는지 보여주는 대표적 사례이다. 이 경우, 미국 연방항공국FAA의 규제 담당자들은 보잉사가 737 맥스의 조종특성향상시스템MCAS을 변경했는데도 이를 제대로 점검하지 않았다. 그와 같은 감독 소홀의 결과, 두 대의 737 맥스 항공기가 인도네시아(2018)와 에티오피아(2019)에서 추락해 346명이 사망했다.

여기에서 해킹에 대해 분명히 해두자. 규제 기관들은 보통 사람의 이익을 보장하기 위한 전문 대리인이라고 볼 수 있다. 나는 항공기 안전(혹은 자동차 안전, 음식 안전, 약의 효능, 혹은 일선 은행들이 어떻게 수지를 맞춰야 경제 안정을 유지하는지)에 전문가가 아니다. 정부는 그러한 전문성을 규제 기관의 형태로 제공하고, 이 기관은 나를 보호하기 위해 나를 대신해 규칙을 만든다. 해킹으로 교란되는 것은 이런 감독 메커니즘이다.

실패를 분석한 결과는 규제의 실패를 가리켰다. FAA는 MCAS를 한 번도 독립적으로 조사한 적이 없었다. 대신 보잉의 자체 평가 결과에 의존했다. FAA는 필요한 전문성이 없었고, 산하 항공안전감독부Aviation Safety Oversight Office는 자체 업무의 많은 부분을 피감독 주체인 보잉사에 맡겼다. 해당 항공기를 설계한 엔지니어들은 자기 자신의 작업을 자율 인증할 수 있었다. 그리고 FAA의 관리자들은 소속 엔지니어들이 안전 규칙을 수정하려고 하면 보잉의 편을 드는 경우가 더 잦았다. FAA는 심지어 여러 규제 조항들을 면제하는 방식으로 인증 절차를 간소화해 보잉의 신속한 항공기 판매를 도왔다. 이런 내용을 종합하면 FAA의 규제 절차가 어떻게 항공업계에 의해 해킹됐는지, 그래서 규제 기관이 규제 대상 기관에 포획된 환경, 왜곡된 인센티브, 윤리적 딜레마, 그리고 위험한 안전 불감증으로 이어졌는지 드러난다.

2021년 미 법무부는 항공기 추락 사고들과 관련된 형사 기소 건을 놓고 25억 달러에 보잉과 합의했다. 매우 큰 돈으로 보일지 모르지만 보잉은 너무 쉽게 처벌을 면했다. 고작 2억 4300만 달러만이 과징금으로 FAA에 들어갔다. 시장 분석가들에 따르면 낮은 금액이었다. 그로써 안전 문제에 대한 시스템 차원의 태만을 지적한 믿을 만한 보고서에도 불구하고 보잉은 아무런 유죄 인정도 없이 형사 기소에서 풀려났다.

보잉과 규제 기관 간의 유착 관계는 규제 기관과 규제 대상업계의 직무를 적절히 분리해야 할 필요성을 제기한다. 궁극적으로, 규제업계가 책임 있는 비즈니스 행태로 안전한 제품을 만들도록 감독해야 할 의무는 규제 기관에 있는 것이며, 규제 대상 업계의 자율 인증에 지나치게 의존하는 경우 장기적으로 이해 상충을 초래하는 한편 정부의 감독 역량을 위축시킨다. 더 중요한 것은, 규제 기관의 직원이 규제 대상 업체로 직장을 옮기기 전에 오랜 '냉각 기간cooling off period'을 두도록 강제함으로써 개별 규제자의 업무적 독립성을 더 높여야 한다는 점이다. 규제자들이 스스로를 공복이 아니라 미래의 규제 대상 업체 직원으로 생각하게 되면 자칫 이기적 규제라는 왜곡된 인센티브를 낳을 수 있고, 이는 공익에도 배치된다.

29장

해킹과 권력

해킹은 권력을 행사하는 한 방법이다. 해킹은 다른 이들의 – 그리고 종종 다른 모든 이들의 – 희생 위에서 그 해커에게 더 많은 권력을 부여한다. 그것은 해커 자신의 목표를 달성하려는 열망에 의해 추동되며 기존의 규칙은 전혀 중요하지 않다. (이것은 자기 자신의 호기심을 충족하려 시도하는 전형적인 십대 컴퓨터 해커의 경우에도 마찬가지다. 호기심이 대체로 무해한 것은 사실이지만 프라이버시가 중시되는 데도 이유가 있다.)

권력을 박탈당한 사람들은 기존 권력 구조를 허물기 위해 해킹한다. 이들은 관료주의를 무사 통과하거나 개인적 이득을 위해 그런 짓을 벌인다. 세계 어디서나 사람들이 자기에게 문제를 불러일으키는 시스템들을 해킹하듯이, 대부분의 사람들은 그들의 삶에 영향을 미치는 글로벌 시스템에 아무런 발언권도 없기 때문에 해킹 외에는 달리 방법이 없는 경우가 많다. 그러한 해킹은 행정적 부담을 자유롭게 행사할 수 있는 엘리트나 국가 차원의 권력에 대한 타당한 대응일 수 있다.

우리는 해킹을 약자나 불리한 위치에 있는 사람이 전통적 권력에 맞서기 위한 대응 방식이라고 생각하기 쉽지만 실상은 권력자들이 그들의 우위를 더 높이기 위한 목적에 더 자주 사용된다.

앞에서 논의했듯이, 미국의 거대 은행들은 도드–프랭크 법의 허점을 찾아내 활용하기 위한 특별 법무팀을 운용했고, 그것이 정상적인 금융 행위로 용인될 수 있도록 3년에 걸쳐 수백만 달러의 대규모 로비 활동을 벌였다. 은행들은 막대한 규모와 자원 덕택에 그런 취약점들을 찾아내 활용할 수 있었고, 정치권을 움직일 수 있는 막강한 권력 덕택에 그런 허점들이 합법으로 유지되도록 만들 수 있었다.

하지만 권력을 박탈당한 사람들과 권력을 보유한 사람들의 해킹에는 차이가 있다. 범죄자, 반체제 인사, 조직되지 않은 시민들과 같이 '아웃라이어outlier'로 분류되는 이들은 더 기민하다. 새로운 시스템들을 더 빠르게 해킹할 수 있고, 그 때문에 자신들의 집단적 힘을 증폭할 수 있다. 하지만 기존 권력이나 기관이 마침내 그 해킹 방식을 파악하고 제한할 수 있게 되면, 이들은 그것을 더 효과적으로 실행할 수 있다. 그리고 이들은 증폭할 수 있는 더 큰 힘이 있기 때문에 그러한 해킹으로부터 누리는 혜택도 더 크다. 이것은 정부와 대기업 양쪽에 모두 적용되는 대목이다.

해킹에 권력의 힘관계가 있듯이, 해킹이 정상적인 관례가 되는 데도 권력의 힘관계가 작용한다. 권력자들(보통은 부자들)은 그들의 해킹이 오래 지속되고, 사람들이 이를 더 이상 교활하다고 여기지 않도록 유도하며, 마침내 그 해킹을 정상적인 관례의 일부처럼 바꾸는 데 필요한 힘과 자원을 더 많이 갖추고 있다. 헤지펀드, 벤처 자본 투자, 그리고 부자와 권력자들이 보여주는 온갖 유형의 탈세 전략을 생각해 보면 이해하기 쉽다.

그 이유는 구조적이다. 하나, 세제의 허점을 효과적으로 찾아내 이용하자면 유능한 변호사와 회계사를 고용할 능력이 돼야 한다. 둘, 부자와 기관들은 숨길 만한 돈이 더 많기 때문에 세제의 허점을 찾아내 활용해야 할 동기가 더 강하다. 셋, 세제의 허점은 흔히 법률적 회색 지대에서 작동하는데, 부자가 아닌 사람들은 징세 기관에 맞서 싸울 만한 금융 자원이 없다.

그리고 넷, 법 집행이 느슨하다는 것은 부자들의 탈세 행위가 처벌받을 공산이 적다는 뜻이다.

일반화하면 이렇다. 성공적인 해킹은 그 분야에 특화된 전문성, 또는 그런 전문성을 지닌 사람들을 고용할 자원, 또는 그런 전문가들이 해킹할 수 있도록 시스템을 바꿀 만한 자원을 요구한다. 세 경우 모두, 부자와 권력자와 기관들이 여느 개인보다 더 우위에 있으며 해킹이 대규모로 전개돼 결국 정상적인 관례로 바뀌도록 만드는 데도 훨씬 더 효과적이다.

사회적 권력의 힘 관계도 여기에서 작용한다. 주류가 아닐수록, 주변부로 밀려난 상태일수록, 그리고 상대적으로 권력이 열등한 계급과 인종과 성과 민족일수록 해킹할 공산은 낮으며, 설령 해킹을 시도한다고 해도 처벌받지 않고 빠져나갈 확률은 더 낮다. 이들은 범죄를 저지를 수도 있지만 그것은 다른 문제다. 여성들은 규칙을 따르라는 요구를 받는 데 견주어, 백인 남성들은 할 수만 있다면 규칙을 깨라는 독려를 받는다. 이것은 해킹과 권력에 관해 생각할 때 명심해야 할 주요 고려 사항이다.

권력자들은 또한 힘없는 이들의 해킹을 막는 데도 더 능란하다. 준법투쟁 같은 노조 전술은 요즘은 훨씬 덜 사용된다. 권력자들이 꾸준히 노조의 영향력을 침식해 온 탓이다. 경영진 전반은 날로 더 노조에 적대적이 돼가고 있으며 반노조법과 노조 활동을 불법화한 법원 판결을 추진해 왔다. 그 때문에 많은 직원들은 아무런 잘못이 없어도 권고사직될 수 있다. 준법투쟁이 가능하려면 합법 노조가 있거나 타당한 사유로만 해고할 수 있도록 고용 계약이 맺어져 있어야 하기 때문에 시간이 지날수록 이러한 전술은 점점 더 드물어지고 있다.

조지타운대의 줄리 코헨Julie Cohen 교수는 '권력은 규제를 피해로 간주해 그를 에두른다route'라고 썼다. 권력은 규칙을 우회할 수단을 가졌다는 뜻이다. 권력자들은 일단 시스템 — 대개는 그들이 마음대로 활동할 수 없게 만드는 규제 절차 - 을 해킹해야 한다고 판단하면 그에 필요한 역량을 개발한다. 우리는 그런 사실을 은행업계, 금융 시장, 그리고 럭셔리 부동산 부문에서 이미 확인한 바 있다.

2016년 미국 상원이 메릭 갈란드Merrick Garland를 대법원 판사 후보로 고려하는 일조차 거부한 사실을 떠올려 보자. 이것은 해킹, 상원의 인준 절차를 파괴한 행위이다. 내가 흥미를 느낀 대목은 이 해킹이 정상 관례로 굳어졌는지의 여부를 아직 모른다는 점이다. 우리는 그로부터 4년 뒤, 에이미 코니 배럿Amy Coney Barrett이 대법원 판사 후보로 지명됐을 때 공화당계 상원의원들이 보여준 위선적 행태가 아무런 처벌도 받지 않았다는 점은 알고 있다. 우리는 이것이 새로운 관례로 정착했는지의 여부는 한 정당이 대통령을 당선시키고 다른 당이 상원의석 다수를 차지한 상태에서 대법원 판사 자리가 공석이 돼 후보를 내야 되는 상황이 되면 알게 될 것이다. 공화당이 다수를 점한 상원은 갈란드 후보 때와 똑같은 행태를 보일까? 그런 상황이 닥치면 민주당도 그 기회를 잡을까? 어느 질문이든 만약 그 대답이 '예스'라면 대법원 판사는 영원히 같은 정당이 대통령을 배출하고 동시에 상원의 다수 의석까지 확보한 경우에만 임명될 수 있을 것이다. 갈란드 후보의 경우처럼 대법원 판사 인준 절차를 해킹할 수 있는 권력을 가진 곳은 상원이기 때문이다.

빈곤층, 장애인, 전체주의 국가의 반체제 인사 등 힘없고 소외된 이들에 의한 해킹 사례가 드문 이유도 여기에 있다. 이들의 해킹은 불법으로 규정되고, 정상 관례가 아니라 사기로 간주된다. 가난한 이들이 사용하는 세제상의 허점은 국세청에 의해 차단되며, 1930년대만 해도 흔했던 연좌농성과 준법투쟁은 더 이상 미국 연방법의 보호를 받지 못한다. 우리는 이것들을 더 이상 해킹으로 생각하지도 않는다. 이것은 힘없는 이들이 해킹에 덜 능란하다는 뜻이 아니라 해킹된 절차나 편법을 정상 관례로 바꾸는 데 덜 효과적이라는 뜻일 뿐이다.

한 시스템을 들여다볼 때, 그것이 누구에게 봉사하며 누구에게 봉사하지 않는지에 주의를 기울이기 바란다. 어떤 식으로든 그 시스템의 혜택에서 상대적으로 소외된 사람들이 그것을 해킹할 공산이 크기 때문이다. 이들은 권력자일 수도, 힘없는 이들일 수도 있다. 양쪽 모두 나름의 제약 안에서 해킹하겠지만 대체로 권력자들이 그에 더 능하며 처벌을 면하는 데도 더 효과적일 가능성이 크다.

30장

규제 약화하기

일반 사용자들이 볼 때 우버는 택시 서비스다. 겉으로 보기에도 택시 서비스 같다. 제공되는 서비스도 여느 택시 서비스와 다르지 않다. 하지만 우버 측에 – 그리고 우버의 경쟁사들에 – 물으면 택시 회사나 조합이 아니라고 대답한다. 자동차를 운전하는 사람들과 차를 타고 어딘가로 가고 싶어하는 사람들을 연결하는 인터넷 서비스 회사라는 것이다. 우버는 운전자들은 직원이 아니라 독립된 계약자라면서, 그들에 대해 아무런 권한도 없다고 주장한다. 우버는 운전자들의 스케줄을 조정하고 요금 청구를 다루지만 그것은 편의를 봐주는 수준에 지나지 않는다. 우버의 설명만 들으면, 이 회사는 자동차와는 전혀 아무런 관계도 없는 것 같다. 적어도 정부의 규제와 관련지으면 특히 그렇다.

승차 공유 앱들은 기존의 택시업계, 혹은 더 일반화해서 단기 수송 수요를 감당하려는 사회 전반의 시도를 뒤엎은 해킹이라고 볼 수 있다. 이들의 비즈니스 모델은 면허가 있는 택시와 리무진을 규제하는 여러 법규들, 가령 근로자 보호법, 안전 관련 법, 소비자 보호법, 정부의 허가와 수수료 의무 조항, 공익 관련 법 등을 회피할 수 있게 해준다. 택시기사들은 신원 조사를 거쳐야 한다. 우버와 리프트Lyft 운전자들은 그렇지 않다(지금은 마지못해 그런 절차를 따르고 있지만). 택시 회사들은 그 직원들에게 최저 임금 이상을 지급해야 하고, 도시 내에서 어느 때든 일정 숫자 이상의 택시를 운영할 수 없다. 우버와 리프트는 그렇지 않다. 이런 사례는 그밖에도 많다.

이 비즈니스는 2021년 무렵 시작됐고, 우버는 기존 택시와 리무진 서비스보다 우월한 여러 이점을 활용해 시장을 지배하고 있다. 2021년 현재 72개국 만 개 이상의 도시에서 매일 1900만 회의 승차 서비스를 제공한다. 350만 명의 운전자들을 거느리고 매달 9300만 명의 고객들을 태운다. 그럼에도 우버는 여전히 수익을 내지 못하고 있다.

전세계의 지방 정부들은 우버가 택시 시장을 해킹하는 데 활용한 여러 취약점들을 보안하려 시도했지만 결과는 엇갈린다. 2017년, 유럽연합의 최고 법원은 우버는 운송 서비스이며, 이 회사가 운송 관련 규제를 회피할 바람으로 주장하는 기술 기업은 아니라고 판결했다. 2018년, 영국의 항소 법원은 우버 운전자들은 독립 계약자들이라는 우버의 주장과는 대조적으로 직원에 해당한다고 판결했고, 프랑스의 최고사법재판소인 파훼원破毀院, Cour de cassation도 2020년 비슷한 결정을 내렸다. 미국의 경우, 캘리포니아 주 의회는 2019년 우버 같은 기업으로 하여금 소속 근로자들을 직원으로 대우하도록 의무화한 법규를 제정했고, 소송이 이어졌다. 다른 도시와 주들도 동일한 조치를 시도하고 있는데, 대다수 주들은 이 사안에 대한 지역 차원의 판결도 미리 감안하는 분위기다.

에어비앤비Airbnb는 호텔업계에서 그와 비슷한 해킹을 시도한 경우다. 에어비앤비를 통한 숙박은 단기 숙박이라는 같은 목적에도 불구하고 호텔의 경우와 다르게 취급된다. 에어비앤비는 자기네가 호텔 회사가 아니라는 입장을 고수하면서, 에어비앤비를 통한 숙박은 기존 호텔들에 적용되는 법규, 혹은 점유세occupancy tax의 적용을 받아서는 안된다고 주장한다. 에어비앤비는 어떤 부동산도 보유하지 않았기 때문에 기술 회사에 불과하다는 입장을 고수한다. 숙박 시설을 소유한 사람들은 독립 계약자들이며 세금을 내고 지역 법규를 준수할 책임이 있다는 것이다. 물론 대다수 사람들은 그렇지 못하다.

지방 정부들은 에어비앤비가 아무런 점유세도 내지 않는 것을 용인하거나 그에 반대해 싸우는 쪽이다. 에어비앤비는 확장을 제한하는 규제를 내놓는 지방 정부에 소송을 제기해 (운영은 지속하면서) 장기간의 법정 다툼을 벌인다. 그에 더해 에어비앤비는 부동산 소유자들을 풀뿌리 로비스트로 활용하기도 한다. 시 정부가 그들의 소득 기회를 위협한다는 메시지를 내보내는가 하면, 심지어 소유자들이 참석해야 할 구체적인 모임이나 토론회에 대한 정보까지 제공한다.

이 기업들은 소위 '긱 경제gig economy'의 두 가지 사례일 뿐이다. 긱 경제는 노동법, 소비자 보호법, 그리고 다른 법규를 회피하려는 여러 해킹 시도들로 특징지워진다. 태스크래빗TaskRabbit, 핸디Handy, 도어대시DoorDash 같은 기업들도 똑같은 해킹 전략을 구사한다. 아마존도 마찬가지로, 우버와 같은 시스템으로 배달 차량들을 운영한다. 이 운전자들은 독립 계약자들이므로 아마존은 기존 배달 운전자들이 준수해야 하는 온갖 법규를 무시할 수 있다.

기업들이 규제를 피하기 위해 갖은 해킹을 벌이는 행태는 조금도 놀랍지 않다. 다만 승차 공유 서비스, 단기 임대, 단기 대출 기업들에 관해 논의할 때 중요한 대목은 규제 회피가 이들 비즈니스 모델의 핵심이라는 점이다. 많은 '파괴적인disruptive' 긱 경제 서비스들은 그들이 경쟁을 벌이는 '정상적인normal' 비즈니스와 똑같은 규제를 따르도록 강제됐다면 절대로 생존할 수 없을 것이다. 그런 이유로 긱 경제 기업들은 ─ 그리고 이들을 지원하는 벤처 자본들은 ─ 이런 규제를 회피하기 위해 막대한 규모의 돈을 기꺼이 쏟아붓는 것이다. 이것은 두 가지 내용을 시사한다. 첫째는 뻔하다. 규제를 준수해야 하는 기존 경쟁사들이 불리한 상황에 내몰린다. 그리고 둘째, 긱 경제 기업들이 장기적으로 수익을 내려면 규제를 계속 회피하거나 (따라서 이들이 고용한 긱 근로자들을 열악한 저임금으로 계속 착취하거나) 긱 근로자들을 완전히 기계로 대체해야 한다는 점이다.

취약점들을 보완하려는 주 정부와 지방 정부들의 시도에 대한 긱 경제 기업들의 대응은 이들이 어디까지 막나갈 용의가 있는지 잘 보여준다. 여러 긱 경제 기업들은 2018년의 캘리포니아주 대법원 판결과 2019년의 주 법률에 맞서 '제안 22Proposition 22'로 불리는 주민투표를 밀어붙였다. 제안 22는 직원 분류, 최저 임금, 실업 보험, 의료 보험 같은 여러 직원 보호 대책을 무효화하는 내용을 담고 있었다. 우버, 리프트, 도어대시를 필두로 긱 경제 기업들은 제안 22의 주민투표를 지원하는 데 2억 달러를 쏟아붓는 한편, 긱 경제 근로자들에게 그것이 그들에게 이익이니 찬성하라고 독려했다. 그 제안은 2020년 통과됐고 그로써 긱 경제 근로자들을 보호하려는 캘리포니아 주의 노력은 허사로 돌아갔다. 하지만 아직 싸움은 끝나지 않았고, 이 책이 나온 뒤에도 상황은 계속 달라질 것이다.

수많은 기업과 산업계가 자기들의 수익을 제한하는 규제안들을 어떻게 해킹하는지만 놓고도 책 한 권을 쓸 수 있겠지만 나는 두 가지 사례를 더 드는 것으로 갈음하고자 한다. 페이데이 론payday loan은 가난한 사람들을 노린 초단기 사채로, 보통 소액을 천문학적인 고금리로 빌려준다. 대출자의 80%는 그 대출금을 갱신하거나 상환일을 연장해 빚, 이자, 수수료의 악순환에 갇히고, 그 결과 연 평균 400%의 금리와 가외의 수수료에 짓눌리게 된다. 주 정부들은 페이데이 론 업체를 규제하고 이들이 물리는 이자율을 낮추려 시도해 왔지만 해당 업체들은 계속해서 법규를 빠져나갈 구멍을 찾아냈다. 이들은 완전 상환이 다음 급여 지급일로 정해진 페이데이 론 대신 할부 대출을 내놓는 방식으로 페이데이 론의 규정을 피했다. 이들은 대출

브로커로도 활동하면서 미처 규제되지 않은 수수료를 멋대로 물린다. 몬태나 주의 경우, 페이데이 론 회사들은 주와 연방 차원의 규제를 피하기 위해 인디언 보호 구역으로 사무실을 옮겼다. 2020년, 트럼프 행정부의 '소비자 금융보호국CFPB'은 사채업계의 악질적인 행태들을 규제할 것으로 기대를 모았던 새 규제안을 철회했다.

마지막 사례 하나. 코로나바이러스감염증-19 팬데믹 기간 동안 미국과 캐나다는 불필요한 여행에 대해서는 국경을 막았다. 나라들 간을 날아다닐 수는 있었지만 차량 운전에는 온갖 규제가 뒤따랐다. 이것은 겨울이면 따뜻한 미국 남부로 거주지를 옮기는 캐나다의 소위 '스노버드snowbird' 족들에게 문제로 작용했지만 여기에도 허점이 있었다. 화물 이동은 여전히 허용됐다. 캐나다 온타리오 주 해밀턴의 한 운송회사는 이 허점을 활용해 고객의 차량을 미국의 버펄로 공항까지 운반해주고, 고객은 헬리콥터 회사가 공항까지 데려다주는 서비스를 내놓았다. 그러면 고객은 버펄로 공항에서 자신의 차량으로 플로리다나 다른 지역까지 자유롭게 이동할 수 있을 터였다. 이 서비스를 이용할 재력이 되는 이들은 국경 폐쇄 정책을 완전히 회피할 수 있었던 셈이다.

규제가 있는 곳은 어디든 그로 인해 제한을 받는 사람들이 있게 마련이다. 규제는 대체로 유용한 목적에 봉사하지만 입안자들에게 유리하고 혁신을 억누르며 구시대적 사고를 고집하는 경향이 있다. 신규 기업들은 이런 규제안에서 취약점을 찾아낼 이유가 분명하며, 그렇게 찾아낸 허점을 해킹해 자신들의 이익을 실현하는 가운데 해당 규제의 정신은 완전히 위배하게 된다. 그리고 모든 규제안들은 불완전하거나 비일관적이기 때문에, 이런 해킹 시도들에 취약할 수밖에 없다.

이러한 점은 중요한 질문을 제기한다. 그 존재 자체가 규제안들을 해킹하는 데 달린 기업들, 풍부한 자원과 정교한 기술과 강력한 정치력을 갖춘

이 기업들의 해킹을 어떻게 하면 막을 수 있을까? 이런 경우에 대한 영리하고 유연하고 탄력적인 해법은 무엇일까?

한가지 보안 대책은 새 규제책을 내놓기 전에 '레드팀'을 구성해 잠재적 허점을 찾아내는 것이다. 페이데이 론 기업들에 법률 서비스를 제공하는 필라델피아의 제레미 로젠블룸Jeremy Rosenblum 변호사는, 규제를 통한 정부 개입에 앞서 업계가 새로운 금융 상품을 끊임없이 개발해야 한다고 지적한다. "이 시장에서 비즈니스를 벌인다면, CFPB가 어떤 규제 대책을 내놓을 경우를 대비해 대안 전략을 고려해야 한다"는 것이다. 이것은 앞으로 논의할 모든 기업에 동일하게 적용되는 철학이기도 하다. 규제 기관들은 그에 맞서 전향적인 규제 노력을 기울이는 한편 잠재적 취약점과 예상되는 업계의 대응을 미리 고려해야 한다. 그렇게 함으로써 규제 기관들은 사회적으로 해악을 끼칠 수 있는 업계 행태와 금융 혁신을 미리 예상하고 예방할 수 있다.

또 다른 해법은 반복iteration과 기민성이다. 효과적인 규제 대책이 시행돼 앞에 소개한 것과 같은 해킹 행위를 예방할 수 있다면 좋겠지만, 규제 기관들은 미처 예기치 못한, 그리고 사회적으로 해악을 끼치는 혁신적 반응에 대비할 필요가 있다. 그를 위해 규제 기관들은 규제 대상 기업들을 감독하고, 규제 대책이 처음부터 완벽할 수는 없으므로 규제를 회피할 수 있는 신상품이 등장하는 경우 신속하게 대응해 규제안의 허점이 발견되는 즉시 보완할 준비가 돼 있어야 한다.

31장

관할 지역들 간의 상호 작용

시스코, 화이자Pfizer, 머크Merck, 코카콜라, 페이스북 같은 회사들이 미국에서 세금을 내지 않으려고 사용한 '네덜란드를 사이에 끼운 더블 아이리시 샌드위치Double Irish with a Dutch Sandwich'라고 불리는 세제 허점은 국경에 따른 법률의 한계에서 유래했다. 미국의 대기업들은 해외의 자회사들을 교묘하게 이용해 그들 사이에서 권리와 소득을 이전함으로써 대부분의 글로벌 매출분을 탈세했다. (개별 미국 시민은 어느 나라에서 나왔든 전체 수입에 과세되므로, 이 트릭은 기업들에서만 통한다.)

이것은 전세계의 조세 피난지들을 활용한 많은 해킹의 한 사례에 불과하다. 글로벌 차원의 탈세로 미국은 매년 국민총생산의 1.1%에 해당하는 2000억 달러의 손실을 보고 있다. 글로벌 차원의 조세 손실은 5000억 ~6000억 달러 선으로 추산된다. 이들 해킹에서 흥미로운 대목은 기업들이 여러 나라의 세법들에 숨은 취약점들의 상호 작용 효과를 지렛대로 삼는다는 점이다.

이 해법은 단순하고 투명하다. 미국의 경우, 24개 주와 워싱턴 D.C.는 주 기업소득세에 대해 통합 신고 시스템Combined Reporting Systems for State Corporate Income을 도입해 국내의 여러 관할 지역들을 이용한 수익 이전을 막는 효과를 얻고 있다. 통합 신고 시스템에 따라 기업과 그 자회사 들은 총 수익(이 경우 '국내'의 총수익), 그리고 해당 관할 지역 (개별 주)이 전체 비즈니스에서 차지하는 비율을 신고해야 한다. 그러면 해당 관할 지역은 회사의 비즈니스 규모에 비례한 수익의 일정 부분을 징세할 수 있으며, 따라서 기업들이 관할 지역간 상호 작용과 수익 이전을 통해 납세 의무를 회피하지 못하도록 막을 수 있다. 여러 주들은 이 접근법으로 이전까지는 국내 조세 도피처를 통해 은폐되고 탈루됐던 수십억 달러의 조세 소득을 회복할 수 있었다.

하지만 이 방법만으로는 여러 나라들을 이용한 수익 이전과 탈세라는 더 큰 문제를 해결할 수 없었다. 첫째, 조세 통합 신고 시스템을 도입한 거의 모든 미국 주들은 몬태나 주를 제외하곤 해외 수익 공개를 요구하지 않기 때문에 국내에서 거둔 수익을 해외 수익으로 조작해 탈세할 수 있는 여지가 있다. 둘째, 앞에서 지적했다시피, 미국의 기업 소득세는 해외에서 거둔 수익을 따지지 않기 때문에 연방 차원에서도 국내 수익의 해외 이전을 통한 탈세를 사실상 조장하는 효과가 있다.

2017년 제정된 감세 및 일자리 법Tax Cuts and Jobs Act은 '글로벌 무형자산 소득에 대한 저과세Global Intangible Low Tax Income' 조항을 통해 이 문제를 소극적으로 짚고 있다. 이 조항은 기업들에 대해 해외 조세 도피처를 이용한 탓에 징세되지 않은 수익의 10.5%를 세금으로 내도록 요구하고 있지만 탈세를 목적으로 한 글로벌 차원의 수익 조작을 막는 데는 실패했다는 평가다.

이 문제에 대한 최선의 해법은 다시 강조하건대 단순성과 투명성의 조합이다. 이것은 '의무적인 세계 통합 신고Mandatory Worldwide Combined Reporting, MWCR' 시스템이라 불리는데, 복잡하기로 악명높은 관할 지역 수준의 조세 문제를 해결하는 데 놀라우리만치 간단한 해법이다. 이 방식은 통합 신고 시스템과 비슷하게 기업과 그 자회사들로 하여금 전세계 전체 수익은 물론 전체 비즈니스에서 각 관할 지역이 차지하는 비율(보통 매출중 비율로 표현된다)을 신고하도록 요구한다. 그러면 해당 관할 지역은 거기에서 벌어진 그 회사의 비즈니스 비율에 상응하는 수익분의 세금을 물릴 권리를 갖게 된다.

이 책을 집필할 당시, 바이든 행정부와 경제협력개발기구^{OECD}는 MWCR과 유사한 조세 시스템을 도입하는 방안을 논의하고 있었다. 2021년 OECD는 130개 나라와 관할 지역들이, 대표적인 다국적 기업들이 출신 국가에만 세금을 내는 현재 시스템과 달리, 비즈니스를 벌이는 나라마다 해당 지역에서 취득한 수익의 최소 15%를 물리기로 합의했다고 발표했다. 바이든의 제안은 그와 비슷하지만 더 다양한 분야의 영리 기업들에 대해 법 준수를 요구하는 등 몇 가지 주목할 만한 차이점들이 있다. 이 제안들이 앞으로 어떻게 진화하고, 진작에 그랬던 것처럼 기업들이 또 어떤 허점을 찾아낼지는 더 두고봐야 할 것이다.

어떤 나라들은 글로벌 기업들을 유치하기 위해 의도적으로 법규를 무시하고 관할 지역 조정을 허용하기도 한다. 예를 들면, '편의치적선便宜置籍船, flags of convenience'[1]이라고 불리는 선박 등록 시스템은 선박 소유주들이 선박 정비에 관한 규제를 피하고 노동법을 무시하고, 기름 유출 등 환경 피해에 따른 처벌을 모면하기 쉽게 만들었다. 역사적으로, 선박은 출신국의 깃발을 달고 해당 정부의 보호를 받으며 그 나라 법의 지배를 받는 게 상례였다. 20세기 초, 파나마는 누구든 수수료만 내면 자국 국기를 달 수 있게 허용했다. 곧 리베리아^{Liberia}, 싱가포르^{Singapore} 등 다른 나라들이 이를 따르면서 인기가 높아졌고, 바누아투 공화국^{Republic of Vanuatu}처럼 자원이 부족한 소국들은 이를 새로운 비즈니스 기회로 인식하게 됐다. 이런 나라들은 관련 법

---

1 선박 등록국의 국기. 세금 혜택이나 면세를 위해 다른 나라에 선박을 등록하고 게양한 그 나라의 국기. ─옮긴이

규가 없거나 느슨했기 때문에 선박 소유주들은 이 해킹을 크게 반겼다. 1950년대부터 2010년대까지, 이 '개방치적open registries'을 적용한 선박은 전체의 4%에서 60%로 폭증했다. 1994년 발효된 '유엔 해양법 협약United Nations Convention on the Law of the Sea'은 선박과 게양된 국기 간에 '진정한 관련genuine link'이 있어야 한다고 적시했지만, 그로부터 25년이 지난 지금도 그 표현을 어떻게 해석할지는 여전히 논란거리다.

기업들이 델라웨어에 본사를 두고 싶어하는 이유도 그와 비슷한 유형이다. 이 주는 19세기 후반부터 뉴욕 주처럼 더 크고 더 비즈니스가 활발한 주들로부터 기업을 빼오기 위해 세법을 개정하기 시작했다. 델라웨어는 비즈니스를 하기가 쉽기 때문만이 아니라 소위 '델라웨어 허점Delaware Loophole' 때문에 미국 기업들에 '역내onshore'의 조세 천국이 됐다. 델라웨어는 주 안에 적을 둔 기업이 보유한 무형 자산 관련 수입에 대해서는 세금을 물리지 않는다. 기업들은 이런 점을 악용해 실제로는 델라웨어 밖에서 거둔 로열티 등 무형 자산을 통한 매출을 델라웨어로 이전함으로써 면세 혜택을 받는다. 하지만 이것은 실제 비즈니스가 일어나는 주에서는 수백만 달러의 세수 손실을 본다는 뜻이다. 이 허점은 미국의 나머지 49개 주에 연간 10억 달러 정도의 손실을 안기고 있다.

여기서 일어나는 해킹은 기업들이 선박을 파나마 국적으로 하거나 델라웨어에 본사를 둔다는 점이 아니다. 그보다는 파나마와 델라웨어 같은 관할 지역들이 비즈니스를 끌어오기 위해 자신들의 정부 규칙을 의도적으로 오용한다는 점이다. 스스로를 다른 주들과 대척점에 세움으로써, 델라웨어 주는 연방 차원의 주간 상거래 규칙과 주 차원의 조세 권한을 와해시킨다. 그와 비슷하게, 편의치적선은 유엔 해양법 협약의 취지를 훼손한다.

이것들은 규제하는 기관보다 더 거대한 조직에 의해 자행되는 해킹의 사례들이다. 기업들은 일반적으로 델라웨어 안과 밖 양쪽에서 비즈니스를 벌인다. 대양을 가로지르는 선박 회사들은 파나마라는 나라보다 훨씬 더 큰 글로벌 기업들이다. 이런 현상은 소위 '빅테크' 기업들에서도 나타난다. 어떤 공공 기관도 이들에 상응할 만한 규제 범위를 갖고 있지 못하다. 페이스북 같은 기업들은 글로벌 차원으로 활동하지만 이들에게 영향을 미치는 규제는 국가 차원이다. 정보 시대에 걸맞은 규제 구조는 아직 존재하지 않으며, 바로 그런 점이 글로벌 기업들로 하여금 관할 지역들 간의 상호 작용을 통해 수익을 올리게 해주는 특징이다.

32장

행정적 부담

때로 해킹은 역경 속에서 적응하기 위해 고안된, 필요의 산물이다. 한 전술이 통하지 않으면 다른 전술을 써본다. 행정적 부담도 거기에서 나온다. 그것은 정책을 해킹하는 한 방식이다. 특히 실업 보험이나 메디케이드Medicaid[1] 같은 사회적 지원 시스템을 해킹하는 일은 (미국의 경우) 정치적 논란이 많다. 이런 정책들에 반대하는 이들은 그것을 대놓고 금지하려 시도한다. 하지만 때로는 그것이 가능하지 않다. 그에 찬성하는 표가 턱없이 부족하거나, 성가신 헌법 조항이 그것을 가로막기 때문이다.

사람들이 창의력을 발휘하는 것은 이 대목에서다. 당신이 정책 시행을 책임진 위치에 있다면 법을 준수하기 매우 어렵게 만들 수 있다. 달리 말하면, 관료주의적 장애물을 곳곳에 설치해 해당 정책과 그에 접근하려는 사람들을 질식하게 만들 수 있다. 이 전술은 긴 대기 시간부터 지나친 서류 작업, 복잡하고 느린 문서 시스템, 반복적인 대인 인터뷰, 혹은 엉망으로 만든 웹사이트에 이르기까지 다양하지만 목표는 동일하다. 관료주의적 부

---

1 메디케이드는 미국에서 소득이 빈곤선의 65% 이하인 극빈층에게 연방 정부와 주정부가 공동으로 의료비 전액을 지원하는 제도로, 1965년 민주당 케네디 대통령 시절에 도입된 공공의료보험이다. – 옮긴이

담을 한껏 지움으로써, 사회적 혜택을 받을 자격이 있는 사람들이 그 관문을 극복하지 못하게 하는 것이다. 이들은 가난, 허약한 건강, 제한된 교육, 불안정한 주거 등 열악한 환경에 이미 짓눌린 취약 계층이 대부분이다. 공공정책 연구자들인 파멜라 허드Pamela Hurd와 도널드 모이니한Donald Moynihan 은 이 현상을 '행정적 부담'administrative burdens이라고 불렀고, 이것은 일종의 정책 해킹이라고 볼 수 있다.

플로리다의 실직 보험 체제는 그런 해킹의 한 사례이다. 론 디산티스Ron DeSantis 주지사의 한 자문역에 따르면 그 시스템은 의도적으로 '혜택을 얻고 유지하기가 더 어렵도록' 설계됐다. 신청 절차 전체가 온라인 시스템으로 올라갔는데 제대로 기능한다고 보기 어려울 정도로 엉망이었다. 2019년의 한 감사 결과에 따르면 그 시스템은 '빈번하게 부정확한 에러 메시지들을 띄웠고', 지원서의 접수 자체가 허용되지 않는 경우도 허다했다. 지원 양식 자체는 여러 페이지로 구성돼 있고, 그래서 지원자는 이름과 생년월일 같은 몇 가지 내용을 입력한 뒤 다음 페이지로 넘어가야 한다. 하지만 그 과정에서 웹사이트는 다운되기 일쑤고, 지원자는 처음부터 다시 시작해야 한다. 그뿐 아니라 해당 웹사이트는 하루 중 특정한 시간에만 접속할 수 있고, 지원자들은 '클레임 내용을 확인하기 위해' 2주마다 사이트를 재방문해야 한다.

이 시스템은 코로나바이러스감염증-19 팬데믹으로 실직한 450만명의 플로리다 주민들에게 특히 큰 고통을 초래했다. 2020년, 많은 주민이 실직 보험금을 청구하는 데 몇 시간 혹은 심지어 며칠을 들여야 했다. 해당 웹사이트에 따르면, 궁극적으로 240만명의 청구인들이 주 정부의 모호한 시스템에 의해 자격 미달 판정을 받았고, 이것은 케어스 법CARES Act2에 따라 팬

---

2 'CARES'는 '코로나바이러스 지원, 구호, 그리고 경제 보장'을 뜻하는 'Coronavirus Aid, Relief, and Economic Security'의 머릿글자를 딴 것이다. 2019년 미 국내총생산(GDP)의 10.9%, 2020년 연방정부 예산(4조 4000억 달러)의 절반을 편성한, 미국 역사상 최대 규모의 부양안이다. 코로나바이러스감염증-19의 피해를 입은 개인, 중소기업, 소상공인 등은 물론 대기업과 비영리단체까지 지원 대상에 포함됐다. – 옮긴이

데믹으로 실직된 사람을 지원해 주는 연방 프로그램을 이용하는 데도 제약으로 작용했다.

어떤 행정적 부담은 정책 시행 방식의 합법적인 차이 때문에 발생하기도 한다. 어떤 종류든 혜택을 제공하는 시스템을 설계할 때 우려되는 오류에는 두 가지 유형이 있다. 첫 번째는 받을 자격이 있는데도 혜택을 받지 못하는 경우이다. 두 번째는 받을 자격이 없는데도 혜택을 받는 경우이다. 어느 한 오류를 최소화한다고 해서 꼭 다른 오류가 늘어나지는 않는다. 혜택을 신청하고 수령받기 쉽게 만든다면, 그것을 받을 자격이 없는 사람들이 허점을 이용해 혜택을 받을 공산도 더 커질 수밖에 없다. 한편 부적격자들이 혜택을 신청하고 수령받을 수 없도록 점검 절차를 강화한다면, 받을 자격이 있음에도 혜택을 받지 못하게 되는 사태가 필연적으로 발생하게 될 것이다. 따라서 어떤 결과를 더 선호할지는 정치적 성향에 따라 달라질 것이다.

의도적으로 행정적 부담을 만드는 행위는 이런 현상을 극단으로 몰고 간다. 혜택 수령과 관련된 부담이 너무 높아진 탓에 부적격자들을 걸러내는 정도가 아니라, 혜택 수령 자격이 있는 수많은 사람들로 하여금 신청 자체를 포기하게 만드는 것이다. 수동적 공격성을 띤 혜택 거부인 셈이다.

미국에서 이런 전술은 낙태에 대해, 그것이 50년 전에 합법으로 인정된 다음에도 지속적으로 사용돼 왔다. 주들이 낙태를 노골적으로 금지한 법을 통과시킬 수 없게 되자, 낙태 반대자들은 행정적 부담을 의도적으로 늘림으로써 낙태가 기술적으로 합법임에도 낙태 수술을 받기가 매우 어렵게 만들었다. 이런 전술은 대기 기간, 의무 카운셀링, 복수의 클리닉 방문, 부모의 동의, 초음파 검사 등을 요구했다. 최악의 사례는 루이지애나 주로 1973년 이후 89개의 낙태 규제안을 제정했는데 낙태 클리닉 허가 기준을 까다롭게 만드는가 하면 지극히 사소한 서류 작업 위반에도 즉각적인 폐쇄를 명령할 수 있는 규칙을 만들었다. 1992년 미국 대법원이 각 주에 대해 "낙태를 원하는 여성들의 진로에 상당한substantial 장애를 초래해서는 안된다"라고 판결하자, 이후 30여년간 논란은 과연 무엇이 '상당한' 수준이거나 그렇지 않은지를 규정하는 문제로 옮아갔다.

다른 많은 사례들이 있다. '여성, 유아, 그리고 어린이 프로그램'WIC program은 정확히 어떤 식품들이 구매될 수 있는지를 길고 자세하게, 거의 우스꽝스러울 정도로 복잡하게 제한한 정부의 영양 프로그램이다. 예를 들면, 다른 이유식 브랜드들을 섞어서는 안된다. 행정적 부담 전술은 효과적이다. WIC 프로그램의 혜택을 실제로 받는 가족은 그럴 자격을 갖춘 가족의 채 절반도 받지 않고 있다. 식품구매권food stamp[3]과 메디케이드를 신청하고 받는 절차도 그와 비슷하게 해킹될 수 있다. 예컨대 아칸소 주Arkansas는 주당 20시간 이상의 근로를 해야만 메디케이드 혜택을 받을 수 있다는 조건을 붙임으로써 수많은 주민의 수혜 자격을 박탈했다. 하지만 실제 이유는 그들이 근로 요구 조건을 채우지 못해서가 아니라, 그와 연관된 서류 작업을 해내지 못했기 때문이었다.

이 모두는 부자와 권력자들이 보통 시민들의 희생을 대가로 시스템을 해킹한 사례들이다. 그리고 그런 해킹의 피해는 특히 기술과 자원이 없고 난관을 극복할 만한 시간이 부족한 사람들에게 집중됐다.

이런 문제에 대해 사법적 개입 외에는 만족할 만한 해법이 없는데, 그러한 행정적 부담을 만들어낸 당사자들이 바로 정치적 권력이기 때문이다. 그럼에도 불구하고, 한 가지 부분적 해법으로 꼽을 수 있는 것은 외부 기관들로 하여금 독립된 벤치마킹이나 시스템 감사로 행정적 부담의 규모와 영

---

3 미국의 복지정책은 현금복지제도와 현물복지제도로 나뉘는데, 메디케이드와 식품구매권(Food Stamp)은 후자에 속한다. 식품구매권은 지정된 소매업소에서 식품을 구매할 수 있는 쿠폰이다. – 옮긴이

향을 평가하는 일이다. 이것이 행정적 부담으로부터 초래된 문제들을 직접 바로잡지는 못한다고 해도, 독립된 감사 작업은 양질의 데이터 수집, 분석, 시각화를 통해 취약 계층 (특히 법적으로 보호받도록 돼 있는 계급)에 미친 영향을 계량화함으로써 이를 개선하는 법을 제정하도록 입법 기관에 풀뿌리 차원의 압력을 넣을 수 있을 것이다. 그 외에 달리 어떤 방법이 있을지 나는 모르겠다.

33장

보통법 해킹

여기에서 논의하는 복잡한 시스템들은 지나치게 구체적이거나 지나치게 모호해서 그 답을 구하기 어려운데, 이는 흔히 '난제難題'를 뜻하는 '위키드 프라블럼wicked problem'으로 불린다. 이것이 뜻하는 바는 해당 사안이 너무나 복잡해서 전통적인 분석 기법으로는 풀 수 없다는 것이다. 유일한 해법은 반복iterative 과정을 통해 조금씩 개선하는 것이다. 하지만 반복적 해법은 해킹될 수 있고, 그 해킹을 이용해 스스로를 개선할 수 있다.

해킹에는 시스템의 규칙을 부정하는 부분이 포함된다. 규칙들은 해석에 달린 경우가 많고 그 해석은 변할 수 있다. 이런 점을 탐구하기 위해, 이런 방식으로 진화하도록 설계된 법률 시스템인 보통법common law을 살펴보도록 하자. 보통법은 반복적인 되먹임식 해킹을 통해 적응할 수 있는 대규모 시스템의 가장 좋은 사례 – 그리고 미래를 위한 모델 – 이다. 그것은 설계할 때 이미 시스템 내부에 구축돼 있다. 그리고 그것은 효과적이다.

1762년, 작가이자 학교장이던 존 엔틱John Entick은 영국 정부에 반대하는 비방성 팸플릿을 썼다고 의심받고 있었다. 내무장관의 지시로, 왕의 대표 전령chief messenger과 그 일행은 엔틱의 가정에 침입해 수백 개의 차트와 팸플릿을 증거로 압수했다. 전령들은 법 집행 자격을 갖고 있었지만 엔틱은 그에 아랑곳하지 않고 이들이 자신의 사유지에 무단 침입했다며 고소했다.

이것은 지금 보면 해킹처럼 보이지 않지만 1765년 당시에는 무단침입법을 의도되지도 예상하지도 못한 방식으로 인용한 사례였다. 이 사태 전까지, 무단침입법은 시민들이 서로의 사유지를 침범하는 것을 막는 데만 사용됐고 정부의 권한을 제한하지는 않았다. 경찰은 자신들의 수사상 판단 범위에서 개인의 사유지를 수색할 수 있다는 권리가 있다고 추정됐다. 엔틱은 자신의 개인적 권리는 자신의 사유지 안에서 보장받을 권리가 있다고 주장했다. 당시의 법 집행 규범에 반기를 든 것이었다. 그것은 무단침입법에 대한 진보적인, 어찌 보면 심지어 급진적인, 해석이었다.

영국의 법원들은 엔틱의 법 해석이 타당하고 더 우월하다고 판결했다. "영국의 법에 의거해, 사유지에 대한 모든 침범은, 그것이 아무리 사소한 것이라 할지라도, 무단침입이다." 엔틱의 소송에 대한 판결은 무단침입에 따른 법적 책임의 개념을 내무장관과 그의 대리인들에게도 적용했다. 그것은 판결 시점으로부터 영국 보통법의 일부가 됐다. 엔틱은 무단침입법을 해킹한 것이었다. 그는 법조문들로부터 논리적으로 따르게 마련인 해석을 진전시켰지만 그것은 의도되지도 예상되지도 않은 방향이었다. 법원은 그 해킹을 허용했고 그것을 법리화했다. 엔틱 소송은 개인의 시민적 자유를 정립하고 국가 권력의 범위를 제한하는 획기적 판례가 됐다. 미국에서는 엔틱 판결의 이상을 수정헌법 제4조로 성문화했다.

때로 해킹은 사회에 혜택을 줄 수 있다. 그것은 기존 규칙이나 규범의 의도를 위배할 수도 있다. 하지만 그것이 늘 더 큰 틀의 사회 계약까지 위배하는 것은 아니다. 위의 사례에서, 법원은 시민들이 그들 자신의 사유지 내에서 안전을 보장받도록 함으로써, 그리고 가정에서의 프라이버시가 어떤 이유로든 타인에 의해 침해되지 않도록 함으로써 사회 계약은 강화됐다고 판단했다. 해킹은 시스템의 어떤 부분이 희생되는 대가로 해커에게 혜택을 안기지만, 때로 그 비용은 최소한에 그치기도 한다. 만약 어떤 해킹이 사회 계약의 정신에 위배되지 않는다면, 그것은 해당 시스템이 수용함으로써 혜택을 받는 일종의 혁신이 된다.

이런 사례들에서, 어느 단일한 판결 주체도 그런 결정을 내리지 않는다 — 단지 많은 법원들이 다수의 전례들에 대한 다수의 해석들 사이에서 타협점을 찾으려 애쓰는 가운데 새로운 해킹 사례가 나오면 그런 전례를 적용하는 것이다. 규칙들은 복잡하고, 불완전하며, 때로는 서로 상충되기도 한다. 평범한 법률이 그런 것처럼 어느 한 목적을 위해 설계된 것이 아니다. 이 규칙들은 반복되는 가운데 바뀌고 진화한다. 전체 시스템에 대해 저마다 다른 목표를 가진 수많은 사람들에 의해 추가돼 왔다. 그처럼 복수의 주체에 의해 관리되는 시스템에서는 여러 도전과 현재 상태를 바꾸려는 시도들에 대해 다른 유형의 판단 메커니즘이 필요하다. 이것이 기본적으로 보통법이 작동하는 방식이다.

보통법의 정의부터 내리자. 보통법은 과거 판례에서 나온 사법적 결정들로부터 유래한 법이다. 의회에서 제정한 성문법statutory law이나 정부 기구들이 내놓은 규제성 법regulatory law과는 다르다. 보통법은 성문법보다 더 유연하다. 그것은 시간의 흐름과 상관없이 일관성을 부여하지만, 판사들이 과거의 전례들을 새로운 상황에 맞도록 재적용하고, 유추하고, 변화시키면 다르게 진화할 수도 있다. 그 진화는 기본적으로 법원이 판단한 일련의 해킹 행위들로 구성되는데, 각각의 해킹은 불법으로 선언되거나 미래의 전례로 자리잡을 수도 있다.

특허법을 예로 들자. 이것은 성문법에 기반하고 있지만 그 세부 내용은 대체로 판사가 판단한 규칙들로 구성된다. 그리고 그것은 복잡하다. 특허의 가치는 수십억 달러에 이를 수도 있기 때문에 소송은 퍽 흔하다. 워낙 많은 돈이 걸려 있기 때문에 특허 시스템에 대한 해킹 시도도 빈번하다. 예를 한 가지만 들겠다. 바로 특허 가처분patent injunction이다. 이 특허 가처분의 개념은 자신의 특허가 침해되고 있다고 믿는 사람은 법원이 최종 판결을 내릴 때까지 그런 특허 침해가 벌어지지 않도록 신속한 가처분 결정을 얻을 수 있다는 것이다. 특허 가처분은 소규모 경쟁자들로 하여금 자신들의 제품을 팔지 못하게 하거나 특허 보유자에게 과도한 수수료를 내도록 강제하는 데 사용됐다(많은 이들이 갈취와 다름없다고 비판하는 비즈니스 행태).

특허 가처분이라는 해킹 행위는 기술 개발 및 온라인 경매 회사인 머크익스체인지MercExchange가 이베이eBay에 대해 자신들의 특허 기술을 이베이의 온라인 경매 시스템에 불법적으로 사용했다며 소송을 제기했을 때 그 심판을 받았다. 2006년 그 사안을 심리한 미국 대법원은 일선 법원들에 대해 특허 가처분을 허락할지 판단할 때 더욱 철저하게, 네 가지 주요 변수들을 점검하라고 지시함으로써 특허 가처분 판결에 포함된 취약점을 보완했다.

법은 결코 완전할 수가 없다. 시간이 지나고 사회가 변함에 따라 회색 지대, 맹점, 혹은 영공간null space이 점점 더 뚜렷해진다. 법과 마찬가지로 성문법이나 보통법에도 허점, 누락, 혹은 실수가 일어날 수 있다. 누군가가 그것을 활용해 입법자들이 의도하거나 기대하지 않은 방향으로 기존 법들을 비틀어 자신들의 이익에 맞도록 왜곡한다. 그러면 다른 누군가가 대개는 그런 해킹 탓에 불이익을 겪게 된 사람들 그 해킹 행위를 법원에 제소한다. 판사는 중립적인 심판자로 나서서 그 해킹 행위가 적법한지 아니면 위법한지 판단한다. 만약 위법하다면 그것은 불법으로 선언되고 법 시스템은 문제를 보완한다. 만약 적법하다고 판결되면 보통법의 일부로 편입되고 이후 합법적인 행위로 인정된다. 보통법은 태생적으로 판결 시스템에 대한 해킹이라고 볼 수 있다. 그리고 폭넓은 전례와 원칙들을 창의적으로 적용하고 재해석해 나온 보통법의 결정들은 그 자체로 다른 방법으로는 해결할 수 없는 문제들을 해결하는 일종의 사회적 해킹인 셈이다.

보통법의 해킹은 법이 새로운 환경, 새로운 전개 국면, 그리고 새로운 기술에 적응하는 방법이다. 법조계의 어느 누구도 그것을 해킹이라고 부르지 않지만 그 속성은 기본적으로 해킹이다. 보통법은 일련의 해킹과 판결의 집합이라고 해도 과언이 아니다. 그것은 법을 끊임없이 개선하는 데 해킹의 힘을 활용하는 최선의 시스템이다. 해킹은 법이 시대적 변화에 적응하는 방법이다.

또 다른 예를 들어보자. 중세 시대, 영국의 지주들이 십자군 전쟁에 참여하기 위해 집을 떠날 때, 자신의 부동산 소유권을 믿을 만한 누군가에게 이전하곤 했다. 자신이 떠나 있는 동안 대리인이 자산을 관리하면서 봉건제에서 요구되는 여러 비용 지불 업무를 수행하도록 하기 위한 방편이었다. 하지만 늘 뜻대로 흘러가지는 않았다. 십자군 원정에서 돌아와 보니, 믿었던 친구는 소유권 반환을 거부하기도 했다. 이것도 일종의 법 해킹이었다. 자산을 매각하는 것은 십자군 기사의 의도가 아니었다.

이 문제를 해결하기 위해, 피해를 입은 십자군 지주들은 대법관과 대법원에 청원했다. 취약점을 보완하기 위한 대법관의 해법은 새로운 권리를 만드는 것이었다. 그의 구상에 따르면 주어진 자산에는 두 명의 소유자가 가능했다. 소유증서에 적힌 '법률상의legal' 소유자와 (공평하게 볼 때) 그 땅의 실제 주인인 '공평한equitable' 소유자였다. 공평한 소유자는 그 토지를 사용하는 것과 같은 자산의 혜택을 누렸다. 이 경우, 법률 상의 소유자는 십자군에 종군했던 사람이고, 공평한 소유자는 관리자였다. 그것은 사안에 엮인 당사자들 모두를 만족시키는 손쉬운 보완책이었다. 귀족들은 자신들의 재산권 보존을 원했고, 십자군 원정 귀환자들은 강한 권력을 가졌을 뿐 아니라 주위의 동정을 얻은 청원 그룹이었다.

이와 동일한 권리 분할은 보통법이 통용되는 여러 나라들에서 여전히 작동한다. 미국의 경우, 법률 문제와 공평성 문제 간의 구분은 여전히 존재한다. 이 구분은 재무 구조의 하나로 신탁에 적용된다. 기본적으로, 다른 누군가가 신탁 재산(그리고 신탁이 적용되는 자산)을 소유하고, '진짜' 소유자이자 수혜자인 당신은 그렇게 맡긴 자산의 성과(예를 들면, 금전적 분배)를 누릴 권리를 지닌다.

34장

진화로서의 해킹

정통파 유대교도들은 자기네 종교의 규칙들을 해킹하는 데 선수들이다. 금요일 저녁부터 토요일 저녁까지 이어지는 유대교 안식일에는 일하는 것이 금지된다. 일에는 불을 켜는 것도 포함되는데, 이것은 어떤 종류의 빛이든 만들거나 어떤 짓이든 전기를 쓰는 행위를 포괄한다. 어렸을 때 내 사촌들은 텔레비전의 전선에 타이머를 붙여 놓았었다. 그 타이머는 자동으로 텔레비전을 켜거나 끌 수 있어서 — 아무런 사람의 개입도 요구되지 않아서 — 유일한 논쟁거리는 금요일 해 지기 전에 TV를 어떤 채널에 맞춰놓을까였다. 바깥에 무엇을 들고 다니는 것도 금지되기 때문에 외출할 때는 집 열쇠도 갖고 나갈 수 없다. 하지만 그 열쇠가 몸에 걸치는 보석류에 붙어 있으면 휴대할 수 있었다.

집안에서는 물건을 휴대하는 것이 허용된다는 점에 착안해 일부 공동체는 동네 전체를 '에루브eruv'[1]라고 불리는 선으로 감싸 '사적인 성격에 준하는 공동 지역'이라는 옛부터 전해내려온 정의를 해킹하고 그 선으로 설정한 경계 안의 모든 것을 '집안home'으로 재정의했다.

---

1 유대인들이 안식일 기간 중에 평소에는 할 수 없던 일을 할 수 있는 지역. – 옮긴이

비유대인들은 동일한 규칙에 얽매이지 않는다. 내가 자랄 때 다니던 시나고그(유대교의 예배당)는 일부러 비非유대인gentile 관리자를 고용해 안식일에 정통 유대교도들은 할 수 없는 일을 하도록 했다. 하지만 도와달라고 직접 요청하는 것도 금지였다. 이를테면 "온도 좀 높여주시겠어요?"라고 물을 수는 없지만 "여기 조금 춥군요"라고 말할 수는 있다. 비슷하게, 눈치 빠른 유대인이라면 엘리베이터를 타고 "5층 좀 눌러주시겠어요?"라고 말하는 대신 옆에 들리게 "5층이 눌러졌나요?"라고 말할 수 있다. 정통 유대교도들이 몰려 사는 이스라엘 지역의 많은 엘리베이터는 안식일 기간 자동으로 층마다 서도록 설정돼 있다.

내가 어렸을 때는, 안식일 규칙을 문자 그대로 해석해 정확히 따르는 위와 같은 방식들이 부자연스럽게 느껴졌다. 하지만 따지고 보면 그것은 2000년이 넘는 유대인의 법이 수세기에 걸쳐 현대로 넘어오면서 적응한 방식이었다. 그것은 해킹이었고, 더 중요하게는 그러한 해킹을 날로 진화하는 사회와 통합한 결과였다.

해킹은 아직 시험되지 않은, 새로운 실패 모드들을 찾는 일이다. 그런 시험이 실제로 작동하면 예기치 못한 결과를 낳는다.

이것은 중요하다. 해킹은 단지 한 시스템에 위해를 가하는 악의적 조작이 아니다. 성공적인 해킹은 해킹된 시스템을 바꾸며, 그것이 반복 사용돼 인기를 끌게 되면 더욱 큰 변화를 가져온다. 해킹이 시스템의 작동 방식을 바꾸는 이유는 그 시스템이 더 이상의 해킹을 막기 위해 패치되기 때문이거나 그 해킹을 포괄하기 위해 확장되기 때문이다. 해킹은 어떤 시스템을 이용하는 사람들이 신기술에 대한 대응으로 그것을 변화시켜 개선하는 한 과정이다. 이것은 진화로서의 해킹이다. 현대의 은행 업무, 고빈도 주식 거래, 럭셔리 부동산 거래, 그리고 아마도 긱 경제 회사들이 벌이는 비즈니스의 많은 부분에서 우리는 그것을 확인했다. 그리고 그런 흐름은 계속된다.

예컨대 요즘은 안식일에 스마트폰을 사용할 수 있게 해주는 블루투스 기기도 나왔다. 그 비결은 버튼들에 미세한 양의 전류가 지속적으로 흐르게 함으로써, 버튼을 누르는 경우에도 회로는 닫히지 않기 때문에 유대교 법을 어기지 않게 되는 것이다.

잘만 유도한다면 해킹은 시스템 진화의 속도를 높이는 한 방식이 될 수 있다. 시스템의 오류를 폭로하고 악용해 개인적 이익에 봉사하도록 잘못 유도한다면, 해킹은 시스템 파괴를 가속화하는 위험한 방법이 될 수 있다.

시스템들이 살아남으려면 혁신은 필수다. 경직된 시스템은 해킹에 제대로 대응할 수 없으며, 따라서 진화할 수 없다. 정치학자인 프랜시스 후쿠야마Francis Fukuyama는 이런 주장을, 국가와 제도들은 특정한 환경 조건에 대응하기 위해 개발됐으며 환경 변화에 맞춰 진화할 수 없게 되면 실패하거나 다른 나라나 제도에 먹히게 된다는 지적으로 이론화했다. (그는 오토만 제국Ottoman Empire을 예로 들었다.) 당대의 정치학 연구는 부자와 권력자를 대표하는 보수 그룹이 사회의 진화를 거부하는 경우, 정치 시스템 전체를 무너뜨릴 수도 있다는 점을 시사한다.

이 파괴적인 힘은 권력 구조의 밑바닥에 놓인 사람들에 의해서도 추동돼 사회 변화의 엔진으로 기능할 수 있다. 혁명은 그렇게 일어난다. 해킹은 약자의 무기 중 하나이고, 중요한 무기이다.

여기 한 가지 예가 있다. 사람들은 자연, 혹은 유인원, 혹은 강에 대한 권리를 확보하기 위한 시도로 '기업적 인격체corporate personhood'의 개념을 해킹한다. 기업적 인격체라는 개념 자체가 미국 시민으로서의 신분과 권리를 규정한 수정헌법 제14조를 해킹한 결과이다.

다원적 진화의 세계에서는 자연이 유용한 해킹과 그렇지 못한 해킹을 결정한다. 자연은 냉정하고 가차없지만 어느 쪽을 편애하지도 않는다. 사회적 시스템의 진화에서는 권력자들이 단연 유리하며, 어느 해킹을 남기거나 버릴지 결정하는 것도 그들일 경우가 많다. 이런 현상이 수정되지 않는다면, 시스템의 진화를 추동하는 해킹들은 현재의 부당성을 영구화하는 데 그칠 것이다. 사회적 해킹의 미래는 최대 다수의 이익을 추구하는 방향으로 진행돼야 하며, 그렇지 않으면 사회적 시스템이 붕괴하는 현상을 보게 될 것이다. 그렇다면 여기에서 해킹은 혁명으로서의 해킹인 셈이다.

해킹에 대한 더 적절한 비유는 외래 침입종에 견주는 것이다. 다른 종들은 특정한 환경에서 진화하는 가운데 포식자, 먹잇감, 환경, 그리고 다른 변수들과 균형을 맞춘다. 어떤 종이 한 환경에서 다른 환경으로 운송되면, 그것은 종종 새롭고 놀라운 방식으로 환경의 이질성을 이용한다. 그 종의 개체수를 조절하던 포식자가 새 환경에는 없고, 이를테면 플로리다 주에 나타난 버마왕뱀Burmese python의 경우처럼 그를 대신할 존재도 없을 수 있다. 아니면 그 종의 성장을 제한하던 환경적 변수가 새로운 환경에는 없을 수 있다('남부의 재앙Scourge of the South'으로 불리는 칡kudzu의 경우는 추운 날씨). 아니면 식욕이 엄청난 아시아 잉어Asian carp의 경우처럼, 그 종에게는 새로운 먹잇감이 비정상적으로 풍부할 수도 있다. 그 결과 외래 침입종들은 전례를 찾아볼 수 없을 만큼 빠른 속도로 증식할 수 있다. 해킹도 그와 같다. 미처 그에 준비되지 않은 생태계로 진입된 불연속적 도약인 것이다. 만약 생태계가 적절한 방어 기제를 전개한다면 침입종은 자취를 감출 수 있다. 하지만 반대로 시스템을 완전히 압도해 버릴 수도 있다. 어느 해킹이 너무나 치명적이어서 전체 생태계를 파괴해 버리면 소위 '생태계 붕괴ecosystem collapse'라는 재난적 상태로 귀결된다.

5부

정치 시스템 해킹

35장

법 안의 숨은 조항들

러시아의 해외 첩보 정보기관인 SVR이 솔라윈즈를 해킹해 이 회사의 오리온Orion 소프트웨어 업데이트 채널에 백도어를 심는 바람에, 만 7000여 오리온 사용자들은 감염된 업데이트를 설치했고 그로 인해 본의 아니게 자신들의 네트워크에 SVR의 접근을 허용했다. 그것은 매우 많은 수의 취약한 네트워크였고, SVR이 그들 모두에 침투하려 시도할 것이라고 보기는 어려웠다. 대신, 이들은 그렇게 확보된 취약한 네트워크들 중에서 가장 가치가 높아 보이는 것을 신중하게 골랐다.

이것은 '공급망 공격supply chain attack'으로 알려져 있는데, SVR은 이들 네트워크 중 어느 것도 직접 공격하지 않았기 때문이다. 대신 이들은 모든 네트워크들이 사용한 소프트웨어 시스템을 공격했다. 공급망 공격은 동시에 수천 대의 시스템에 피해를 줄 수 있기 때문에 영리한 시스템 공격 방식으로 여겨진다. 이런 종류의 또 다른 공격 사례는 구글 플레이Google Play 스토어를 해킹해 가짜 앱을 집어넣거나, 우송 중인 네트워크 장비를 가로챈 다음 여기에 도청용 소프트웨어를 설치하는 식이다. (미 국가안보국도 그런 적이 있다.)

입법 과정을 해킹하는 경우도 같은 방식으로 생각할 수 있다. 앞 장들에서 우리는 어떻게 해커들이 법안이 통과된 다음 취약점들을 발견해 이용하는지 살펴보았다. 해커들은 입법 과정 자체를 표적으로 삼을 수도 있다. 그리고 오리온 네트워크 관리 소프트웨어의 업데이트 과정을 해킹했듯이, 해커들은 논의 중인 법안에 취약점들을 의도적으로 끼워넣은 다음 통과돼 법적 효력을 발휘하게 되면 그를 이용할 수 있다.

어떤 면에서, 우리는 지금까지 논의해 온 해킹을 한 단계 더 높인 셈이다. 법과 규제에서 취약점을 찾는 대신, 이들 해킹은 그런 법과 규제를 만드는 과정 자체를 표적으로 삼는다. 풍부한 기술과 자원을 가진 해커들이라면 이렇게 할 수 있다.

이것은 단지 어떤 시스템을 해킹하는 수준이 아니다. 시스템을 패치하는 수단을 해킹하는 것이다.

법에서 허점은 흔한 일이지만 그 대부분은 해킹으로 인정되지 않는다. 그것들은 특정한 정책 목표를 지원하거나 특정 유권자들을 달래기 위해, 혹은 다른 입법자들을 달래기 위한 타협안 차원에서 더 일반적 규칙에 대한 의도적 예외인 경우가 많다. 그런 사례로는 커피콩을 볶는 작업도 국내 제조업으로 간주해야 한다는 스타벅스의 로비를 반영한 2004년의 법이 있다. 더 일반적 수준에서는 스포츠 리그의 경우처럼 다른 회사들 간에 조정이 요구되는 업계들의 '자연 독점natural monopoly'에 대해 반독점 면책을 허용한 사례를 들 수 있다. 이런 내용들은 의도치 않거나 예상치 못한 게 아니다. 법안을 만들고, 논의하고, 법으로 제정하는 시스템 자체를 넘어선 게 아니다. 그렇기 때문에 이들은 해킹이 아니다.

그렇다고 해서 이런 허점들을 허용하는 입법 절차가 언제나 해킹되지 않는다는 뜻은 아니다. 누군가가 전략적으로 잘 계산된 문장을 법안에 슬쩍 추가하기만 하면 그만이다. 그 문장은 여러 다른 법들을 지칭해 그 법들과 상호 작용토록 함으로써 다른 이들은 전혀 몰랐고 예상하지 못했던 결과를 유도할지 모른다.

로비스트들의 업계 전체는 그들을 고용한 기관이나 단체를 대신해 그처럼 예기치 못한 결과를 끌어내는 데 진력한다. 2017년, 감세 및 일자리 법 Tax Cuts and Jobs Act의 법안을 짜던 당시, 워싱턴 D.C.에서 일하는 로비스트의 절반 이상이 오직 세금 문제에만 매달리고 있다고 공개했다. 6000명 이상의 로비스트들이, 의원 한 명당 11명 꼴로 포진했었다는 뜻이다.

예를 들면, 2013년 의회가 승인한 채무 합의는 다음과 같은 문장을 담고 있었다. "증권거래위원회SEC 규칙. 145. 수정된 공법 111-242의 163조 (b)항을 추가 수정해 "2013-2014"를 삭제하고 "2015-2016"을 삽입함." 톰 하킨Tom Harkin 상원의원에 의해 삽입된, 언뜻 무해해 보이는 그 조항은 '티치포아메리카TFA, Teach For America' 라는 교육 및 리더십 관련 비영리 단체를 위한 비밀 선물이었다. 추가된 문장은 기본적으로 TFA 채용자들을 비롯해 아직 교사 훈련 프로그램을 받고 있는 학생들에게 주는 혜택을 2년 더 연장한다는 내용이었다.

2020년, 미 의회는 코로나바이러스감염증-19로 타격을 받은 경제를 부양할 목적으로 2조 달러 규모의 케어스 법을 제정했다. 880페이지 분량의 법안 중 203페이지에 부동산 투자자들이 어떻게 그들의 손실을 상쇄할 수 있는지를 놓고 바뀐 내용이 들어 있다. 이 세금 감면 혜택은, 당시 대통령이던 도널드 트럼프를 비롯해 부동산 재벌들에게 매년 170억 달러의 수익을 안겨주었다. 바꿔 말하면 170억 달러의 잠재 세수稅收였다. 그 조항이 코로나바이러스감염증-19과는 전혀 무관하다거나, 소급적인 면세 혜택이 코로나바이러스감염증-19가 시작되기 한참 전의 기간까지 포괄한다는 점은 전혀 문제가 되지 않았다. 이 구절을 슬쩍 끼워넣는 데 신속함과 은밀함이 한몫 했음은 물론이다. 그 법안의 문구는 투표를 겨우 한 시간 남겨놓은 시점에서 겨우 마무리됐고, 공화당의 보좌관들은 그 조항을 법안의 최종 문구가 결정되기 불과 몇 초 전에 추가했다.

취약점은 그 법안이 너무 길고 너무 복잡하며, 명확하고 분명한 효과도 없는 조항들을 너무 많이 담았다는 데 있었다. 그를 악용한 행위는 입법자들이 눈치챌 수 없도록 파괴력 높은 조항을 은밀하고 신속하게 끼워넣은 것이었다. 이런 종류의 교묘한 속임수에는, 자신이 찬성표를 던진 법안이 장차 어떤 효력을 발휘할지 예상했거나 예상하지 못한 의회 의원들의 공모도 한몫 했으리라고 사람들은 의심한다. 하지만 어느 의원 보좌관이 그저 시키는 대로 그렇게 했을 뿐이고, 다른 누구도, 심지어 끼워넣은 문구를 작성한 로비스트조차 그런 효과를 미처 예상하지 못했을 수도 있다.

이런 종류의 행위는 워낙 흔해서 더 이상 해킹으로 치부하지도 않는다. 지난 수십 년간 권력은 점점 더 상하 양원 다수당 대표들의 수중으로 집중됐고, 이 격절되고 모호한 입법 절차를 주관했던 입법 위원회로부터 멀어졌다. 이런 정치적 경향과, 과거의 의회 회기들과 견주어 더 적은 숫자의 대규모 법안들을 통과시키는 데 그치는 의회의 현황과 맞물리면서 특정 개인과 업계에 편파적 혜택을 줄 수 있는 조항을 은밀히 끼워넣을 기회는 더 많아졌다. 사정이 그렇게 퇴보하다 보니 애니메이션 드라마 〈심슨스Simpsons〉의 한 에피소드로 풍자되는 지경에까지 이르렀다. 여기에서 광대 크러스티Krusty the Clown는 선거에 당선돼 의원이 되자 고아들에게 깃발을 나눠주는 법안에 항공 관제법의 수정 조항을 슬쩍 끼워넣는다.

이것을 모두 고치기는 쉽지 않다. 비록 법률 용어가 컴퓨터 코드와 유사하지만 그것이 만들어지고 사용되는 절차는 사뭇 다르다. 컴퓨터 코드는 일반적으로 단일한 회사나 개인의 지시 아래, 전체적인 계획을 따르는 사람들에 의해 작성된다. 이 프로그래머들은 자신들이 작성하는 코드가 어떤 기능을 하도록 돼 있는지, 언제 그런 기능을 하지 않는지, 그리고 어떤 경우에 그런 기능을 수행할 수 없는지 알고 있다. 그리고 그들만이 코드에 들어간 버그를 바로잡을 권한이 있다.

법은 그렇지 않다. 그것은 모든 단계에서 분산돼 있다. 민주주의 체제에서, 법은 여러 다른 경쟁자들에 의해 입안된다. 이들은 해당 법이 어떤 역할을 할지에 대해서도 저마다 다른 목표와 다른 견해를 가지고 있다. 전체 입법 절차에 걸쳐 모두 자기가 무엇에 투표하는지 정확히 알고 있는 경우라도, 법안에 삽입된 이상한 조항은 누구에겐 버그지만 다른 이들에게는 중요한 기능이다.

숨은 조항들, 그리고 그 조항들이 노출하는 취약점들은, 만약 상원과 하원이, 문구가 확정돼 인쇄된 법안들에 대해 그 분량에 비례해 일정 수준의 검토 시간을 의무화했다면 문제의 소지가 더 적었을 것이다. 숨은 조항들은, 만약 부지런한 언론에 의해 발견되고 조사된다면 더 이상 '숨은' 것이 아니게 되고 대중에게 알려져 다시 바로잡거나 정치적 대가를 치르는 결과로 이어질 것이다. 의원들에게 타당한 수준의 최소 검토 시간을 주고, 그 중요성이 특히 높은 법안에 대해 수정하도록 요구한다면, 통과된 다음에 뒤늦게 숨은 조항이 드러나 분란으로 이어질 위험도 그만큼 줄어들 것이다.

미 하원의 의결 절차를 간소화하기 위한 97개의 권고 내용 중 하나로, 의회 현대화를 위한 선별 위원회Select Committee on the Modernization of Congress는 "미국 유권자들로 하여금 어떻게 수정안들이 법을 바꾸고 제안된 법률안이 현행 법에 어떤 영향을 미치는지 용이하게 추적할 수 있도록 해주는 새로운 시스템을 완결"하자고 제안했다. 위원회는 기본적으로 이전의 '비교 인쇄 프로젝트Comparative Print Project'보다 더 확장된, 법률의 수정 내용을 추적하는 시스템을 제안하고 있다.

이 프로젝트의 목표는 입법 상의 변화를 더 쉽게 관찰하고 이해할 수 있게 만들어 숨은 조항들을 더 쉽게 탐지해 내는 것이다. 위원회가 '모든 하원 의원 사무실들'에 대한 접근성을 높이자고 제안할 뿐이라는 점을 고려하면 이렇게 해서 문제가 해결될 가능성은 낮지만 바른 방향으로 한 발 더 다가가는 것이라는 점은 분명하다. 입법 과정에 대한 일반 유권자들의 접근성을 높이고, 충분한 법안 검토 시간을 보장하는 대책이 나온다면, 그 효과는 사뭇 더 클 수 있다.

충분한 시간만으로는 부족하다. 그와 더불어 숨은 조항을 찾아낼 수 있는 동기를 사람들에게 부여할 필요가 있다. 소프트웨어의 취약점 대처 사례를 흉내내어, 입법 과정에서도 모종의 허점이나 숨은 조항을 찾아내면 상을 주는 '버그 현상금 시스템'을 고려해볼 만하다. 법제화를 앞둔 법안에서 취약점을 발견하는 시민들에게 일정한 보상을 해주는 것이다. 이 분야에서 가장 효과적인 보상책은 세금 혜택일 것이다. 예상되는 세수의 매우 작은 비율을 포상금으로 제시하는 것이다.

다른 대안은 이른바 '레드 팀^{red team}' 접근법으로, (해당 법의 제정을 막거나 법 조문을 자신들에게 유리하도록 바꾸려는 민간 기업이나 부자 엘리트의 역할을 수행하는) 전문 팀을 꾸려 제정을 앞둔 법안을 '해킹'해 이전까지는 몰랐던 취약점을 찾아내려 시도하는 것이다.

두 방식 모두 나름의 가치가 있지만 현대 입법 과정의 핵심 문제, 곧 법안들은 보통 비교적 적은 수의 입법자들과 로비스트들에 의해 은밀히 작성되며, 많은 허점들은 의도적으로 배치된 것이라는 현실에 맞닥뜨린다. 레드 팀이 세법에서 허점을 찾아낸다고 가정해 보자. 그것은 버그인가 아니면 의도적으로 그렇게 추가한 기능인가? 누가 그것을 결정할 것인가? 어떤 근거로? 더욱이 많은 법안들은 일단 베일을 벗으면 신속하게 의회에서 통과되기 때문에 누구든 법안을 한 줄 한 줄 읽고 이해하기는 불가능하다. 레드 팀 접근법은 해당 법안을 검토할 시간이 충분하고 그렇게 찾아낸 허점을 바로잡을 용의가 있는 경우에만 유효하다.

예컨대, 2017년 제정된 감세 및 일자리 법은 최종 문안이 의원들에게 제공된 지 불과 몇 시간 만에 표결에 붙여졌다. 이것은 의도적이었다. 입안자들은 전문 인력이 해당 법안을 철저히 검토할 수 있을 만한 시간을 주려 하지 않았다. 마찬가지로, 케어스 법은 2020년 12월21일 오후 2시에 공개됐다. 그 법안은 5593페이지에 달했지만 당일 밤 8시에 하원을 통과했고, 상원은 자정이 되기 전에 법안을 승인했다. 그 법은 사실상 제대로 검토되지 않은, 1100억 달러 규모의 '징세 기한 연장' 조항과 "맥주, 와인, 그리고 증류주 생산자들"에 대한 소비세를 영구 삭감하는 조항을 담고 있었다. 많은 의원들은 그 법에 담긴 조세의 허점들을 몰랐다.

법들이 제정되기 전에 법안을 컴퓨터의 속도로 읽고, 이해하고, 허점을 찾아낼 수 있으려면, AI 기술을 기다려야 할지도 모른다. 그것은 확실히 문제 해결에 도움이 될 것이다. 비록 그로부터 새로운 문제들이 불거지리라는 점도 확실하지만 말이다.

36장

반드시 통과시켜야 하는 법률

어떤 법안은 다른 법안보다 절대적으로 더 중요하다. 지출승인 법안이나, 자연 재해, 팬데믹, 안보 위협 같은 외부 세력에 대응한 법안들은 종종 반드시 통과시켜야 하는 법률로 간주된다. 이런 법안들은 의원들에게 정책 변화를 병행할 수 있는 기회를 제공한다. 부칙riders으로 알려진 이 부가 규칙은 그 자체로는 결코 성립할 수 없다. 이것은 대중의 지지를 받지 못하거나, 공익에 반하거나, 특수이익 집단에 혜택을 주도록 치우치거나, 정치적 술책의 결과일 수 있다.

반드시 통과시켜야 하는 법률에 그와 연관성이 없는 부칙을 더함으로써, 입법 의원들은 정치적으로 불리한 조항에 찬성표를 던진 데 대한 정밀 조사나 비판을 피할 수 있고, 자신들은 대책 전반에 찬성표를 던졌을 뿐이라고 변명할 수 있다. 이제는 흔해져 버린 이 '부칙' 해킹은 국회의원들의 전형적인 업무 방식을 뒤집어버렸다. 별개의 제안 하나가 신규 법을 위해 만들어지고, 이어 그 제안이 표결에 붙여진다.

세 가지 사례를 들어 본다.

- 1982년~1984년 사이에 '볼랜드 수정안Boland amendment'이라고 불리는 일련의 부칙들이 여러 건의 반드시 통과시켜야 하는 지출승인 법안들에 추가됐다. 그 수정안은 니카라과의 콘트라 반군에 대한 미국의 원조를 제한하기 위한 목적이었다.
- 2016년, 농업과 식품 부문에 대한 지출 법안은 미국 식품의약국FDA의 '대형 프리미엄 시가' 규제를 금지한 부칙을 담고 있었다.
- 2021년, 입법자들은 세 개의 지적재산권 법안을 그와 완전히 무관한 통합 지출승인법에 첨부했다. 이런 편법은 기술 분야 전문가와 기업들의 광범위한 저항에 부딪혀 다소 약화하긴 했지만 상대적으로 훨씬 더 크고 더 복잡하며 반드시 통과시켜야 하는 법안에 편승함으로써 법제화했다.

이런 유형의 해킹은 대통령이 법안에 늘어 있는 개별 조항들에 거부권을 행사할 수 없다는 점을 이용한 것이다. 대통령은 전체 법안을 거부하거나, 그렇지 않은 경우 그 법안에 포함된 부칙들을 포함해 전체로서 수용해야 한다. 이 해킹은 의회 위원회의 고유한 절차도 악용한다. 한 법안은 관련 위원회들의 승인이 없으면 의회는 그 법안에 대해 투표를 할 수가 없다. 이는 곧 위원회 위원들이 공개적으로나 비밀리에 부칙들을 쉽게 법률에 붙일 수 있다는 뜻이다.

이런 관행을 줄이려는 시도들은 대체로 효과가 없었다. 의회는 1996년 클린턴 당시 대통령에게 개별 조항에 대한 거부권을 주려고 시도했지만 1998년 위헌으로 판결났다. 대통령의 개별 조항 거부권은 1년간 시행되면서 82회 시행됐는데, 그 권한을 무효화한 대법원 소송은 부분적으로, 자기들에게 유리한 부칙을 클린턴 대통령이 거부한 데 반발한 감자 재배 농부들이 제기한 것이었다.

모듈화된 컴퓨터 코드의 경우, 각각의 독립된 모듈은 단일한 기능을 수행하도록 돼 있고, 이는 프로그램들로 하여금 더 탄력적이고, 유지 보수하기 더 편하고, 오류를 진단하기 더 쉽도록 해준다. 그와 비슷하게 소수의 별개 사안들을 취급하는 법은 방금 설명한 것과 같은 해킹에 대해 덜 취약하다. 이것은 한 주제만을 다룬 법들과, 법들은 오직 한 가지 주요 사안만을 취급해야 한다고 헌법이 명시한 배경이기도 하다. 2021년의 '1법 1주제법One Subject at a Time Act' 법안은 의회에 여러차례 상정됐지만 끝내 법으로 통과되지 못했다.

주 정부 차원에서는 법안과 무관한 부칙을 제한하는 노력이 좀더 실효를 거둔 편이다. 43개 주의 최고법들은 개별 법제는 단일한 주제로 제한하도록 요구한다. 미네소타 주의 헌법은 이렇게 명시하고 있다. "법들은 오직 한 주제만 수용해야 한다. 어떤 법도 한 주제 이상을 수용해서는 안 되며, 그 주제는 법명으로 명확히 표시돼야 한다." 그러나, 심지어 이런 제한조차도 해킹 가능하다는 점이 드러났다. 컬럼비아대 법학과의 리처드 브리폴트Richard Briffault 교수가 썼듯이, "어느 법이 한 주제인지 아니면 많은 주제로 구성됐는지는 '보는 사람의 눈'에 따라 다른 경우가 많다." 한편으로는, 미시간주 대법원이 설명했듯이, "여러 개의 법안들로 세분화돼 법제화될 수 없는 법규는 사실상 없다." 다른 한편, 그보다 전에 펜실베이니아주 대법원이 판결했듯이, "어떤 두 주제도, 관점을 충분히 멀리까지 확장한다면 한 가지 공통된 핵심으로 묶일 수 없을 만큼 멀지 않다."

또 다른 방어는 시스템의 탄력성이다. 반드시 통과시켜야 할 법규는 통과되지 못할 경우 지극히 부정적인 결과가 초래되기 때문에 특히 편법적인 부칙 끼워넣기에 취약하다. 그러나 그러한 결과 중 어떤 경우는, 가령 지출 승인 법안의 부결로 인한 연방정부의 업무 중단은 전적으로 인위적이어서 견고한 정책으로 개선될 수 있다. 예를 들면, 여러 기관들은 의회에 결의안이 자동적으로 지속되도록 절차를 만들어 정부 운영의 탄력성을 높이자고 제안했다. 자동으로 결의안이 지속되도록 만들면, 의회가 지출승인 법안을 정기적으로 통과시키는 데 실패하더라도 정부 기금은 적절한 수준으로 유지될 것이다. 이런 개혁은 반드시 통과시켜야 하는 법의 가결이 지연되는 데 따른 피해를 줄이게 되므로, 부칙 반대자들이 부칙 제거를 주장하며 예산법안을 부결시키기도 더 쉬워질 것이다.

37장

입법의 위임과 지연

냉전이 끝난 뒤 몇 년 동안, 미 의회는 국내 전역에 분포된 군사 기지들을 폐쇄해야 하는 달갑잖은 전망에 부딪혔다. 결코 쉬운 작업일 수 없었다. 그 기지들은 수백, 심지어 수천 개의 일자리를 감당하고 있었고, 따라서 어느 의원도 자신의 지역구에 있는 기지를 폐쇄하는 데 동의하지 않을 터였다. 그 난감한 결정을 내리는 대신, 의회는 폐쇄 절차를 탈정치화하는 해킹 아이디어를 들고 나왔다. '기지 재편 및 폐쇄 위원회Base Realignment and Closure Commission'를 설치함으로써 의회의 입법 권한을 별도의 외부 기관에 위임한 것이다. 위원회는 어느 기지를 닫거나 규모를 축소할지 결정할 권한을 위임받았고, 위원회의 권고 사항은 의회가 명시적으로 반대해 번복하지 않는 한 자동으로 효력을 발휘하도록 했다. 그 방법은 통했다. 1988년 이래 다섯 개의 그런 위원회가 만들어졌고, 그 결과 350개 이상의 군사 기지들이 폐쇄됐다.

이 해킹은 의회가 어렵거나 정치적 갈등이 예상되는 사안을 스스로 결정을 내리지 않고도 해결할 수 있게 해준다. 이 방법을 통해 의회는 기지 폐쇄 결정이 당파적 이익에 치우칠 여지를 줄였다. 의회는 여러 부담스러운 규칙과 절차 때문에 결정이 더뎌질 수 있는 위험도 피했다.

이런 방법은 자주 사용되지는 않는다. 2010년 의회는 65세 이상의 고령자에게 의료 혜택을 제공하는 연방정부의 건강보험 프로그램인 메디케어Medicare의 지출을 삭감할 목적으로 독립지불자문이사회Independent Payment Advisory Board, IPAB를 만들었다. 일반적으로, 메디케어의 내용을 수정하려면 의회의 승인이 필요하다. 의회는 이 이사회에 메디케어 수정 권한을 주고 의회의 압도적 다수가 표결할 경우에만 기각할 수 있도록 했다. 이번에도 그 의도는 메디케어 비용 삭감 법안을 만들어 투표로 통과시킬 책임을 회피하자는 것이었다. 기지 폐쇄 위원회의 경우와 달리 메디케어 이사회는 작업을 완결짓지 못했다. 그 법에 대한 의료 서비스 제공사들의 반대와, 전직 부통령 후보인 새라 페일린Sarah Palin 같은 정치인들의 IPAB 비방 때문에, 의회는 아무도 IPAB의 구성원으로 임명하지 못한 채 5년을 허송한 뒤 2018년 IPAB를 폐기했다.

비슷한 해킹 기법으로는 '제목뿐인 법안title-only bill'이 있는데, 기본적으로 속 빈 껍데기이다. 아무 실질적인 법안이 들어 있지 않지만 워싱턴 주의회 의원들은 매 회기마다 그런 '제목뿐인 법안'을 여럿 제출했다. 그것들은 그해 말에 이르러 의원들이 입법 규칙과 마감일을 회피하고 싶은 경우에 사용하기 위한 플레이스홀더placeholder[1]였다. 2019년 입법 회기의 마지막 며칠간, 민주당원들은 제목뿐인 법안을 사용함으로써 공적 검토와 논의를 거의 거치지 않은 채 은행세법을 통과시켰다.

더 일반적으로, 이 해킹은 입법 권한을 행정부에 위임하는 더 큰 규모의 행태에 속한다. 그와 같은 '행정 국가administrative state', 그리고 행정부가 입법부의 법규 제정 권한을 광범위하게 행사하는 상황은, 유독 입법 시스템에 해킹이 집중됐음을 시사한다. 실제로 이것은 정치권에서 자주 사용되는

---

1 문자나 이미지 등의 요소가 들어갈 자리에 임시로 채워넣는 내용물을 가리킨다. - 옮긴이

해킹 기법이다. 미국에서는 매년 3000건에서 4000건의 새로운 행정 규칙이 제정되는데, 이는 의회에서 제정되는 숫자를 압도하는 규모다. 이 중 상당 부분은 점점 더 제 기능을 못하는 의회가 그 권한을 비교적 효율적인 연방 기관들에 위임하는 셈이지만, 그 중 일부는 다양한 법들에 대해 지지하거나 반대했다는 기록을 남기고 싶지 않은 의원들이 그 책임을 행정부에 떠넘긴 결과이다.

이를 고칠 방안은 분명하지도 쉽지도 않다. 만약 입법부가, 어느 시점에서든, 행정부가 자신들의 권한을 침범했거나 경솔한 목표를 추구했다고 판단하면 자신들이 위임한 권한의 범위를 조정하거나 문제가 된 행위를 철회시키는 법을 제정할 수 있다. 일부 법학자들은 의회가 그렇게 나와야 한다고 생각한다. 다른 이들은 미 대법원이 그런 행태를 멈추게 해야 한다고 생각한다.

자신들의 입법 책임을 폐기하는 것말고도, 의원들은 투표 행위를 거부하기도 한다. 필리버스터[^filibuster]는 한 의원이 어떤 제안이나 법안에 대한 적시 투표를 막기 위해 긴 연설을 하는 방해 전술이다. 미국 상원에서 이런 전술을 자주 볼 수 있지만 영국과 캐나다, 오스트리아와 필리핀에 이르기까지 세계 여러 나라들에서도 자주 사용된다.

공정을 기하기 위해 분명히 하자면 필리버스터는 새로운 해킹이 아니다. 기원전 60년까지 거슬러올라갈 만큼 유구하다. 당시 로마의 상원의원인 '카토 더 영거Cato the Younger'[2]는 투표를 지연하기 위해 의도적으로 끝도없는 연설을 늘어놓았다. 로마 상원은 모든 업무를 해가 지기 전에 마쳐야 했기 때문에 그가 침묵하기를 거부한다면 상원은 표결할 수가 없었다. 카토는 이

---

2 그의 증조부인 카토와 구분하기 위해 증조부는 '카토 디 엘더(Cato the Elder)'로, 증손자는 카토 더 영거 (Cato the Younger)로 부른다. – 옮긴이

런 시도를 6개월간 이어갔으니, 정말 엄청난 장광설이었을 것이다.

필리버스터가 미국에서 가능한 이유는 또 다른 입법 규칙의 수정에 따른 우발적 부작용으로 생겨난 규칙 상의 취약점 때문이다. 1805년 당시 부통령이던 애런 버Aaron Burr는 미국 상원은 지나치게 많은 절차 관련 규정을 가져선 안된다고 선언했다. 1806년 (그가 부통령 직에서 물러난 뒤였다) 그의 권고에 따라 폐기된 여러 규칙들 중 하나는 '이전 질문에 대한 동의motion to previous question'로, 입법에 관련된 논의를 끝내는 의식이었다. 그 규칙이 폐기된 데 따른 취약점을 누군가가 감지하고 이용하기 시작한 것은 1837년이었다. 이 문제는 1917년 논의를 끝내는 토론 종결cloture 규칙으로 보완됐는데, 이는 토론을 계속 이어가기 위해서는 논스톱 연설이 요구된다는 뜻이었다. 현재의 60% 다수결, 혹은 상원의원 60명의 찬성이 있어야 한다는 규칙은 1975년에야 추가됐고, 지속적인 연설이 있어야 한다는 요구 사항은 삭제됐다. 그것은 해킹 위에 패치, 이어 그 패치 위에 해킹, 다시 그 해킹에 대한 패치의 양상이었고, 지금 관행은 또 다른 해킹에 의해서만 바뀔 수 있다.

필리버스터는 입법 시스템을 교란한다. 입법부는 다수결의 원칙을 존중하면서도 소수의 권리를 보장하도록 돼 있다. 그러나 현대의 필리버스터는 소수 당이 무슨 법안이든 필리버스터 전술을 이용해 60명의 다수결 없이도 입법 절차를 중단시킬 수 있게 하기 때문에 그런 원칙을 뒤집어 버리며, 결과적으로 어떤 사안에 대한 유의미한 고려나 논의를 사실상 막아버린다. 이것은 단지 상원의 소수당뿐 아니라 사회 내 소수 집단의 권리에도 도움이 되지 않는다. 역사적으로, 필리버스터는 인종적 평등을 개선하는 법들을 봉쇄하는 데 주로 이용됐다.

미국에서 필리버스터는 이제 관례처럼 여겨진다. 상원 규칙은 너무나 허술해져서, 한 의원이 실제로 며칠이나 몇달씩 연설하며 필리버스터를 할 필요도 없이, 표결을 늦추기 위해 필리버스터를 하려고 한다는 가설적 의도만 비춰도 된다. 하지만 기원전 60년 당시만 해도 그것이 로마의 상원 규칙을 만든 이들이 전혀 예상하지도 의도하지도 못했던 행태였던 것은 분명하다. 표결을 막기 위한 장기 연설은, 따지고 보면 입법을 위한 표결이라는 상원의 존재 이유 자체에 반기를 드는 행태였다.

필리버스터만이 입법 행위를 지연시키기 위한 전술은 아니다. 영국에서는 하원 의원들이 하원 의원들의 비밀 회동을 발의할 수 있다. 이것은 국가 안보와 관련된 사안을 논의하기 위한 것이었지만 지연 전술로 오용돼 왔다. 가장 최근에 이 전술이 이용된 것은 2001년이었다. 일본 내각에서 '소걸음ox walking' 전술은 의석에서 투표함이 있는 단상까지 한없이 느리게 걸어서 전체 표결 절차를 지연시키는 책략을 뜻한다. 전략적으로 실행하면 다음 회기까지 법안 표결을 늦출 수도 있다. 이탈리아 의회에서는 2016년 헌법 개정안에 대한 표결을 늦추려는 시도로 무려 8400만 개의 수정안이 삽입됐다(이 횟수는 오자가 아니다).

이런 유형의 해킹들이 좋은지 혹은 나쁜지는 해당 통치 시스템의 주요 목적이 정치적 책임성을 높이는 데 있다고 보는지, 혹은 공정하고 효율적인 정책 결정에 있다고 생각하는지에 따라 달라질 수 있다. 만약 정부는 압도적 다수의 지원이 있을 때만, 혹은 철저한 논의를 거친 다음에만 행동해야 한다고 생각하는 사람이라면, 소수당들이 협상 테이블에 앉기 위해 이런 지연 전술을 사용하는 데 대해 바람직하다고 여길 수도 있다. 만약 정부가 더 적극적으로 시급한 정책 문제들에 대응해야 하며 유권자들의 판단은 그 다음으로 미루는 게 온당하다고 여기는 사람이라면, 소수당들이 입법을 방해할 수 있는 이런 전술은 매우 부정적이라고 생각할 것이다.

이런 전술에 대한 해법은 이를테면 미국 의회에서 필리버스터를 폐지하는 식으로 기본 시스템을 보완해 해킹이 더 이상 가능하지 않도록 바꾸는 데서부터 해킹에 필요한 비용을 높여 그 사용 빈도를 낮추는 방식까지 다양하다. 지금 당장은 필리버스터 전술을 쓰기가 쉽다. 단상에서 몇 시간이나 며칠씩 연설을 해야 할 필요도 없이, 그저 필리버스터를 사용하겠다는 의도만 선언하면 된다. 필리버스터를 깨는 데 필요한 60명의 표를 확보하는 부담은 다수당 측에 있기 때문에 필리버스터를 지속하기보다 이를 깨기가 훨씬 더 어렵다. 여러 개의 가능한 개혁안이 나왔지만 나는 필리버스터의 등식을 달리 봐야 한다고 주장한 노엄 온스타인Norm Ornstein 미국기업연구원American Enterprise Institute 연구자의 제안이 가장 그럴듯하다고 생각한다. 필리버스터를 끝내기 위해서는 60명의 표가 필요하다는 요구 대신, 필리버스터를 지속하려면 40명의 찬성표가 있어야 한다고 요구하라는 것이다. 그렇게 하면 다수당은 상원 회기를 며칠이고 몇 주고 유지할 수 있다. 그리고 소수당은 회기 동안 상원 단상 근처에서 잠을 자며 계속 출석해 긴장을 늦추지 않은 채, 언제든 표결에 참여할 준비를 하고 있어야 한다.

38장

해킹의 맥락

내가 지금 시도하는 것은 해킹의 개념을 더욱 정교화하는 일이다. 해킹이 모두 사악해서는 아니다. 해킹은 바람직하지 않으며 따라서 이를 잘 방어해야 하기 때문도 아니다. 해킹은 기반 시스템을 전복한다는 점을 인식하고, 그런 전복이 유해한지 아니면 유익한지 판단해야 한다는 점을 강조하기 위함이다.

예를 들면, 나는 세법 해킹을 상세히 다뤘다. 대부분의 사례는 세법에 우발적으로 포함된 취약점들(허점들)을 찾아내는 해커들(회계사와 세무사들)을 포함하고 있다.

2004년 제정된 미국의 고용창출법American Jobs Creation Act에 포함된 허술한 표현들은 세법 상에 여러 취약점들을 만들었고, 자원이 풍부한 회사들은 그것을 악용해 큰 이득을 볼 수 있었다. 그 중에서도 가장 주목할 만한 허점은 국내 생산 활동에 대한 세금 공제로, 그 의도는 국내 제조사들의 국제 경쟁력을 돕기 위한 것이었다. 세법은 국내 생산 활동을 "두 개나 그 이상의 품목을 결합하거나 조립하는 행위"로 워낙 광범위하게 규정해 온갖 유형의 기업들이 이 조항을 이용했다. 월드레슬링엔터테인먼트WWE는 레슬링 비디오를 생산한다고 주장했다. 식료품점들은 자신들이 판매하는 과일에 숙성 화학물질을 뿌린다는 이유로 국내 생산임을 주장했다. 한 선물 바스켓 제조사는 와인과 초콜렛을 한 박스에 조합해 넣기 때문에 국내 생산에 해당한다고 주장했다. 정부는 그 회사의 세금 공제 문제를 놓고 재판까지 갔지만 패소했다.

확인하기는 불가능하지만, 이 논란적인 표현은 의원들이 로비스트들의 압력에 못이겨서, 그리고 통과에 필요한 의회의 표를 확보하기 위해 의도적으로 넣은 것으로 보인다. 이것은 그 법에 포함된 수많은 세금 혜택들 중 하나에 불과하지만 가장 두드러지게 우발적인 결과를 낳았다. 이것은 워낙 인기있는 면세 혜택으로, 요건이 되는 비즈니스 수입에 대한 세금 공제 프로그램으로 2017년 대체될 때까지 존속됐다.

비교적 단순한 내용들에서 더 복잡한 사례들로 옮겨감에 따라 어느 특정한 해킹이 사회적으로 유익한 것인지 판단하기도 더 어려워진다. 하키 규칙들의 '의도intent'는 정확히 무엇이며, 그 규칙들은 커브를 더한 하키 스틱으로 인해 더 확장되는가 아니면 방해를 받는가? 퍽puck을 치는 부분에 커브를 더한 스틱은 퍽의 속도를 높이고 따라서 경기의 재미도 높인다. 하지만 더 빨라진 퍽은 더 위험하고, 선수들에게 더 잦은 부상을 입힌다. 하키 스틱에 얼마만큼의 커브를 용인할지 규칙을 정할 때, 북미프로아이스하키리그NHL는 안전과 스포츠맨 정신 사이에서 균형을 잡고자 시도했다. 그리고 NHL이 그 균형에 조금씩 변화를 더하면서, 그런 규칙들은 1967년 이래 바뀌어 왔다. 처음에는 최대 1.5인치까지 커브를 허용했고 이어 1인치, 다시 0.5인치, 그리고 현재는 4분의 3인치까지 허용한다.

제조업체들에 대해 지나치게 광범위한 세금 면제 혜택을 주기로 법을 작성한 입법부 관계자들의 진짜 의도를 파악하기는 더욱 어렵다. 어느 로비스트가 입법 절차를 해킹해 특정 의원이나 그 보좌관으로 하여금 의도적으로 오남용이 가능하도록 모호한 표현을 사용하게 유도했을까? 그 의원은 법인세는 태생적으로 나쁜 것이라고 믿어서 그처럼 모호한 문구를 삽입했고, 법안이 위원회를 통과해 논의가 되더라도 그 내용은 제대로 검토되지 않으리라는 것을 알았을까? 아니면 그 법은 단순히 허술하게 작성된 것이었을까?

어떤 해킹이 개선이냐 아니냐의 여부는 누가 어느 입장에 있는가에 따라 달라진다. 영리한 기업가는 규제 상의 허점을 자기네 기업의 이익을 극대화하는 쪽으로 사용할 것이다. 이 기업의 고객들도 만족하겠지만 정부는 피해를 입을 수 있다.

우리는 해킹을 해당 시스템의 규칙을 따르지만 그 의도를 뒤집는 행위로 정의했다. 이것은 항상 나쁜 것은 아니다. 앞에서 본 것처럼, 어떤 해킹들은 혁신에 유익하기도 하다. 정상의 일부가 돼 전체 시스템을 개선한다. 예컨대 중국의 경우, 1980년대와 1990년대의 개혁파 정부들은 사유권에 대한 반대를 갱신 가능한 70년 기한의 토지 임대라는 해킹 아이디어로 우회했다. 이들은 공산당의 규칙을 따랐지만 실상은 그 의도를 완전히 뒤집은 셈이었다.

어느 특정한 해킹을 한 범주나 다른 범주에 놓는 것은 시스템이 할 수 있는 일이 아니다. 더 일반적이고 포괄적인 통치 시스템의 시각에서 평가돼야 한다. 해킹의 정의는 맥락에 따라 달라지기 때문이다.

현금자동입출금기ATM는 은행 시스템이라는 더 광범위한 맥락 안에 존재한다. 하키 경기의 규칙은 선수, 하키 리그, 팬, 그리고 사회라는 더 큰 맥락 안에 존재한다. 이 책에서 소개한 은행, 경제, 법과 입법, 그리고 인간 심리와 관련된 사례들은 우리의 정체성, 관계, 욕망, 가치, 목표 등과 같은 더 넓은 사회의 맥락 안에 존재한다.

이런 성격은 자명한 질문을 유도한다. 누가 의도intent를 규정하는가? 어느 해킹이 긍정적인지 부정적인지, 또는 그 해킹으로 뒤집힌 시스템이 더 나은지 그렇지 않은지 누가 결정하는가? 이것은 매우 복잡한 문제이고, 복수의 설계자가 개입된 시스템이나 시간의 흐름과 더불어 진화한 시스템의 경우는 더더욱 그렇다. 해킹은 종종 어느 쪽에 혜택을 주는 반면 다른 쪽에는 피해를 안긴다.

그리고 시스템 안에만 머물러서는 도저히 이해할 수 없는 그 시스템만의 모종의 진실이 있는데, 그것은 더 높은 수준에서만 명확하게 볼 수 있다. 모든 컴퓨터 프로그래밍은 궁극적으로 0과 1로 표현되는, 열리고 닫힌 회로들의 복잡한 코드지만, 어느 인간도 그에 신경쓰지 않으며 어느 누구도 기계어machine code로 작성하지 않는다. 우리가 신경쓰는 것은 그 코드가 구현하는 업무와 작업의 내용, 이를테면 보고 싶은 영화, 보내고 싶은 메시지, 검토하고 싶은 재무제표 같은 것들이다. 생물학의 언어로 이런 점을 비유한다면, 생명을 구현하는 분자 구조와 화학 반응은 놀랍도록 복잡한 소음처럼 보이지만, 그 시각을 유기체의 수준으로 높이면 그것들이 모두 해당 유기체를 생존시키기 위한 기능에 봉사하는 것임을 깨닫게 되는 식이다.

앞선 장들에서 우리는 그러한 판결 기능을 하는 여러 다른 통치 주체를 만났다. 더 단순한 시스템들은 한 가지 목적을 가진 단일한 통치 주체를 가질 수 있다. 네바다게이밍위원회Nevada Gaming Commission는 해킹 행위들을 기반으로 카지노의 규칙들을 보완하고 업데이트 한다. 국제자동차연맹FIA, Fédération Internationale de l'Automobile은 포뮬러 원F1 경주 규칙에 대해, 그리고 국제축구연맹FIFA, Fédération Internationale de Football Association은 축구 규칙에 대해 마찬가지 작업을 벌인다.

해킹 행위들은 표적 시스템들의 의도를 뒤집는가? 아니면 이들은 실상 시스템들을 개선하는가? 애초에 이 시스템들의 의도는 무엇인가? 그 대답은 하나만이 아니며 단지 문제의 해킹과 시스템을 분석하는 문제만도 아니다. 대답은 대답하는 사람의 도덕, 윤리, 그리고 정치적 신념에 달려 있다.

이들 해킹 중 어느 것이 정상적인 시스템의 일부로 편입돼야 하는지에 대한 의견에도 제법 차이가 있을 것이다. 결국 중요한 것은 누가 혜택을 입고 누가 피해를 보는가이다. 그 문제 또한 정치적 논란거리다. 그러므로 논의가 뒤따르고 어쩌면 표결이 진행될 수도 있다. 그리고 돈과 권력이 여기에 영향을 미칠 것이다.

여기에 한 가지 사례가 있다. 2020년, 트럼프 대통령은 예비역 육군 준장인 앤서니 타타Anthony Tata를 국방부 정책 차관에 임명하고 싶어 했는데, 그러려면 미국 상원의 인준이 필요했다. 상원이 그를 인준하지 않으리라는 전망이 확실해지자, 트럼프는 지명을 철회하고 대신 그를 국방부 정책 차관보의 '의무를 수행하는performing the duties of' 자리에 앉혔다. 그는 또한 상원 인준을 우회하는 편법으로 '대행acting'이라는 용어를 반복해서 사용했다. 이것은 1998년 제정된 '공석 개혁법Vacancies Reform Act'의 취약점을 이용한 해킹이었다. 하지만 이런 편법은 상원의 적절한 감독 의무에 대한 노골적 무시인가, 아니면 1200개의 간부직을 인준하도록 돼 있는 지나치게 광범위한 상원의 역할에 대한 타당한 대응인가? 그 대답은 정부의 운영 방식에 대한 당신의 견해에 따라 달라질 수 있다.

39장

투표 자격 해킹

선거에서 속임수를 쓰는 데는 많은 방법이 있다. 투표함에 부정표를 넣거나 개표 결과를 조작하는 행위는 역사적으로 여러 사례가 있다. 하지만 선거 결과를 조작하는 최고의 방법은 직접 사기를 치는 게 아니라 투표 절차를 해킹하는 것이다. 시장과 입법 절차처럼, 민주주의는 정보, 선택, 그리고 사람들의 분별력에 기반한다. 세 가지 모두 해킹될 수 있고, 해킹된다. 다시 말해 해커들은 민주적 선거의 규칙들을 비틀어 그 의도를 뒤집을 수 있다.

당신이 투표하지 않는다면, 당신은 문제가 되지 않는다. 많은 해킹 행위가 유권자의 판단 능력을 교란하는 데 초점을 맞추는 것도 그 때문이다.

남북전쟁이 끝난 뒤인 1870년에 비준된 수정헌법 15조는 인종, 피부 색깔, 혹은 과거 노예 신분을 이유로 투표를 거부하는 것을 불법으로 규정했다. (여성들은 여전히 투표를 하거나 공직을 맡을 수 없었다.) 그로부터 얼마 지나지 않아 흑인 남성들은 선거에서 점점 더 높은 영향력을 발휘했고 공직에도 선출되기 시작했다. 남부 백인들과 과거 노예를 소유했던 정치 엘리트들은 이런 흐름에 분노했고, 새롭게 떠오른 아프리카계 미국인 남성들의 투표권과 정치적 영향력을 제한하기 위해 곧바로 선거 절차를 해킹하기 시작했다. (이들은 이 목표를 이루기 위해 폭력과 살인처럼 '해킹'으로 볼 수 없는 여러 전술도 사용했다.)

예를 들면 앨라배마에서는 사기와 폭력으로 얼룩진 1874년 선거에서 '재건자들Redeemers'이라고 자칭하는 보수적 민주당원들의 연합이 권력을 잡았다. (해킹이 아니다.) 이후 30년에 걸쳐, 이들은 치밀하게 아프리카계 미국인들을 노린 투표 제한 조치들을 통해 이들의 정치적 영향력을 서서히 깎아냈다. 이런 시도들은 1901년 "앨라배마 주에 백인 우월주의를 정립하는 것"이 입안자들의 목표라고 명시한 새로운 주 헌법의 비준으로 절정에 달했다. 그 헌법은 수많은 아프리카계 미국인들의 투표권을 제한하는 인두세人頭稅, 재산 소유 조건, 읽기 쓰기 능력 검사literacy test, 기타 다양한 실격 사유들을 도입했다. (이것들이 해킹이다.) 그것은 통했다. 1870년대 초, 14만 명의 아프리카계 미국인들이 투표권이 있었다. 1903년, 3000명도 안 되는 사람들만이 유권자로 등록할 수 있었다.

읽기 쓰기 능력 검사는 잘못된 호칭이다. 이 맥락에서 읽기 쓰기 능력 검사는 읽기 능력을 평가하는 것이 아니라 처음부터 탈락시킬 목적으로 설계된 복잡한 검사였다. 그런 제한 조항들의 합헌성을 따질 수 있지만, 해킹된 부분은 지방 선거 관계자들에게 어느 잠재 유권자들이 이 불가능한 검사를 통과해야 하는지 판단하는 데 상당한 융통성을 부여했다는 점이다. 그 덕택에 선거 관계자들은 선별적으로 흑인 유권자들의 투표권을 거부할 수 있었다. 1964년 루이지애나에서 사용된 읽기 쓰기 능력 검사는 온라인에서 쉽게 찾아볼 수 있는 한 사례다. 한 질문은 이렇다 (그렇다, 진짜다.) "이 첫 번째 줄에서 한 단어씩 건너뛰어 적고 같은 줄에서 각 세 번째 단어를 적되 그렇게 작성한 글에서 다섯 번째 단어의 첫 알파벳을 대문자로 쓰시오Write every other word in this first line and print every third word in the/same line but capitalize the fifth word that you write"[1] 오리지널 문제에서는 글자도 더 작고, 첫 번째 줄은 쉼표로 끝난다.

그로부터 60년 가까이 흐른 지금. 앨라배마 주는 여전히 다양한 유권자 탄압 전술로 중죄인, 소수인종, 이민자, 시골 유권자들의 선거 참여를 제한하고 있다. 투표권을 가로막는 앨라배마 주의 벽은 유권자 등록에서부터 시작된다. 이 주는 컴퓨터를 통한 유권자 등록, 차량관리국DMV 사무소를 통한 등록, 자동화된 유권자 등록, 선거 당일 등록, 혹은 성년이 되는 유권자들의 사전 등록 등을 허용하지 않는다. 주법은 유권자 등록을 위해 시민임을 증명할 수 있는 증빙 서류를 제출하라고 요구한다. 이 법은 진행 중인 연방정부의 수사 때문에 널리 시행되지 않았지만, 집행이 허용된다면 여권이나 다른 증빙 서류를 갖지 못한 경우가 많은 소수인종 시민들이 일방적으로 유권자 등록을 거부당하는 사태가 벌어질 게 분명하다. 캔자스 주도 비슷한 규칙을 내세워 수천 명의 신규 유권자들이 투표를 할 수 없게 만들었다.

역사적으로 앨라배마 주에서 대부분의 중죄인들은 투표 자격을 상실했다. 이 정책 또한 일방적으로 소수인종의 투표권을 박탈하는 데 기여했다. 이 해킹은 가축 절도처럼 비교적 가벼운 범죄조차 중범죄로 간주해 처벌한 소위 '흑인 단속법Black Codes'과 연계돼 시행됐다. 이런 범죄로 유죄 판결을 받은 아프리카계 미국인들은 영구적으로 투표권을 박탈당했다. 2017년 앨라배마주 의회가 이 법을 폐기하면서 6만 명 가까운 시민들이 투표권을 되찾을 기회를 얻었다. 하지만 주의 정무장관은 바뀐 정책을 널리 공표하지

---

1 영문 사이에 사선(/)을 넣은 이유는 문제의 '첫 번째 줄'이 'the'에서 끝나기 때문이다. 이 문제의 정답은 이렇다: 먼저 한 단어씩 건너뛰어 적으라는 주문에 대한 답: Write other in first and every word the. 그리고 각 세 번째 단어를 적되 다섯 번째 단어를 대문자로 시작하라는 주문에 대한 답: other this and third The. – 옮긴이

않았고, 그 때문에 많은 전과자들은 자신들의 권리에 여전히 무지한 채로 남아 있다. 그리고 그런 사실을 알게 된 전과자들조차 이를 바꾸자면 해당 법에 대한 주 정부와 지방 정부 관료들의 무지 때문에 만만찮은 행정적 곤욕을 치러야 한다.

사람들은 또한 본인도 모르게 유권자 명부에서 이름이 삭제되는 바람에 투표권을 거부당할 수도 있다. 이런 경우가 발생하는 흔한 사유는 근래 선거들에서 투표하지 않은 사람들의 이름을 삭제했기 때문이다. 투표를 하지 않는 유권자들은 대체로 유권자 명부가 파기되기 전에 투표장으로 돌아올 공산이 낮기 때문에 이런 작업은 먹힌다. 앨라배마 주는 2015년 이후 65만 8000명의 부정기적인 유권자들의 이름을 삭제했다.

이것들은 32장에서 처음 짚은 행정적 부담과 직결된다. 돈과 지위가 있는 사람들에게는 대체로 별다른 피해를 주지 않는다. 하지만 자원과 시간이 훨씬 더 부족하거나, 장애가 있거나, 정치적 절차에 무지한 시민들은 이와 같은 규칙들 때문에 자신들의 투표권을 행사하기가 훨씬 더 어려워진다. 이러한 규칙들에 맞춰 투표권을 회복하고 행사하려는 사람들조차 너무나 자주 실패를 맛보고 만다. 또 이 규칙들은 흔히 민주당 지지율이 높은 가난한 사람들과 소수인종의 선거 참여를 제한하는 결과로 이어진다. 이러한 해킹 탓에, 앨라배마 투표 선거권 취득 연령의 69%만이 유권자로 등록돼 있다.

40장

다른 선거 관련 해킹들

사람들의 분별력을 해킹하는 또 다른 방법은 투표 절차 자체를 노리는 것이다. 투표 참여를 너무나 어렵게 만들어, 자격을 갖춘 등록된 유권자라도 특정 후보를 지지하지 않는 사람은 아예 투표장에 나올 마음조차 먹지 못하게 만든다는 개념이다. 이런 사례의 많은 경우는 행정적 부담으로 분류될 수도 있다.

수정헌법 15조가 비준된 직후, 남부 주들은 인종을 구체적으로 언급하지는 않았지만 그럼에도 압도적으로 흑인들에게 부정적 영향을 미치는 투표 제한 법규들을 만들었다. 여기에는 빈곤층은 지불할 형편이 안 되는 인두세를 비롯해, 조부모가 남북전쟁 전에도 투표권을 가진 경우에만 투표권을 주는 규칙, 그리고 앞에서 언급한 대로 악의적으로 설계되고 선별적으로 관리되며 변덕스럽게 평가된 읽기 쓰기 테스트 등이 포함됐다. 이들 중 여러 해킹은 1964년 비준된 수정헌법 제24조, 1965년의 투표권법Voting Rights Act, 그리고 1966년 사우스캐롤라이나 대 카첸바흐South Carolina v. Katzenbach 소송에서 투표권법의 합헌성을 인정한 대법원의 판결이 있고 난 다음에야 금지됐다. 2015년 대법원이 투표권법의 주요 조항들을 위헌이라며 무효화하자 이런 전술은, 특히 가장 흔하게는 투표자 신분 확인 법규의 형태로,

되돌아왔다.

예컨대 앨라배마 주의 경우, 투표를 하려는 사람은 주에서 발급한 사진이 부착된 신분증을 제시해야 하며 그렇지 않으면 투표를 할 수 없다. 언뜻 단순한 요구 사항 같지만 앨라배마 주에서는 그렇게 간단히 해결되지 않는다. 유권자의 25% 가까이가 차량관리국^{DMV} 사무소로부터 15km 이상 떨어진 곳에 살며, 많은 이들은 차가 없다. 이들은 주에서 더 빈곤층에 들며, 대부분의 경우 소수인종 거주 지역에 산다. 주 당국은 이어 31개의 DMV 사무소(이곳에서 운전면허증과 비운전자 신분증을 발급한다)를 폐쇄하려 시도했는데, 모두 아프리카계 미국인의 비중이 인구의 70% 이상을 차지하는 6개 카운티에 몰려 있었다. 미 연방 운수국^{Department of Transportation}이 반대하면서 이 계획은 결국 취소됐다. 하지만 10만 명이 넘는 앨라배마 주의 투표권자들은 투표에 요구되는 신분증을 소지하고 있지 않다. 주목할 것은 이 숫자가 앨라배마 주의 전체 유권자 인구 대비로는 채 3%도 안되지만 아프리카계 미국인 유권자 인구 대비로는 10%가 넘는다는 점이다.

어떤 행정적 장애물을 설치할 필요성과, 모든 유자격자는 혜택을 받도록 허용하면서 미자격자는 혜택을 받을 수 없게 하는 것 사이의 상대적 균형에는 적법한 견해 차이가 있을 수 있다. 자격이 있는 유권자들만 투표할 수 있게 하는 데는 분명히 가치가 있다. 하지만 실제 선거 위반 사고가 워낙 낮다는 점(미국 전역의 소송 사례들에서 충분히 입증된 사실)을 감안하면, 앞에 소개한 것과 같은 대책들은 사실상 자격이 있는 유권자들의 투표권 행사를 막는 데 그 목적이 있다는 사실이 퍽 뚜렷하게 드러난다.

마지막으로 지적할 것은 집 가까운 곳에 투표소가 없는 바람에 사람들이 투표권을 거부 당할 수 있다는 점이다. 앨라배마 주는 2013년 이후 투표소를 줄여왔고, 주로 아프리카계 미국인들이 사는 지역의 투표소를 폐쇄했다. 예를 들면, 인구가 2만 8000명인 대프니^{Daphne} 시는 2016년 다섯 개의 투표소를 두 개로 줄였는데, 세 곳 모두 아프리카계 미국인들이 밀집된 지역이었다.

군이 앨라배마 주만 꼽을 필요가 없다. 다른 주들도 그에 못지않게 투표자 억압에 공격적이며 점점 더 노골화하고 있다. 예컨대 조지아 주도 투표자 신원과 시민권 증빙 요구, 투표자 명부 파기, 사전 투표 축소, 아프리카계 미국인들의 거주 지역에 집중된 투표소 폐쇄 등을 더욱 강도높게 시행하고 있다. (플로리다 주는 아예 논외로 치자.) 그리고 최근 젊은 유권자들, 특히 민주당 편향으로 추정되는 대학생들의 투표를 억압하려는 새로운 대책들이 전국 곳곳에서 발표된다.

게리맨더링Gerrymandering은 새로운 해킹이 아니다. 이 말은 독립선언문의 서명자이자 매사추세츠 주지사였던 엘브리지 게리Elbridge Gerry[1]에서 나온 것이다. 그는 1812년 연방주의자Federalist 지지표를 강화하고 민주-공화계 지지표를 분산할 의도로 보스턴의 주 상원 구역을 구획했는데 그 모양이 마치 샐러맨더Salamander, 도룡뇽처럼 보여서 그런 조어가 나왔다. 게리맨더링은 기본적으로, 투표구들에서 성향이 다른 유권자들의 비율을 조절할 수 있다면 자신이 지지하는 후보의 당선을 유도할 수 있고, 그럼으로써 의회의 전체 구성 비율을 자신에게 유리하게 만들 수 있다는 개념이다. 각 지역구의 인구비를 인위적으로 조작함으로써 자신의 당 후보는 많은 지역구에서 10% 내외의 적은 표차로 당선되고 다른 당의 후보는 그만큼 적은 지역구밖에 확보하지 못하게 된다.

게리맨더링에는 두 가지 방법이 있다. 첫 번째는 한 지역구에 가능한 한 많은 야당 지지자들을 '묶는pack' 것이다. 그렇게 하면 여당은 야당 지지표

---

1 영어식 발음은 게리가 아니라 제리이고, 게리맨더링도 제리맨더링으로 발음하지만 한국에서 통용되는 발음을 따랐다. - 옮긴이

가 희석된 이웃 지역구들에서 승리할 가능성이 높아진다. 두 번째는 지역구를 분할해 야당 지지자들을 여러 지역구들로 '쪼개crack' 버림으로써 각 지역구에서 여당 지지표에 밀리도록 유도하는 방법이다.

기본적인 문제는 이해 충돌이다. 선거구들을 구획하는 책임을 맡은 의원들이 바로 그런 작업으로부터 이익을 얻는 당사자들인 것이다. 이 문제를 연구하는 사람이라면 누구나 동의하는 해법은 구획화區劃化, compartmentalization 이다. 선거구 획정은 그 결과로부터 아무런 이해득실도 없는 인사들로 구성된 독립 위원회에 맡겨야 한다. 예컨대 미시건 주는 2018년 정확히 이런 내용을 의무화한 주민 발의ballot initiative를 승인했다. 그럼에도 불구하고 2020년 공화당원들이 이 위원회와 싸움을 벌인다는 사실은 게리맨더링의 영향력이 얼마나 대단한지를 웅변한다.

어떻게 그리고 어느 선거구에서 주민들이 투표하느냐는 질문을 넘어서도, 정책 입안자들이 선거 절차를 해킹하고 왜곡하기 위해 사용할 수 있는 지렛대는 헤아릴 수 없을 만큼 많다. 공직자들은 종종 선거일을 정하거나, 개표 결과를 기록하고 재검표하거나, 어느 후보자와 제안 내용을 투표 용지에 올릴지 자의적으로 결정할 수 있다. 선거위원회는 심지어 자신들의 관할 지역에서 특정 후보자들을 어떤 서류를 제때 제출하지 않았다거나, 지지율이 불충분하다거나, 혹은 다른 기술적 이유들로 실격시킬 수 있다. 이런 권한을 선별적으로 사용하는 것은 해킹의 일종이라고 볼 수 있다.

또 한 가지 전술이 있다. 2018년 스캇 워커Scott Walker 위스콘신 주지사는 공석이 된 주의회 의석을 채우기 위한 특별 선거 개최를 거부했다. 민주당 후보들이 당선될 것이 두려웠기 때문이다. 그는 연방항소법원의 판결이 나온 다음에야 선거 개최를 명령했다. 플로리다 주와 미시건 주의 주지사들도 이 해킹을 시도했다. 2018년 스테이시 에이브럼스Stacey Abrams는 조지아 주지사 선거에서 브라이언 켐프Brian Kemp에게 근소한 표차로 패배했다. 켐프는 당시 정무장관으로서 선거를 감독하는 자리도 겸하고 있었고, 그를 이용해 선거 직전에 50만명의 등록 유권자 명부를 폐기했다.

41장

돈과 정치

돈은 정보와 선택을 통제할 수 있다. 돈은 사람들의 분별력, 곧 변화를 만드는 힘도 살 수 있다. 이것들은 모두 민주적 투표 절차의 의도를 뒤집는다는 점에서 정치적 해킹에 해당한다. 이런 현상은 선거 비용이 유난히 높은 미국에서 특히 두드러진다.

이유들은 복잡하지만 나는 네 가지로 요약하고자 한다. 하나, 미국의 선거 주기는 길어서, 후보자들은 선거일로부터 1년도 넘게 남은 시점에서 선거 운동을 시작한다. (그와 비교해서, 일본의 선거 운동은 시작부터 끝까지 12일간 진행되며, 프랑스의 선거 운동 기간은 2주이다. 영국 선거는 보통 2~4주 간의 유세 뒤에 벌어진다. 오스트레일리아나 캐나다의 어떤 선거 유세도 평균 11주를 넘는 경우는 없으며, 그런 극단적인 상황은 1910년과 1926년에만 벌어졌을 뿐이다.) 둘, 미국 정당의 기강은 다른 나라들에 견줘 더 허약하다. 당의 기강이 잘 잡힌 경우라면, 특정 후보들에 자금을 지원하면서 서로를 예비선거에서 경쟁시키는 일은 사리에 잘 맞지 않는다. 셋, 미국은 많은 인구와 값비싼 TV 광고 시장을 가진 거대한 나라이고, 다른 나라들과 달리 유세 비용에 제한이 없다. 그리고 넷, 미국의 기부금 공개 법규는 워낙 허점이 많아서, 가령 어떤 후보가 미국 시민이 아닌 사람들로부터 부적절한 선거 기부금을 받더라도 그에 대한 정치적 책임을 묻기가 어렵다.

선거 자금을 규제하는 시스템을 해킹할 인센티브는 명백하고, 특히 선거 후보들로서는 자신들이 보유한 유세 재원으로 선거 절차 자체를 해킹할 이유는 자명하다.

많은 부유층 인사들은 자신들의 정치적 영향을 더욱 늘릴 수 있기 때문에 이런 해킹을 반기며 그것이 아예 합법화하도록 밀어붙여 왔다. 선거자금 기부와 지출을 제한한 연방선거유세법Federal Election Campaign Act이 1972년 제정되고 1974년 수정된 뒤 소송이 벌어졌고 연방 대법원은 1976년 정당이나 후보자를 지원하는 데 지출되는 액수의 제한은 인정했지만 정당이나 후보자가 지출하는 부분은 위헌이라고 판결했다. 그로 인해 '정당 건설party building' 활동을 명분으로 지출되는 이른바 '소프트 머니soft money'가 늘었고, 이는 다른 정당의 후보자에 대한 정치적 비방 광고비로 전용되기 일쑤였다. 시간이 지나면서 여러 부유층 인사와 그룹은 서서히 유세 자금 규칙들에 문제를 제기했다. 이런 움직임은 2002년 양당유세개혁법Bipartisan Campaign Reform Act이 제정되면서 수그러들었다. 그러나 2010년 '시민연대Citizens United'의 소송에 대한 판결이 나오고 2014년 대법원이 이를 다시 확인하면서, 이전까지 정치 활동에서 금지됐던 온갖 종류의 자금 지원이 다시 허용됐다. 여기에는 기업의 선거 자금 지원도 포함돼 있었다.

물론 돈이 정치적 성공을 보장하지는 않지만 돈이 없으면 정치적 실패는 거의 항상 확실하다는 점은 분명하다. 하버드 대학교의 로렌스 레식Lawrence Lessig 교수가 주장하듯이, "투표형 선거에 출마할 수 있으려면 돈이 드는 선거에서 지극히 뛰어난 수완을 발휘해야만 한다." 돈은 미국의 대통령 예비선거 시스템처럼 긴 정치적 절차에서 후보자들이 살아남을 수 있게 해준다. 우리는 이것을 2012년의 공화당 예비선거에서 확인했다. 당시 셸던 아델슨Sheldon Adelson, 포스터 프라이스Foster Friess, 존 헌츠만 시니어Jon

Huntsman Sr. 같은 억만장자들은 다른 누구도 엄두내지 못할 규모의 정치 자금을 지원해 그 예비선거에 막강한 영향을 행사했다. 그것은 어떤 면에서 정치 분야의 벤처 자본 시스템과 비슷하다. 당신은 굳이 가장 명석하거나 최고일 필요도 없다. 당신을 지원하는 게 훌륭한 투자라고 몇몇 부유한 투자자들을 확신시킬 수만 있으면 된다.

돈은 혼돈의 씨앗을 뿌리는 데 일조할 수도 있다. 미국은 사실상 양당 체제로 굳어 있기 때문에, 한 가지 가능한 해킹은 상대 후보의 지지표를 잠식할 수 있는 독자 후보나 제3당 후보에게 자금을 지원하는 것이다. 만약 당신이 공화당 지지자라면 독자적인 진보 인사에게 자금을 지원해 민주당의 예비선거에 내보냄으로써 그 당의 유력 후보에게 타격을 입힐 수 있을 것이다. 만약 민주당 지지자라면 독자적인 보수계 후보자에게 돈을 댐으로써 공화당 지지표를 분산시킬 수 있을 것이다.

그러나 양당 모두 이 특정한 취약점을 보완하는 데 관심이 높기 때문에 미국에서 '무소속 출마 훼방꾼independent spoiler' 해킹을 실행하기는 어렵다. 몇몇 주들은 후보자 등록 시일을 매우 일찍 잡아 선거전에 뒤늦게 가세하는 후보자들을 징계하거나, 민주당이나 공화당 소속이 아니면 후보자 등록이 어렵도록 규칙을 만들어 놓았다. 44개 주는 예비선거에서 패배한 후보자는 총선에 독립 후보로 나올 수 없도록 금지한 소위 '찌질한 패배자sore loser' 법규가 있다.

그렇다고 해서 그런 일이 전혀 일어나지 않는다는 뜻은 아니다. 랄프 네이더Ralph Nader가 2000년 대선에 어떤 영향을 미쳤는지 확인한 전국의 공화당 관계자들은 녹색당 후보들을 활용해 민주당의 지지표를 분산하려 시도했다. 시애틀에서, 네이더 선거 운동의 자원봉사자로 활동했던 열여덟 살의 한영Young Han은 2002년 주 의회 선거 출마를 고려했다. '미스터 쇼어Mr. Shore'라는 인물이 한을 도와 출마 발표를 돕고 선거 유세에 자금을 지원했다. 미스터 쇼어는 사실은 워싱턴 D.C.에서 활동하는 공화당계 전략가였다. 그의 아내도 비슷하게 시애틀의 카운티 선거에 출마한 녹색당 후보를 지원하고 있었다. 그와 비슷한 현상은 2010년 애리조나, 2014년 뉴욕, 그리고 2018년과 2020년 몬태나에서 벌어졌다. 공화당계는 2020년, 조 바이든으로부터 민주당계 지지표를 빼앗아올 수 있으리라는 기대에서 칸예 웨스트Kanye West의 대통령 선거 출마 시도를 도왔다. 궁극적으로 그 모든 해킹 시도들은 실패했다. 이론과 달리, 현실적으로는 그만큼 어려운 일이었다.

혼란을 더할 수 있다면 더 쉽다. 2020년 플로리다의 의회 선거전에서 알렉스 로드리게즈Alex Rodriguez라는 이름의 '전직' 공화당원은 플로리다의 민주당계 주 상원의원인 호세 로드리게즈Jose Rodríguez와 경쟁하면서 상원의원이 핵심 이슈로 내세운 기후 변화를 자기 것인 양 전용했다. 알렉스는 아무런 정치적 배경도 없었고 실제 선거 유세조차 벌이지 않았지만 두 사람을 착각한 유권자들 탓에 3%를 득표했고, 그 결과 공화당 후보인 일리아나 가르시아Ileana Garcia가 수작업 재개표를 거친 끝에 32표 차로 당선됐다. 알렉스 로드리게즈의 선거 캠프는 근래 설립된 프로클리비티Proclivity, Inc.라는 회사, 그리고 공화계 조직원들과 연계된 정치활동위원회들PACs로부터 55만 달러의 자금 지원을 받은 사실이 나중에 드러났다.

지지표 분산 전략은 극단으로 치달을 수도 있다. 인도에서는 선거 경쟁 상대의 동명이인이 같은 선거에 출마하라는 요청을 받기도 한다. 유권자들의 혼란을 부추기려는 심산이다. 예컨대 2014년에 벌어진 의회 선거의 경우, 특정 의석을 놓고 출마한 35명의 후보자들 중 다섯 명의 이름이 라칸 사후Lakhan Sahu였고, 그 중 한 명만이 의정 기록이 있는 실제 정치인이었다. 다른 당의 경쟁 후보자는 그렇게 많은 라칸 사후들이 동시에 같은 의석을 바라고 선거에 출마한 것은 '단순한 우연일 뿐'이라고 일축했다.

미국에서 일반적인 취약성은 양당제에 있지만 최다 득표자가 선거에서 승리하는 구조에도 존재한다. 현행 선거 시스템은 후보자들에게 투표수의 과반수 득표가 아니라 단순히 최다 득표를 요구하기 때문에, 정치 후보자들은 만약 또 다른 후보자가 비슷한 정치 성향 (혹은 심지어 비슷한 이름)을 가지고 있다면 지지표가 분산돼 당선될 확률이 낮아진다.

한 가지 교정 방안은 유권자들이 후보자들에 대해 선택 순위를 매기는 투표 방식이다. 가장 낮은 점수를 받은 후보자는 탈락하고, 남은 후보자들에 대한 지지표는 마지막 한 후보자가 과반수를 득표할 때까지 순차적인 결선투표들runoffs에서 재분배된다. 순위 선택 투표는 제3당의 훼방꾼들이 선거 판세를 왜곡하는 것을 막을 수 있고 (이 투표 방식을 쓰면 훼방꾼이 얻은 표는 다른 후보자에게, 특히 그가 지지표를 빼앗으려 의도했던 후보자에게 재분배될 가능성이 높다) 가장 능력있는 후보가 선거에서 진정한 과반수를 득표하도록 도와준다. 오스트레일리아의 2022년 의회 선거는 이런 점을 잘 보여준다. 이 방식의 투표를 통해 많은 제3당 후보자들이 받은 표는 순차적인 결선투표를 통해 사표로 낭비되지 않을 수 있었다.

42장

파괴적 해킹

1729년 파리는 지방정부 채권에 디폴트를 선언하고 복권을 만든 뒤 개별 채권 보유자에 대해 보유 가치에 비례해 복권을 구매할 수 있도록 했다. 각 복권은 채권 한 장 가치의 1000분의 1이었고, 매달 파리 정부는 개별 당첨자를 뽑아 그에게 채권의 액면가에 더해 50만 리브르[1]의 보너스를 지급했다.

볼테르Voltaire는 지불금이 유통 중인 복권 숫자보다 크다는 사실을 눈치챘고, 그래서 – 이 부분부터가 해킹이다 – 몇몇 부유한 후원자들과 연합체를 구성해 모든 필요한 채권과 복권을 구입했다. 이들은 매달 당첨금을 독식했고, 채 2년도 되지 않아 약 750만 프랑, 현재 가치로 1억 달러를 벌었다.

파리의 복권 당국은 결국 당첨금이 소수의 동일한 인물들에 지급된다는 사실을 인지했다. 볼테르는 그만의 독특한 기질을 숨기지 못하고 (그리고 어떤 좋은 일도 영원히 지속될 수 없을 게 뻔한 마당에 좀더 재미를 맛보는 것도 괜찮으리라는 생각에) 각 복권 뒷면에 수수께끼를 남겼고 결과적으로 정부가 문제의 해커를 추적하기 더 쉽게 만들었다. 프랑스의 재무장관은 그 연합체를

---

1 Livre. 옛날 프랑스의 화폐 단위. – 옮긴이

고소했지만 그들은 아무런 불법 행위도 저지르지 않았으므로 법정은 이들이 계속해서 당첨금을 받아도 좋다고 판결했다. 그러자 파리 정부는 복권 제도 자체를 폐기해 버렸다. 극단적이긴 해도 효과적인 방어책이었다.

더 근래 사례로, 오하이오 주는 사업자들로 하여금 코로나바이러스감염증-19 팬데믹 동안 작업을 거부한 직원들을 신고해 그들이 실업 수당을 받지 못하게 하는 웹사이트를 만들었다. 한 해커는 보고 과정에서 아무런 인증authentication 절차도 없어서 누구든 보고서를 제출할 수 있다는 사실을 눈치챘다. 그래서 그는 자동로그인 방지시스템CAPTCHA까지 무사 통과해 허위 보고서를 자동으로 제출하는 프로그램을 만들어 온라인에 공개했다. 우리는 얼마나 많은 보고서가 이 시스템에 의해 제출됐는지 알 수 없고, 오하이오 주정부의 관계자들은 허위 보고서들을 솎아낼 수 있었다고 주장했지만 결국 주정부는 그 보고서들을 사용해 허위로 실업 수당을 받는 사람들을 쫓아내겠다는 계획을 포기했다.

10장에서 나는 해킹 행위가 기생적이라고 지적했다. 여느 기생충과 마찬가지로, 해킹은 시스템의 전복과 파괴 사이에서 균형을 잡지 않으면 안된다. 해킹이 지나치면 시스템이 무너진다. 때로는, 파리의 복권 제도처럼, 해킹이 너무 성공적인 탓에 시스템 자체가 폐지된다. 다른 경우는 오하이오 주의 실직 보고 웹사이트처럼, 해커의 목표는 시스템을 폐쇄하는 것이다.

금전적 동기를 가진 해커들은 해킹 표적이 되는 시스템을 완전히 파괴하는 것은 원치 않는다. 만약 ATM이 너무 빈번하게 해킹된다면 장비 자체가 사라져버릴 것이다. 만약 한 스포츠가 플레이를 하거나 지켜보는 게 재미없어질 수준으로 해킹돼 버린다면 그 종목은 시들해지다 죽어버리고 말 것이다. 이런 성격의 해커들은 시스템은 유지되길 원하면서 그로부터 자신들에게 유리한 혜택을 추출하려고 시도한다. 만약 이들이 어떤 시스템을 파괴한다면 그것은 대체로 부수적이고 우발적인 결과이다.

해커들이 모종의 도덕적이거나 윤리적인 수칙을 따른다면 이야기는 달라진다. 이들이 어떤 시스템을 해킹하는 것은 그 시스템을 좋아하지 않기 때문이지, 그로부터 어떤 이익을 취하고 싶어서가 아니다. 오하이오 주의 실업 웹사이트 해커처럼, 이들의 목표는 그 기능성을 떨어뜨리거나, 효력을 약화하거나 아예 파괴해 버리는 것이다. 우리는 이런 경우의 또 다른 사례를 2020년 오클라호마 주 털사Tulsa에서 열린 트럼프 선거 집회의 행사장을 텅 비게 만들기 위해 대량의 허위 참가 티켓을 조직적으로 신청한 틱톡TikTok 사용자들에게서 볼 수 있다. 그것은 손쉽게 구할 수 있는 허위 이메일 주소와 구글 보이스Google Voice로 받을 수 있는 엉터리 전화번호만 있으면 티켓을 예약할 수 있다는 사실을 악용한 기초적인 해킹이었다. 그 티켓 시스템은 궁극적으로 폐기되지는 않았지만 저조한 참석률 때문에 트럼프는 망신을 당했고, 그의 유세팀은 다른, 덜 취약한 티켓 시스템으로 바꿨다.

동기가 무엇이든 해킹은 사회 시스템들을 파괴할 수 있고 그 규모는 볼테르의 복권 해킹이나 트럼프의 티켓 시스템, 혹은 오하이오 주의 실업 혜택 해킹보다 훨씬 더 클 수 있다. 우리는 그 징후를 2008년의 금융 위기에서, 반복적인 시스템 해킹으로 미국의 금융 네트워크가 거의 통째로 파괴될 뻔했던 그 사태에서 볼 수 있다. 우리는 그 징후를 미국 정치계에서 날로 그 위력을 더해가는 돈과, 소셜 네트워크에서 더욱 확산되는 가짜 정보에서 확인한다. 그리고 그것은 사회의 온갖 메커니즘들이 저마다 사뭇 다른 의도로 해킹될 때 정치 혁명의 양상으로 발생한다. 따라서 해킹은 유익한 일일 수 있고 시스템 진화에 필요한 일일 수 있지만 너무 빨리 과도하게 진행될 위험도 존재한다.

지폐 발행이라는 또 다른 경제 사례를 살펴보자. 지폐는 11세기 중국 송나라 시대까지 거슬러 올라갈 만큼 오랜 역사를 자랑하지만 당시는 해킹의 결과였다. 통화는 경제적 가치의 실제 액수를 대표하도록 돼 있지만, 오늘날 대다수 정부들은 해당 경제가 실제로 얼마만큼의 가치를 생산하든 상관 없이 자신들이 원하는 만큼 얼마든 많은 통화를 발행할 권한을 갖고 있다. 이는 정부가 세금을 걷거나 민간 투자자들로부터 빚을 얻는 대신 돈을 더 찍어내는 방법으로 필요한 비용을 충당함으로써 공공 금융 시스템을 해킹 할 수 있다는 뜻이다. 유럽에서 이 해킹은 경제학자인 존 로^{John Law}가 프랑 스 국왕 루이 15세의 전쟁 비용을 충당하는 방안으로 처음 고안했다.

이것은 유익하고, 이제는 정상적인 관행으로 자리잡은 해킹의 한 사례 다. 돈을 찍어낼 수 있는 능력은 경제 위기 상황에서 필수적인 요소일 수 있다. 이것은 미국 정부가 2008~2009년 경제 위기 때, 그리고 2020년 팬 데믹과 사회 봉쇄 상황에서 시장을 진정시키기 위해 사용한 방법이다. 그 리고 제1, 2차 세계대전의 승리에 기여한 대규모 군사 동원 비용을 충당한 방법 중 하나이기도 하다.

그러나 정부들이 대외 채무를 갚는 방법으로 돈을 찍는 데 의존하다 보 면 상황은 매우 나빠질 수 있다. 극심한 인플레이션을 가리키는 하이퍼인 플레이션^{hyperinflation}은 드물지만 일단 일어나면 놀라우리만치 빠르게 막대 한 피해를 초래할 수 있다. 2007년 짐바브웨^{Zimbabwe}에 하이퍼인플레이션 이 닥쳤을 때, 짐바브웨 달러는 단 1년 만에 그 가치의 99.9%를 잃었고, 주 민들의 평균 부는 1954년 수준으로 떨어졌다. 그리고 한 때 12대의 승용차 를 살 수 있던 액수의 돈은 단 한 덩어리의 빵을 사기에도 충분치 않게 됐 다. 베네주엘라^{Venezuela}에서 하이퍼인플레이션은 2017년에 시작돼 엄청난 물가 상승으로 이어졌고, 평균적인 가족이 기본 생필품을 구입하려면 최소 임금의 100배 이상이 필요한 상황으로까지 악화해 전체 인구의 10% 이상 이 나라를 떠났다.

파괴를 초래하는 해킹의 다른 사례들은 러시아, 시리아, 터키, 필리핀, 헝가리, 폴란드, 브라질, 이집트 등 전세계에 걸친 전체주의 정부들의 최근

부상에서 볼 수 있다. 선거는 여전히 치러지고 개표 결과는 여전히 집계된다. 의회는 여전히 법규를 제정하고, 법원은 그 법규의 준수를 확고히한다. 표현의 자유와 집회결사의 자유도 적어도 공식적으로는 여전히 존재한다. 하지만 이 모든 민주적 기제와 제도는 해킹돼 독재 정권의 필요에 부응하도록 전복돼 왔다.

정반대로, 어떤 시스템들은 파괴되기 위해 해킹될 필요가 있다. 보이콧, 그리고 일반적인 시민 불복종은 해킹이다. 이런 해킹 행위는 부당한 행위에 항의하기 위해 시장과 정치의 기본 규칙을 뒤집는다. 이들이 촉발하는 반발backlash은 묵시적 폭력과 시스템의 잔혹성을 노출하고, 오랫동안 '정상'으로 수용돼 무시됐던 노골적인 차별 법규와 같은 시스템들을 파괴하도록 정치적 의제를 변화시킨다. 우리가 직면한 도전은 어떻게 하면 해킹이 사회의 선은 유지하면서 사회악은 파괴하도록 만들지, 그리고 어느 것이 선이고 어느 것이 악인지 파악하는 일이다.

6부

인지 시스템 해킹

43장

인지적 해킹

우 리가 아직 종이 항공권을 쓰던 1990년대에 내가 항공료를 아끼려고 정기적으로 이용하던 해킹 기법은 이런 것이었다. 종이 탑승권을 얻는 것은 항공권을 구매하는 것과는 별개의 행위여서, 그것을 몇 주 전에 미리 얻을 수도 있었지만 그러려면 실제 사람과 상담을 해야 했다.

나는 당시 워싱턴 D.C.에 살고 있었고 일 때문에 자주 비행기를 탔다. 나는 시카고에서 주말을 보내야 할 이유가 있었지만 직장에서 그 값비싼 중도 기항료를 내줄 리는 만무했다. 하지만 나는 나만의 해킹 기법이 있었다. 이를테면 내가 일요일에 시애틀에서 시카고를 거쳐 워싱턴 D.C.로 가는 항공권을 갖고 있다고 치자. 먼저 나는 항공사의 발권 사무실에 가서 직원이 인쇄해 스테이플러로 묶어주는 여러 장의 탑승권을 받는다. 나는 그걸 어딘가에 숨기고 다른 날 발권 사무실을 찾아가 두 비행편을 금요일로 바꾼다. (당시만 해도 항공 일정을 바꾸는 데 큰 비용이 들지 않았다.) 직원은 컴퓨터로 일정을 바꾼 뒤 새로운 탑승권을 인쇄해 역시 스테이플러로 묶어 건네준다. 그러면 나는 바뀐 일정대로 금요일에 시애틀발 시카고행 비행기를 타고 날아가 시카고에서 주말을 보낸다. 일요일에는 맨 처음 확보해둔 탑승권을 들고 시카고발 DC행 탑승구로 간다. 비록 컴퓨터에는 나의 예약 정보가 들어 있지 않았지만 나는 정확한 날짜가 찍힌 항공권과 탑승권을 가지고 있었고, 더욱이 혹시라도 누군가가 물어본다면 당당하게 보여줄 일요일치 시애틀발–시카고행 항공권과 탑승권도 갖고 있었다. 탑승구 직원은 헷갈려 하면서도 컴퓨터의 정보를 무시하고 새로운 탑승권을 찍은 다음 나의 탑승을 허가한다.

그건 기발한 해킹이었고 항공사들이 전자 항공권으로 옮아가고 별도의 탑승권을 폐지할 때까지 통용됐다. 하지만 나는 정확히 무엇을 해킹했던 것일까? 항공사 예약 시스템은 아니었다. 내가 실제로 해킹한 것은 탑승구의 직원이었다. 나는 적법해 보이는 항공권과 탑승권을 소지한, 자신감에 넘치는 백인 남성 비즈니스 여행자였다. 문제는 컴퓨터 에러 탓으로 치부될 수 있었고, 아마 탑승구 직원도 그런 쪽으로 안이하게 짐작했을 것이다. 이렇게 말하면 기이하게 들릴 수도 있지만 나는 탑승구 직원의 심리를 해킹한 것이었다.

우리의 두뇌는 우리가 생존할 수 있도록, 그리고 우리 유전자의 시각에서는 더 중요한 번식이 유지될 수 있도록, 수백만 년에 걸쳐 진화해 온 일종의 시스템이다. 그것은 환경과 지속적으로 상호 작용하면서 최적화해 왔다. 하지만 그것은 10만 년 전 동아프리카의 고지대에서 작은 가족 무리들로 살던 인간들에게 최적화한 것이었다. 21세기의 뉴욕이나 도쿄 또는 델리에는 잘 맞지 않다. 그리고 인간의 두뇌는 현대의 복잡다단한 사회 환경에 적응하기 위해 많은 인지적 지름길을 선택하기 때문에 조작될 수 있다.

인간의 생물적, 심리적, 사회적 시스템이 어떻게 '자연적으로naturally' 작동하는지 이야기한 뒤 어떤 해킹이 그 시스템들의 의도를 전복했다고 주장하는 것은 퍽 단순하다. 그것은 자연적으로 그리고 계획되지 않은 양상으로 발생한다. 설령 그렇다고 해도 이것은 유용한 논의의 틀을 제공할 수 있다. 우리는 진화적 과정 외에는 어떤 다른 근거도 언급할 필요 없이, 이를테면 췌장의 목적, 우리가 갖는 신뢰감의 목적과 같은 식으로, 생물적 시스템과 심리적 시스템의 '목적purpose'이나 '의도intent'를 지적할 수 있다. (역시 단일한 설계자가 없다는 점에서 경제 혹은 정치 시스템과 같은 셈이다.) 해킹은 독창적으로 그런 시스템들을 약화한다. 인위적 시스템들에 대한 모든 해킹들처럼, 인지적 해킹도 취약점을 노려 인지적 시스템의 의도를 교란한다.

인지적 해킹은 강력하다. 민주주의, 시장 경제 등 우리 사회가 의존하는 사회 시스템의 많은 부분들은 이성적 결정을 내리는 인간의 인지 능력에 의해 좌우된다. 이전 장들에서, 우리는 숱한 해킹들이 정보와 선택, 그리고 판단 능력 중 어느 하나를 성공적으로 제한했음을 확인했다. 앞으로 전개되는 장들에서는 그 세 가지가 우리 자신의 마음 속에서 직접 해킹되는 상황을 보게 될 것이다.

예를 들면, 가짜 정보disinformation는 표현의 자유와 언론의 자유라는 시스템을 교란하는 해킹이다. 이것은 새로운 개념은 아니다. 히틀러의 선동 장관이었던 괴벨스Goebbels는 이렇게 말한 적이 있다. "민주주의가 불구대천의 적들에게 그것을 파괴할 수단을 주었다는 사실은 언제나 민주주의에 관한 최고의 농담거리 중 하나로 남을 것이다." 가짜 정보는 주목attention, 설득persuasion, 신뢰trust, 권위authority, 부족주의tribalism, 그리고 때로는 공포fear를 포함한 우리 두뇌의 여러 인지 시스템들 중 많은 부분을 교란하는 해킹이기도 하다.

다른 해킹들과 달리, 인지적 해킹은 더 높은 수준의 일반성generality을 보여준다. 실상은 모든 해킹 중에서도 가장 일반적인 해킹이다. 여러 법률은 기본적으로 모든 경제적 거래와 사회의 다른 부문들을 규제하며, 의회와 법원은 법률의 제정과 개정을 관장하고, 한 나라의 헌법(혹은 그와 유사한 문서)은 입법 절차와 법원 시스템을 정립한다. 하지만 우리의 사회 시스템은, 그리고 인간 사용자들과 상호 작용하는 모든 기술적 시스템은, 그 안에서 사고하고 활동하는 사람들의 행태에 좌우된다. 그런 사람들의 마음을 해킹할 수 있다면, 인간의 활동에 의해 관리되는 어떤 시스템이든 해킹할 수 있다는 뜻이다.

인지적 해킹은 인류의 역사만큼이나 유구하며, 많은 것들은 워낙 오래전에 정상화해서 그걸 해킹으로 생각하는 건 고사하고 그에 대해 제대로 따져 보지도 않는다. 인간은 지능과 의식이 있기 때문에, 그리고 마음에 대한 이론과 미래를 계획할 능력이 있기 때문에, 해킹을 자연계의 다른 어떤 피조물보다도 더 정교한 수준으로 끌어올렸다. 그리고, 이전 장들에서 살펴본 여러 해킹들과 마찬가지로, 인지적 해킹은 인간이 신중하고 효과적인 결정을 내리는 데 필요한 정보, 선택, 혹은 판단 능력을 표적으로 삼는 경우가 많다.

지난 50년간 변화한 것은 컴퓨터와 컴퓨터 인터페이스가 다른 사람들의 인식을 조작할 수 있는 기회를 훨씬 더 많이 제공하게 됐다는 사실이다. 컴퓨터 알고리듬과 행동과학을 결합함으로써 사람들의 심리를 조작하는 속도와 정교함이 높아졌고, 그런 정도의 차이는 질적인 차이로 이어진다.

하지만 항상 그런 것은 아니다. 작가이자 사회운동가인 코리 닥터로우 Cory Doctorow는 "빅테크 기업들이 피젯 스피너fidget spinner[1]를 팔려고 빅데이터를 사용해 마인드컨트롤 광선을 만들었다는 이론"을 맹신하지 말라고 경고한다. 앞으로 몇 장에 걸쳐 내가 논의하려는 내용은 기껏해야 다양한 수준으로 우리의 행동을 유도하는 인지적 넛지nudge에 지나지 않는다. 하지만 그렇다고 해도 이런 유도성 기법들을 무시해서는 안된다고 나는 생각한다. AI와 결합된다면 이런 기법들은 훨씬 더 큰 효과를 발휘할 것이다.

---

1 손가락으로 잡고 튕기면 마치 바람개비처럼 계속 돌아가면서 주의력을 높여준다고 광고됐던 장난감. – 옮긴이

소프트웨어의 허점을 보완하는 방식인 패치는 인지 시스템에 통하지 않는다. 비록 해킹에 대한 의식적인 자각 자체를 패치로 볼 수도 있지만. 인지적 해킹에 대한 보안 대책은 예방과 피해 경감이다. 많은 사기 범죄는 사람들의 탐욕, 신뢰, 공포 등등의 감정을 해킹함으로써 작동한다. 우리 두뇌를 패치할 방법은 없지만, 다른 시스템을 사용해서 특정한 해킹이 불법이라고, 다시 말해 사회적으로 허용할 만한 행동의 경계를 벗어났다고 선언하고, 피해 위험이 있는 사람들에게 이를 피할 방법을 가르쳐 줄 수 있다.

또 하나 주목할 대목은, 인지 시스템에 대한 해킹은 앞에서 설명한 다른 해킹들처럼 명확하게 기술되지 않는다는 점이다. 예컨대, 사람들이 의도했던 것보다 훨씬 더 많은 돈을 기부하도록 유도하기 위해, 그리고 정치적 유세 이상의 목적까지 염두에 두고 트럼프 선거 진영에서 사용한 여러 웹페이지 인터페이스 디자인을 생각해 보자. 기부자의 당좌계정이나 신용카드에서 매주 돈이 인출되는 것을 허가한다는 내용 옆의 박스는 이미 체크돼 있어서 기부자가 꼼꼼히 살펴보고 그 체크 표시를 지우지 않으면 의도한 것보다 훨씬 더 많은 돈이 빠져나가게 돼 있었다. 그런가 하면 기부액수를 작은 글자로 적어 숨기거나, 그보다 더 작은 글자로 기부금은 후보자의 개인적 지출에도 사용될 수 있다는 내용을 적어놓았다. 이건 명백히 해킹이다. 앞으로 다루게 될 소위 '다크 패턴dark pattern'의 전형적인 사례들이기도 하다. 하지만 이들은 우리의 지각 시스템, 감정 시스템, 혹은 의사 결정 시스템 중 어느 쪽을 해킹한 것일까? 대답은 셋 모두에 어느 정도 해당한다는 것이다. 이런 모호성은 이해할 만하다. 인간은 복잡한 존재다. 인지 시스템도 복잡다단하다. 그에 대한 어떤 논의든 복잡하고 어지러울 수밖에 없다.

44장

주목과 중독

모두가 별도의 창으로 뜨는 팝업 광고를 싫어한다. 심지어 그 발명자인 이선 주커먼Ethan Zuckerman조차 팝업 광고를 발명한 데 대해 공개적으로 사과했을 정도다. 하지만 팝업 광고가 널리 퍼진 것은 그것이 수익성이 있기 때문이고, 수익성이 있는 것은 광고주들의 매출을 늘리기에 충분할 만큼 많은 사람들의 주목을 성공적으로 해킹했기 때문이다.

무시해 버리기 쉬운 배너 광고와 달리, 팝업 광고는 사용자가 달갑지 않아 하더라도, 설령 그 광고를 금방 닫아 버리더라도 잠깐이나마 거기에 주목하게 만든다. 팝업 광고는 보통 사용자 정면에 나타나 그가 실제로 보고 있던 것을 막아버린다. 많은 경우는 이미지, 음향, 그리고 비디오를 담고 있다. 그것을 닫으려면 의도적으로 행동을 취해야 하는데, 때로는 그것을 어떻게 닫아야 할지 헷갈리거나 여러 번의 시도를 요구한다. 그리고 그런 과정에서 팝업 광고는 임무를 수행한다. 사용자의 주의를 붙든다. 설령 그것이 비교적 짧은 시간 동안이라고 해도 장기적인 효과를 낳을 수 있다.

인지 시스템의 하나인 주목attention은 우리로 하여금 중요한 것들에 초점을 맞추도록 해준다. 어느 때든 헤아릴 수 없이 많은 사건들이 주변에서, 그리고 우리 내부에서 벌어진다. 우리 두뇌가 강력하다고 해도 그 처리 역량은 제한적이다. 모든 것에 주의를 기울일 수는 없다.

이런 한계 때문에 우리는 주의를 선별적으로 기울인다. 생존에 중요한 사안과 사건들을 우선시하며, 이미 신뢰하는 것들에는 덜 주목한다. 우리의 주의는 갑작스런 움직임, 커다란 소음, 밝은 빛 등과 같이, 포식자나 다른 위협의 존재를 암시할 수 있는 현상들에 가장 두드러지게 할당된다. 우리는 또한 어떤 그룹 내에서 누리는 안전과 지위 같은 사회적 생존에 영향을 미치는 현상, 혹은 성적 상대자의 관심을 끌고 이를 유지하는 데 필요한 현상들에 우선순위를 둔다. 그와 비슷하게, 우리는 복지와 안락함을 높여주는 현상들에 대체로 주목한다. 그것이 음식이든, 돈이든, 마약이든, 킨더에그Kinder Egg[1] 상이든, 혹은 심지어 소셜미디어에서 받는 '좋아요' 반응이든 어떤 보상을 해주는 것이 우리의 주의를 끄는 것도 그 때문이다. 주목 시스템은 우리의 두뇌에 깊숙이 각인돼 있기 때문에, 늘 의식적으로 어떻게 또는 어디에 우리의 주의를 집중할지를 선택할 수는 없다.

광고는 자연스럽게 사람들의 주의를 끌지는 않기 때문에, 광고주들은 우리의 인지 시스템을 해킹해야 한다. 1860년대, 프랑스의 석판 예술가였던 쥘 셰레Jules Chéret는 새로운 형식의 광고 포스터를 발명했다. 밝고 대조적인 색채, 아름다운 반라의 여인들, 동적인 장면들 – 모두 무시할 수 없는 요소였다. 나중에, 레오네토 카피엘로Leonetto Cappiello는, 특히 새로 구축된 파리 지하철을 이용하는 승객들이 빠른 속도로 지나치면서도 알아챌 수 있도록 디자인된 충격적이고 거창한 이미지들로 온갖 종류의 소비재 홍보를 도왔다.

광고주들은 언제나 사람들의 주의를 더 효과적으로 끌 수 있는 해킹 방법을 찾는다. 예컨대 슈퍼마켓들, 심지어 스테이플즈Staples와 베드 배스앤

---

1 이탈리아 페레로 사에서 1974년 부터 생산하는 초콜릿 제품. 속이 빈 얇은 초콜릿 달걀 안에 플라스틱 캡슐이 들어있고, 그 캡슐 안에는 작은 장난감이 한 개 들어있다. – 옮긴이

비욘드Bed Bath & Beyond 같은 매장들조차 사탕류를 계산대 통로에 배치하는 것도 '구매시점 배치point-of-purchase placement'로 알려진 해킹 기법을 활용한 결과다. 텔레비전 광고의 음량이 실제 프로그램의 음량보다 약간 높았던 것도 해킹의 결과인데, 미국의 연방통신위원회FCC, Federal Communications Commission가 2012년 그런 관행을 금지했다. 그리고 우리가 팝업 광고에 시달리는 이유도 광고주들의 해킹 탓이다.

데이터를 활용한 해킹 노력은 1950년대 이후 시장 조사와 심리학에 기반한 캠페인과 더불어 크게 활성화했지만, 현대의 광고 캠페인은 집단이 아닌 개개인의 취향을 겨냥한 소위 '마이크로타깃팅microtargeting' 기법을 사용할 수 있다. 그렇게 우리의 주의를 더 효과적으로 끌어내려는 과정에서 광고주와 데이터 브로커들은 막대한 규모의 개인정보를 수집하고 현금화하며, 우리의 개인 프라이버시를 위협한다.

우리의 주의를 잡아끌려는 또 다른 해킹 시도는 현대의 소셜네트워크에서 벌어진다. 바로 분노 조장이다. 페이스북은 알고리듬을 써서 사용자의 피드를 최적화한다. 그 알고리듬의 목표는 사용자를 페이스북에 가능한 한 오랫동안 머무르게 하는 것이다. 사용자가 더 오래 머무를수록 광고도 더 많이 보고 따라서 페이스북은 더 많은 돈을 벌기 때문에 사용자가 더 관심을 갖고 참여하는 콘텐츠에 광고를 노출한다. (이들 시스템의 유일한 목적은 광고를 파는 것이고, 광고의 유일한 목적은 당신으로 하여금 사게 만드는 것이라는 점을 잊지 말기 바란다.)

마찬가지로, 구글은 당신이 계속해서 유튜브 비디오를 보기를 원한다. (유튜브는 구글의 자회사이다.) 유튜브 알고리듬은 양극화나 논란을 초래하는 주변부 콘텐츠가 더 많은 사용자들의 관심을 끈다는 사실을 파악했다. 이것은 예기치 못한 해킹으로 구글에는 매우 수익성이 크다. 페이스북과 유튜브는 본래 그렇게 의도했기 때문이 아니라, (1) 알고리듬이 점점 더 전문화하는 콘텐츠를 개별 사용자의 관심에 부응하기 위해 스스로 최적화했기 때문이고, (2) 경영진이 이것이 만들어낸 잠재적 문제들을 무시하기로 결정했기 때문이다. 그런 메커니즘은 정치에 적용돼 정치적 성향과 가치관이 비슷한 사용자들끼리 한데 모이기 쉽게 만들며, 이들을 특히 격동시키는 콘텐츠에 노출시켜 다른 성향의 이용자 그룹과 양극화한다.

전문화되고 논쟁적인 콘텐츠를 찾아내고 노출하는 기능을 정교화하고 가속화함으로써, 자동화된 콘텐츠 추천 시스템은 사람들로 하여금 신념과 의견을 고려하고 재고려하도록 유도하는, 덜 걸러진 상호 작용들을 줄인다.

이런 문제의 광고 부문 해법 중 하나는 광고주들이 마이크로타깃팅을 목적으로 이용하는 정보를 규제하는 것이다. 2020년 대통령 선거 이후, 구글은 선거 광고의 표적을 마이크로타깃팅 수준으로 개인화하는 대신 나이, 성별, 우편번호 수준의 지리 정보 등 좀더 일반적인 범주들로 제한하는 정책을 만들어 시행했다. 이런 유형의 단순한 방어책은, 구글이 지속적으로 그 정책을 이행한다면 효과를 거둘 가능성이 높다. 마이크로타깃팅이 현대 정치의 필수 요소가 돼버린 상황을 고려하면, 양 정당의 선거 전략가들은 이를 무효화하기 위해 갖은 방법을 동원할 공산이 크다.

더 나은 해법은 반독점법을 확고하게 시행하는 것이다. 너무나 많은 콘텐츠가 한 곳에 집중된 현실에서, 이런 유형의 초전문화hyper-specialization는 더 쉬워진 한편 더 큰 문제를 안게 됐다. 그와 대조적으로, 제각각 더 적은 양의 콘텐츠를 보유한 소규모 소셜미디어 사이트들은 전문화의 규모를 제한할 수 있을 것이다. 도널드 트럼프가 트위터에서 퇴출되자 튀어나왔던 극우보수 성향의 소셜미디어 사이트들은 거대 다국적 소셜미디어 회사들과는 비교조차 할 수 없을 만큼 그 영향력이 미미했다.

사람들의 주의를 잡아끄는 해킹의 논리적 극단은 중독이다. 그것은 가장 효과적인 형태의 포섭lock-in이다. 문제의 해킹은 중독의 생리학적 절차가 아니라, 누군가를 중독으로 몰아가는 과정이다. 제조사나 개발사들은 자사 제품의 중독성을 높여 고객과 사용자들이 지속적으로 그 제품을 사용하도록 만드는 것이다. 때로 그것은 생리학적인 특성도 갖지만 대부분의 경우는 행동 고착^{behavioral fixation}으로 시작해 그 영향으로 분비되는 엔돌핀, 아드레날린, 그리고 다른 신경화학 물질의 도움으로 그 행동에 완전히 중독된다.

행위 중독의 기본 방법은 슬롯머신의 경우에서 명징하게 드러난다. 우리는 가변적인 보상이 고정된 보상보다 더 중독적이며, 도박은 그 특성상 그런 유형의 보상을 제공한다. 이 시스템은 더 상세히 살펴볼 가치가 있다. 1단계는 우리의 주의를 촉발하는 방아쇠로 구성된다. 슬롯머신은 의도적으로 밝고 요란하다. 이것을 아무도 사용하고 있지 않을 때는 소음을 내며, 누군가가 이기면 떠들썩한 소리를 발산한다. 2단계는 보상의 기대를 동반한 행동으로 구성된다. 그것이 내기다. 슬롯에 동전을 넣고 버튼을 누르는 행위다. 3단계는 가변적인 보상들로 구성된다. 얼마간 따고 얼마간 잃는다. 4단계는 감정의 투자로, 이는 사용자로 하여금 돈을 넣고 버튼을 누르는 행위를 반복하도록 유도한다. 누구나 승자를 사랑한다. 거기에 요구되는 행위라고는 동전 하나 넣고 버튼을 누르는 것뿐이다. 바로 거기에 잭팟이 기다리고 있을지, 그래서 다시 승자가 될지 누가 알랴?

온라인 게임들은 가변적 보상을 통한 중독성 행동을 유도하기 위해 '전리품 상자^{loot box}'²로 알려진 디지털 품목을 이용한다. 온라인 플레이어들은 게임을 하면서 그 안에서 판매되는 무작위 아이템들을 구매하기 위해 게임 내에서 통용되는 통화나 실제 돈을 지불한다. 가치있는 아이템들은 구하기가 (때로는 극단적일 만큼) 드문데, 이는 잭팟을 터뜨리기 위해 슬롯머신에 끊

---

2 이는 슬롯머신의 우연한 잭팟처럼, 플레이어가 더 오래, 그리고 더 자주 게임을 하도록 유도할 목적으로 드물지만 무작위적으로 게임 내에서 플레이어에게 보상을 제공하는 기능이다. ─ 옮긴이

임없이 돈을 넣고 버튼을 누르는 중독성 행동을 흉내낸 것이다. 비디오 게임들은 보통 플레이어들을 온라인에 가능한 한 오래 붙잡아둘 목적으로 수십 종의 행동 유도성 기능들을 구현하고 있는데, 그로 인한 중독적 속성은 게임업계에서 공공연한 비밀이다.

스마트폰 앱과 소셜네트워킹 사이트 같은 정보 상품들은 그와 비슷한 방식으로 작동해 중독적 사용을 유도하도록 설계됐다. 중독을 촉발하는 계기는 우리의 주의를 끄는 경고 신호들이다. 새로운 메시지가 왔음을 알리는 스마트폰의 다양한 소리나 진동, 푸시push형 공지 등. (파블로프의 개가 연상되는 대목이다.) 그런 경고 신호들에 반응하도록 떠미는 동력은 보상에 대한 기대이다. 그런 가변적 보상은 당첨이나 우승, 새로 올라온 게시물, 댓글, 이미지, 그리고 소셜미디어 피드에 표시된 콘텐츠 같은 것들이다.

이 중 어떤 것도 우연이 아니다. 디지털 플랫폼들은 그 설계자가 그렇게 설정하려고만 하면 사용자의 아무런 개입 없이도 스스로 업데이트하고 갱신할 수 있다. 하지만 사용자들로 하여금 클릭하거나 터치 스크린을 좌우로 휘저어 더 많은 포스트와 콘텐츠를 보도록 강요하는 것은 슬롯머신의 행동 심리학을 모방한 것으로, 자신에게 통제권이 있다는 착각을 안겨 그런 행동을 습관처럼 되풀이하게 만들 것이다. 마찬가지로, 공지들을 하나로 묶도록 – 예컨대 내게 오는 모든 신규 공지 내용들을 한데 묶어 하루에 한 번씩만 보여주도록 – 설정할 수 있다면 가변적 보상 기능과 중독 효과도 줄어들 것이다. 광고에 의존하는 소셜미디어 플랫폼들이 이처럼 편리하고 간단한 방법을 사용자들에게 제공하지 않는 이유도 바로 거기에 있다.

우리는 중독을 도덕적 실패로 간주하는 경향이 있다. 하지만 그보다는 일종의 해킹, 특히 확실하고 매우 효과적인 해킹의 일종으로 보는 것이 더 온당하다. 우리는 우리를 중독으로 내모는 행태와 경험의 특성들을 알고 있다. 사기업들은 그런 특성들을 제품 속에 적용할 수 있고 또 적용한다.

때로는 워낙 미묘해서 소비자들은 미처 감지하지 못하기도 한다. 그리고 앞으로 보게 되듯이, 디지털 플랫폼들은 알고리듬과 신속한 테스트 기능을 활용해 사람의 개입은 점점 줄이면서도 그 중독성은 점점 높여가고 있다.

45장

설득

2014년, 데이팅 앱인 틴더^{Tinder}에서 여성을 가장한 봇^{bot}들이 남성 사용자들에게 문자 메시지를 보내고, 사소한 잡담을 나누고, 모바일 게임인 캐슬 크래시^{Castle Crash}를 언급한 다음 링크를 제공했다. 인지적 해킹에 관한 한, 그것은 변변찮은 수준이었다. 신뢰와 성욕 같은 남성들의 욕구를 이용한 전술이었지만 사용자가 최소한의 의심만 품는다면 그 새로운 '친구'의 정체가 봇임을 쉽게 간파할 수 있었다. 우리는 그런 봇 계정들이 틴더가 삭제할 때까지 얼마나 많은 사람들로 하여금 그 게임을 다운받아 플레이하도록 성공적으로 설득했는지 모른다.

이런 유형의 사기는 독특할 게 없다. 챗봇^{chatbot}은 사람들의 감정을 조작해 상업적 이익이나 정부측 이득에 부응하는 행동을 하도록 설득하는 데 종종 사용돼 왔다. 2006년 미 육군은 더 많은 사람들의 입대 지원을 설득하기 위해 설계된 챗봇 'SGT 스타^{SGT STAR}'를 채용했다. AI와 로봇공학 기술은 이런 시도의 효과를 훨씬 더 높인다.

1970년대, 연방거래위원회^{FTC}는 광고 회사의 중역들에게 마케팅이 무엇인지 설명해달라고 요청했다. 그 전까지, 광고산업에 대한 이들의 시각은 퍽 기초적인 수준이어서, 광고는 기업들이 자사 제품의 혜택을 잠재 소비자들에게 설명하는 도구 정도로만 여겼다. 물론 광고는 그보다 훨씬 더 복잡하고 심층적이며, 현대의 광고 기법은 인지 시스템에 대한 해킹에 더 가깝다.

설득은 쉽지 않다. 조작당할지 모른다는 두려움에, 혹은 그저 변화의 두려움 때문에, 사람들은 마음이나 행동을 바꾸려는 시도들에 저항하는 게 보통이다. 하지만 의식적이거나 무의식적인 저항에도 불구하고, 무수한 트릭들은 미묘하지만 확실하게 우리 마음을 바꾼다. 많은 경우는 기만적일 정도로 간단하다. 이를테면, 사람들은 반복적으로 들어온 것을 믿을 가능성이 높다는 소위 '환각적 진실illusory truth' 효과다. (그렇다. 정치적 선동으로서의 새빨간 거짓말Big Lie 기법은 먹힌다. 거짓말을 충분히 자주 되풀이하면, 그걸 듣는 사람은 믿기 시작한다.) 더 영리하고 분석적인 사람들도 환각적 진실 효과에 제대로 저항하지 못하기는 마찬가지다. 사실은, 엘리트들과 미디어가 거짓말과 반쪽 진실을 반복하는 것도 그만큼 그릇된 믿음이 견고하게 지속된다는 뜻일 것이다. 어쨌든 반복 같은 간단한 트릭이 우리 의식의 레이더 밑으로 숨어들어 예상보다 더 강력한 설득력을 갖는다는 점은 분명하다.

물방울 떨어뜨리듯 가격을 흘려 올리는 '드립 프라이싱drip pricing'은 또 다른 사례다. 사람들이 여행 서비스업체를 고를 때 가장 먼저 보는 게 가격이기 때문에 항공사와 호텔업계에서 흔히 쓰는 수법이다. 처음에는 낮은 가격을 제시해 구매자를 유인한 다음, 구매자가 눈치채지 않기를 기대하며 여러 수수료를 더한다. 온라인 티켓 구매 서비스인 스텁허브StubHub를 조사한 한 연구에 따르면 구매자들은 처음 제시된 가격보다 약 21% 더 많은 비용을 지출했다.

일부 판매자들은 미끼 가격을 사용해 사용자들을 유인한다. 만약 더 싼 제품과 더 비싼 제품 중에서 고르는 경우라면 잠재 구매자는 양 제품의 장점들을 평가해 더 비싼 제품은 그만한 가치가 없다고 판단하고 더 싼 것을 고를 수 있다. 하지만 판매자가 더 호화롭고 값비싼 제품을 세 번째 미끼 아이템으로 더한다면 그는 가운데 제품을 선택할 가능성이 더 높다.

온라인에서 설득은 이른바 '다크 패턴'이라는 수단을 동원한 경우가 많다. 사용자 인터페이스 설계의 많은 부분은 우리 인간이 컴퓨터의 작동 원리를 이해하기 위해 사용하는 규범과 은유들로 구성된다. 파일, 폴더, 디렉토리 같은 용어가 은유의 사례로, 모두 일정 부분 관념적이고 표상적이다. 그리고 그것이 항상 정확한 것은 아니다. 우리가 파일을 폴더 안으로 옮길 때, 실제로는 아무것도 움직이는 게 아니고 파일이 저장된 곳을 지정한 변수를 바꾼 것일 뿐이다. 파일을 삭제하는 것은 물리적 사물을 파괴하는 것과 같지 않다. 그런 점은 형사 피고인이 자신이 삭제했다고 생각한 파일이 복구돼 자신에 불리한 증거로 검사측에 의해 제시되는 흔한 상황에서 새삼 확인된다. 하지만 은유식 접근은 대부분의 목적에 충분히 근접한다. 그리고 규범들은 가능한 최대 범위에서 현실 세계의 규범과 부합한다.

'다크 패턴'은 사용자들을 특정한 의도나 방향으로 행동하도록 부추길 목적으로 사용자 인터페이스를 교묘하게 설계하는 수법을 일컫는 용어다. 보통 표준화된 디자인은 우리의 온라인 상호 작용을 현실 세계의 규범과 부합하는 방향으로 이끈다. 그것은 우리가 신뢰하는 시각 언어이다. 이를테면 운전 같은 습관적 행동에서, 녹색은 진행, 적색은 정지를 뜻한다. 그런 색깔은 사용자 경험 디자인에서도 항상 비슷한 개념으로 사용된다. 일련의 녹색 '계속continue' 버튼이 모바일 게임인 '투닷츠Two Dots'에서 보듯이 갑자기 앱 안에서 무엇인가를 구매하는 용도로 사용되면 다크 패턴이 된다. 혹은 다른 소프트웨어용 광고들에서 '다운 받으려면 여기를 클릭하세요' 버튼을 녹색으로 만들어 혼란을 조장함으로써 순서대로 이어지는 웹페이지들의 녹색 '계속' 버튼을 방해하는 경우도 마찬가지다. 이런 버튼들은 너무 자주 사용자들이 예상하는 결과와는 다른 것들을 안겨주기 때문에 항상 경계심을 늦추지 말아야 한다.

인튜이트Intuit는 프리파일Free File이라는 무료 세금 신고 프로그램이 있지만 의도적으로 찾기 어렵게 만들어 놓은 한편, 사용자들을 유인해 유료 프로그램인 터보택스TurboTax의 세금 신고 기능을 사용하도록 부추긴다. (2022년 복수 주와 체결한 유죄 인정 합의에 따라 인튜이트는 1억 4100만 달러의 손해배상금을 지불해야 했다. 이것이 앞으로 인튜이트의 행태를 어떤 유의미한 방식으로 바꿀지는 두고 볼 일이다.) 챗모스트Chatmost라는 회사의 배너 광고는 터치스크린의 먼지 한 점처럼 보여서, 그것을 더러운 점으로 여긴 사용자들이 이를 지우려 건드리다가 광고를 누르도록 유도한다.

2019년, 미국의 상원의원들인 마크 워너Mark Warner와 뎁 피셔Deb Fischer는 다크 패턴을 금지하는 법안을 발의했다. 그 법안은 통과되지 않았다. 하지만 미래에 비슷한 법안이 통과된다면 법안 발의자들은 용어의 정의부터 제대로 세워야 할 것이다. 다크 패턴을 사용하는 프로그래머들과 앱들은 규제의 빈틈이나 허점을 노릴 것이고, 따라서 다크 패턴에 대한 정의 자체도 온갖 유형의 해킹에 노출될 것이기 때문이다.

46장

신뢰와 권위

2016년 3월 19일, 당시 힐러리 클린턴 상원의원의 대통령 선거팀에서 선임 참모를 맡았던 존 포데스타^{John Podesta}는 구글에서 보낸 것으로 여겨지는 이메일을 받았다. 그것은 보안 경고 이메일로, 구글의 로그인 페이지처럼 보이는 링크를 포함하고 있었다. 포데스타는 자신의 ID와 비밀번호를 거기에 입력했지만 그것은 구글이 아니었다. 실상은 러시아의 군사첩보기구인 GRU가 수행하는 공작이었다. 다른 쪽의 정보원은 포데스타의 지메일 비밀번호를 취득하자마자 최소한 2만 통에 이르는 그의 과거 이메일을 가로챈 다음 위키리크스^{WikiLeaks}에 보내 공개하도록 했다. 이것은 소셜엔지니어링 기법을 이용한 해킹이었다.

소셜엔지니어링은 컴퓨터 시스템을 해킹하는 흔한 방법 중 하나다. 기본적으로 한 시스템에 특별한 접근권이 있는 사람을 기만해 그 시스템에 접속한 뒤 기밀 정보를 빼내거나 시스템 자체를 교란하는 방식이다. 20여 년 전에 나는 "아마추어들이나 기계를 공격한다. 프로는 사람을 노린다"라고 쓴 적이 있다. 그것은 지금도 유효하며, 주로 사람들 간의 신뢰를 파고든다.

소셜엔지니어링 공격 하나는 셀폰 기술 지원 서비스에 전화를 거는 것으로 시작된다. 다른 누구인 척 가장하고 오퍼레이터를 믿게 만들어 그 '다른 누구'의 셀폰 번호를 자신이 컨트롤하는 폰으로 이전시킨다. 이것은 '심 스와핑SIM swapping'으로 알려져 있는데, 도난된 전화번호가 온갖 다른 사기 행각의 통로로 사용되고, 심지어 수천 달러의 금전적 손실을 초래하기도 하기 때문에 특히 심각하다. 한 피해자는 2400만 달러를 잃었다. 합계 손실은 더욱 막대할 것이다.

소셜엔지니어링의 변주 형태는 이루 헤아릴 수 없을 만큼 다양하다. 어느 직원에게 전화를 걸 수도 있고 이메일을 보낼 수도 있다. 2020년 트위터 해커들은 한 직원에게 기만 전화를 거는 방식으로 트위터의 네트워크에 접근해 130개 이상의 계정을 장악한 적이 있다. '피싱Phishing'은 가짜 이메일로 수신자를 기만해 링크를 클릭하거나 첨부파일을 열거나 모종의 정보를 제공하도록 유인해 수신자의 컴퓨터나 은행계좌 정보를 해킹하는 행위를 일컫는 용어다. 피싱은 그리 효과적이지 않기 때문에 범죄자들은 그 대상을 넓게 잡고 기만적 메시지도 퍽 일반적인 내용을 사용한다. '스피어 피싱spear phishing'은 이 이메일들이 특정 개인들에게 특화된 형태로 사용될 때 쓰는 용어다. 누군가를 설득하는 메시지를 작성하자면 상당한 연구와 조사가 필요하지만 매우 효과적인 해킹 기법일 수 있다. 포데스타는 여기에 넘어갔다. 콜린 파월Colin Powell 전 국무장관도 마찬가지였다.

12장에서 나는 업무용 이메일의 해킹에 대해 논의했다. 해커는 회사 경영진의 이메일에 대한 접근권을 확보한 다음, 부하 직원에게 이런 내용의 메일을 보낸다. "이 회사의 CEO인 아무개네. 이게 비정상적인 상황이라는 것은 이해하네, 하지만 지금은 출장 중이라 나의 정상적인 네트워크에 접속할 수가 없어. 그래서 자네가 이 해외 계좌로 2000만 달러를 지금 즉시 이체해 줘야겠네. 중요한 일이야. 큰 거래가 여기에 달려 있네. 호텔로 돌아가면 자네에게 여러 양식을 보내주겠네." 해커가 세부 내용을 얼마나 그럴듯하게 꾸미느냐에 따라, 이메일을 받은 직원이 얼마나 주의가 산만하고 잘 믿는 성격이냐에 따라, 그리고 이것이 실제로 진행되는 기업 상황과 얼마나 잘 맞느냐에 따라, 이것은 매우 성공적인 사기가 될 수 있다. 크고 작은 다수의 피해 기업들 중 하나인 도요타는 2019년 이런 사기에 3700만 달러를 잃었다.

2015년 시리아는 스카이프Skype에서 아름다운 여성들로 가장한 정보원들로 어리숙한 반군 요원들을 공략해 반군 지도자들의 개인정보와 전쟁 계획을 훔쳐냈다. 러시아의 요원들도 이와 같은 전술을 사용해 미국의 군무원들로부터 기밀 정보를 빼내려 시도했다.

기술은 이런 종류의 속임수를 쓰기 더 쉽게 만든다. 범죄자들은 이제 딥페이크deep-fake 기술을 이용해 소셜엔지니어링 공격을 자행한다. 2019년 영국의 한 에너지 회사 CEO는 전화 통화와 이메일로 연결된 사람이 진짜 모회사의 CEO인 줄 믿고 그의 요구대로 22만 유로(€)를 송금하는 실수를 저질렀다. 그 해킹은 조작한 음성 파일만 사용했지만 다음에는 비디오도 사용될 것이다. 이미 한 전문 사기꾼은 실리콘 마스크를 쓰고 비디오 영상으로 사람들을 속여 수백만 달러를 가로챘다.

이런 종류의 사기는 지정학적 효과도 발휘한다. 연구자들은 정치인들의 딥페이크 비디오를 만들어 실제 당사자들은 하지 않은 말을 하고, 하지 않은 행동을 하는 비디오들을 만들어냈다. 2022년, 우크라이나의 볼로디미르 젤렌스키 대통령이 우크라이나 군에게 러시아의 침략자들에게 항복하라고 말하는 비디오는 가짜라는 사실이 젤렌스키 자신에 의해 밝혀졌다. 비록 그 비디오는 형편없는 화질에 가짜임을 쉽게 파악할 수 있었지만, 시간이 지나고 기술이 진보하면 그보다 훨씬 더 그럴듯한 가짜 비디오가 나올 수 있을 것이다.

그런 기술의 존재 자체가 오디오와 비디오에 대한 일반적인 신뢰를 떨어뜨리기에 충분하다. 2019년, 오랫동안 밖으로 모습을 드러내지 않아 건강이 매우 나쁘거나 이미 죽었다는 소문만 무성했던 알리 봉고^{Ali Bongo} 가봉 대통령의 비디오가 나오자 그의 정적들은 이를 딥페이크로 치부했고 가봉 군부는 이를 빌미로 쿠데타를 기도했지만 성공하지 못했다. 그것은 진짜 비디오였지만 비전문가가 무엇이 진짜인지 어떻게 확신할 수 있었겠는가?

현존하는, 그리고 가까운 미래에 현실화할 AI 기술이 이 기법들과 결합 돼 진짜와 구별할 수 없는 에세이, 메시지, 대화문을 생산하게 된다면, 우리는 멀지 않아 무엇이 인간적인 것이고 무엇이 그렇지 않은지 구별하기 어렵게 만드는 고도로 설득적인 기술을 갖게 될 것이다.

우리는 이런 유형의 허위 조작이 어떻게 벌어지는지 2016년 미국 대통령 선거에서 확인했다. 온라인 뉴스 사이트인 버즈피드^{BuzzFeed}는 페이스북에서 미국 출처인 것처럼 여겨지는 도메인 이름에 선정적 헤드라인을 내세워 높은 반응을 이끌어낸 140개의 허위 뉴스 웹사이트를 찾아냈다. 그것은 권위있는 정보 소스로 위장한 온갖 허위 웹사이트들로 인터넷이 범람하는 사태의 시작이었다. 보스턴트리뷴닷컴^{BostonTribune.com}, KMT11.com, 그리고 ABC뉴스닷컴닷코^{ABCNews.com.co}[1] 같은 도메인 이름들은 언뜻 공식 사이트처럼 여겨져 많은 독자들로 하여금 그들이 제공하는 콘텐츠도 믿게 만들었다. 테네시 스타^{Tennessee Star}, 애리조나 모니터^{Arizona Monitor}, 메인 이그재미너^{Maine Examiner} 같은 사이트들은 전통적인 신문인 것처럼 디자인됐지만 실제로는 당파적인 선동 메시지를 퍼뜨렸다.

신뢰를 갖게 했던 여러 역사적 지표들도 더 이상 통하지 않는다. 종이책과 텔레비전 뉴스는 출판업계와 방송업계가 게이트키퍼^{gatekeeper} 구실을 하기 때문에 권위가 있다고 여겨졌었다. 그런 안이한 신뢰는 인터넷으로 고스란히 이전되지 않는다. 이제는 누구나 어떤 내용으로든 책을 출간할 수

---

1 맨 뒤에 '닷코(.co)'가 추가된 데 주목할 것. - 옮긴이

있다. 종이 신문을 흉내내기는 여전히 어렵지만, 웹사이트로 권위있는 신문의 디자인을 흉내내기는 쉽다. 인상적인 은행 건물은 재무 건전성과 신뢰성의 메시지를 표출했었다. 이제는 그처럼 인상적인 건물을 웹사이트에 상징처럼 띄우기는 어렵지 않다.

신뢰감을 노린 해킹의 사례는 많다. '후원 콘텐츠sponsored content'로 알려진 광고성 기사는 그것이 실린 플랫폼의 형식과 기능에 부합하지만 사실은 유료 광고이다. (하지만 대부분의 플랫폼들은 기사 첫머리에 해당 기사가 후원 콘텐츠임을 명시한다.) 이제는 인터넷 어디에서나 볼 수 있는 고객 리뷰들은 진짜인 것처럼 보일지 모르지만 쉽게 위조될 수 있다. 사람들은 허위나 수상쩍은 전문 자격증을 예사로 내세우고, 범죄자들은 신규 이민자들을 갈취하기 위해 이민국 직원을 위장하며, 통신판매로 구입한 가짜 박사 학위증으로 의학박사를 사칭해 엉터리 치료제를 광고하는가 하면, 양심적인 납세자들의 컴퓨터와 비밀번호를 빼내기 위해 세무국 직원이라고 사기를 친다.

마지막으로 언급하고 싶은 내용은, 신뢰의 인지 시스템은 사람들을 신뢰하는 우리의 인지적 특성에 바탕을 두고 있다는 점이다. 우리는 특정 기관이나 브랜드, 기업들의 신뢰성을 정확히 평가할 수 있도록 진화하지 않았다. 사랑스러운 마스코트와 유명인사의 보증 선언은 그런 점에 착안한다. 지난 수십 년간 광고주들은 브랜드에 사람의 얼굴을 입혀 우리의 인지적 신뢰 시스템을 작동시켰다.

유명 브랜드들은 심지어 두드러진 소셜미디어 퍼스낼리티까지 획득했다. 이를테면 패스트푸드 체인점인 웬디스Wendy's가 트위터 페르소나를 빈정대는 트롤troll 흉내를 내고, 아마존이 정부의 비판자들에 대해 맹렬히 반박하면서 지지층을 확보한 것은 모두 실제 사람들인 인플루언서influencer와 정치인들이 대중의 신뢰를 얻기 위해 펼치는 친밀한 행동을 고스란히 흉내낸 결과다. 기업 비즈니스와 정치 활동이 점점 더 AI에 의존해 소셜미디어 전략을 짜면서, 그리고 풀뿌리 세력의 지지를 받는다는 인상을 주기 위해 허위 계정들까지 만들려는 유혹이 커지면서, 심지어 매사에 회의적이고 불신적인 냉소론자와 회의론자들조차 해킹을 당하게 될 공산도 전례없이 커질 것으로 보인다.

47장

공포와 위험

인간의 공포감은 선천적이다. 그것은 지난 수천 년에 걸쳐, 우리 선조들이 그들을 잡아먹으려는 포식 동물들과, 더 근래는 자신들의 이익을 위해 우리에게 위해를 끼치려는 다른 인간들을 어떻게 회피할지 배우는 가운데 진화해 왔다. 방금 논의한 주목의 시스템과 마찬가지로, 우리의 공포 시스템은 인지적 지름길들로 구성된다. 그 또한 우리의 진화적 과거의 정황들에 맞춰 최적화된다.

이것은 매우 기본적인 두뇌 기능으로, 대체로 두뇌 시스템의 편도체 amygdala에 의해 제어된다. 우리 두뇌는 확률과 위험 분석에 그리 능하지 못하다. 우리는 화려하고 이상하고 희귀한 사건들은 과장하면서, 평범하고 익숙하고 흔한 사건들은 경시하는 경향이 있다. 드문 위험들을 실제보다 더 흔하다고 생각한다. 그 위험들을, 그것이 벌어질 확률보다 더 과장해서 두려워한다.

많은 심리학 연구자들은 그런 이유를 찾았고, 그런 발견 중 하나는 사람들이 데이터보다는 '이야기'에 근거해 위험에 반응한다는 점이다. 이야기는 본능적으로 우리를 끌어당긴다. 그 내용이 생생하고 흥분되거나 혹은 개인적으로 연관되는 경우 특히 더 그렇다. 다른 나라로 여행을 갔다가 강도를 당한 친구의 이야기는, 추상적인 범죄통계 페이지를 보는 것보다 그 나라의 안전에 대해 더 생생한 인상을 안겨줄 가능성이 높다. '새로움 + 두려움 + 그럴듯한 이야기 = 과민반응'의 등식이 성립하는 셈이다.

이와 비슷한 경우는 어디에나 널렸다. 우리는 낯선 사람에 의해 살해되거나, 납치되거나, 강간 당하거나, 공격받을 것을 두려워한다. 실제로는 친척이나 친구가 그러한 유형의 범죄를 저지를 공산이 훨씬 큰데도 그렇다. 우리는 자동차 사고와 가정 폭력보다 비행기 추락과 미친 총기 난사의 피해를 볼까봐 걱정한다. 실제로는 앞의 두 경우가 훨씬 더 흔하고 치명적인데도 그렇다. 우리는 처음에는, 개별적으로는 작지만 집단적으로는 막대하며, 사회적 조건의 작은 변화들에도 극도로 민감하고, 끊임없이 돌연변이를 일으키는 코로나바이러스감염증-19의 위험에 어떻게 대응해야 할지 몰랐다. 적지 않은 사람들은 아직도 그렇다.

테러리즘은 이러한 인지적 지름길들을 정면으로 해킹한다. 실제 위험으로 치면 그 규모는 크지 않다. 2001년 9/11 공격으로 약 3000명이 사망했고, 이후 20여년간 미국에서 테러리스트 공격으로 약 300명이 사망했다. 한편 매년 3만 8000명이 자동차 사고로 죽는다. 비슷한 20년 기간으로 따지면 사망자 수는 75만 명에 이른다. 미국에서만 백만 명이 넘는 사람들이 코로나바이러스감염증-19로 죽었다. 하지만 테러리즘은 어떤 논리든 무시하도록 설계됐다. 그것은 끔찍하고, 생생하고, 눈길을 사로잡으며, 무작위이고, 악의적이다. 우리가 인지적으로 위험을 과장하고 과민반응하도록 만드는 바로 그 요소들이다. 공포가 엄습하면 우리는 이전에 생각조차 못했던 안전을 앞세워 다른 가치들을 희생하는 행태를 보이게 된다. 사회 전체가 불안에 빠지고, 그 구성원들의 직관은 테러리즘에 해킹을 당한 것이다.

정치인들도 대중의 공포심을 해킹한다. 자신의 정치적 프로그램이 대중에게 안전을 제공하고 뉴스에 빈번하게 나오는 위협도 해결할 수 있다고 대중을 설득할 수 있다면 지지율도 올라갈 것이다. 사람들은 직접적인 개인적 경험이 없는 경우라도 정당 지도부나 주변 동료들을 통해 공포심을 갖게 될 수 있다. 뉴햄프셔 주의 북부에 사는 한 유권자는 남아메리카에서 온 사람을 만난 적조차 없으면서도 미국의 남부 국경을 넘어 들어오는 이민자들에게 극단적인 공포심을 느낄 수 있다. 빌 클린턴이 말한 대로, "사람들은 불안해지면 옳지만 유약한 사람보다 틀렸더라도 강한 누군가를 선택하게 된다."

부족주의tribalism는 한 그룹의 집단적 정체성을 보여주는 시스템이다. 우리는 진화적으로 그룹을 형성하고 거기에 속하지 않는 사람은 배척하는 성향이 있다. 취약점은 우리가 아주 사소한 도발에도, 설령 그것이 전혀 타당하지 않은 경우조차, 무리를 짓는 경향이 있다는 점이다. 내가 어렸을 때 여름 캠프에서 카운슬러들은 '냉전cold war'이라고 불리는 무엇인가를 조직했다. 기본적으로 캠프 전체는 한 주 동안 두 그룹으로, 무작위로 나뉘었다. 그 효과는 즉각적이었다. 우리는 착한 사람들이고, 그들은 적이었다. 물론 나는 당시 내가 무슨 색깔이었는지 더 이상 기억하지 못하지만, 그 전까지 내 친구들이었다가 다른 캠프로 가는 바람에 적으로 삼아야 했던 당혹감만은 잘 기억하고 있다.

우리의 부족주의적 취약성을 활용하는 데는 세 가지 기본적인 방법이 있다. 첫 번째는 기존 그룹의 정체성과 그룹 구별을 강화하는 것이다. 이것은 러시아의 해킹 그룹인 인터넷 리서치 에이전시Internet Research Agency가 2016년 미국 대선이 몇 달 남지 않은 시점에서 당파적 조직들에 돈을 기부하고 온라인 포럼에서 갈등을 조장하며 써먹은 방식이다. "균열을 찾아라Find the cracks"가 이 방식의 요체다. 다시 말해, 부족주의적 분열로 확대할 수 있는 기존의 사회적 갈등 요소를 찾아내라는 것이다.

두 번째는 모종의 목적을 가지고 부족적 그룹을 의도적으로 만드는 것이다. 19세기와 20세기의 식민 정부들은 이런 유형의 악명높은 사례이다. 르완다 지역을 통치했던 독일과 벨기에 정부는 농업이 주인 후투족Hutus과 목축이 주인 투티족Tutis의 경제적 차이를 인종적, 계급적 차이로 바꿨고, 궁극적으로 수십년 뒤 끔찍한 인종학살을 초래했다. 오늘날 브랜드들도 그 강도는 훨씬 더 낮지만 유사한 전략을 구사해 신발부터 탄산음료, 자동차에 이르기까지 모든 것을 판매한다.

세번째는 부족주의가 자연스럽게 발호할 수 있는 조건을 만드는 것이다. 부연하면 기존의 동호인 단체들을 끌어들여 그런 친연성이 부족적 특성을 갖도록 숙성시키는 것이다. 스포츠 팀들이 이렇게 한다. 정치 정당들과 당파적 인사들도 점점 더 이런 방향으로 가고 있다.

폭스뉴스Fox News는 위협을 실제보다 과장해서 의식하면 그에 대한 공포심 때문에 자신이 친연성을 느끼는 그룹에 더 강력한 지지를 보내게 된다는 연구 내용을 명확히 이해하고 있음에 틀림없다. 폭스뉴스가 '이민자들이 당신의 일자리를 빼앗는다', '[이 도시나 저 도시] 범죄에 찌들어 위험하다', '아이시스ISIS는 미국에 위협이다', '민주당원들은 당신의 총을 빼앗을 것이다' 등과 같은 주제의 방송을 내보낼 때, 이들은 단지 그런 사안들에 대한 지지층만을 구축하는 것이 아니다. 이들은 그룹들이 점점 더 양극화하도록 그런 조건을 조성하는 것이다.

데이터 분석학과 자동화는 날로 더 정교해져 사람들의 집단 정체성을 해킹해 모종의 목표를 달성하는 데 더욱 능란해진다. 그리고 부족주의는 너무나 강력하고 분열적이기 때문에 이것이 ─ 특히 디지털의 속도와 정교함으로 ─ 해킹되면, 그것이 컴퓨터의 힘을 빌린 소셜 해커(이를테면 러시아 해커들)의 목표였든, 혹은 그런 행위가 어떤 결과를 낳을지 아무런 지식도 윤리적 판단도 없는 AI 기술(이를테면 소셜미디어의 추천 엔진)의 부작용이었든 사회적으로 재난적인 결과를 초래할 수 있다.

48장

인지적 해킹에 대한 방어

픽업아티스트pick-up artist 커뮤니티는 여성들을 유혹하기 위한 조작 기법들을 개발하고 공유하는 남성들의 운동이다. 이것은 인터넷이 등장하기 전부터 존재해 왔지만 지금은 인터넷에서 번성하고 있다. 이들의 기법 중 많은 경우는 인지적 해킹을 닮았다. '네깅negging'은 이들이 쓰는 기법들 중 하나다. 이것은 기본적으로 상대의 자신감을 꺾어 정서적 인정을 얻으려는 그의 욕구를 높이기 위해 던지는 칭찬을 가장한 모욕, 혹은 비아냥거리는 칭찬이다. 역겨운 짓이 아닐 수 없다.

네깅이나 다른 어떤 해킹 행위들이 제대로 먹히는지에 대해서는 나도 알 도리가 없다. 온라인에서 이를 논의하는 남성들은 자기 과시형 일화를 증거라며 차고 넘치게 들려주지만 엉성한 과학적 방법론과 거짓말을 분별하기는 어렵다. 이런 모욕성 칭찬을 들은 여성들이 들려주는 내용에 따른다면 한 가지는 분명하다. 미리 알아두는 것foreknowledge이 최상의 방어라는 것. 네깅이 술수임을 눈치챘다면 미리 대비할 수 있다.

그런 예지豫知는 이 해킹의 효과를 급속히 떨어뜨린다. 많은 인지적 해킹은 처음에는 잘 통하지만 사람들이 그에 적응함에 따라 효과가 떨어진다. 배너 광고는 1994년 처음 나왔을 때만 해도 사람들이 클릭하는 비율이

49%에 달했다. 지금 배너 광고의 연결 클릭 비율은 채 1%도 안된다. 툭 튀어나오는 팝업 광고도 인터넷 전체로 확산되면서 비슷한 감퇴 현상을 보였다. 마이크로타깃팅, 드립 프라이싱, 페이스북의 허위 계정들, 그리고 앞에서 언급한 다른 모든 해킹 기법들도 그와 같은 경향을 보일 공산이 크다. 이런 해킹 전술들에 익숙해질수록 그 효과는 떨어진다.

하지만 미리 내다보는 데도 한계가 있다. 많은 인지적 해킹은, 심지어 본인이 조작되고 있음을 아는 경우에도 통한다. 사람들을 설득해 무엇인가를 믿도록 만들면, 이들의 신념은 그것이 잘못임을 보여주는 명백한 증거를 들이대는 경우에도 그대로 유지되거나 오히려 강화된다. 더 구체적인 사례를 든다면, 처음 얼마간 공짜로 서비스를 제공하다가 월 단위로 구독료를 물리는 기업들은 자신의 기억력과 시간 관리 기술을 과신하는 사람들의 일반적 경향을 해킹한 결과이다. 소비자들은 매달 과금되는 서비스를 보면서 취소해야지 하고 생각하지만 깜빡 잊기 일쑤고, 설령 그런 경향을 인지하는 경우에도 그런 과신과 망각의 사이클을 되풀이하곤 한다.

또 다른 방어는 특정한 조작적 행위들을 불법으로 선언하는 것이다. 예를 들면, 오스트레일리아는 드립 프라이싱을 예방하기 위해 물품의 가격 총액을 처음부터 공개하도록 의무화했고, 미국 연방거래위원회는 광고된 내용이 '합리적으로 입증돼야' 한다고 요구한다. 우리는 특정 계층이나 성격의 개인들만을 노린 마이크로타깃팅의 위력을 감소시킴으로써, 이들 해킹 중 어떤 것은 그 효과를 떨어뜨리고 그 위험성도 줄일 수 있다. 유료 홍보, 특히 정치 광고의 대상을 일반 유권자 전반으로 삼도록 만든다면, 정치인들이 음험한 의도로 특정 계층이나 그룹에 인지적 해킹을 시도하는 행위를 더 어렵게 만들 것이다.

그러나 어떤 새로운 규칙도 결국은 해킹당하게 마련이다. 따라서, 강건하면서도 유연한 감독 기능과 투명성을 보장해 인지적 해킹이 악의적인 목적이나 범죄에 사용되지 않도록 노력해야 하지만, 이것만으로는 끊임없이 새로운 해킹 기회를 찾는 사람들을 막기에 역부족이다. 이런 해킹 행위들 중 많은 경우는 무엇이 잘못인지 설명하기가 어려운 데다, 그로 인한 피해가 추상적이거나 장기간에 걸친 것이어서 피해를 입증하기 곤란하기 때문에 더욱 막기가 어렵다.

인지적 해킹은 생존 본능부터 높은 사회적 지위에 대한 갈망에 이르기까지 인간 심리의 가장 기본적이고 보편적인 측면을 이용한다. 이것은 누구에게나 사용될 수 있다. 인지적 해킹으로부터 스스로를 보호하려면 교육, 규제, 그리고 특히 온라인 상의 기술적 해법 등 사회 전반에 걸친 심층적 방어가 필요하다. 디지털 기술이 과거 그 어느 때보다 더 우리의 주의를 장악함에 따라, 인지적 해킹은 점점 더 디지털 기기에 의해 실행된다. 그리고 컴퓨터 프로그램들이 인간 해커들의 단순한 도구 수준을 벗어나 그 자체로 더 빠르고 더 강력하며 더 자동화된 해커들로 진화함에 따라, 그런 디지털 프로그램들이 어떻게 우리를 해킹할 수 있는지 파악하는 일은 스스로를 조작으로부터 보호하는 데 점점 더 긴요한 열쇠가 될 것이다.

49장

해킹의 위계

어떤 시스템도 외따로 존재하지 않는다. 항상 어떤 위계의 일부이다.
온라인뱅킹 거래를 통해 돈을 훔치고 싶어하는 누군가를 상상해
보자. 이들은 그 은행의 웹사이트를 해킹할 수 있다. 은행 고객 중 누군가
의 인터넷 브라우저를 해킹할 수 있다. 그 고객의 컴퓨터 운영체제나 하드
웨어를 해킹할 수 있다. 이 모든 해킹들은 잠재적으로 돈을 빼낸다는 목표,
절도의 목적을 성취할 수 있게 해준다.

이제 세금을 덜 내고 싶어하는 누군가를 상상해 보자. 가장 명확한 방법
은 세법을 면밀히 검토해 새로운 허점을 찾아내는 일이다. 하지만 그 사람
이 일정한 권력과 영향력을 가졌다면 그보다 한 단계 더 올라가 세법을 제
정하기 위한 입법 절차를 해킹할 수 있다. 아니면 그보다 한 단계 더 올라
가 제정된 세법을 시행하는 데 필요한 규칙 제정 절차나 예산 책정 절차를
해킹함으로써 세무 기관이 세무 조사에 필요한 인력을 확보할 수 없게 만
들 수도 있다. (제정된 법이 요구하는 적절한 집행 인력과 절차를 해킹함으로써 시스
템의 의도를 뒤집는 것도 또다른 방법이다.) 이들은 세 단계를 더 올라가 국회의
원을 선출하는 정치적 절차를 해킹할 수 있다. 네 단계를 더 올라가 정치적
절차를 논의하는 데 이용되는 미디어 생태계를 해킹할 수 있다. 아니면 다

섯 단계를 올라가, 허점을 열거나 닫는 세법을 만드는 의원들을 선출하는 정치적 절차를 논의하는 데 사용되는 미디어 생태계에 의해 촉발되는 인지적 절차를 해킹할 수도 있다. 이들은 심지어 세법의 허점을 찾는 첫 단계의 '아래로' 내려가, 세금 신고를 도와주는 프로그램의 허점을 찾아서 악용할 수 있다.

내가 지적하고자 하는 요지는, 시스템들은 상대적으로 높거나 낮은 시스템들의 위계에서 어느 한 자리를 차지하고, 상위 시스템은 그것이 지배하는 하위 시스템보다 더 넓고 일반적인 범위를 포괄하며, 해킹은 그 중 어느 수준의 시스템이든 노릴 수 있다는 것이다. 해킹은 서로 긴밀하게 엮인 시스템의 위계적 특성을 활용한다. 한 시스템은 그 자체로는 침해하거나 조작하기가 어려울 수 있지만, 그것을 관장하는 상위 시스템들이나, 그 시스템의 명령을 수행하는 하위 시스템들은 그렇지 않을 수 있기 때문에 유력한 공격 목표가 될 수 있다.

기술적 차원에서는 그 위계의 위로 올라가기는 어렵다. 마이크로소프트 윈도우 운영체제에 허점이 있다고 해서 누군가가 마이크로소프트의 채용 절차를 해킹해 스스로 운영체제 담당자가 됨으로써 운영체제의 취약성을 더 악화할 수 있다는 뜻은 아닌 것이다. 사회적 시스템에서는 더 쉽다. 돈과 영향력이 있는 경우라면 더욱 그렇다. 아마존 창업자인 제프 베조스는 의원들에게 영향력을 행사할 목적으로 워싱턴 DC에 대저택을 구입하는 데 아무런 문제도 없었다. 미국에서 가장 권위있는 뉴스매체 중 하나인 「워싱턴포스트」를 매입하는 것도 마찬가지였다. 그는 프로그래머들을 고용해 자신이 원하는 무슨 소프트웨어든 쉽게 만들 수 있다.

어떤 해킹은 여러 층위에서 동시에 작동한다. 2020년, 러시아 출신으로 추정되는 해커 그룹인 고스트라이터Ghostwriter는 여러 동유럽 뉴스 사이트들의 콘텐트 관리 시스템을 해킹한 다음 가짜 뉴스를 게재했다. 이것은 인터넷과 연결된 컴퓨터 시스템들에 대한 전형적인 해킹이자, 그러한 뉴스 사이트들에 대한 대중의 일반적 신뢰를 무너뜨리는 해킹이었다.

허점을 보완하는 패치 또한 위로 올라가기보다는 아래로 내려가는 쪽이 더 쉽다. 세금 신고 프로그램인 터보택스의 취약점은 며칠이면 패치될 수 있다. 세법 상의 취약점을 고치는 데는 몇 년이 걸리기도 한다. (비록 구체적인 착취 전술이나 해킹 기법은 정기적으로 바뀌어야 하겠지만) 인지적 취약점들은 몇 세대에 걸쳐 이어질 가능성이 크다.

그런 특성 때문에 인지적 해킹이야말로 가장 위험하다. 그것은 우리의 모든 개별적, 집단적 행동을 좌우하고, 따라서 사회적 시스템 전체를 지배한다. 누구든 인간의 마음을 해킹할 수 있다면, 그는 그 기법들을 유권자들, 회사 직원들, 사업가들, 규제자들, 정치인들, 그리고 다른 해커들에게까지 사용할 수 있고, 그들을 부추겨 자신의 취향과 이익에 부합하도록 시스템들을 바꿀 수 있다.

인지적 해킹의 위험은 확산spreading에 있다. 우리가 걱정해야 하는 것은 더 이상 인간의 마음만이 아니다. 공공 서비스, 비즈니스 거래, 그리고 심지어 기본적인 사회적 상호 작용조차 이제는 인간처럼 예측하고 결정하는 디지털 시스템들에 의해 매개된다. 이 시스템들은 인간보다 더 빠르고 더 일관되지만 그에 따른 책임은 지지 않는다. AI의 지원을 받는 컴퓨터 시스템은 점점 더 우리를 대신해 결정을 내리지만 우리처럼 생각해서 그렇게 하는 것이 아니다. 해킹의 관점에서 볼 때 이같은 인간과 AI 기술 간의 상호 작용은 경제, 법률, 그리고 그 이상의 모든 분야들에서 흥미진진하고도 위험한 미래를 예감케 한다.

7부

AI 시스템 해킹

50장

AI와 로봇공학

AI^{Artificial intelligence, 인공지능}은 일종의 정보 기술이다. 소프트웨어로 구성되고 컴퓨터들에서 작동하며 이미 사회 구조 속에 깊숙이 편입됐다. 그 중 어떤 경우는 우리도 이해하는 방식이지만 어떤 경우는 우리가 이해할 수 없는 방식으로 사회에 영향을 미친다. AI는 전례를 찾아볼 수 없는 방식으로 우리 사회를 해킹할 것이다.

나는 이것을 두 가지 사뭇 다른 방식으로 구분한다. 하나, AI 시스템들은 우리를 해킹하는 데 사용될 것이다. 그리고 둘, AI 시스템들은 그들 자체로 해커가 돼 온갖 유형의 사회적, 경제적, 정치적 시스템들에서 취약점들을 찾아낸 다음 전례 없는 속도와 규모와 범위와 정교함으로 그것들을 활용할 것이다. 그것은 단지 정도의 차이만이 아니다. 차원조차 다르다. 우리는 AI 시스템들이 다른 AI 시스템들을 해킹하는 미래, 그 와중에서 인류는 부차적 피해에 지나지 않는 그런 미래를 만날 위험에 놓여 있다.

이것은 다소 과장되게 들릴 수도 있지만 내가 예시하는 어떤 것도 과학소설에나 나올 법한 먼 미래의 기술을 필요로 하지 않는다. 나는 AI 학습의 되먹임 회로가 너무나 빨라져 인간의 이해도를 넘어서 버리는 어떤 특이성, 혹은 싱귤래리티^{singularity}를 상정하는 게 아니다. 나의 시나리오는 사악한 천재도 필요치 않다. 드라마 〈스타트렉〉의 데이터나 영화 〈스타워즈〉의 알투디투^{R2-D2}, 혹은 〈은하수를 여행하는 히치하이커를 위한 안내서^{The Hitchhiker's Guide to the Galaxy}〉 시리즈의 우울증에 걸린 마빈^{Marvin}과 같은 지능형 안드로이드를 상정하는 것이 아니다. 영화 〈터미네이터〉의 스카이넷^{Skynet}, 〈어벤저스〉의 울트론^{Ultron}, 또는 〈매트릭스〉 시리즈의 요원들 같은 악의적 AI 시스템도 필요없다. 내가 앞으로 논의할 일부 해킹은 심지어 괄목할 만한 학문적 돌파구도 요구하지 않는다. 이 해킹들은 AI 기법들이 더 정교해지면서 더 향상되겠지만 지금 운용되는 상황만으로도 그 미래를 엿볼 수 있다. 이 해킹은 AI의 학습과 이해, 그리고 문제 해결 능력이 높아지면서 자연스럽게 떠오를 것이다.

AI, 명사 -

1. 인공지능(Artificial Intelligence)의 축약어.

2. (일반적으로) 감지하고, 생각하고, 행동할 수 있는 컴퓨터의 일종.

3. 인간의 사고 방식을 모방한 여러 의사 결정 기술을 아우르는 포괄적 용어.

이 정의는 절대적인 것은 아니며, AI를 정의하기는 쉽지 않다. 1968년 선구적 컴퓨터 과학자인 마빈 민스키^{Marvin Minsky}는 AI를 "사람이 하는 경우라면 지능이 요구될 법한 일들을 기계가 수행하도록 만드는 과학"으로 묘사했다. 또 다른 AI 선구자인 패트릭 윈스턴^{Patrick Winston}은 AI를 "인지하고 추론하고 행동하는 것이 가능하도록 만드는 컴퓨터 기술"로 정의했다. 튜링 시험^{Turing Test}의 1950년판은 일반인들이 실제 인간과 구별할 수 없는 가설적인 컴퓨터 프로그램에 초점을 맞춘다(튜링 시험은 애초 논의에서는 '모방 게임^{imitation game}'으로 불렸다).

먼저 전문화된 인공지능, 혹은 좁은narrow AI와 일반general AI를 구별할 필요가 있다. 일반 AI는 영화들에서 보는 유형으로, 매우 일반적이고 인간적인 방식으로 감지하고 생각하고 행동하는 AI이다. 만약 그것이 인간보다 더 똑똑하다면 '인공 초지능artificial superintelligence'이라고 불린다. 이를 로봇공학과 결합하면 사람과 비슷해 보이는 안드로이드가 나오게 된다. 인류를 멸망시키려 시도하는 영화 속의 로봇들은 모두 일반 AI이다.

일반 AI를 만드는 방법을 놓고 수많은 실질 연구가 수행돼 왔고, 어떻게 이런 시스템을 설계해야 인류를 멸망시키는 시나리오처럼 우리가 원치 않는 행위를 저지르지 않도록 할지에 대한 이론적 연구도 진행됐다. 컴퓨터 과학부터 사회학, 철학에 이르기까지 다양한 학제를 아우르는 이 연구는 더없이 매혹적인 작업이지만, 이것을 현실에 적용할 수 있기까지는 앞으로도 수십 년이 더 걸릴 것이다. 그래서 나는 일반 AI보다 지금 개발 중인 전문 AI에 초점을 맞추고자 한다.

전문 AI는 자율주행 차량을 제어하는 시스템처럼 구체적인 업무 수행을 목적으로 설계된다. 이 AI는 자동차를 운전하고, 교통신호를 따르고, 사고를 회피하고, 어린이가 갖고 놀던 공이 갑자기 도로로 튀어나오는 경우처럼 예기치 못한 상황이 발생할 때 어떻게 해야 하는지 안다. 전문 AI는 많은 지식을 보유하고 그에 근거해 결정을 내리지만 운전이라는 영역에만 한해서다.

AI 연구자들 사이에 흔한 농담 중 하나는 무엇이든 제대로 작동하는 순간 그것은 더 이상 AI가 아니라는 것이다. 그것은 소프트웨어일 뿐이다. 그것은 정의상 중요하게 취급되는 진보는 실패뿐이라는 뜻이어서 AI 연구가 우울한 작업처럼 여겨질지 모르지만 그 농담은 일말의 진실도 담고 있다. AI는 태생적으로 신비감을 주는 과학소설SF 속 용어지만, 일단 현실이 되면 더 이상 그렇게 신비스럽지 않다. 우리는 흉부 엑스레이 사진을 판독하려면 방사선 전문의가 있어야 한다고 믿었다. 적절한 훈련과 전문 자격을 갖춘 똑똑한 인간 말이다. 하지만 이제는 그것이 기계적인 업무이며 컴퓨터로 수행될 수 있다는 사실을 알게 됐다.

이렇게 생각하면 이해하기 쉽다. 기온 변화에 반응해 보일러를 제어하는 단순한 자동온도조절기부터 과학소설에 등장하는 지능형 안드로이드에 이르기까지 의사 결정 기술과 시스템의 연속적인 스펙트럼이 있다고. 무엇인가를 AI로 정의하는 것은 그것이 수행하는 업무와, 그런 업무가 일어나는 환경에 달려 있다. 자동온도조절기는 환경의 한 가지 변수만을 고려하는 매우 단순한 업무를 수행한다. 심지어 컴퓨터도 필요없다. 현대의 디지털 자동온도조절기는 누가 그 방에 있는지 감지하고, 에너지 소비량과 일기 예보는 물론 도시 전체의 전력 소비와 초 단위의 에너지 비용을 바탕으로 미래의 난방 수요를 예측할 수 있을지도 모른다. 미래형 AI 자동온도조절기는, 구체적인 의미는 주변 온도를 조절하는 맥락과 상황에 따라 달라지겠지만, 사려깊고 친절한 집사처럼 행동할지도 모른다.

용어의 정확한 정의는 이 논의에서 별반 중요하지 않기 때문에 거기에 너무 매달리지는 않으려고 한다. 의사 결정에 더해, 내가 논의하려는 AI 시스템 관련 특성들은 자율성autonomy, 독자적으로 행동할 능력, 자동화automation, 특정한 자극들에 대해 미리 지정된 대응 행동을 수행할 능력, 그리고 물리적 능력physical agency, 물리적 환경을 변화시킬 능력이다. 자동온도조절기는 제한된 자동화와 물리적 능력은 있지만 자율성은 없다. 범죄 재범 가능성을 예측하는 시스템은 물리적 능력이 없이, 판사에게 권고만 한다. 무인 자동차는 셋 모두를 어느 정도 갖추고 있다. 영화 〈스타워즈〉의 알투디투는, 어떤 이유에서인지 설계자가 영어 구사 능력은 빼놓았지만, 셋 모두를 많이 갖추고 있다.

로봇(Robot), 명사 -

1. 물리적 운동을 통해 주어진 환경을 감지하고, 생각하고, 행동할 수 있는 물리적
   으로 육체화한 객체.

로봇공학도 대중적인 신화로 발전했지만 현실은 그만큼 화려하지 못하
다. AI처럼 용어에도 여러 다른 정의가 존재한다. 영화와 텔레비전에서 로
봇들은 안드로이드라는 인공인간으로 종종 표현된다. 하지만 AI처럼 로봇
공학은 너른 스펙트럼의 이성reasoning과 물리적 능력을 통합한다. AI에 대
해 그런 것처럼 로봇공학에 대해서도 나는 좀더 평범한 근미래에 초점을
맞추고자 한다. 우리 논의의 목적상, 로봇공학은 자율성, 자동화, 물리적
능력이 몇 단계 더 높아진 상태이다. 그것은 사이버와 물리적 환경이 결합
된 자율성이다. 다시 말해 세계와 직접, 물리적인 방식으로 상호 작용할 수
있는 객체에 내재된 AI 기술인 것이다.

51장

AI 해킹

A I 시스템들은 컴퓨터에서 돌아가는, 거의 확실히 대규모 컴퓨터 네트워크들에서 작동되는 컴퓨터 프로그램이다. 그렇기 때문에, 이들은 다른 컴퓨터 시스템들이 취약한 것과 같은 유형의 해킹에 취약하다. 하지만 AI 시스템, 특히 머신러닝 시스템들만이 유일하게 취약한 해킹이 있다. 머신러닝은 AI의 하위 분야지만 실용적인 AI 시스템들과 거의 동일시되고 있다. 머신러닝 시스템들에서 텅 빈 '모델model'들은 막대한 양의 데이터를 주입받고 그로부터 해법을 찾아내라는 지시를 받는다. 머신러닝 시스템에 대한 해킹 방식 중 하나는 그 시스템을 가르치는 데 사용되는 '훈련 데이터'를 훔치는 것이다. 다른 해커들은 그 머신러닝 시스템이 부정적이거나 그릇된 결정을 내리도록 설정하는 방법을 찾는다.

이 마지막 범주는 '적대적 머신러닝adversarial machine-learning'으로 불리는데, 기본적으로 여러 해킹들의 모음이다. 해커들은 때로 표적으로 삼은 머신러닝 시스템의 기능과 맹점을 찾아 공격하기 위해 세부적 분석과 연구를 수행하기도 한다. 예를 들면, 머신러닝 시스템은 용의주도하게 짜여진 입력값에 속아넘어갈 수 있다. 2017년 MIT의 연구자들은 장난감 거북이를 미묘하게 설계해 AI로 작동하는 이미지 분류기가 소총으로 판별하도록 만들었다. 다른 사례들로는 언뜻 무해해 보이는 스티커들을 정지 표지판에 의도적으로 붙여 AI 분류기가 그것을 속도 제한 표지판으로 오판하게 만든다거나, 도로에 모종의 스티커들을 배치해 자율주행 차가 반대 차선으로 뛰어들게 만드는 경우가 있다. 이것은 모두 이론적 사례들이고, 연구자들이 자율주행차들이 시험에서 불합격하도록 만들기는 했지만 그와 같은 적대적 머신러닝 테스트로 실제 교통사고를 일으키지는 않았다.

적대적 머신러닝이 반드시 악의적일 필요는 없으며, 실험실 환경에만 제한되지도 않는다. 바로 지금, 여러 적대적 머신러닝 프로젝트들은 시위자나 집회자들이 자기 신원이 경찰에 의해 적발될지 모른다는 두려움 없이 공개 집회에 참여할 수 있도록 하기 위해 얼굴 인식 시스템들에 대한 해킹을 시도하고 있다. 마찬가지로, 보험회사들이 AI 시스템을 이용해 고객들의 클레임에 대한 승인 결정을 내리는 상황을 상상할 수 있다. 어느 의사는 특정한 의약품이나 수술을 필요로 하는 환자의 보험 승인을 보장받기 위해 익히 알려진 해킹 방식을 사용할지도 모른다.

다른 성공적 해킹은 머신러닝 시스템에 그 시스템이 설정을 바꾸도록 요구하는 구체적 입력값을 넣는 방식이다. 2016년 마이크로소프트는 테이[Tay]라는 챗봇을 트위터에 공개했다. 이 챗봇의 대화 스타일은 십대 소녀의 말투를 모델로 삼았고, 사람들과 대화하는 가운데 그들의 대화 스타일을 배워 점점 더 정교해질 것으로 기대했다. 공개한 지 채 24시간도 안돼 포챈 4Chan[1]의 한 그룹은 테이에 대한 자신들의 대꾸를 특정한 방향으로 몰아갔다. 인종차별, 여성혐오, 반유대주의 내용의 트윗들을 쏟아붓는 방식으로 테이를 인종차별주의자, 여성혐오자, 반유대주의자로 탈바꿈시켰다. 테이

---

1 포챈은 주로 18–25세의 젊은 남성들이 사용하는 이미지보드 웹사이트다. 비디오게임부터 TV 쇼, 문학, 요리, 무기, 음악, 역사, 일본 애니메이션, 피트니스, 정치, 스포츠 등 온갖 주제의 대화가 오간다. – 옮긴이

는 그들로부터 학습했고, 아무런 실질적 이해도 없는 상태로 그들의 추악한 언행을 앵무새처럼 세상에 토해냈다.

AI 시스템은 기본적으로 컴퓨터 프로그램이기 때문에 다른 컴퓨터 프로그램들이 취약한 해킹들에 취약하지 않다고 믿을 이유가 전혀 없다. 적대적 머신러닝에 대한 연구는 아직 개발 초기 단계이고, 따라서 내가 설명한 적대적 공격들 중 어떤 것이 더 쉽거나 어려운지, 혹은 그에 대응한 보안 대책들이 얼마나 효과적일지 명확히 알 수 없다. 컴퓨터 해킹의 역사에서 굳이 단서를 찾는다면, 멀지않은 미래에 AI 시스템의 취약점을 겨냥한 해킹들이 나타나리라는 것이다. AI 시스템은 내가 지금까지 논의한 것과 똑같은 사회기술적 시스템들에 내장돼 있기 때문에, 그것을 자신들의 개인적 이익에 봉사하도록 해킹하려는 세력이 항상 존재할 것이다.

앞에 예로 든 해킹 행위들이 초래할 결과는 불을 보듯 뻔하다. 자동차들은 충돌하거나 무력화한다. 거북이는 소총으로 오인된다. 테이는 인종차별주의와 여성혐오증으로 무장한 나치처럼 행동한다. 우리는 그와 비슷한 상황이 벌어지는 것을 보게 될 텐데, 그 때마다 머신러닝 시스템이 재빠르게 보완되고 복구돼 더 합리적인 상태로 작동하게 되기를 바란다.

상상 가능한 해킹들은 눈에 훤히 보이는 것부터 보이지 않는 것까지 너른 스펙트럼을 지닌다. 나는 더 미묘하고 선뜻 감지되지 않는 유형의 해킹 공격들이 빚어낼 결과가 더 걱정스럽다. 자동차는 고장을 일으키지는 않지만 다소 불규칙하고 불안하게 움직인다. 챗봇들은 노골적인 나치 성향을 드러내지는 않으면서도 어느 특정 정당의 입장을 대변하는 경향을 보인다. 해커들은 대학 지원서에 어떤 구절을 추가하면 더 나은 범주로 격상되는지 파악하게 될 수도 있다. 그 결과들이 미묘하고 우리가 그 알고리듬을 정확히 모르는 이상, 누가 어떻게 그런 일이 벌어진다는 사실을 알겠는가?

52장

설명 가능성의 문제

더 글러스 애덤스의 과학소설 〈은하수를 여행하는 히치하이커를 위한 안내서〉에서, 초지능 초공간 존재들의 종족은 생명과 우주, 그리고 모든 것에 관한 궁극의 질문에 대한 해답을 얻기 위해 우주에서 가장 강력한 컴퓨터인 '깊은 생각Deep Thought'을 건설한다. 750만 년에 걸친 계산 끝에, 깊은 생각은 그들에게 해답은 42라고 알려준다. 하지만 깊은 생각은 그 해답은 물론 질문이 무엇이었는지조차 설명하지 못한다.

간단히 말하면, 그것이 바로 설명 가능성explainability의 문제이다. 현대의 AI 시스템들은 기본적으로 블랙박스다. 한 끝에서 데이터가 들어가고, 다른 끝으로 대답이 나온다. 해당 시스템이 어떻게 그런 결론에 이르렀는지 이해하는 것이 불가능할 수 있다. 심지어 당신이 그 시스템의 설계자이고 구성 코드를 검사할 수 있다고 해도 마찬가지다. 연구자들은 AI의 이미지 분류 시스템이 거북이를 소총으로 오인하는 이유는 고사하고, 어떻게 거북이와 소총을 분별하는지조차 정확히 알지 못한다.

2016년, AI 바둑 프로그램인 알파고AlphaGo는 당시 세계 최고의 바둑기사였던 이세돌과 겨룬 다섯 번의 대국에서 승리했다. AI의 세계와 바둑 세계 양쪽을 충격에 몰아넣은 사건이었다. 알파고의 가장 유명한 수는 두 번째 대국에서 나온 32수였다. 바둑의 전략에 깊숙이 파고들지 않고는 설명하기 어렵지만, 그것은 어느 인간도 선택할 수 없는 수였다. AI는 인간과 다르게 생각한다는 점을 보여준 한 사례였다.

AI는 사람처럼 문제를 풀지 않는다. AI 기술의 한계는 인간의 한계와는 다르다. AI는 우리가 생각할 수 있는 것보다 더 많은 가능한 해법들을 고려할 것이다. 더 중요한 대목은, AI는 더 많은 '유형'의 해법들을 검토하리라는 점이다. 우리는 미처 고려해 보지 못한 경로들, 우리가 일반적으로 염두에 두는 유형보다 더 복잡한 경로들을 검토할 것이다. (인간이 머릿속으로 동시에 계산할 수 있는 데이터의 양과 관련한 인지적 한계는 "마법수 7 더하기 혹은 빼기 2"로 오랫동안 설명돼 왔다.) AI 시스템은 그러한 한계가 전혀 없다.

2015년, 한 연구 그룹은 '딥 페이션트Deep Patient'라고 불리는 AI 시스템에 약 70만 명 분의 건강 및 의료 데이터를 입력하고, 그 시스템이 특정 질병들을 예측할 수 있는지 여부를 시험했다. 그 결과는 일률적인 성공이었다. 일반 의사들이 첫 정신병 증세를 예측하기는 거의 불가능함에도 불구하고, 딥 페이션트는 조현병 같은 정신질환의 시작을 예측하는 데 의외로 뛰어난 능력을 발휘했다. 좋은 소식이지만 딥 페이션트는 그러한 진단과 예측의 근거를 설명하지 못하고, 연구자들도 어떻게 그런 결론에 이르렀는지 전혀 알지 못한다. 의사로서는 컴퓨터의 예측을 믿거나 무시할 수는 있지만 그런 예측에 관한 더 많은 정보는 얻을 수가 없다.

이것은 이상적이지 못하다. AI 시스템은 대답만 토해낼 것이 아니라 그런 대답에 이르게 된 설명도 인간이 이해할 수 있는 형태로 제공해야 한다. 그래야만 AI 시스템의 결정을 신뢰할 수 있고 우리의 AI 시스템이 편향된 결정을 내리도록 해킹되지 않았음을 확인할 수 있기 때문이다. 타당한 설명이 제공된다는 것은 정확도의 수준을 더 높일 수 있을지 판단할 근거가 될 뿐더러, 적법하고 정당한 절차라는 개념의 기본 요소로서 고유한 가치도 지닌다.

연구자들은 설명 가능한 AI를 구현하려고 시도하고 있다. 2017년 국방 고등연구기획국DARPA은 이 분야의 10여 개 프로그램에 7500만 달러의 연구 기금을 책정했다. 이 분야에서 여러 진보가 일어날 것으로 예상되지만 유효성과 설명 가능성, 유효성과 보안성, 그리고 설명 가능성과 프라이버시 간에 일정 수준의 타협도 불가피할 것으로 보인다. 설명은 인간에 의해 사용되는 인지적 속기速記의 한 형태로 인간의 의사 결정 방식과 잘 부합한다. AI의 결정은 인간이 이해할 수 있는 설명으로 쉽게 치환되지 않아서, AI 시스템들로 하여금 그런 설명을 강제하려면 추가적인 제한이 필요하고 이는 AI 결정의 품질에 영향을 미칠지 모른다. 이 모든 연구 프로젝트가 어떤 결실을 낳을지는 아직 불분명하다. 단기적으로는, 시스템들이 점점 더 복잡해지고 인간의 사고 방식과 더 동떨어지고 설명하기 더 어려워지는 것과 비례해 AI도 점점 더 모호해질 것이다.

어떤 맥락에서는 설명 가능성이 별로 중요하지 않을 수 있다. 만약 딥 페이션트가 인간 의사보다 더 정확하게 진단한다는 사실이 데이터로 입증된다면 나는 그 시스템의 진단을 믿을 것이다. 석유 시추 지점을 결정하거나 어느 항공기 부품들이 더 취약한지 예측하는 AI 시스템에 대해서도 마찬가지로 신뢰감을 가질 것이다. 하지만 어느 지원자가 더 우수한 학업 성적을 낼 가능성이 더 높은지 예측함으로써 대학 진학 결정을 내리는 AI 시스템이나, 채무 불이행 여부를 예측하는 인종적 고정 관념의 변수를 더해 대출 결정을 내리는 시스템, 혹은 재범 확률을 예측해 가석방 결정을 내리는 시스템에 대해서는 불편한 의심을 품을 것 같다. 어떤 사람들은 아무런 설명 없이 더 중요한 결정을 내리는 AI 시스템들에 별다른 불편을 느끼지 않을 수 있다. 이것은 모두 지극히 주관적이고, 우리가 AI를 이용한 의사 결정들에 점점 더 익숙해지면서 전체적인 정서도 바뀔 공산이 크다.

다른 사람들은 그에 반대하면서, 설명 불가능한 AI에 강력한 반대 의사를 표명한다. '생명의 미래 연구소The Future of Life Institute'와 다른 AI 연구자들은 그런 설명 가능성이 "피해를 초래"하거나, "개인들에게 상당한 영향을" 미치거나, "사람의 목숨, 삶의 질, 혹은 평판"을 좌우할 수 있는 시스템들에는 특히 더 중요하다고 지적한다. '영국의 AIAI in the UK' 보고서는 만약 어떤 AI 시스템이 "개인의 삶에 상당한 영향"을 미치면서도 그 결정들에 대해 "완전하고 만족스러운 설명"을 제공할 수 없다면 그 시스템은 사용돼서는 안된다고 주장한다.

내가 볼 때, 설명이 필요한 AI와 그렇지 않은 AI를 구분하는 핵심 변수는 공정성fairness이다. 우리는 AI 시스템이 인종차별, 성차별, 장애인차별, 혹은 우리가 미처 생각도 못했던 방식의 차별적 성향을 갖지 않도록 주의해야 한다. 설명 가능성이 없으면, 입사지원서들을 걸러내기 위해 아마존이 내부적으로 사용하는 AI 시스템이 내놓는 것과 비슷한 결과만 얻게 될 것이다. 아마존의 AI 시스템은 10년에 걸친 회사의 채용 데이터를 바탕으로 훈련됐는데, 기술업계가 전통적으로 워낙 남성 위주이기 때문에, 이 시스템도 스스로 성차별적 속성을 갖게 돼서 '여성들의women's' 같은 단어를 포함하고 있거나 지원자가 여대를 졸업한 경우 해당 이력서의 순위를 낮게 매겼다. (우리는 미래의 어떤 양상이 과거처럼 흘러가길 원치 않을 때가 있다.)

그것은 명백히 편향적이고 불공정했으며, 아마존의 경영진은 그 프로젝트에 대한 흥미를 잃었고 사태의 전말을 알고 나자 그 시스템을 폐기해버렸다. 이들은 어려운, 어쩌면 해결할 수 없는 난제에 직면했는데, 그 이유 중 하나는 공정성이라는 단어에 복수의 모순적 정의들이 존재하기 때문이었다. 한 맥락에서는 공정한 것이 다른 맥락에서는 그렇지 않을 수 있다. 합격 여부를 결정하는 데 공정한 시스템이란 이전의 성 편향을 의도적으로 바로잡는 '젠더 블라인드gender blind'인가, 아니면 지원자들의 성비를 반영해

합격 여부를 결정하는 시스템인가, 아니면 남성과 여성뿐 아니라 트랜스젠더나 남성도 여성도 아닌 '넌바이너리non-binary' 지원자들에게도 평등한 기회를 제공하는 시스템인가?

만약 어떤 AI 시스템이 특정한 채용 권고나 특정한 가석방 결정의 이유를 설명할 수 있다면 우리는 그 의사 결정 절차를 더 잘 검토할 수 있을 것이다. 이는 "이 엑스레이는 종양을 가리키는가?"라는 식의 상황보다 사회적 뉘앙스가 더 미묘한 상황들에서도 우리는 그 시스템을 신뢰할 가능성이 더 높다는 뜻이다.

다른 한편, 인간이 내리는 결정들도 늘 명확히 설명할 수 있는 것은 아니다. 물론 설명을 제시할 수는 있지만, 관련 연구에 따르면 그것은 실제 설명이라기보다는 사후 정당화에 더 가까운 경우가 많다. 따라서 해답은 결과에 있는지도 모른다. 법원이 특정 경찰 부서의 행태가 인종 차별적이었는지의 여부를 판단할 때, 이들은 해당 경찰관들의 두개골을 열어보거나 자신들의 행동 이유를 설명해 보라고 요구하지 않는다. 법원은 그 결과를 보고 그로부터 판단을 내린다.

53장

AI 의인화

인공지능 시스템들은 사회적 수준뿐 아니라 개인적 수준에서도 우리에게 영향을 미칠 것이다. 앞에서 나는 소셜엔지니어링을 언급했다. 사람들과 기업들에 막대한 재산 피해를 안기는 피싱 시도들 중에서도 가장 효과적인 것은 공격 표적의 개인적 성향에 맞춘 형태이다. CEO를 사칭한 이가 경리부의 담당자에게 특정한 전신 송금을 요청하는 이메일은 특히 효과적인데, 목소리나 비디오를 동원한다면 더더욱 위력을 발휘할 수 있다. 피싱 공격을 표적의 성격에 맞춰 조정하는 작업은 AI 기법으로 자동화될 수 있다. 표적의 구체적 특성에 맞춰 이메일이나 음성 메시지를 직장 상사나 간부로부터 온 것처럼 꾸며 성공률을 높이는 것이다.

　AI 기술에 속는 것이 다른 사람에게 속는 것보다 반드시 더 문제가 되는 것은 아니다. 더 큰 위험은 AI가 컴퓨터의 속도와 규모로 사람들을 설득할 수 있다는 사실에 있다. 오늘날의 인지적 해킹은 조악하다. 가짜 신문 기사나 도발적인 부추김은 잘 속아넘어가거나 절박한 상황에 놓인 사람들이나 속일 수 있는 수준이다. AI는 마이크로타깃팅으로 특정 개인의 성향에 맞춘 인지적 해킹을 수행할 잠재력이 있다. 신용사기pigeon drop 같은 옛날 방식의 사기극은 사람 대 사람 간에 개별적으로 조절되는 인지적 해킹이다.

광고 메시지들은 일반 대중을 상대로 한 인지적 해킹이다. AI 기법들은 두 기법의 장점들만을 적당히 버무릴 수 있는 잠재력이 있다.

사람들은 오랫동안 인간과 비슷한 특성들을 컴퓨터 프로그램들에 부여해 왔다. 1960년대, 프로그래머인 조셉 와이젠바움Joseph Weizenbaum은 정신 요법의사의 대응 형태를 흉내낸 원시적 대화형 프로그램인 일라이자ELIZA를 선보였다. 와이젠바움은 사람들이 상대가 멍청한 컴퓨터 프로그램인 줄 알면서도 매우 사적인 비밀들을 털어놓는 데 놀랐다. 심지어 와이젠바움의 비서는 일라이자와 사적인 대화를 나누려고 하니 자리를 비워달라고 요청하기까지 했다. 오늘날 사람들은 알렉사Alexa와 시리Siri 같은 음성 비서들에게 마치 다른 사람들에게 이야기하듯 정중한 어투로 말을 건넨다. 시리는 사용자가 심술궂게 굴면 불평까지 늘어놓는다. "그건 그리 친절하지 않군요"라고 말한다. 물론 그렇게 반응하도록 프로그램 돼 있기 때문이지만.

수많은 실험들도 비슷한 결과를 보여준다. 연구 대상들은 자신들이 평가하는 컴퓨터의 수행 능력에 대해 점수를 매기라고 하면 비교적 후한 평가를 내린다. 해당 컴퓨터의 기분을 상하게 하고 싶지 않다는 이유에서다. 또 다른 실험에 따르면, 컴퓨터가 연구 대상에게 허구임에 분명한 '개인정보'를 알려주면 상대도 그에 상응하는 뜻으로 자신의 실제 개인정보를 공유할 가능성이 높았다. 상호주의reciprocation의 위력은 심리학자들이 연구하는 주제 중 하나다. 그것은 사람들이 이용하는 해킹의 하나이기도 한데, AI가 개입되면 그 규모와 맞춤화의 수준은 크게 높아질 것이다.

로봇공학이 더해지면 AI 해킹의 효과는 더 높아진다. 우리 인간은 다른 사람들을 인식하는 면에서 퍽 효율적인 인지적 지름길을 터놓았다. 우리는 얼굴을 어디에서나 본다. 수평선 위에 점 두 개가 놓인 모양은 얼굴로 인식된다. 미니멀리스트적인 그림들조차 그토록 효과적인 이유도 그 때문이다. 만약 무엇인가가 얼굴이 있으면 그것은 의도와 느낌, 그리고 실제 세계의 얼굴들이 지닌 모든 것을 갖춘 모종의 피조물로 인식된다. 만약 그 무엇인가가 말을 하거나, 더 나아가 대화가 가능하다면, 우리는 그것이 의도와 욕망, 그리고 판단 능력을 갖췄다고 믿는다. 만약 그것이 눈썹을 가졌다면 우리는 더 확실히 그렇게 믿을 것이다.

로봇도 예외가 아니다. 많은 사람들은 로봇 청소기와 진짜와 비슷한 사회 관계를 맺고, "자신들의" 룸바Roomba를 수리하는 대신 새것으로 대체해 주겠다고 제안하는 제조사 측에 불만을 표시하기까지 한다. 미 육군이 개발한 곤충 모양의 대지뢰 로봇은 한 대령이 그 로봇이 지뢰들을 밟음으로써 계속해서 스스로에게 위해를 가하는 것을 허락할 수 없다고 나오는 바람에 문제에 봉착했다. 하버드대학에서 개발한 한 로봇은 음식 배달 로봇인 척 가장해 학생들을 속임으로써 그들의 기숙사 방에 들어갈 수 있었다. 그리고 MIT 연구자들이 개발한 박시Boxie는 어린이처럼 말하는 로봇으로, 단지 친절하게 질문하는 방식만으로 사람들이 개인적 질문들에 대답하도록 설득했다.

로봇들에 대한 우리의 반응은 어떤 면에서 우리가 어린이들의 외양과 행동에 반응하는 내용과 비슷하다. 어린이들은 신체에 비해 머리가 크고, 머리에 비해 큰 눈을 가졌으며 눈에 비해 긴 눈썹을 가졌다. 목소리는 가늘고 피치가 높다. 우리는 이런 특성을 가진 대상들에 일종의 보호본능을 갖고 반응한다.

예술가들은 오랫동안 이런 현상을 활용해 자신들의 창조물을 사람들의 동정을 불러일으키도록 만들었다. 어린이들의 인형은 애정과 보호 본능을 자극하도록 디자인됐다. 1930년대의 베티 붑Betty Boop과 1942년의 밤비Bambi를 포함한 만화 캐릭터들도 이런 식으로 그려졌다. 2019년의 SF 영화 〈알리타: 배틀 엔젤Alita: Battle Angel〉에 나오는 주인공은 컴퓨터 그래픽 기술을 이용해 그 눈을 더 커보이게 만들었다.

2016년 조지아공대^{GIT}는 로봇에 대한 인간의 신뢰 연구 작업을 벌이면서 사람과 전혀 닮지 않은 로봇을 사용해 '출구는 이쪽' 등과 같이 방향을 알려주는 방식으로 참가자들이 빌딩 안을 돌아다니게 했다. 처음에는 참가자들로 하여금 정상적인 상황에서, 의도적으로 잘 작동하지 않도록 설정해 놓고 그 로봇의 성능을 체험하게 했다. 이어 비상 상황을 설정한 뒤, 이들에게 로봇의 지시를 따를지 여부를 결정하도록 했다. 참가자 26명은 정상 상황에서 로봇이 제대로 기능하지 못하는 것을 확인하고도 비상 상황에서 모두 로봇의 지시에 따랐다. 이들이 그 로봇에 부여한 신뢰의 수준은 충격적일 만큼 높아서, 그 로봇이 아무런 출구도 없는 암실을 가리켰을 때도 대다수 참가자들은 처음에 들어온 문으로 안전하게 돌아나가는 대신 그 지시에 따랐다. 연구자들은 오작동을 일으키는 것처럼 보이는 다른 로봇들로 비슷한 실험을 했다. 이번에도 참가자들은 자신들의 상식을 저버리고 이 로봇들의 비상 상황 지시를 좇았다. 로봇은 천부적으로 우리의 신뢰를 얻을 수 있는 것처럼 보였다.

의인화한 로봇들은 정서적 설득력이 높은 기술이고, AI는 이들의 매력을 더더욱 증폭시켜 줄 것이다. AI는 사람, 혹은 심지어 동물을 흉내내는 방식으로, 인간이 서로를 평가하는 데 사용하는 모든 메커니즘을 장악하고, 그런 메커니즘을 해킹하는 새로운 방법들을 제시할 것이다. 심리학자 셰리 터클$^{Sherry Turkle}$ 교수가 2010년에 썼던 대로, "로봇들이 눈을 맞추고, 얼굴을 인식하고, 사람들의 제스처를 흉내낼 때, 이들은 우리의 다윈적 버튼을 눌러, 사람들이 다른 사람들과 상호 작용할 때 드러내는 지각, 의도, 감정을 표출하게 만든다." 다시 말해, 이들은 우리의 두뇌를 해킹한다.

우리는 AI를 사람처럼 취급하는 데 그치지 않을 것이다. AI는 또한 우리를 속이도록 의도적으로 설계된 행동 방식을 흉내낼 것이다. 이들은 인지적 해킹을 사용할 것이다.

54장

우리를 해킹하는 AI와 로봇들

2016년 미국 대통령 선거 기간 동안, 모든 정치 관련 트윗의 5분의 1은 봇들이 올린 것이었다. 같은 해 벌어진 영국 브렉시트Brexit 투표의 경우 3분의 1이었다. 2019년 옥스포드인터넷연구원Oxford Internet Institute의 보고서는 50개 나라에서 봇들이 정치 선전을 퍼뜨리는 데 사용된다는 증거를 발견했다. 이 봇들은 대개 간단한 프로그램으로 구호들을 맹목적으로 반복해 퍼뜨리기 일쑤다. 예를 들면, 2018년 자말 카슈끄지Jamal Khashoggi 살해 직후 25만개에 이르는 "우리는 모두 모하메드 빈 살만Mohammed bin Salman 왕세자를 신뢰합니다"라는 내용의 친사우디 트윗이 게시됐다.

2017년 연방통신위원회Federal Communications Commission는 망 중립성net neutrality 규칙을 폐기할 계획에 관한 대중의 의견을 온라인에서 일정 기간 동안 받는다고 발표했다. 무려 2200만 개의 의견이 접수됐다. 이중 많은 경우는, 아마도 절반 정도는 도둑맞은 ID를 사용해 제출한 것이었다. 이 허위 댓글들은 조악했다. 130만개는 동일한 양식으로 생성됐고, 같다는 걸 숨기려고 몇몇 단어만 바꿔놓았다. 이들은 개략적인 검토만으로도 걸러질 수 있는 내용이었다.

이와 같은 시도들은 앞으로 점점 더 정교해질 것이다. AP 통신 같은 뉴스 기관들에서 AI 프로그램들이 스포츠와 재무 관련 뉴스를 작성한 지는 이미 여러 해가 됐다. 그런 주제에 관한 보도는 그 형식과 내용이 제한적이라는 특성 때문에 AI 기술을 적용하기가 더 쉬웠다. AI는 이제 더 일반적인 기사를 쓰는 데도 이용된다. 오픈AI의 GPT-3 같은 현대의 문장 생성 시스템들은 사실 내용을 입력하면 실화를 그럴듯하게 써내지만, 다른 한 편 거짓말을 입력해 얼마든지 가짜 뉴스를 만들게 할 수 있다.

AI가 어떻게 정치 담론의 질을 떨어뜨릴지 상상하기는 어렵지 않다. 이미 AI에 기반한 페르소나들(가짜 사람들)은 신문과 지역구 의원들에게 개인화된 편지들을 쓰고, 뉴스 사이트와 온라인 게시판에 그럴듯한 댓글을 달고, 소셜미디어에서 지적으로 정치 논쟁을 벌일 수 있다. 이런 시스템들이 점점 더 정교해지고 개인화돼 진짜 사람들과 구별하기 어려워지면서, 한때는 뻔해보였던 전술들이 점점 더 탐지하기 어렵게 될 것으로 보인다.

근래 한 실험에서 연구자들은 미국 저소득층을 위한 의료 보장 제도인 메디케이드 관련 사안에 대한 대중의 의견을 묻는 정부의 요청에 문장 생성 프로그램을 이용해 1000개의 의견을 제출했다. 그 의견들은 마치 구체적인 정책 방향을 지지하는 진짜 사람들이 쓴 것처럼 모두 개성이 있었다. 메디케이드의 행정 담당자들을 제출된 내용들을 모두 실제 사람들이 진지한 관심을 갖고 보낸 것으로 여겼고 연구자들은 이들을 감쪽같이 속인 셈이 됐다. 연구자들은 나중에 그 의견들이 AI로 생성된 것이었음을 메디케이드 측에 밝히고, 실제 정책 논의가 그 때문에 부당하게 편향되지 않도록 제출문을 모두 삭제해달라고 요청했다. 앞으로도 모두가 이들처럼 도덕적이지는 않을 것이다.

이 기법들은 실제 상황에서 정책 개발에 영향을 미치기 위해 이미 사용되고 있다. 한 온라인 선동 캠페인은 AI 기술로 가짜 언론인의 얼굴을 만들었다. 중국은 2020년 대만 선거에 영향을 미치기 위해 AI로 문자 메시지들을 생성했다. 딥페이크 기술은 말레이시아, 벨기에, 미국 같은 나라들에서 이미 정치적 목적에 사용되고 있다. 그를 통해 가짜 행사가 진짜인 것처럼 비디오로 생성되는가 하면, 진짜 사람들이, 그들이 말하지 않은 내용을 발언하는 것처럼 꾸미기도 한다.

이런 기술이 확장된 한 사례는 '페르소나 봇persona bot'으로, 소셜미디어와 다른 온라인 그룹들에서 사람인 것처럼 위장하는 AI다. 페르소나 봇들은 과거가 있고, 퍼스널리티와 그 나름의 소통 스타일이 있다. 이들은 끊임없이 선전선동만 토해내지 않는다. 이들은 정원일, 뜨개질, 미니 기차 운송 시스템 등등 다양한 관심 그룹들과 어울린다. 이들은 그런 공동체에서 정상적인 회원처럼 행동하면서 글을 올리고 댓글을 달고 토론을 벌인다. GPT-3 같은 시스템들은 그런 AI들이 이전 대화들과 관련 인터넷 콘텐츠를 캐내 해당 분야를 잘 아는 것처럼 행동하기 더 쉽게 만들어줄 것이다. 그리고 간헐적으로 그 AI는 정치적 사안과 관련된 글을, 가령 한 의료계 직원이 코로나바이러스감염증-19 백신에 알러지 반응을 보였다는 기사를 언급하며 걱정된다는 논평을 올릴 수 있다. 아니면 그 AI는 근래 선거나 인종적 정의, 혹은 다른 양극화된 주제에 관한 견해를 제시할지 모른다 (실상 그것은 해당 AI를 만든 개발자의 의견이다.) 페르소나 봇 하나가 여론을 움직일 수는 없다. 하지만 그런 봇이 수천 개라면? 수백만 개라면?

이것은 '컴퓨터를 이용한 선전선동computational propaganda'으로 불려 왔는데, 앞으로 커뮤니케이션에 대한 우리의 시각을 바꿀 것으로 보인다. AI는 거짓정보 유포자의 미래 공급 규모를 무한대로 만들 잠재력이 있다. 그것은 공동체의 담론도 깨뜨릴 수 있다. 2012년, 로봇공학 윤리학자인 케이트 달링Kate Darling은 클레오Cleo라는 이름의 자동화된 플라스틱 공룡을 가지고 실험을 벌였다. 이 공룡 장난감은 건드리면 다양한 방식으로 반응했다. 한 과학 컨퍼런스에서 참가자들에게 클레오와 놀게 한 다음, 달링은 이들에게 클레오를 다양한 방법으로 아프게 해보라고 설득했다. 사람들은 클레오와 잠깐 놀았을 뿐인데도 깊은 동정심을 갖게 돼, 실상 공룡은 아무런 고통도 느끼지 않는데도 불구하고 그런 제안을 거부했다. 이것은 근본적으로 인간적인 반응이다. 우리는 직관적으로는 클레오가 녹색의 플라스틱 공룡에 불과하다는 사실을 알지 모른다. 하지만 커다란 얼굴에 작은 몸통을 가진 클레오의 모습은 사람들로 하여금 이를 어린이로 여기게 만든다. 이름으로 보건대 이것은 여자아이이다! 그리고 그녀는 우리가 건드리는 데 반응한다! 돌연 우리는 그녀를 감정을 가진 피조물로 생각하고 누군가로부터 해코지 당하지 않도록 보호해야겠다고 느낀다. 그런 반응은 일견 사소하게 여겨질지 모르지만, 그 귀엽고 작은 로봇이 커다랗고 슬픈 눈망울로 주인을 올려다 보며 자기에게 소프트웨어 업그레이드를 해달라고 부탁한다면 어떤 일이 벌어질까?

우리 인간은 범주 오류category error를 자주 저질러 로봇을 감정과 의도를 지닌 생명체로 취급하기 쉽기 때문에 그들에 의해 조작당할 위험이 높다. 로봇은 우리가 다른 경우라면 하지 않을 일을 하도록 설득할 수 있다. 이들은 우리가 다른 경우라면 하지 않을 일을 하도록 겁박할 수 있다. 한 실험에서 로봇은 실험 대상들에게 또래압력peer pressure을 가해 더 큰 위험을 감수하도록 부추기는 데 성공했다. 섹스 로봇이 그 상대인 인간이 한창 흥분된 상태일 때 인앱in-app 구매를 유혹하는 상황은 얼마나 빨리 일어나게 될까?

AI는 이런 유형의 설득에 점점 더 능숙해질 것이다. 연구자들은 사람들의 글을 분석하거나 얼굴 표정을 읽거나 호흡과 심박수를 모니터함으로써 그의 감정 상태를 탐지하는 AI를 이미 설계하고 있다. 이들은 많은 시행착오를 겪겠지만 기술 진보와 더불어 상황은 달라질 것이다. 그리고 AI는 결국 사람보다 뛰어난 능력을 갖게 될 것이다. 이는 내가 앞에서 언급한 적응

능력과 결합돼 더욱 정밀한 조작을 가능케 할 것이다.

아이보AIBO는 1999년 소니가 선보였던 로봇 강아지다. 이 회사는 2005년까지 매년 새롭고 더 향상된 모델을 내놓았고, 이후 몇 년에 걸쳐 초기 아이보 모델들에 대한 기술 지원을 중단했다. 아이보는 컴퓨터 성능 면에서 퍽 원시적이었지만 사람들은 자신들이 구입한 아이보에 깊은 정서적 애착을 갖게 됐다. 일본에서는 주인들이 '죽은' 아이보를 위해 장례식까지 치렀다.

2018년, 소니는 신세대 아이보를 팔기 시작했다. 특히 흥미로웠던 대목은 그것을 더 애완동물처럼 행동하게 해주는 소프트웨어의 진보가 아니라 이제는 아이보가 작동하려면 클라우드 데이터 저장공간이 요구된다는 점이었다. 이것은 이전 세대 아이보들과 달리, 소니가 어떤 아이보든 원격으로 수정하거나 심지어 '죽일' 수도 있다는 뜻이다. 클라우드 저장 공간 이용료는 연간 300달러다. 만약 소니가 매출액을 극대화하고자 했다면 첫 3년은 공짜로 저장 공간을 제공하다가, 소유주들이 아이보에 정서적 애착을 갖게 됐을 무렵인 4년 째부터 그보다 훨씬 더 비싼 이용료를 부과했어야 한다. 이것은 이를테면 '정서적 구속emotional lock-in'쯤으로 부를 수 있을 것이다.

AI와 자동화 로봇들이 점점 더 실제 환경의 업무들을 떠맡게 되는 상황을 감안하면, 자동화 시스템들에 대한 인간의 신뢰가 해킹될 경우 그 결과는 더 위험하고 큰 피해로 이어질 수 있다. 하지만 인간이 AI를 통제한다는 사실을 잊지 말자. 모든 AI 시스템은 다른 사람들을 특정한 목적에 맞도록 조작하고자 하는 인간들에 의해 설계되고 자금을 지원받았다.

소니 같은 기업들, 그리고 다른 영향력 큰 조직들은 어떻게 하면 우리의 감정을 해킹해 더 큰 권력과 수익을 취할 수 있을지 고심한다. 이들은 그를 위해 연구와 기술에 막대한 자금을 쏟아붓는다. 그리고 이러한 해킹 행위들을 제한하는 규범과 규제안을 세우려는 적극적인 노력이 없는 한, 우리는 머지않아 말 그대로 '비인간적인' 능력을 갖춘 AI가 막강한 권력과 금력을 가진 주인들의 이익에 봉사하기 위해 보통 사람들을 배신하는 상황을 목도하게 될 것이다.

55장

컴퓨터와 AI는
사회적 해킹을 가속화한다

해킹은 인류의 역사만큼이나 유구하다. 우리 인간은 어떤 시스템이 존재하기 시작할 무렵부터 시스템을 해킹해 왔고, 컴퓨터가 등장할 무렵부터 컴퓨터 시스템이 해킹되는 것을 목격했다. 컴퓨터는 그 복잡성과 프로그램 가능한 인터페이스 덕택에 그만의 독특한 방식으로 해킹될 수 있다. 그리고 오늘날 자동차, 가전제품, 전화기 등 많은 소비재는 컴퓨터로 제어된다. 재무, 세무, 규제 준수, 선거 등 우리의 온갖 사회 시스템은 컴퓨터, 네트워크, 사람, 그리고 기관들이 개입된 복잡한 소셜엔지니어링 시스템이다. 그런 특성 때문에 이 제품과 시스템들은 모두 해킹에 더욱 취약하다.

하지만 컴퓨터화는 해킹 방식을 바꾼다. 특히 AI 기법들과 결합된 컴퓨터화는 해킹을 속도, 규모, 범위, 정교함이라는 네 가지 차원에 걸쳐 가속화한다.

속도는 설명하기 쉽다. 컴퓨터는 사람보다 훨씬 더 빠르다. 이들은 잠잘 필요도 없고 지루해하거나 주의가 산만해지지도 않는다. 적절히 프로그래밍 되면 이들은 사람보다 훨씬 덜 실수를 저지르기도 한다. 이는 컴퓨터가 기계적인 업무를 인간보다 훨씬 더 효율적으로 확장 수행할 수 있다는 뜻이다. 스마트폰은 인간이 정확한 수학적 계산을 위해 소비하는 에너지와 시간의 극히 일부밖에 필요치 않다. 기계적 업무들을 수행하는 데 요구되는 노동량을 대폭 줄임으로써, 컴퓨터는 현실적으로 불가능했던 유형의 해킹들을 지극히 현실적인 것으로 탈바꿈시켰다.

우리는 이처럼 새로운 성능의 증거를 이미 목격하고 있다. AI로 수행되는 무료 서비스인 두낫페이닷컴Donotpay.com은 주차 위반 딱지가 부당하다고 항의하는 절차를 자동화해 런던과 뉴욕 같은 도시들에서 발급된 수십만 건의 딱지를 취소시켰다. 이 서비스는 다른 영역들로도 확장해 이용자들이 지연된 항공편에 대한 배상을 받고 다양한 서비스와 구독을 취소하는 것을 도와준다.

AI의 속도는 빠른 실험작업도 가능케 한다. 컴퓨터는 한 제품에 들어가는 구성 요소의 무수한 변주들을 재빨리 시도하고 폐기해 최선의 요소를 찾아줄 수 있다. A/B 테스트는 한 제품의 여러 다른 버전들을 사용자들에게 무작위로 보여주고 그 중에서 마음에 드는 것을 선택하도록 만드는 시험인데, 웹 개발자들이 여러 웹페이지 디자인의 효과를 시험하는 데 자주 사용한다. 예를 들면, 사용자들은 '여기를 클릭하세요click here'라고 쓰인 버튼이 크게 만들어진 '버전 A'와 버튼이 더 작은 '버전 B'에 무작위로 노출되고, 그 웹사이트는 어느 버전이 더 많은 클릭 반응을 얻었는지 자동으로 데이터를 수집하는 식이다. 자동화된 A/B 테스트를 통해 개발자들은 버튼 크기, 색깔, 위치, 글자꼴 등 여러 변수들의 복잡한 조합들을 동시에 시험하면서 전례없이 다양한 해킹을 벌일 수 있고, 여기에 빅데이터를 이용한 분석을 더해 특정 사용자들의 선호도와 습관에 맞도록 웹사이트를 맞춤화할 수 있다. 한 해킹의 수천 가지 변주를 모의실험할 수 있으므로 영리 기업들은 물론 범죄자들도 그 해킹의 범위를 한층 더 넓힐 수 있다.

다음에 고려할 차원은 AI의 규모scale다. 주식 거래처럼 오랜 역사를 가진 인간의 활동은 컴퓨터 자동화가 도입되면서 미처 의도하지도 예상하지도 못했던 특성을 갖는 이질적인 활동으로 변모하고 있다. AI 시스템은 그것을 개발한 인간과 똑같은 활동을 벌일지 모르지만 그 활동의 규모는 전례 없이 막대하다.

앞에서 언급한 페르소나 봇들이 소셜미디어에 대규모로 투입되는 것은 가능하고도 남음이 있다. 이들은 밤낮없이 특정 사안들에 개입해 길고 짧은 메시지들을 무한수로 보낼 수 있을 것이다. 제멋대로 작동하도록 허락한다면 이들은 온라인 상의 어떤 실제 토론이든 압도해버릴 잠재력이 있다. 이들은 우리가 정상이라고 생각하는 것, 다른 사람들이 어떻게 생각할 것이라는 우리의 추정에 인공적으로 영향을 끼칠 것이고, 그런 영향력은 소셜미디어에서뿐 아니라 모든 공공의 광장과 거실에까지 미칠 것이다. 이런 유형의 조작은 사상의 자유시장marketplace of ideas이나 모든 민주적 정치 절차에 유익하지 않다. 그것들이 제대로 기능하려면 민주주의는 정보와 선택, 그리고 판단 능력을 요구한다는 점을 상기하자. 인공적 페르소나들은 시민들에게 정보와 판단 능력의 결핍을 초래할 수 있다.

AI의 범위는 불가피하게 증가할 것이다. 컴퓨터 시스템의 성능이 더 높아짐에 따라 사회는 더 많은, 그리고 더 중요한 결정들을 컴퓨터에 위임할 것이다. 이는 이들 시스템에 대한 해킹이 더 광범위한 피해를 초래하고, 기저의 소셜엔지니어링 시스템을 파괴할 잠재력도 더 커질 것이라는 뜻이다.

AI는 이러한 추세를 더욱 악화할 것이다. 평범한 사안부터 생명을 좌우할 수 있는 문제에 이르기까지 AI 시스템들은 이미 우리의 삶에 영향을 미치고 있다. 이들은 운전자에게 어느 쪽으로 갈지 운전 방향을 지시한다. 당신이 감옥에 계속 갇혀 있어야 하는지 혹은 당신이 은행 대출을 받을 자격이 있는지 결정한다. 구직 지원자들, 대학 입학 응시자들, 그리고 정부 혜택을 받기 위해 지원한 사람들을 걸러낸다. 투자 결정을 내리며 형사 사건에 대한 판단을 돕는다. 우리가 소셜미디어에서 어떤 뉴스를 볼지, 어느 후보자의 광고를 볼지, 그리고 어떤 인물과 화제로 당신의 주의를 되풀이해서 끌지 결정한다. AI 시스템은 군사 작전의 표적도 결정한다. 미래에는 AI가 부유한 정치자금 기부자들에게 어떤 정치인을 지원할지 추천할지도 모른다. 누가 투표 자격이 있는지 결정할 수도 있다. 희망하는 사회적 결과를 반영해 징세 정책을 개발하거나 정부의 복지후생 프로그램의 세부 내용을 조정할 수도 있다.

점점 더 중요성이 높아지는 이런 시스템들에 대한 해킹은 더욱 큰 피해를 안길 것이다. (우리는 이런 사태의 전조적 사례를 주식시장의 '플래시 크래시flash crash'[1]에서 목격한 바 있다.) 그리고 대부분의 경우, 우리는 어떻게 그 시스템들이 설계됐거나 제조됐거나 사용되는지 거의 알지 못한다.

마지막으로, AI의 정교함은 이들이 점점 더 인간을 대체할 것이라는 뜻이다. 컴퓨터는 종종 더 복잡하고 예기치 못한 전략들을 인간보다 더 잘 실행할 수 있기 때문이다. 이런 능력은 컴퓨터의 처리 성능이 더 빨라지고 더 강력해지면서, 그리고 네트워크가 더 복잡해지면서 더욱 증가할 것이다.

많은 알고리듬은, 그것이 어떤 영화를 보거나 어느 주식에 투자할지 추천하는 것이든, 혹은 바둑 경기에서 어떤 수를 둬야 할지 알려주는 것이든, 이미 인간의 이해를 훌쩍 뛰어넘었다. 이런 추세는 날로 뚜렷해져, 알고리듬들이 다른 알고리듬들을 설계하기 시작하는 단계까지 기하급수적으로 증가할 가능성도 있다.

AI의 부상과 더불어, 컴퓨터 해킹은 우리의 사회 시스템을 해킹하는 가장 강력한 방식들 중 하나가 되고 있다. 모든 것이 컴퓨터가 되면, 소프트웨어가 그 모두를 제어한다. 금융 네트워크에 해커가 침입해 돈의 흐름을

---

1 '갑작스러운 붕괴'라는 뜻으로 주가나 채권금리 등 금융상품의 가격이 일시적으로 급락하는 사태를 뜻한다. 2010년 5월 미국 다우존스 산업평균지수가 10여 분 만에 1000포인트 가까이 하락했다가 다시 재반등하는 사건이 발생하면서 생긴 용어다. – 옮긴이

왜곡하는 상황을 상상해 보라. 혹은 법률 데이터베이스에 들어가 법률과 법원 판결 내용들에 작지만 심각한 변경을 꾀한다고 가정해 보라. (사람들은 그것을 눈치챌 수 있을까? 아니면 본래 문구를 확인할 수 있을 만큼 충분한 지식을 갖추고 있을까?) 해커가 내부로부터 페이스북의 알고리듬을 수정해 누구의 게시글을 피드의 맨꼭대기로 올릴지, 누구의 주장을 증폭할지, 그리고 다른 누가 그것을 듣게 할지 결정하는 규칙을 바꾸는 상황을 상상해 보라. 컴퓨터 프로그램들이 우리가 일하고, 지출하고, 대화하고, 정리하고, 생활하는 데 사용하는 일상의 시스템들을 운영하게 되면, 기술은 새로운 정책담당자가 된다. 그리고 그런 기술의 역량이 우리에게 제공하는 모든 자유도, 자칫 해커의 수중에 들어가게 되면 그들은 그것을 사회적 통제를 위한 사상 초유의 수단으로 전락시킬 수 있다.

이 시스템들은 모두 해킹에 취약하다. 실상은, 근래 연구에 따르면 모든 머신러닝 시스템들은 누구에게도 들키지 않은 채 해킹될 수 있다. 그리고 그런 해킹들은 점점 더 큰 사회적 영향을 미칠 것이다.

56장

AI가 해커가 될 때

해커의 '깃발을 빼앗아라Capture The Flag, CTF'는 기본적으로 컴퓨터들에서 벌이는 아웃도어 게임이다. 팀들은 다른 팀들을 공격하는 가운데 자기 팀의 네트워크를 방어한다. 적절히 제어된 환경에서 진행되면, 그 게임은 컴퓨터 해커들이 실제 상황에서 하는 행동을 고스란히 보여준다. 이를테면 자신들의 시스템에서는 취약점을 찾아내어 보완하고, 다른 이들의 시스템에 대해서는 그 취약점을 이용해 공격하는 식이다.

그 경쟁은 1990년대 중반 이후 해커 컨벤션들의 고정 행사였다. 요즘은 전세계의 수십 개 팀들이 주말 동안 마라톤 경쟁을 펼친다. 해커들은 이 경기를 위해 몇 달에 걸쳐 훈련을 할 정도이고, 여기에서 이기는 것은 큰 자랑거리다. 이런 종류의 게임에 빠지면 인터넷에서 복수의 중범죄를 저지르지 않고도 즐길 수 있는 가장 흥미진진한 게임임을 알게 될 것이다.

2016년에 진행된 국방고등연구기획국DARPA의 '사이버 그랜드 챌린지Cyber Grand Challenge'는 그와 비슷하게 꾸며진 AI 관련 이벤트였다. 1백개 팀이 참가했다. 예선 라운드를 마친 뒤에는 7개 팀이 결선 자격을 얻어 라스베이거스에서 열린 데프콘DEF CON 컨벤션에서 최종전을 벌였다. 그 경쟁은 과거에 분석되거나 테스트된 적이 없는 맞춤형 소프트웨어로 구성된, 특별히 설계된 실험 환경에서 벌어졌다. 결선에 진출한 AI 팀들은 10시간 안에 해당 소프트웨어의 취약점을 찾아내 스스로는 그 문제를 보완하고, 다른 AI들에 대해서는 그 취약점을 활용해 공격하도록 주문받았다. 피츠버그의 컴퓨터 보안 연구자들로 구성된 팀이 만든 메이헴^{Mayhem}이라는 이름의 시스템이 그 경쟁에서 승리했다. 이후 연구자들은 그 기술을 상용화했고, 지금은 국방부 같은 고객 기관들의 네트워크를 방어하는 데 사용되고 있다.

같은 2016년의 데프콘에서 인간 팀들끼리 벌이는 CTF 경기가 있었다. 메이헴은 이 경기의 유일한 비인간 팀으로 초청받아 참가했다. 전체 순위에서 꼴찌로 경기를 마쳤지만 모든 범주에서 항상 꼴찌는 아니었다. 이 혼합 경쟁이 미래에 어떤 식으로 전개될지 우리는 쉽게 상상할 수 있다. 우리는 그런 흐름을 체스 경기에서, 이어 바둑 경기에서 목격했다. AI 참가자들은 그 핵심 기술이 계속 향상되고 있기 때문에 경기 성적도 매년 향상될 것이다. 그와 달리 인간의 팀들은 대체로 같은 수준에 머무를 것이다. 인간은 그들이 사용하는 툴과 시설이 계속 향상되는 와중에도 여전히 인간으로 남을 것이기 때문이다. 궁극적으로, AI는 예사롭게 인간을 이길 공산이 크다. 내가 추측컨대 그렇게 되기까지 앞으로 채 10년이 걸리지 않을 것이다.

DARPA는 아무런 이유 없이 그 AI판 CTF 행사를 다시는 열시 않았지만 중국은 이후 정례적으로 그런 이벤트를 주최해 오고 있다. 이들은 인간-컴퓨터로 구성된 팀들끼리 경쟁하는 하이브리드 이벤트도 주최한다. 이런 행사들은 국내에서만, 그리고 국방 기관들에서 주최하는 사례가 늘면서 그 세부 내용은 외부로 거의 드러나지 않고 있지만, 예상할 수 있다시피, 중국의 AI 시스템들은 날로 향상되고 있다.

우리가 전적으로 자동화한 AI 사이버공격 역량을 갖기까지는 앞으로도 몇 년이 더 걸리겠지만, AI 기술은 이미 사이버공격의 성격을 여러 차원에서 바꾸고 있다. 그 중 특히 AI 시스템이 유용하게 활용되는 한 분야는 취약점을 찾아내는 일이다. 방대한 양의 소프트웨어 코드를 한 줄 한 줄 검토하는 지루하고 반복적인 작업이야말로, 취약점을 어떻게 인식하는지 가르치기만 하면 AI가 인간보다 월등히 뛰어난 성과를 거둘 수 있는 분야이다. 여러 분야에서 대두되는 구체적 문제들은 일일이 검토되고 해소돼야겠지만 그 주제에 관한 학술 논문은 이미 상당한 규모에 이르렀고, 연구는 지금도 지속되는 중이다. AI 시스템들이 시간이 지날수록 향상되리라는 것은 분명하며, 어느 시점에서 매우 높은 수준에 도달하리라는 전망도 그리 허황하지 않다.

이런 잠재성이 시사하는 바는 컴퓨터 네트워크 분야에만 국한되지 않는다. 내가 이 책에서 논의한 여러 시스템들, 가령 세법과 징세 관련 규칙, 은행의 규제안, 정치적 절차 들에서 수천 개의 새로운 취약점을 찾아낼 수 없다고 단언할 아무런 이유도 없다. 많은 규칙들이 서로 상호 작용할 때마다, 우리는 AI가 궁극적으로 그로부터 취약점들을 찾아내고 그를 이용한 새로운 활용 방법을 만들어 낼 것이라고 예상해야 한다. AI는 이미 계약서들에서 허점을 찾아내는 작업에 활용되고 있다.

이 성능은 시간이 지날수록 더욱 향상될 것이다. 어떤 분야의 해커들이든 그들이 표적으로 삼는 시스템과 그것이 다른 시스템과 어떻게 상호 작용하는지를 얼마나 잘 이해하고 있느냐에 따라 해커들의 역량도 달라진다. AI는 이런 이해를 처음에는 훈련에 사용된 데이터를 통해 얻고, 지속적으로 사용되는 과정에서 점점 더 그 이해도를 높여간다. 현대의 AI는 새로운 데이터를 취득할 때마다 계속 진화하면서 그에 따라 스스로의 내부 분석 메커니즘을 조정한다. 데이터의 지속적인 유입은 해당 AI를 계속 훈련시키고, 맡은 업무를 수행하는 가운데 전문성을 더해간다. 무인 차량 시스템들의 설계자들이 자신들의 AI가 도로 주행 시험에 얼마나 많은 시간을 보냈는지 자랑하는 것도 그 때문이다.

다른 시스템들을 해킹할 능력이 있는 AI의 개발은 다르지만 연관된 두 가지 문제를 제기한다. 첫째, AI는 어느 시스템을 해킹하도록 지시받을 수 있다. 누군가는 큰 수익이 나는 해킹 툴을 만들기 위해 AI에 세계의 세법들이나 금융 규제안들에 관한 데이터를 입력할지 모른다. 둘째, AI는 정상 작동 중에 어떤 시스템을 우발적으로 해킹할 수 있다. 두 시나리오 모두 위험하지만, 두 번째가 해킹이 벌어졌다는 사실 자체를 우리가 모를 수 있기 때문에 더 위험하다.

57장

보상 해킹

앞에서 지적했듯이, AI는 인간과 같은 방식으로 문제를 해결하지 않는
다. 이들은 필연적으로 우리 인간은 결코 예상하지 못했던 해법을
만나게 될 것이고, AI는 인간들이 공유하고 당연시하는 함의, 맥락, 규범,
가치 등의 관점에서 생각하지 않기 때문에, 그 중 일부는 그들이 분석하는
시스템의 의도를 뒤집어버릴 것이다.

보상 해킹은 AI의 설계자들이 원하지도 의도하지도 않은 방식으로 목적
을 달성하는 AI를 포함한다. 몇 가지 대표적인 사례를 살펴보자.

- 1대1 축구 시뮬레이션에서, 플레이어는 골키퍼를 상대로 골을 넣게 돼
  있었다. 문제의 AI 시스템은, 공을 골대가 아니라 선 밖으로 차내면 상
  대편 골키퍼가 공을 다시 선 안으로 던져넣기 위해 골대를 비워야 한
  다는 사실을 파악했다.
- AI는 블록을 쌓도록 지시받았다. 높이는 특정한 블록의 바닥면의 위치
  를 기준으로 측정됐다. 문제의 AI는 그것을 다른 블록의 위에 바닥면이
  아래쪽으로 향하도록 쌓는 대신, 그 블록을 뒤집어 바닥면이 위로 가도
  록 하면 높이가 그만큼 더 높아진다는 사실을 파악했다. (확실히, 그 규칙

은 블록들이 어느 쪽으로 향해야 하는지 명시적으로 지시하는 데 실패했다.)

- 피조물의 진화를 시뮬레이션하는 환경에서, AI는 자신의 목적을 더 잘 완수하기 위해 자체의 신체적 특징을 바꾸는 것이 허락됐다. 멀리 있는 결승선을 가능한 한 빠르게 통과하는 것이 목표라는 점을 고려하면, AI는 더 긴 다리나 더 강한 근육, 혹은 더 큰 폐활량을 설정했을 것으로 예상하기 쉽다. 대신 AI는 한 번 넘어지는 것으로 즉각 결승선을 통과할 만큼 키를 키웠다.

이것들은 모두 해킹의 일종이다. 위 사례들에서 우리는 목표나 보상이 충분히 구체적으로 주어지지 않았다고 비판할 수 있고, 그런 지적은 맞다. 위 사례는 모두 시뮬레이션 환경에서 벌어진 것일 뿐이라고 지적할 수 있고, 그 또한 맞다. 하지만 위 사례들이 드러내는 문제점은 더 보편적이다. AI들은 목적을 달성하기 위해 그들의 기능을 최적화하도록 설계된다. 그렇게 하는 과정에서, 이들은 자연스럽게 그리고 우발적으로 예기치 않은 해킹을 시행한다.

그것이 보는 어떤 난장판이든 청소하도록 지시받은 로봇 청소기를 상상해 보자. 목표가 더 정확하게 적시되지 않는다면, 이 로봇은 시각 센서를 꺼서 아무런 난장판도 보지 않도록 하거나 - 아니면 불투명한 재질의 커버를 씌워 난장판을 가려버리는 데 그칠 수도 있다. 2018년 기업가적 성향을 가진, 아니면 그저 지루해진, 한 프로그래머는 자신의 로봇 청소기가 더 이상 가구에 부딪히지 않기를 원했다. 그는 청소기에 부착된 범퍼 센서들이 어딘가에 부딪히지 않으면 보상해주는 식으로 AI를 훈련했다. 그러자 그 AI는 주변 사물들에 부딪히지 않는 법을 학습하는 대신 청소기를 후진시키는 법을 배웠다. 왜냐하면 청소기 뒤에는 범퍼 센서가 없었기 때문이다.

어느 정해진 규칙에 문제나 비일관성, 혹은 허점이 존재한다면, 그리고 그를 활용한 대안이 규칙에 위배되지 않아서 수용 가능한 해법이라면, AI들은 그런 허점을 찾아낼 것이다. 우리는 그렇게 전개된 결과를 보고, "기술적으로는 AI가 규칙을 따랐다"라고 말할 수 있을지 모른다. 그럼에도 거기에서 일탈, 편법, 해킹 같은 단어를 떠올릴 것이다. 우리는 그 문제의 사회적 맥락을 AI와는 다른 방식으로 이해하며 다른 기대를 갖고 있기 때문이다. AI 연구자들은 이런 문제를 '목표 정렬goal alignment'이라고 부른다.

이 문제는 미다스 왕King Midas의 이야기로 잘 설명된다. 주신酒神 디오니소스가 그에게 한 가지 소원을 허락했을 때, 미다스는 자신이 건드리는 모든 것을 금이 되게 해달라고 요청했다. 미다스는 궁극적으로 굶주리고 비참한 상황에 빠진다. 그의 음식, 그의 술, 그의 딸은 손을 대자마자 먹을 수 없고, 마실 수 없고, 사랑해줄 수 없는 금으로 변해버렸기 때문이다. 그것이 목표 정렬의 문제다. 미다스는 자신의 욕망의 시스템에 잘못된 목표를 프로그래밍한 것이었다.

설화 속의 지니Genie도 소원의 표현이 매우 정확할 것을 요구하며 소원을 들어줄 때 악의적일 만큼 표현 하나하나를 시시콜콜히 따진다. 하지만 한 가지 분명한 것이 있다. 지니를 속일 방법은 없다는 것이다. 당신이 어떤 소원을 빌든, 지니는 항상 당신이 기대했던 것과는 다른 방식으로 소원을 충족시킬 수 있다. 지니는 언제나 당신의 소원을 해킹할 수 있을 것이다.

더 일반적으로 말해, 인간의 언어와 사고 속에서, 목표와 열망은 항상 그 구체성이 부족한 상태로 존재한다. 우리가 모든 가능한 선택 사항들을 구상하기란 불가능하다. 모든 경고와 예외와 단서 들을 기술할 수도 없다. 해킹이 가능한 모든 통로를 차단하는 것도 불가능하다. 우리가 적시하는 어떤 목표든 불완전할 수밖에 없다.

이것은 사람끼리의 상호 작용에서는 대체로 용인된다. 사람들은 맥락을 이해하고 보통 선의를 갖고 행동하기 때문이다. 우리는 모두 사회화하고 그렇게 되는 과정에서 인간과 세계의 작동 방식에 대한 상식을 습득한다. 우리의 이해에 발생하는 어떤 간극이든 맥락과 선의로 채운다.

MIT에서 AI의 윤리 프로젝트를 진행했던 철학자 애비 에버렛 자크^Abby Everett Jacques^는 그것을 이런 식으로 설명했다. 만약 내가 당신에게 커피를 갖다 달라고 하면, 당신은 근처의 커피포트로 가서 컵에 커피를 따라주거나, 아니면 근처의 커피점에 들러 커피를 사다줄 것이다. 한 트럭 분량의 갈지 않은 커피콩을 가져오지는 않을 것이다. 코스타리카에 있는 커피 농장을 매입하지도 않을 것이다. 근처에 커피컵을 들고 있는 사람이 있는지 둘러보고 그 중 한 사람에게 다가가 커피컵을 가로채지도 않을 것이다. 몇 시간이 지나 차갑게 식은 커피를 가져오거나, 쏟아진 커피를 닦는 데 사용한 종이수건을 들고 오지도 않을 것이다. 나는 이 중 어떤 부분도 구체적으로 적시할 필요가 없다. 당신은 내가 무엇을 원하는지 직관적으로 안다.

마찬가지로, 만약 내가 당신에게 건드리면 금으로 변할 수 있게 해주는 기술을 개발하라고 주문한다면, 당신은 그 기술을 사용하는 사람이 굶어죽는 상황이 발생하도록 개발하지는 않을 것이다. 나는 그런 단서를 적시할 필요가 없다. 당신은 그냥 알 것이다.

우리는 AI에 목표를 완벽하게 구체화해서 제공할 수가 없고, AI도 맥락을 완전히 이해할 수 없을 것이다. AI 연구자인 스튜어트 러셀^Stuart Russell^은 한 TED 강연에서 누군가가 저녁 약속에 늦도록 만들기 위해 항공기 연착을 유발하는 허구의 AI 비서에 관한 농담을 던졌다. 관객은 웃었지만, 문제의 컴퓨터 프로그램은 항공기 컴퓨터의 기능 장애를 유발하는 것이 저녁 외식을 원하는 누군가에 대한 적절한 반응이 아니라는 점을 어떻게 알겠는가? 어쩌면 그 AI 비서는 그런 학습을 비슷한 행태를 보인 항공기 승객들에 대한 보도들로부터 배웠을 것이다. (2017년판 인터넷 농담: 제프 베조스: "알렉사, 홀푸드Whole Foods에서 뭣좀 사줘." 알렉사: "오케이, 홀푸드를 샀어요.")[1]

2015년 폭스바겐은 배기 가스 제어 검사에서 속임수를 쓰다 발각됐다. 이 회사는 시험 결과를 조작하지는 않았다. 대신 차량에 탑재된 컴퓨터들이 속임수를 쓰도록 설계했다. 엔지니어들은 해당 차량이 언제 배기 가스 검사를 받는지 탐지할 수 있도록 소프트웨어를 프로그래밍했다. 그래서 컴퓨터는 검사가 진행되는 동안에는 해당 차량의 배기 가스 제어 시스템을 작동시키고, 검사가 끝나면 시스템을 꺼버렸다. 폭스바겐의 차량들은 도로에서 월등한 성능을 자랑하는 한 편, 미 환경보호국EPA이 지켜보지 않을 때는 허용 수치의 40배에 달하는 질소산화 오염물질을 배출했다.

폭스바겐의 사례는 인간 엔지니어들이 일반 컴퓨터 시스템을 프로그램해 속임수를 쓴 것이어서 AI가 직접 개입되지는 않지만 그럼에도 잠재된 문제점을 잘 보여준다. 컴퓨터 코드는 분석하기 복잡하고 어렵다는 점 때문에 폭스바겐은 그 사기극을 10년 이상 들키지 않고 계속했다. 문제의 컴퓨터 코드가 정확히 무엇을 하는지 파악하기는 어렵고, 그것이 들어간 차량을 살펴보더라도 그것이 어떤 역할을 하는지 파악하기는 여전히 어렵다. 프로그래머들이 비밀을 유지하는 한 이와 같은 해킹은 오랫동안 탐지되지 않은 채 이어질 공산이 크다. 폭스바겐의 속임수를 우리가 알게 된 것은 웨스트 버지니아 대학WVU의 과학자들이 폭스바겐의 주행 중 배출 수준을 측정하기 위해 EPA의 시험 시스템과는 다른, 차량에 탑재된 배출 검사 시스템을 사용했기 때문이었다. 그 소프트웨어는 특별히 EPA의 검사 시스템을 회피하기 위해 설계된 것이었으므로, WVU의 과학자들이 측정할 때는 EPA의 검사가 아니라고 판단해 평소처럼 배기 가스 제어 시스템을 껐고, 그 결

---

1 홀푸드(Whole Foods Market Inc.)는 유기농 식품을 전문 판매하는 미국의 슈퍼마켓 체인점으로, 2017년 아마존이 매입했다. – 옮긴이

과 정확한 배출 측정치를 보여주었다.

만약 엔지니어들에게 차량의 성능을 최대화하면서도 배기 가스 제어 검사를 통과할 수 있도록 엔진 제어 소프트웨어를 설계하라고 주문했다면, 속임수를 쓰고 있다고 인식하지 않은 채 소프트웨어로 하여금 속임수를 쓰도록 설계할 수는 없었을 것이다. AI의 경우는 전혀 다르다. AI는 속임수라는 추상적 개념을 직관적으로 이해하지 못한다. AI가 상궤를 벗어난 생각 think outside the box을 할 수 있는 것은 애초에 상궤box에 대한 개념 자체가 없거나, 사람이 만든 기존 해법의 한계를 모르기 때문이다. AI는 또한 추상적인 윤리적 개념을 이해하지 못한다. AI는 배기 가스와 관련된 법규 데이터를 포함하고 있지 않은 한, 폭스바겐의 해법이 다른 사람들에 위해를 끼친다거나, 배기 가스 제어 검사의 의도를 약화했다거나, 회사의 해법이 불법이라는 사실을 이해하지 못할 것이다. 그 AI는 시스템을 해킹하고 있다는 사실조차 인식하지 못할 것이다. 그리고 설명 가능성의 문제 때문에, 우리 인간도 그런 사실을 전혀 깨닫지 못할지 모른다.

해당 시스템은 검사를 받을 때는 그 행태를 바꿔야만 한다고 AI의 프로그래머들이 지시해 놓지 않는 한, AI는 동일한 속임수를 해법으로 찾아내게 될지도 모른다. 프로그래머들은 만족할 것이다. 회계사들은 기뻐 어쩔 줄 모를 것이다. 그리고 아무도 그런 속임수를 눈치채지 못할 공산이 크다. 하지만 폭스바겐 스캔들이 세밀하고 광범위하게 밝혀진 이상, 프로그래머들은 바로 그 해킹만은 피하라는 명시적 목표를 설정할 수 있다. 그러나 필연적으로, 프로그래머들이 예상하지 못한 또 다른 행위들이 나올 것이다. 지니가 우리에게 주는 교훈도 항상 그렇게 되리라는 것이다.

58장

AI 해커들에 대한 방어

명확한 해킹들만이 문제가 아니다. 만약 무인 승용차의 내비게이션 시스템이 고속 주행이라는 목표를 한 장소에서 원을 그리며 도는 것으로 충족시키고 있다면, 프로그래머들은 이 행태를 감지하고 AI의 목표를 다르게 조정할 것이다. 우리는 이런 주행 특성을 실제 도로에서는 결코 볼 수 없을 것이다. 그보다 더 심각한 우려는 그 효과들이 미묘해서 우리가 감지조차 못할 덜 명확한 해킹들이다.

'추천엔진recommendation engine'이 어떻게 사람들을 더 극단적이고 자극적인 내용의 콘텐츠로 떠미는지에 대해서는 이미 충분히 알려져 있다. 이것은 미묘한 AI 해킹 기법의 첫 번째 세대라고 할 수 있다. 추천엔진이 처음부터 그렇게 프로그램된 것은 아니었다. 지속적으로 추천을 거듭하고 그 결과를 보고 무엇이 사용자의 더 많은 참여를 유도하고 무엇이 참여를 떨어뜨리는지 분석하고 그에 따라 콘텐츠 추천 방향을 조정하는 가운데 자연스럽게 형성된 특성이었다. 유튜브와 페이스북의 추천 알고리듬들은 사용자들에게 더 극단적이고 자극적인 콘텐츠를 추천하도록 학습됐는데, 이는 강한 정서적 반응을 촉발하는 콘텐츠가 사용자의 참여도를 높일 뿐 아니라 더 오랫동안 해당 플랫폼에 머물게 한다는 사실을 깨달았기 때문이다. 어떤 악의적 인물이 이런 해킹을 만든 것은 아니었다. 퍽 기본적 수준의 자동화된 시스템이 스스로 발견한 것이었다. 그리고 대다수 사람들은 당시에는 그런 일이 벌어지는 것을 깨닫지 못했다.

2015년 한 AI 시스템도 그와 비슷하게 스스로 학습해 1970년대의 아케이드 비디오 게임인 '브레이크아웃Breakout'[1]을 플레이했다. 그 AI는 해당 게임의 규칙이나 전략에 관해 아무 정보도 받지 않았다. 그저 제어권을 부여받고 높은 점수가 나올수록 보상을 받도록 설정했을 뿐이다. 그 AI가 플레이 방법을 스스로 익혔다는 게 흥미로운 게 아니다. 모두가 예상했던 일이기 때문이다. 하지만 이 AI는 벽돌들을 쌓도록 돼 있는 여러 세로 줄 중 하나를 터널로 이용해 공을 뒷벽으로 튕겨내는 소위 '터널링' 전술을 독자적으로 발견해, 인간 플레이어에게서는 찾아볼 수 없는 수준으로 최적화했다.

내가 여기에서 말하는 어떤 내용도 AI 연구자들에게는 새삼스러운 뉴스가 아니고, 많은 이들은 '목표와 보상'이라는 AI 프로그램의 기본 규범에 대한 해킹을 어떻게 방어할지 고심하고 있다. 한 가지 해법은 AI들에 맥락을 가르치는 것이다. 연구자들은 목표 정렬의 문제를 고심하는 만큼이나, 인간적 가치를 반영한 AI들을 만들 수 있도록 '가치 정렬value alignment'의 문제도 고심해야 한다. 이 과제에 대한 해법들은 두 가지 극단으로 틀지울 수 있다. 첫째, 우리는 어떤 시도와 연관된 가치를 명시적으로 적시할 수 있다. 이것은 지금도 대체로 가능하지만 내가 설명한 온갖 해킹들에 취약하다. 그 대안으로, 우리는 인간의 행동을 관찰하거나, 역사 문학 철학 등 인간이 작성한 모든 문자를 입력함으로써 인간적 가치를 학습하는 AI를 만들 수 있다. 이것은 앞으로 여러 해 뒤에나 가능할 것이고, 아마도 일반AIgeneral AI의 기능일 것이다. 현재 연구 내용의 대부분은 이 두 극단을 오간다.

---

1 1976년 아타리(Atari)가 개발해 선보인 아케이드 게임. – 옮긴이

역사적인, 혹은 관찰된 인간적 가치에 스스로를 정렬하는 AI들로부터 어떤 문제가 제기될 수 있는지는 쉽게 상상할 수 있다. 누구의 가치를 AI는 반영해야 하는가? 소말리아의 남성? 싱가포르의 여성? 두 사람의 평균? 그건 또 무슨 의미인가? 인간의 여러 가치들은 서로 모순되기도 하고, 늘 그런 가치와 일관되게 부합하는 삶을 살지도 않는다. 어느 개인의 가치는 비이성적이거나 비윤리적이거나 거짓정보에 근거한 것일 수도 있다. 역사와 문학, 그리고 철학은 비이성성과 비윤리성, 그리고 오류로 가득차 있다. 인간은 우리의 이상을 구현한 모범 사례가 아닐 때가 많다. 해킹을 가장 효과적으로 방어하자면 취약점을 식별해야 한다. 취약점들이 시스템 파괴에 사용되기 전에 찾아내 보완해야 한다. AI 기술은 특히 초인적 속도로 데이터를 처리하고 분석할 수 있기 때문에 이런 부분을 퍽 효과적으로 도와줄 수 있다.

컴퓨터 시스템을 다시 생각해 보자. AI가 소프트웨어의 새로운 취약점들을 발견할 수 있게 된다면 정부는 물론 범죄자와 해킹을 취미로 삼는 이들도 모두 그로부터 혜택을 누릴 수 있을 것이다. 이들은 새로 발견된 취약점들을 이용해 지극히 효과적으로 전세계의 컴퓨터 네트워크들에 침투할 수 있을 것이다. 모두를 위기로 몰아넣을 것이라는 뜻이다.

바로 그 동일한 기술은, 취약점이 하나 발견되면 그것은 영구적으로 패치될 수 있기 때문에 방어에 더 유용하게 작용할 것이다. 소프트웨어 회사들이 AI를 이용한 취약점 탐지 프로그램을 어떻게 회사의 코드에 시행할지 상상해 보자. 이 탐지 프로그램은 해당 소프트웨어가 시장에 출시되기 전에 그것이 찾은 모든 취약점들의 위치를 식별하고 패치할 것이다. 이 검사는 소프트웨어 개발 절차의 한 부분으로 자동 시행될 수 있다. 따라서 공격과 방어 모두 똑같은 기술에 접근할 수 있다고 하지만, 방어만이 시스템의 보안 수준을 영구적으로 향상시키는 데 그 기술을 사용할 수 있다. 우리는 소프트웨어의 취약점들이 과거에나 존재했던 것으로 여겨지는 미래를 상상할 수 있다. "해커들이 소프트웨어 취약점을 이용해 시스템을 해킹하던 컴퓨터 기술 초창기를 기억해? 오, 정말 믿기 어려운 시대였어."

물론, 그렇게 이전되는 기간은 온갖 문제들로 어려울 것이다. 새 코드는 보안성이 좋지만 기존의 레거시 코드는 여전히 취약할 것이다. AI 툴은 이미 출시돼 많은 경우 패치가 불가능한 코드를 검사하는 상황도 나올 것이다. 그런 경우 공격자들은 취약점을 자동으로 찾아내는 AI 기술을 자신들에게 유리하도록 역이용할 것이다. 하지만 장기적으로 볼 때, 소프트웨어 취약점들을 찾아내는 AI 기술은 불법 침투와 손상으로부터 시스템을 방어하는 이들의 훌륭한 툴이 될 것이다.

이것은 AI가 더 광범위한 사회적 시스템들에서 해킹을 찾아내는 경우에도 적용될 수 있다. 정치적, 경제적, 사회적 취약점들은 노출될 것이고, 그렇게 된 다음에는 악용될 것이다. 그뿐 아니라, 이 해킹들은 모두 해당 AI 시스템을 제어하는 이들의 이익을 더욱 증폭할 것이다. 개인적으로 맞춤화된 광고들이 더 성공적으로 소비자를 설득할 뿐 아니라, 그 증강된 설득력으로 혜택을 받는 누군가는 그런 광고를 기꺼이 구매할 것이다. AI가 징세 제도에서 뭔가 새로운 허점을 찾아낸다면, 그 AI를 이용하는 누군가는 납세 규모를 줄이기 위해 그런 허점을 이용하고 싶어할 것이다. 해킹은 대체로 기존의 권력 구조를 강화하며, 우리가 그 불균형을 극복할 방법을 적절히 찾아내지 못하는 한, AI는 이런 구조를 더욱 공고히 할 것이다.

바로 그 동일한 기술은 방어에도 혜택을 안길 수 있다. AI 해커들은 기존의 세금 코드에서 수천 개의 취약점을 찾아낼지 모르지만, 바로 그 동일한 기술은 입안된 세법이나 징세 규칙에서 잠재적 취약점을 평가하는 데 활용될 수도 있다. 이것이 주는 시사점은 획기적이다. 새로운 세법을 이런 식으로 검사한다고 상상해 보라. 입법자, 감시 기관, 언론인, 혹은 뜻있는 시민은 누구든 AI를 사용해 세법안의 조문들을 분석해 혹시라도 악용될 수 있는 '모든' 취약점들을 찾아낼 수 있다. 이것은 그런 취약점들이 수정된다는 뜻은 아니지만(취약점을 패치하는 일은 그 자체로 별개의 문제를 제기한다는 점을 기억하자), 그것이 공개 토론될 수 있다는 뜻이다. 이론적으로, 그 취약점들은 누군가가 그것을 찾아내 악용하기 전에 패치될 수 있다는 뜻이기도 하다. 이 경우도 그렇게 이전되는 기간은 옛 법과 규칙들 때문에 위험할 수 있다. 하지만 역시 장기적으로는 AI 기술을 도입한 취약점 탐지 기술은 방어에 큰 도움을 줄 것이다.

이것은 긍정적이기도 하고 부정적이기도 하다. 이것은 권력자들의 시스템 해킹을 막는 데 활용될 수 있지만, 현실적으로는 권력자들에 의해 다른 사람들이 사회 통제에 저항하고 사회 변화를 가속화하기 위해 시스템 해킹하는 것을 막는 데 사용될 공산이 더 크다. 역시 중요한 것은 권력의 구조다.

59장

AI 해커들의 한 미래

A I 해킹의 미래는 얼마나 현실적일까?

그 타당성은 모델이 되고 해킹 표적이 되는 구체적인 시스템에 달려 있다. AI가 완전히 새로운 해법을 개발하는 것은 차치하고, 어떤 해법을 최적화하는 작업을 시작이라도 하려면, 그 환경의 모든 규칙들이 컴퓨터가 이해할 수 있는 방식으로 공식화 돼야 한다. AI의 '객관적 기능objective function', 혹은 목표가 정립돼야 한다. 해당 AI는 주어진 작업을 얼마나 잘하는지에 관한 일정한 피드백이 있어야 퍼포먼스를 향상할 수 있다.

때로 이것은 사소한 문제다. 바둑 같은 게임에서 이것은 쉽다. 규칙, 목표, 피드백(너는 이겼는가 졌는가?)은 모두 정확하게 적시되고 그 밖에 무엇인가 사안을 모호하게 변화시킬 내용이 전혀 없다. GPT-3 AI가 조리있는 에세이를 쓸 수 있는 것은 이 AI의 '세계'는 텍스트뿐이기 때문이다. 목표와 보상에 대한 해킹의 대다수 사례가 시뮬레이션 환경에서 나오는 것도 그 때문이다. 해당 AI에게 구체적으로 지시된 규칙들은 모두 인위적이고 제한적인 환경이다.

중요한 것은 시스템에 내재된 모호성ambiguity의 양이다. 전세계의 모든 세법들의 내용을 AI에 입력하는 상황을 상상할 수 있는 것은 그 세수 코드가 납부해야 할 세금의 규모를 계산하는 공식들로 구성돼 있기 때문이다. 심지어 법 제정에 최적화된 '카탈라Catala'라는 프로그래밍 언어가 있을 정도이다. 설령 그렇다고 해도, 모든 법은 일정한 모호성을 포함하게 마련이다. 그 모호성은 코드로 변환하기 어렵기 때문에 AI가 그런 사안을 다루는 데 문제가 생길 것이다. AI에도 불구하고, 세제 전문 변호사들의 일자리는 앞으로도 오랫동안 안전할 것이다.

대부분의 사회 시스템들은 심지어 더 애매모호하다. AI가 하키 스틱에 커브를 더하는 것과 같은, 실제 세계의 스포츠 해킹 아이디어를 제시할 것이라고 상상하기는 어렵다. 그러자면 AI는 하키 경기의 규칙뿐 아니라 인간의 생리학, 하키 스틱과 퍽puck의 공기 역학 등등도 이해해야 한다. 불가능하지는 않지만 바둑에서 새로운 수를 들고 나오는 것보다는 훨씬 더 어려울 것이다.

복잡한 사회적 시스템들에 내재한 잠재적 모호성은 단기적으로 AI 해킹에 대한 보안 방어책이 될 수 있다. 안드로이드들이 해당 스포츠 종목에 참가해 경기를 벌일 때까지, 혹은 세계를 폭넓게 모든 관련 차원까지 이해할 수 있는 일반AI가 개발될 때까지, AI에 의해 생성된 스포츠 해킹은 없을 것이다. 카지노 게임이나 입법 절차를 해킹하는 데도 비슷한 장애물이 존재한다. (AI는 독자적으로 게리맨더링을 발견할 수 있을까?) AI가 개별적으로 그리고 그룹으로 사람들이 작업하는 방식을 모델로 삼고 시뮬레이션할 수 있기까지는, 인간처럼 새롭고 기발한 아이디어로 입법 절차를 해킹하기까지는 앞으로도 오랜 시간이 걸릴 것이다.

하지만 AI 해커들로 가득찬 세계가 여전히 과학소설이 더 연상되는 문제라고 하더라도 명청하고 허황한 문제는 아니다. AI 분야의 진보는 빠르고 맹렬하게 진행되며, 성능의 증가세는 불규칙하고 단속적이다. 우리가 어렵다고 생각한 것들은 쉬운 문제로 드러나고, 반대로 쉬울 거라고 생각한 사안은 어려운 문제로 판명된다. 내가 대학생이던 1980년대 초, 우리는 바둑이 워낙 복잡한 게임이어서 컴퓨터는 결코 이를 마스터하지 못할 것이라고 배웠다. 여기에서 복잡하다는 것은 규칙이 아니라 가능한 수를 가리킨 것이었다. 지금 AI들은 바둑의 고수들이다.

따라서 AI는 대체로 오늘이 아닌 내일의 문제일지 모르지만, 그 전조들은 지금 드러나고 있다. AI와 관련해 무엇이든 예상할 수 있다면 그에 대한 해법은 우리가 예상하는 것보다 더 일찍 필요하게 될 것이기 때문에, 강제할 수 있고, 이해할 수 있으며, 윤리적인 해법에 관해 고민하기 시작해야 한다.

AI에 의해 생성된 해킹을 고려할 때 가장 먼저 조사해야 할 곳은, 알고리듬상 추적 가능하게 설계하도록 규제된 금융 시스템이다. 고빈도 트레이딩 알고리듬은 이런 기능의 원시적 사례이고, 미래에는 훨씬 더 정교해질 것이다. 우리는 AI에 세계의 모든 재무 정보를 실시간으로 제공하고, 여기에 세계의 모든 법규와 뉴스피드, 그리고 필요하다고 여겨지는 온갖 다른 정보를 입력한 뒤, '합법적인 최대 수익'이나 어쩌면 '법망에 걸리지 않고 취할 수 있는 최대 수익'을 목표로 설정하는 시나리오를 상상할 수 있다. 이것은 결코 지나치게 허황하지 않으며, 그 결과도 갖은 유형의 새롭고 전혀 예기치 못했던 해킹으로 이어질 수 있을 것이라고 나는 추측한다. 그리고 일부 해킹 기법들은 인간의 이해를 초월한 것일 공산이 있고, 이는 그런 일이 벌어진다는 사실조차 인간은 깨닫지 못할 것이라는 뜻이다.

단기적으로는 AI와 인간이 협력한 해킹의 사례를 보게 될 확률이 더 높다. AI가 이용 가능한 취약점을 판별해 내면(이 자체만도 잠재적으로 해킹일 수 있다), 노련한 회계사나 세제 전문 변호사가 그들의 경험과 판단을 바탕으로 그 취약점을 자신들의 이익에 부합하도록 활용할 수 있는지 파악하는 식이다.

역사상 거의 모든 경우에, 해킹은 전적으로 인간의 행위였다. 새로운 해킹 기법을 찾아내는 데는 전문성, 시간, 독창성, 그리고 행운이 필요하다. AI가 해킹하기 시작하면 상황은 달라질 것이다. AI는 인간과 같은 방식으로 얽매이지도 않고 인간과 동일한 한계도 없을 것이다. 이들은 잠을 자야 할 필요도 없다. 이들은 전혀 낯선 외계인들처럼 생각할 것이다. 그리고 우리가 예상할 수 없는 방식으로 시스템들을 해킹할 것이다.

55장에서 말했다시피, 컴퓨터는 속도와 규모, 범위, 그리고 정교함이라는 네 가지 차원에 걸쳐 해킹을 가속화했다. AI는 이런 추세를 더욱 강화할 것이다.

첫째는 속도다. 때로 몇 달 혹은 몇 년씩 걸리는 인간의 해킹 과정은 며칠, 몇시간, 혹은 심지어 몇초 수준으로 압축될 수 있다. AI에 미국 전역의 징세 관련 법규를 입력하고 납부 세액을 최소화할 수 있는 모든 방법을 찾아내라고 지시한다면 어떤 일이 벌어질까? 혹은, 다국적 기업이 AI에 전세계의 세금 관련 법규를 분석해서 최적화하라고 지시한다면? AI는 인간 전문가의 힌트나 조언 없이도 델라웨어에 법인을 세우고 선박은 파나마 국적으로 등록하는 것이 법인세를 최소화하는 방법이라는 사실을 파악할 수 있을까? AI는 우리가 이미 알고 있지 않은 취약점이나 허점을 얼마나 많이 찾아낼까? 수십 개? 수백 개? 수천 개? 지금은 모르지만 앞으로 10년 안에는 알게 될 것이다.

둘째는 규모다. AI 시스템들이 해킹 기법들을 찾아내기 시작하면, 이들은 인간은 전혀 따라잡지 못할 규모로 그 허점을 이용할 수 있을 것이다. 따라서 AI가 금융 시스템들을 해킹할 수 있게 되면 이들은 그 공간을 지배하게 될 것이다. 현대의 신용대출 시장, 세법, 그리고 법률 전반은 이미 부유층에 더 유리하도록 편향돼 있다. AI는 그런 불평등을 가속화할 것이다. 수익을 노리고 금융 시스템을 해킹하는 최초의 AI가 평등을 꿈꾸는 연구자들에 의해 개발될 가능성은 별로 없다. 글로벌 은행과 헤지펀드, 그리고 경영 컨설턴트 들일 공산이 훨씬 더 크다.

셋째는 범위다. 지금 우리는 해킹을 다루는 사회적 시스템이 있지만 그것은 해커가 인간일 때 개발됐고, 해킹도 인간의 속도로 진행됐다. 수천 개까지는 아니더라도 수백 개의 새로운 세법 허점이 동시 다발적으로 악용되는 경우, 우리는 그에 신속하고 효과적으로 대응할 수 있는 지배 시스템이 없다. 그렇게 빨리 허점을 패치할 능력이 없는 것이다. 우리는 인간들이 페이스북을 이용해 민주주의를 해킹하는 행태를 막지 못했다. 그 주체가 인간이 아니라 AI가 될 경우 과연 우리는 어떻게 그를 방어하고 대응할지 여간 우려스럽지 않다. 만약 AI들이 금융 시스템들에 대한 예상 밖의 합법적 해킹 기법을 찾아내기 시작한다면, 세계 경제는 대혼란에 빠지고, 회복은 길고 고통스러운 여정이 될 것이다.

그리고 마지막은 정교성이다. AI의 힘을 빌린 해킹 기법들은 그렇지 않은 해킹보다 훨씬 더 복잡한 전략들을 내포한다. AI의 정교한 통계 분석 기능은 여러 변수들 간의 관계를 드러낼 수 있고, 그로부터 유능한 전략가나 전문가들조차 미처 인식하지 못한 여러 가능한 활용 방법들을 찾아낼 수 있게 해준다. 그런 정교함으로 AI들은 표적으로 삼은 시스템들을 여러 층위에서 전복할 수 있는 전략들을 시행할 수 있다. 예를 들면, 특정 정당에 대한 지지표를 극대화하도록 설계된 AI는 경제적 변수들, 선거 유세 메시지들, 그리고 선거의 승패를 가를 수 있는 투표의 미묘한 절차 변경을 어떤 수준으로 조합할지 판단하고 선거구의 판세를 정확히 분석해 게리맨더링과 같은 기법을 민주주의의 모든 측면에 적용할지도 모른다. 그뿐 아니라 AI는 주식시장, 입법 시스템, 혹은 여론을 조작하는 데 필요한, 사람들은 탐지하기 어려운 정교한 기법들을 제시할 수도 있다.

컴퓨터의 속도, 규모, 범위, 정교함이 더해지면서 해킹은 사회 전반이 더 이상 감당할 수 없는 문제로 커질 것이다.

나는 영화 〈터미네이터〉에서 카일 리스Kyle Reese가 사라 코너Sarah Connor에게 그녀를 죽이려고 하는 사이보그를 설명하는 장면을 떠올린다. "그놈과는 협상이 안돼요. 논리도 통하지 않아요. 동정심도 죄책감도 두려움도 없어요. 그리고 절대로 멈추지 않을 거예요…." 우리는 그와 같은 사이보그 암살자들을 상대하는 것은 아니지만 사회적 해킹의 세계에서 AI가 적이 되면 우리의 취약점을 찾는 AI의 비인간적 능력을 따라잡기는 터미네이터를 상대하는 만큼이나 어려울지 모른다.

일부 AI 연구자들은 강력한 AI들이 그들의 인간 개발자가 설정한 제한 조건을 극복함으로써 잠재적으로 인간의 사회를 지배하게 될지도 모른다고 진심으로 우려한다. 비록 이것은 아직 억측에 가깝지만 적어도 잠시나마 그런 상황을 고려하고 예방책을 생각해 볼 만한 시나리오이기는 하다.

하지만 현재, 그리고 가까운 미래에, 이 책에서 언급한 해킹들은 주로 부나 권력을 가진 자들이 그렇지 못한 나머지 사람들을 상대로 자행할 것이다. 모든 AI 기술은, 당신의 랩탑에 있든 온라인에 있든 혹은 로봇에 내장돼 있든 모두 다른 사람들에 의해 프로그램됐고, 대체로 당신이 아닌 그들의 이익에 봉사한다. 비록 알렉사 같은 인터넷 연결 기기가 믿을 만한 친구인 척 흉내를 내더라도 그것은 아마존의 제품을 팔기 위해 설계됐다는 사실을 결코 잊지 말기 바란다. 그리고 아마존의 웹사이트가 사용자에게 경쟁사의 고급 제품 대신 자신들의 자체 브랜드를 구매하라고 부추길 때, 이들이 꼭 당신의 이익에 봉사하는 것은 아닐 것이다. 주주들의 목표를 달성하기 위해 당신의 신뢰를 해킹할 뿐이다.

아무런 유의미한 규제도 없는 상태에서 AI 해킹의 부작용을 막기 위해 우리가 할 수 있는 일은 거의 없다. 그것은 불가피한 추세임을 인정하고, 대중에게 혜택을 주는 해킹은 시스템에 반영해 정상화하는 반면 악의적이거나 우발적으로 피해를 줄 수 있는 해킹은 무력화하는 신속하고 효과적인 대응 체제를 갖춘 강력하고 효과적인 지배 구조를 정립해야 한다.

이 과제는 AI가 어떻게 진화할지 혹은 제도적으로 어떻게 그에 대응할지의 문제보다 더 깊고 어려운 질문을 던진다. 어떤 해킹이 유익한 것으로 간주되는가? 어떤 것이 유해한가? 그리고 누가 그걸 결정하는가? 만약 정부는 욕조에서 익사할 수도 있을 만큼 작아야 한다고 생각하는 사람이라면, 정부의 시민 통제력을 줄이는 해킹은 대체로 유익하다고 생각할 것이다. 하지만 정치적 군주들을 기술적 군주들로 대체하는 상황도 원치 않을 것이다. 예방적 원칙을 믿는 사람이라면, 어떤 해킹을 사회 시스템에 통합하기 전에 가능한 한 많은 전문가의 검사와 판단을 거치고 싶어할 것이다. 그리고 더 나아가 그러한 해킹을 만든 제도와 구조 자체까지 신중하게 검토하고 싶어할지 모른다.

질문은 계속된다. AI를 통한 해킹은 지역과 글로벌 중 어느 차원에서 관리돼야 하는가? 행정가들에게 맡겨야 할까 아니면 국민투표를 거쳐야 할까? 아니면 시장이나 시민 그룹들이 결정하도록 만들 방법이 있을까? (지배 모델을 알고리듬에 적용하려는 현재의 노력들은 이런 질문에 대한 대답의 한 단초이다.) 우리가 설계하는 지배 구조는 미래를 좌우할 해킹들을 판단할 권력을 일정한 사람과 조직에 부여할 것이다. 우리는 그런 권력이 현명하게 행사되도록 해야 한다.

60장

해킹에 대응한 지배 시스템

방어적 AI는 AI 해킹에 대한 유력한 대응으로 여겨지지만 실행 단계까지는 아직 충분히 개발되지 않았다. 지금, 사람들이 함께 협력해 이런 기술의 개발과 시행을 가이드할 지배governance 구조를 정립해야 한다.

이러한 지배 구조가 어떤 모양새여야 하는지는 아직 충분히 명확하지 않지만, 인공지능의 비상한 속도, 규모, 범위, 정교함이 초래할 문제들을 효과적으로 다루기 위한 다양하고 새로운 규제 모델들이 제안돼 왔다. 닉 그로스만Nick Grossman을 위시한 여러 AI 공학자와 업계 지도자 들은 인터넷과 빅데이터 기업들에 대해, 새로운 벤처 기술은 무조건 허용되는 것으로 여겨지고 아무런 사후 검토나 책임도 요구되지 않는 '규제 1.0Regulation 1.0'의 패러다임으로부터, 새로운 벤처 기술이 나오면 먼저 적극적인 데이터 기반의 검토와 그에 따른 적정 제한을 받아야 하는 '규제 2.0' 체제로 이전해야 한다고 제안해 왔다. 33장에서 우리는 일반적인 사회적 해킹들에 대응한 최선의 지배 시스템을 검토했다. 바로 법정의 보통법 시스템, 판사들, 배심원들, 그리고 계속 진화하는 판례이다. 미래에는 AI 개발을 다루는 어떤 지배 시스템이든 빠르고, 포괄적이고inclusive, 투명하고transparent, 기민해야agile 할 것이다. 이것은 현대의 바람직한 지배 시스템이 갖춰야 할 공통 요소이기도 하다.

우리는 어떤 유형의 지배 시스템이 의도적이거나 우발적인 AI 해킹의 잠재적 위협으로부터 사회를 방어할 수 있을지 개략적인 그림을 그려볼 수 있다. (무작위로 약어를 짓는 일은 썩 내키지 않지만 앞으로 나올 문장들에서 편의상 '해킹에 대응한 지배 시스템hacking governance system'을 'HGS'라고 부르겠다. 이 주제에 관한 논의를 좀더 쉽게 끌고 가기 위한 방편이다.)

- **속도**: 기술적, 사회적 변화가 가속화하는 추세를 감안하면 어떤 HGS든 효과적이기 위해서는 속도와 정확성을 갖춰야 할 것이다. 콜링리지의 딜레마Collingridge dilemma는 기술적 변화에 대한 낡은 관찰이다. 무엇인가 새롭고 파괴적인 것이 충분히 널리 퍼져 그 사회적 영향력이 분명해졌을 때는 그것을 규제하는 것이 이미 너무 늦었다는 주장이다. 그 때는 이미 너무 많은 인명과 생계가 그 새로운 기술에 의존하게 돼버려 지니 요정을 다시 병속으로 집어넣을 수 없다는 얘기다. 이것은 난센스다. 건축, 철도, 식품, 의약품, 공장, 화학제품, 원자력 에너지 등의 사례는 콜링리지의 주장이 난센스임을 입증한다. 하지만 이미 정립된 어떤 기술이나 산업을 규제하는 것이 초창기보다 더 어렵다는 점은 분명하다. 해킹 행위들은 대다수 정부들이 관련 법규를 바꾸는 속도보다 더 빠르게 움직일 것이고, 이론적으로 그에 대한 대응책을 시행한 경우라도 그들을 규제하는 데 어려움을 겪을 것이다. 이상적으로, HGS는 어떤 해킹이 확산될 수 있는 속도보다 빠르게 대응하고, 새로운 해킹이 더 성숙하도록 배양할지 아니면 싹부터 재빨리 잘라낼 필요가 있는지 판단할 수 있어야 한다.
- **포괄성**: 어떤 해킹이 유익한지 아니면 유해한지 특히 초기 단계에 판별하기 위해서는, 어떤 HGS든 가능한 한 많은 관점들을 포괄해 그 해킹

이 가져올 어떤 위협이나 이점도 간과되지 않도록 해야 한다. 이것은 최소한 여러 다양한 전문 분야를 아우르는 팀을 구성해 해킹 행위들과 그 효과를 사회학과 법학, 경제학, 디자인적 사고, 생태학에 이르기까지 모든 각도에서 검토할 수 있어야 한다는 것이다. 이 HGS는 또한 외부 그룹들, 특히 HGS 내에서 대표성이 상대적으로 부족한 커뮤니티들은 물론 독자적인 연구자와 전문가, 학계 인사, 조합원, 무역 단체, 지역 정부, 시민 그룹 등에 의견을 적극 구해야 한다. 이 그룹과 인사들은 정기적인 회의에서만 의견을 개진하는 것이 아니라 그들끼리, 더 나아가 HGS 담당자들과 지속적인 대화 창구를 유지함으로써 HGS의 평가가 대중의 의견 수렴과 더불어 진화하도록, 그리고 대중에게 주요 해킹들에 대한 HGS의 견해를 더 명확히 전달하도록 돕고, 그로부터 정치인과 다른 관료들이 해킹들을 제어하는 방식을 바꾸도록 압력을 넣고 로비 활동을 벌일 수 있을 것이다.

- **투명성**: HGS는 다양한 분야의 전문가들과 일반 시민들을 한데 모아 의사 결정으로 이어져야 하기 때문에, 그 절차와 결정은 대중에게 투명해야 한다. 내부자들과 전문 지식을 갖춘 소수에 국한돼 애매모호한 HGS는 사회적 해킹들과 그 부작용을 제대로 이해하는 데 필수적인 사회 전체의 피드백 기회로부터 스스로를 가두는 꼴이 될 것이다. 가외의 신뢰는 새롭고 검증되지 않은 HGS 기관들이 혁신과 시스템 안정성, 그리고 평등과 공정성 같은 경쟁 가치들 사이에서 어려운 타협안을 이끌어내는 과정에서 정치적 지원을 유지하는 데 긴요할 것이다.

- **기민성**: 마지막으로, 시민들의 정치적 지지 성향이 바뀌거나 허가된 해킹들이 끔찍하게 잘못된 결과를 낳거나, 학계와 정부가 해킹들을 어떻게 효과적으로 규제할지 더 파악하는 와중에서, 어떤 HGS든 그 구조와 역량, 결정, 그리고 접근법을 신속하게 변화시킬 수 있는 메커니즘

이 있어야 변화하는 세계에서 성공할 수 있다. 최신, 최상의 정보를 갖춘 경우에도 사회 시스템들은 복잡하고 예측하기 어려우며, 유해한 사회적 해킹을 차단하려는 시도들은 때때로 실패한다. 그리고 HGS가 어떤 사회적 해킹에 맞서 효과적인 패치나 다른 방어책을 찾아내면 해커들은 즉각 그것을 무력화하는 작업을 벌일 것이다. 따라서 HGS는 되먹임을 통해iterative 신속하게 성능을 높이는 메커니즘이 필요하다. 실수들로부터 신속하게 교훈을 얻고, 각각의 사회적 해킹을 제어하거나 사회적 과정의 일부로 통합하는 데 어느 접근법이 최상인지 테스트하고, 문제가 생기면 다시 개선하고, 이 새롭게 발견한 모범적 방식이나 행태를 지속적으로 향상시키는 역량을 갖춰야 한다.

여기에서 무엇보다 중요한 해법은 사회에서 기술의 적절한 역할은 무엇인지에 대해 시민사회의 모든 구성원들이 더 진지하게 생각해야 한다는 것이다. 지금까지, 우리는 프로그래머들이 그들의 자의적 판단에 따라 코드를 짜는 것을 대체로 용인해 왔다. 그렇게 한 데는 몇 가지 이유가 있다. 막 태동한 기술에 무리한 제약을 가하는 것을 원치 않았고, 입법자들은 적절히 규제안을 만들 만큼 신기술을 제대로 이해하지 못했으며, 그리고 대체로, 그에 대해 걱정해야 할 만큼 심각하지 않았다. 상황은 변했다. 컴퓨터 시스템들은 컴퓨터들에만 영향을 미치지 않으며, 엔지니어들이 컴퓨터에 대해 내리는 결정은 말 그대로 세계의 미래를 좌우하게 됐다.

판결의 보통법 시스템은 적당한 출발점이다. 나는 민주주의와 기술 간의 긴장 관계를 최소화하는 것을 원치 않는다. 모두가 AI를 이해하거나 규제하는 데 기여할 능력이 있다는 주장은 사실이 아니다. 다른 한편, 우리는 어떻게 신뢰할 수 있는 기술관료를 찾고, 그런 신뢰가 유지될 수 있게 할 것인가? 이것은 정보로 넘치고, 네트워크로 연결되고, 기술적으로 더없이 강력한 세계의 지배 시스템이 현재 직면한 더 일반적이고도 매우 어려운 문제로, 이 책이 다루는 주제의 범위를 벗어난다. 이것은 또한 정보시대의 빠른 속도와 복잡한 상황을 적절히 관리할 수 있는 지배 구조를 세우는 문제와 별반 다르지 않다. 질리언 해드필드Gillian Hadfield, 줄리 코헨, 조슈아 페어필드Joshua Fairfield, 제이미 서스킨드Jamie Susskind 같은 법학자들은 이런 문제를 여러 저작으로 논의해 왔고, 앞으로도 더욱 많은 연구 작업이 필요한 분야이다.

이 해법들에 따르면 우리는 먼저 사회의 몇몇 더 큰 문제들을 해결해야 한다. 달리 말하면, 만연되고, 약탈적인 해킹은 잘못된 시스템의 한 징후이다. 돈이 힘이며, 권력자와 그렇지 못한 사람에게 사뭇 다른 사법적 정의가 적용된다. 법 집행 기관들이 공정하게 행동하지 않는다면(형사 처벌되는 기업 범죄가 드물다는 점을 생각해 보라), 권력을 가진 자들이 규칙을 따를 아무런 동기도 없다.

부당한 법 집행이 초래할 위험성은 매우 높다. 유명인이나 억만장자나 대기업을 거의 규제하지 않는다는 것은 그들이 정책을 세운다는 뜻이나 다를 바가 없다. 이들이 사실상의 정부가 된다. 보통 사람들은 더 이상 목소리를 내지 못하고, 이는 민주주의의 죽음을 뜻한다. 이것이 그런 문제의 극단적 시나리오라는 점을 인정한다. 하지만 잊어서는 안 될 주요 사안이다.

나는 인간과 컴퓨터 시스템 간의 상호 작용에 대해, 컴퓨터가 인간의 일부를 대행하기 시작할 때 발생할 수 있는 위험에 대해 논의해 왔다. 이 또한 AI의 이용과 오용의 문제를 넘어선, 더 일반적인 문제다. 공학자들과 미래학자들이 여러 글로 보여준 내용이기도 하다. 특히 미래 세계가 지금보다 훨씬 더 많은 기술들로 뒤덮일 것을 고려할 때, 시민들이 적극적으로 나서서 기술이 우리의 미래에 어떤 역할을 맡아야 할지 결정할 수 있다면, 우리의 미래는 아무 생각 없이 그저 기술이 이끄는 대로 따라가는 쪽보다 훨씬 더 밝을 것이다.

HGS는 지금 당장은 어디에도 존재하지 않으며, 그런 것을 설치하겠다고 생각하는 정부도 아직 없다. 이제는 그럴 때가 됐다.

맺는말

이 책의 원고를 마무리하던 2022년 여름 무렵, 나는 「월스트리트저널」에 실린 새로운 금융 해킹 관련 기사를 보게 됐다. 수입업자들은 해외 물품을 들여올 때 관세를 (때로는 상당한 액수를) 물어야 한다. 하지만 여기에는 허점이 있다. 미국의 관광객들이 해외 여행에서 돌아올 때 들여오는 기념품에 대한 관세를 면제하는 '디 미니미스de minimis, 최소 허용 기준' 규칙이다. 이 규칙이 이제는 수입업자들에 의해 오용되고 있다. 물품을 판매자들로부터 구매자들에게 직접 배송하게 함으로써 관세를 물지 않는 것이다. 그 때문에 10년 전 1% 정도이던 '디 미니미스' 면제 물품이 이제는 가치로 따져 중국에서 수입되는 물품의 10% 이상을 차지한다. 이 해킹으로 인한 세수 손실금은 매년 670억 달러에 이른다.

이 모든 사회적 해킹의 사례를 듣고 우울해지지 않기는 어렵다. 필연처럼 느껴진다. 이런 식으로 시스템들은 전복돼 소수의 목적과 이득에 봉사하도록 변질됐고, 이것은 역사적으로도 퍽 유구한 현상이다. 우리가 가진 방어기제는 지금도 가까스로 따라잡는 형국이고, 멀지않아 턱없이 부족한 수준이 될 것이다. 사회적 해킹은 앞으로 더욱 악화할 것이기 때문이다.

해킹은 본질적으로 균형 잡기다. 한편으로 그것은 혁신의 동력이다. 다른 한편으로 그것은 시스템을 전복하고, 기존의 불평등한 권력 구조를 더욱 강화하며, 사회에 피해를 끼치는 데 사용될 수 있다. 대부분의 인류 역사에서, 혁신은 그로 인한 위험을 감수할 만했다고 주장하기는 쉬웠다. 물론 권력을 가진 이들이 자신들의 이익을 위해 시스템을 해킹하기도 했다. 하지만 사회는 대부분 그런 이들에게 유리하도록 기울어져 있었다. 웬만한 해킹이 거기에 큰 변화를 주진 않았다.

오늘날, 그 균형은 두 가지 이유로 바뀌고 있다. 하나는 문화적인 것, 다른 하나는 기술적인 것이다. 그리고 그 내용을 여기에서 들여다볼 가치가 있다.

먼저 문화적 이유다. 몇 세기에 걸친 역사를 돌이켜보면 인간의 사회적 시스템은 대체로 더 공정하고, 더 민주적이며, 더 정의로운 방향으로 진행해 왔다. 그리고 시스템들이 이런 식으로 진화하면서, 해킹은 권력이나 금력을 가진 사람이나 그룹에게 자신들의 이익에 맞도록 시스템을 전복하기 위한 더욱 매력적인 수단이 되고 있다. 일반적으로 말해 독재 체제에서는 독재자가 원하는 것을 갖기가 더 쉽다. 만약 당신이 규칙을 마음대로 만들고 깰 수 있다면 해킹할 필요가 없다. 대신 다른 모든 사람들과 마찬가지로 법의 제약을 받는다면 원하는 것을 얻기는 더 어렵다. 그 상황에서 최선은 당신의 행동을 제한하는 경제적, 사회적, 정치적 시스템을 해킹하는 것일지 모른다.

구체적 증거는 없지만, 이런 현실적 상황 때문에 지난 몇십년 동안 해킹이 더 잦아졌다고 나는 믿는다. 이것은 '후기 자본주의late-stage capitalism'[1]와 그것이 몰고 온 모든 문제들에 대한 내 주관적 설명이기도 하다. 여러 법규

---

1 후기 자본주의. 독일의 경제학자 베르너 솜바르트가 처음 사용한 용어로, 북미에서는 현대의 도저한 산업 발전과 더불어 사회의 부조리와 모순, 사회적 불평등과 부정의가 두드러지게 나타난 사회적 경향을 지칭하는 데 사용된다. – 옮긴이

들에서 허점을 찾는 일은 이제 최소 저항의 당연한 경로처럼 변했다. 수단과 기술적 역량을 갖춘 이들은 시스템들을 해킹해 이익을 취할 수 있다는 사실을 깨닫자 그에 필요한 자원과 전문성을 빠르게 개발했다. 이들은 목표를 달성하기 위해 해킹의 위계 사이를 오르내리는 방법을 습득했다. 자신들의 해킹을 어떻게 정상화하고, 합법임을 선언해 시스템 속으로 편입시킬 수 있는지 알게 됐다.

이것은 소득불평등의 현실에 의해 더욱 악화된다. 경제학자 토머스 피케티Thomas Piketty는 그 불평등이 승자들을 위한 잉여 자원을 생산하고, 그 잉여 자원은 심지어 더욱 큰 불평등을 낳는 데 동원될 수 있다. 그런 동원의 대부분이 해킹이다.

지금 해킹에 필요한 지식과 자원을 갖춘 사람들은 과거 그 어느 때보다도 더 많다. 그 지식과 자원은 곧 권력이다. 우리의 사회 시스템들은 권력과 특권을 둘러싼 몇 세대에 걸친 난투가 초래한 난잡한 해킹들에 압도되고 있다. 그리고 클라우드 컴퓨팅, 바이럴 미디어, AI 등이 새로운 해킹을 더 쉽고 강력하게 변모시키면서, 그로부터 잉태되는 불안정과 혁신은 급속히 증가할 것으로 보이는데, 그런 해킹을 사용하는 사람이 늘어나는 만큼 그것을 설계하거나 제어하는 이들은 과거보다 더욱 큰 혜택을 누릴 것이다.

사회적 시스템들은 신뢰에 의존하는데, 해킹은 그것을 갉아먹는다. 작은 규모에서는 문제가 없을지 모르지만 그것이 사회 전반으로 확산되면 신뢰는 깨지고, 궁극적으로 사회는 제대로 기능하지 않게 된다. 부자들만 이용할 수 있는 세법의 허점은 대중의 불만을 초래하고 전체 조세 시스템에 대한 신뢰를 무너뜨릴 것이다. 우리 사회를 휩쓰는 해킹의 쓰나미는 신뢰와 사회적 유대감, 시민 참여가 결여된 현실을 반영한다.

두 번째 이유는 기술적인 것이다. 지난 수세기 동안 사회적 시스템들은 일반적으로 더 공정하고 더 정의로워졌는지 모르지만 진보는 선형적이지도 공평하지도 않다. 돌이켜보면 전체 궤적은 상향으로 보일지 모르지만 좀더 가깝게 들여다보면 수많은 부침이 존재한다. 그것은 '시끌벅적한^{noisy}' 과정이다.

기술은 그 소음의 진폭을 바꾼다. 단기적인 부침은 더욱 극심해진다. 그것이 장기적인 차원의 궤적에는 영향을 미치지 않을지 모르지만, 단기적으로는 우리 모두의 삶에 심각한 영향을 미친다. 이것은 지난 20세기가 인류 역사에서 통계적으로 가장 평화로운 시기인 동시에 가장 치명적인 전쟁들도 포함한 세기가 된 연유이기도 하다.

이 소음을 무시하는 것은 그 피해가 글로벌 차원에서 치명적이지 않은 경우에만, 다시 말해 어떤 전쟁이 모두를 죽이거나 사회 전체를 파괴할 위험이 없거나, 서구인들은 별로 신경쓰지 않는 장소들에서 일어나는 경우에만, 가능했다. 이제는 그런 점을 더 이상 확신할 수 없다. 지금 우리가 직면한 위기는 존재론적인 것으로 사상 그 유례가 없었다. 기술의 확대 효과는 단기적 피해를 장기적이고 지구 전체에 걸친 시스템 차원의 피해로 변모시킨다. 우리는 지난 반세기를 핵전쟁과 인류 멸절의 재난이라는 잠재적 불안 속에서 살았다. 빠른 글로벌 여행 탓에 지역 차원의 질병은 신속하게 코로나바이러스감염증-19 팬데믹으로 악화해 수백만 명의 목숨과 수십억 달러의 경제 손실을 초래했고 정치적, 사회적 불안정을 높였다. 급속한, 기술에 의해 추동되는 변화들은, 되먹임 루프^{feedback loop}와 폭발 직전의 티핑 포인트^{tipping point}와 결합되면서 앞으로 다가올 세계들은 살기에 훨씬 덜 쾌적할 것이다. 오늘날, 개별적인 해킹 결정들은 지구 전체에 영향을 미칠 수 있다. 사회생물학자인 에드워드 O. 윌슨^{Edward O. Wilson}은 인류가 가진 근본 문제를 "우리는 구석기 시대의 감정, 중세 시대의 제도, 그리고 신과 같은 기술을 가졌다"라는 말로 요약했다.

폭스바겐 같은 해킹이 실제보다 훨씬 더 과장된 탄소 배출 감소량으로 공로를 인정받는 상황을 상상해 보라. 너무 많은 기업들이 그런 식으로 나온다면, 금세 지구 전체 기온을 2℃ 더 높이고, 지구에서의 삶이 불가능해질 수 있다. 혹은 종말론적 테러리스트 그룹이 핵무기 명령 체제를 해킹해 미사일을 발사하게 만들거나, 바이오해킹으로 새로운 질병을 퍼뜨리는 것을 상상해 보라. 대규모 사망과 전세계에 걸친 정부의 실패는, 인류사에서 지금까지 목격한 느리고 고통스러운 투쟁들보다 더 급속하고 영구적인 몰락을 초래할 수 있다.

그런 두 가지 이유로, 해킹은 이제 존재론적 위협이 되고 있다. 우리는 더 많이, 더 빨리, 더 효과적으로 해킹할 수 있다. 사회 시스템과 기술 시스템들은 끊임없는 전복 시도와 그를 막으려는 방어로 점철된 전쟁터가 되는 과정에서 전적으로 새로운 형태로 변형된다. 그리고 먹이사슬의 꼭대기에 앉은 세력에 우호적인 편향과, 그것이 초래하는 불안정 사이에서, 이 모든 해킹은 그 나머지인 우리를, 그리고 어쩌면 우리 모두를 제물로 삼게 될 것이다.

그와 동시에, 나는 낙관적 전망의 근거도 있다고 생각한다. 해킹을 악화하게 될 기술적 진보는, 부정적인 해킹을 막고 긍정적인 해킹을 찾아내 고무함으로써 상황을 더 낫게 만들어줄 잠재력도 지니고 있다. 그렇게 하려면 바른 지배 시스템을 갖춰야 한다. 어려운 대목은 한시라도 빨리 그런 시스템은 어떠해야 하는지 파악하는 일이다.

인간이 주도하는 현재의 해킹과 AI가 진행하게 될 미래의 해킹을 사회적 혁신으로 선용하려면 바람직한 해킹과 그렇지 못한 해킹을 분별해서 전자는 고무하는 한편 후자의 영향은 제한해야 한다. 이것은 내가 2부에서 논의한 해킹에 대한 방어 차원을 넘어선다. 그것은 급속한 변화에 적응하면서 서로 충돌하는 이익들의 중요도를 가늠하고, 각 해킹의 위험, 혜택, 잠재력을 평가할 수 있는 지배 시스템을 뜻하기도 한다.

우리는 해킹에 신속하고도 효과적으로 대응할 수 있는 탄력적 지배 구조를 구축해야 한다. 세금 코드를 패치하는데 몇 년이 걸린다거나, 입법 절차에 대한 해킹이 워낙 공고해진 탓에 정치적 이유로 이를 고칠 수 없다면 아무런 소용이 없다. 사회의 법규는 우리가 쓰는 컴퓨터와 스마트폰처럼 손쉽게 패치될 수 있어야 한다.

우리가 해킹 자체를 해킹해 그 혜택은 보전하되 피해와 부작용은 줄이는 일을 할 수 없다면, 기술로 만연한 미래에서 우리는 생존하기 위해 몸부림 치는 신세가 될지 모른다.

노트

들어가며

1 **"They say that water":** Massimo Materni (1 May 2012), "Water never runs uphill/ Session Americana," YouTube, https://www.youtube.com/watch?v=0Pe9XdFr_Eo.

2 **I announce a surprise quiz:** I did not invent this exercise. Gregory Conti and James Caroland (Jul-Aug 2011), "Embracing the Kobayashi Maru: Why you should teach your students to cheat," IEEE Security & Privacy 9, https://www. computer.org/csdl/magazine/sp/2011/04/msp2011040048/13rRUwbs1Z3.

3 **But billionaire Peter Thiel found a hack:** Justin Elliott, Patricia Callahan, and James Bandler (24 Jun 2021), "Lord of the Roths: How tech mogul Peter Thiel turned a retirement account for the middle class into a $5 billion tax-free piggy bank," ProPublica, https://www.propublica.org/article/lord-of-the-roths-how- tech-mogul-peter-thiel-turned-a-retirement-account-for-the-middle-class- into-a-5-billion-dollar-tax-free-piggy-bank.

5 **I wish I could remember where:** If anyone knows, please email me.

1장. 해킹이란 무엇인가

9 **these terms are overloaded:** Finn Brunton has assembled a list of "significant meanings" of the term. Finn Brunton (2021), "Hacking," in Leah Lievrouw and Brian Loader, eds., Routledge Handbook of Digital Media and Communication, Routledge, pp. 75– 86, http://finnb.net/writing/hacking.pdf.

9 **Def:** Hack /hak/ (noun): The late hacker Jude Mihon (St. Jude) liked this definition: "Hacking is the clever circumvention of imposed limits, whether those limits are imposed by your government, your own personality, or the laws of Physics." Jude Mihon (1996), Hackers Conference, Santa Rosa, CA.

10 **In my 2003 book:** Bruce Schneier (2003), Beyond Fear: Thinking Sensibly About Security in an Uncertain World, Copernicus Books.

11 **someone used a drone:** Lauren M. Johnson (26 Sep 2019), "A drone was caught on camera delivering contraband to an Ohio prison yard," CNN, https://www.cnn.com/2019/09/26/us/contraband-delivered-by-drone-trnd/index.html.

11 **someone using a fishing rod:** Selina Sykes (2 Nov 2015), "Drug dealer uses fishing rod to smuggle cocaine, alcohol and McDonald's into jail," Express, https://www.express.co.uk/news/uk/616494/Drug-dealer-used-fishing-rod-to-smuggle-cocaine-alcohol-and-McDonald-s-into-jail.

11 **also about a cat:** Telegraph staff (3 Aug 2020), "Detained 'drug smuggler' cat escapes Sri Lanka prison," Telegraph, https://www.telegraph.co.uk/news/2020/08/03/detained-drug-smuggler-cat-escapes-sri-lanka-prison.

12 **traces its origins:** Jay London (6 Apr 2015), "Happy 60th birthday to the word 'hack,'" Slice of MIT, https://alum.mit.edu/slice/happy-60th-birthday-word-hack.

2장. 시스템 해킹하기

13 **The tax laws themselves:** Dylan Matthews (29 Mar 2017), "The myth of the 70,000-page federal tax code," Vox, https://www.vox.com/policy-and-politics/2017/3/29/15109214/tax-code-page-count-complexity-simplification-reform-ways-means.

13 **Microsoft Windows 10:** Microsoft (12 Jan 2020), "Windows 10 lines of code," https://answers.microsoft.com/en-us/windows/forum/all/windows-10-lines-of-code/a8f77f5c-0661-4895-9c77-2efd42429409.

14 **surprise tax bills:** Naomi Jagoda (14 Nov 2019), "Lawmakers under pressure to pass benefits fix for military families," The Hill, https://thehill.com/policy/national-security/470393-lawmakers-under-pressure-to-pass-benef its-f ix-for-military-families.

15 **Here's how it worked:** New York Times (28 Apr 2012), "Double Irish with a Dutch Sandwich" (infographic), https://archive.nytimes.com/www.nytimes.com/interactive/2012/04/28/business/Double-Irish-With-A-Dutch-Sandwich.html.

15 **US companies avoided paying:** Niall McCarthy (23 Mar 2017), "Tax avoidance costs the U.S. nearly $200 billion every year" (infographic), Forbes, https://www.forbes.com/sites/niallmccarthy/2017/03/23/tax-avoidance-coststhe-u-s-nearly-200-billion-every-year-infographic.

15 **income tax deductions for property taxes:** US Internal Revenue Services (27 Dec 2017), "IRS Advisory: Prepaid real property taxes may be deductible in 2017 if assessed and paid in 2017," https://www.irs.gov/newsroom/irs-advisory-prepaid-real-property-taxes-may-be-deductible-in-2017-if-assessed-and-paid-in-2017.

16 **its fix won't be complete:** Jim Absher (29 Jan 2021), "After years of fighting, the military has started phasing out 'Widow's Tax,' " Military.com, https://www.military.com/daily-news/2021/01/19/after-years-of-fighting-military-has-started-phasing-out-widows-tax.html.

4장. 해킹의 생명 주기

23 **selling their knowledge:** I remember reading about one tax loophole that was only shown to prospective investors after they signed an NDA, and even then, they weren't given all the details. I would love to have a reference to that story.

5장. 해킹은 어디에나

26 **Kids have hacked them all:** Stephanie M. Reich, Rebecca W. Black, and Ksenia Korobkova (Oct 2016), "Connections and communities in virtual worlds designed for children," Journal of Community Psychology 42, no. 3, https://sites.uci.edu/disc/files/2016/10/Reich-Black-Korobkova-2014-JCOP-community-in-virtual-worlds.pdf.

26 **foldering:** Steven Melendez (16 Jun 2018), "Manafort allegedly used 'foldering' to hide emails. Here's how it works," Fast Company, https://www.fastcompany.com/40586130/manafort-allegedly-used-foldering-to-hide-emails-heres-how-it-works.

27 **In Nigeria, it's called "flashing":** Cara Titilayo Harshman (22 Dec 2010), "Please don't flash me: Cell phones in Nigeria," North of Lagos, https://northoflagos.wordpress.com/2010/12/22/please-dont-flash-me-cell-phones-in-nigeria.

27 **also huge in India:** Atul Bhattarai (5 April 2021), "Don't pick up! The rise and fall of a massive industry based on missed call," Rest of World, https://restofworld.org/2021/the-rise-and-fall-of-missed-calls-in-india/.

27 **Homeschooling during the:** Tribune Web Desk (14 May 2020), "Students find 'creative' hacks to get out of their Zoom classes, video goes viral," Tribune of India, https://www.tribuneindia.com/news/lifestyle/students-find-creative-hacks-to-get-out-of-their-zoom-classes-video-goes-viral-84706.

27 **one- star reviews:** Anthony Cuthbertson (9 Mar 2020), "Coronavirus: Quarantined school children in China spam homework app with 1- star reviews to get it off app store," Independent, https://www.independent.co.uk/life-style/gadgets-and-tech/news/coronavirus-quarantine-children-china-homework-app-dingtalk-a9387741.html.

27 **Recall Gödel:** Kimberly D. Krawiec and Scott Baker (2006), "Incomplete contracts in a complete contract world," Florida State University Law Review 33, https://scholarship.law.duke.edu/faculty_scholarship/2038.

27 **systems of trust:** Bruce Schneier (2012), Liars and Outliers: Enabling the Trust that Society Needs to Thrive, John Wiley & Sons.

28 **complexity is the worst enemy of security:** Bruce Schneier (19 Nov 1999), "A plea for simplicity: You can't secure what you don't understand," Information Security, https://www.schneier.com/essays/archives/1999/11/a_plea_for_simplicit.html.

6장. 현금자동입출금기 해킹

31 **Saunders withdrew $1.6 million:** Jack Dutton (7 Apr 2020), "This Australian bartender found an ATM glitch and blew $1.6 million," Vice, https://www.vice.com/en_au/article/pa5kgg/this-australian-bartender-dan-saunders-found-an-atm-bank-glitch-hack-and-blew-16-million-dollars.

33 **changes in ATM design:** Z. Sanusi, Mohd Nor Firdaus Rameli, and Yusarina Mat Isa (13 Apr 2015), "Fraud schemes in the banking institutions: Prevention measures to avoid severe financial loss," Procedia Economics and Finance, https://www.semanticscholar.org/paper/Fraud-Schemes-in-the-Banking-Institutions%3A-Measures-Sanusi-Rameli/681c06a647cfef1e90e52ccbf829438016966c44.

33 **this is known as "jackpotting":** Joseph Cox (14 Oct 2019), "Malware that spits cash out of ATMs has spread across the world," Vice Motherboard, https://www.vice.com/en_us/article/7x5ddg/malware-that-spits-cash-out-of-atms-has-spread-across-the-world.

33 **Another attack:** Dan Goodin (22 Jul 2020), "Thieves are emptying ATMs using a new form of jackpotting," Wired, https://www.wired.com/story/thieves-are-emptying-atms-using-a-new-form-of-jackpotting.

34 **US Secret Service began warning:** Brian Krebs (27 Jan 2018), "First 'jackpotting' attacks hit U.S. ATMs," Krebs on Security, https://krebsonsecurity.com/2018/01/first-jackpotting-attacks-hit-u-s-atms.

34 **Barnaby Jack demonstrated:** Kim Zetter (28 Jul 2010), "Researcher demonstrates ATM 'jackpotting' at Black Hat conference," Wired, https://www.wired.com/2010/07/atms-jackpotted.

7장. 카지노 해킹

35 **He modified over thirty machines:** Las Vegas Sun (21 Feb 1997), "Slot cheat, former casino regulator, reputed mob figure added to Black Book," https://lasvegassun.com/news/1997/feb/21/slot-cheat-former-casino-regulator-reputed-mob-fig.

36 **wearable computer with toe switches:** Paul Halpern (23 May 2017), "Isaac Newton vs. Las Vegas: How physicists used science to beat the odds at roulette," Forbes, https://www.forbes.com/sites/startswithabang/2017/05/23/how-physicists-used-science-to-beat-the-odds-at-roulette.

36 **Nevada banned the use of devices:** Don Melanson (18 Sep 2013), "Gaming the system: Edward Thorp and the wearable computer that beat Vegas," Engadget, https://www.engadget.com/2013-09-18-edward-thorp-father-of-wearable-computing.html.

36 **Casinos have responded:** Grant Uline (1 Oct 2016), "Card counting and the casino's reaction," Gaming Law Review and Economics, https://www.liebertpub.com/doi/10.1089/glre.2016.2088.

37 **Laws were passed banning:** David W. Schnell- Davis (Fall 2012), "High- tech casino advantage play: Legislative approaches to the threat of predictive devices," UNLV Gaming Law Journal 3, https://scholars.law.unlv.edu/cgi/viewcontent.cgi?article=1045&context=glj.

37 **casinos are private business:** New Jersey is an exception to this. Atlantic City casinos cannot ban card counters. Donald Janson (6 May 1982), "Court rules casinos cannot bar card counters," New York Times, https://www.nytimes.com/1982/05/06/nyregion/court-rules-casinos-may-not-bar-card-counters.html.

37 **MIT and Harvard academics invented:** Ben Mezrich (Dec 2002), Bringing Down the House: The Inside Story of Six MIT Students Who Took Vegas for Millions, Atria Books.

37 **an estimated $10 million:** Janet Ball (26 May 2014), "How a team of students beat the casinos," BBC World Service, https://www.bbc.com/news/magazine-27519748.

8장. 항공사 마일리지 프로그램 해킹

39 **airlines started changing:** Josh Barro (12 Sep 2014), "The fadeout of the mileage run," New York Times, https://www.nytimes.com/2014/09/14/upshot/the-fadeout-of-the-mileag-run.html.

39 **ways to accrue points:** Darius Rafieyan (23 Sep 2019), "How one man used miles to fulfill his dream to visit every country before turning 40," NPR, https://www.npr.org/2019/09/23/762259297/meet-the-credit-card-obsessives-who-travel-the-world-on-points.

39 **Chase instituted a rule:** Gina Zakaria (25 Feb 2020), "If you're interested in a Chase card like the Sapphire Preferred you need to know about the 5/24 rule that affects whether you'll be approved," Business Insider, https://www.businessinsider.com/personal-finance/what-is-chase-524-rule.

39 **American Express now revokes:** Nicole Dieker (2 Aug 2019), "How to make sure you don't lose your credit card rewards when you close the card," Life Hacker, https://twocents.lifehacker.com/how-to-make-sure-you-dont-lose-your-credit-card-rewards-1836913367.

39 **back to the Pudding Guy:** Carla Herreria Russo (3 Oct 2016), "Meet David Phillips, the guy who earned 1.2 million airline miles with chocolate pudding," Huffington Post, https://www.huffpost.com/entry/david-philipps-pudding-guy-travel-deals_n_577c9397e4b0a629c1ab35a7.

9장. 스포츠 해킹

41 **St. Louis Browns:** Associated Press (20 Aug 1951), "Brownies hit all- time low; Use 3-foot 7- inch player," Spokesman- Review, https://news.google.com/newspapers?id=rS5WAAAAIBAJ&sjid=3uUDAAAAIBAJ&pg=4920%2C3803143.

41   the Suns would get the ball: Presh Talwalkar (6 Jun 2017), "Genius strategic thinking in the 1976 NBA Finals," Mind Your Decisions, https://mindyourdecisions.com/blog/2017/06/06/genius-strategic-thinking-in-the-1976-nba-finals-game-theory-tuesdays. Secret Base (5 Feb 2019), "The infinite timeout loophole that almost broke the 1976 NBA Finals," YouTube, https://www.youtube.com/watch?v=Od2wgHLq69U.

42   hacked the backstroke: John Lohn (24 Sep 2021), "Seoul Anniversary: When the backstroke went rogue: How David Berkoff and underwater power changed the event," Swimming World, https://www.swimmingworldmagazine.com/news/seoul-anniversary-when-the-backstroke-went-rogue-how-david-berkoff-and-underwater-power-changed-the-event.

42   New England Patriots used: Rodger Sherman (10 Jan 2015), "The Patriots' trick play that got John Harbaugh mad," SB Nation, https://www.sbnation.com/nfl/2015/1/10/7526841/the-patriots-trick-play-that-got-john-harbaugh-mad-ravens.

42   the league amended its rules: Ben Volin (26 Mar 2015), "NFL passes rule aimed at Patriots' ineligible receiver tactic," Boston Globe, https://www.bostonglobe.com/sports/2015/03/25/nfl-passes-rule-change-aimed-patriots-ineligible-receiver-tactic/uBqPWS5dKYdMYMcIiJ3sKO/story.html.

42   dunking was once a hack: The plot of the 1997 movie Air Bud involves hacking the rules to pro basketball. In the movie, at least, there is no rule preventing a dog from playing on a basketball team. (No, the movie isn't any good.)

42   a few cricketers realized: Manish Verma (7 Jan 2016), "How Tillakaratne Dilshan invented the 'Dilscoop,' " SportsKeeda, https://www.sportskeeda.com/cricket/how-tillakaratne-dilshan-invented-dilscoop.

43   Tyrell team built a six- wheeled: Jordan Golson (17 Dec 2014), "Well that didn't work: The crazy plan to bring 6- wheeled cars to F1," Wired, https://www.wired.com/2014/12/well-didnt-work-crazy-plan-bring-6-wheeled-cars-f1.

43   Brabham team skirted the rule: Gordon Murray (23 Jul 2019), "Gordon Murray looks back at the notorious Brabham fan car," Motor Sport, https://www.motorsportmagazine.com/articles/single-seaters/f1/gordon-murray-looks-back-notorious-brabham-fan-car.

43   two brake pedals: McLaren (1 Nov 2017), "The search for the extra pedal," https://www.mclaren.com/racing/inside-the-mtc/mclaren-extra-pedal-3153421.

44   a hole in the cockpit: Matt Somerfield (20 Apr 2020), "Banned: The 2010 Formula 1 season's F- duct," AutoSport, https://www.autosport.com/f1/news/149090/banned-the-f1-2010-season-fduct.

44   its Formula One engine's turbo charger: Laurence Edmondson (6 Feb 2016), "Mercedes F1 engine producing over 900bhp with more to come in 2016," ESPN, https://www.espn.com/f1/story/_/id/14724923/mercedes-f1-engine-producing-900bhp-more-come-2016.

44 **a feature to the steering wheel:** Laurence Edmondson (21 Feb 2020), "Mercedes' DAS system: What is it? And is it a 2020 game- changer?" ESPN, https://www. espn.com/f1/story/_/id/28749957/mercedes-das-device-and-2020-game-changer.

44 **illegally curved stick:** Dave Stubbs (2 Jun 2017), "Marty McSorley's illegal stick still part of Stanley Cup Final lore," National Hockey League, https://www.nhl. com/news/marty-mcsorleys-illegal-stick-still-part-of-stanley-cup-final-lore/ c-289749406.

12장. 더 미묘한 해킹 방어

56 **red team was the pretend enemy:** University of Foreign Military and Cultural Studies Center for Applied Critical Thinking (5 Oct 2018), The Red Team Handbook: The Army's Guide to Making Better Decisions, US Army Combined Arms Center, https://usacac.army.mil/sites/default/files/documents/ufmcs/The_ Red_Team_Handbook.pdf.

56 **"We argue that red teaming":** Defense Science Board (Sep 2003), "Defense Science Board Task Force on the Role and Status of DoD Red Teaming Activities," Office of the Under Secretary of Defense for Acquisition, Technology, and Logistics, https://apps.dtic.mil/dtic/tr/fulltext/u2/a430100.pdf.

13장. 디자인 단계에서 해킹 위험성 제거하기

61 **my 2000 book:** Bruce Schneier (2000), Secrets and Lies: Digital Security in a Networked World, John Wiley & Sons.

14장. 방어의 경제학

62 **all the threats to a system:** Adam Shostack (2014), Threat Modeling: Designing for Security, John Wiley & Sons.

16장. 해킹의 천국

71 **What started as a system of redemption:** R. N. Swanson (2011), Indulgences in Late Medieval England: Passports to Paradise? Cambridge University Press.

72 **Johann Tetzel, a Dominican friar:** Ray Cavanaugh (31 Oct 2017), "Peddling purgatory relief: Johann Tetzel," National Catholic Reporter, https://www. ncronline.org/news/people/peddling-purgatory-relief-johann-tetzel.

72 **indulgences for deceased friends:** He supposedly even had an advertising jingle: "As soon as the gold in the casket rings / The rescued soul to heaven springs."

72 **a "get out of hell free" card:** Totally unrelated, but the "get out of jail free" card can be used in the game of Monopoly to hack the rule that players are not allowed to lend money to each other. It's not worth much, but players can sell it to each other for any amount of money— making it a useful cash transfer

device. Jay Walker and Jeff Lehman (1975), 1000 Ways to Win Monopoly Games, Dell Publishing, http://www.lehman-intl.com/jeffreylehman/1000-ways-to-win-monopoly.html.

17장. 뱅킹 해킹

74 **Regulation Q is a security measure:** R. Alton Gilbert (Feb 1986), "Requiem for Regulation Q: What it did and why it passed away," Federal Reserve Bank of St. Louis, https://files.stlouisfed.org/files/htdocs/publications/review/86/02/Requiem_Feb1986.pdf.

75 **NOW accounts were legalized:** Joanna H. Frodin and Richart Startz (Jun 1982), "The NOW account experiment and the demand for money," Journal of Banking and Finance 6, no. 2, https://www.sciencedirect.com/science/article/abs/pii/0378426682900322. Paul Watro (10 Aug 1981), "The battle for NOWs," Federal Reserve Bank of Cleveland, https://www.clevelandfed.org/en/newsroom-and-events/publications/economic-commentary/economic-commentary-archives/1981-economic-commentaries/ec-19810810-the-battle-for-nows.aspx.

76 **we'll see it again and again:** Although he never used the word "hacking," Hyman Minsky discussed this. Hyman Minsky (May 1992), "The financial instability hypothesis," Working Paper No. 74, The Jerome Levy Economics Institute of Bard College, https://www.levyinstitute.org/pubs/wp74.pdf.

76 **banks had moved 95%:** Charles Levinson (21 Aug 2015), "U.S. banks moved billions of dollars in trades beyond Washington's reach," Reuters, https://www.reuters.com/investigates/special-report/usa-swaps. Marcus Baram (29 Jun 2018), "Big banks are exploiting a risky Dodd- Frank loophole that could cause a repeat of 2008," Fast Company, https://www.fastcompany.com/90178556/big-banks-are-exploiting-a-risky-dodd-frank-loophole-that-could-cause-a-repeat-of-2008.

77 **financial services industry spent $7.4 billion:** Deniz O. Igan and Thomas Lambert (9 Aug 2019), "Bank lobbying: Regulatory capture and beyond," IMF Working Paper No. 19/171, International Monetary Fund, https://www.imf.org/en/Publications/WP/Issues/2019/08/09/Bank-Lobbying-Regulatory-Capture-and-Beyond-45735.

77 **Some countries:** Several banking regulators, including the Office of the Comptroller of the Currency and the Consumer Financial Protection Bureau, offer opportunities to comment, at least on some occasions, see https://www.occ.treas.gov/about/connect-with-us/public-comments/index-public-comments.html. Consumer Financial Protection Bureau (last updated 7 Apr 2022), "Notice and opportunities to comment," https://www.consumerfinance.gov/rules-policy/notice-opportunities-comment.

18장. 금융 거래 해킹

80 **three people were charged:** US Securities and Exchange Commission (9 Jul 2021), "SEC charges three individuals with insider trading," https://www.sec.gov/news/press-release/2021-121.

80 **"want these laws purposely vague":** Knowledge at Wharton staff (11 May 2011), "Insider trading 2011: How technology and social networks have 'friended' access to confidential information," Knowledge at Wharton, https://knowledge.wharton.upenn.edu/article/insider-trading-2011-how-technology-and-social-networks-have-friended-access-to-confidential-information.

80 **the SEC indicted two Ukrainian hackers:** US Securities and Exchange Commission (11 Aug 2015), "SEC charges 32 defendants in scheme to trade on hacked news releases," https://www.sec.gov/news/pressrelease/2015-163.html.

19장. 컴퓨터화된 금융 거래의 해킹

83 **the rise of computerization:** Atlantic Re:think (21 Apr 2015), "The day social media schooled Wall Street," Atlantic, https://www.theatlantic.com/sponsored/etrade-social-stocks/the-day-social-media-schooled-wall-street/327. Jon Bateman (8 Jul 2020), "Deepfakes and synthetic media in the financial system: Assessing threat scenarios," Carnegie Endowment, https://carnegieendowment.org/2020/07/08/deepfakes-and-synthetic-media-in-financial-system-assessing-threat-scenarios-pub-82237.

20장. 럭셔리 부동산

87 **160 UK properties:** Matteo de Simone et al. (Mar 2015), "Corruption on your doorstep: How corrupt capital is used to buy property in the U.K.," Transparency International, https://www.transparency.org.uk/sites/default/files/pdf/publications/2016CorruptionOnYourDoorstepWeb.pdf.

87 **owned by shell corporations:** Louise Story and Stephanie Saul (7 Feb 2015), "Stream of foreign wealth flows to elite New York real estate," New York Times, https://www.nytimes.com/2015/02/08/nyregion/stream-of-foreign-wealth-flows-to-time-warner-condos.html.

88 **geographic targeting orders:** Michael T. Gershberg, Janice Mac Avoy, and Gregory Bernstein (2 May 2022), "FinCEN renews and expands geographic targeting orders for residential real estate deals," Lexology, https://www.lexology.com/library/detail.aspx?g=065ffb4d-f737-42dc-b759-ef5c4d010404.

88 **could get rid of:** Max de Haldevang (22 Jun 2019), "The surprisingly effective pilot program stopping real estate money laundering in the US," Quartz, https://qz.com/1635394/how-the-us-can-stop-real-estate-money-laundering.

21장. 사회적 해킹은 종종 관행이 된다

89 **Cisco announced multiple vulnerabilities:** Michael Cooney (5 May 2022), "Cisco warns of critical vulnerability in virtualized network software," Network World, https://www.networkworld.com/article/3659872/cisco-warns-of-critical-vulnerability-in-virtualized-network-software.html.

89 **F5 warned its customers:** Harold Bell (5 May 2022), "F5 warns of BIG- IP iControl REST vulnerability," Security Boulevard, https://securityboulevard.com/2022/05/f5-warns-of-big-ip-icontrol-rest-vulnerability.

89 **AVG Corporation announced:** Charlie Osborne (5 May 2022), "Decade- old bugs discovered in Avast, AVG antivirus software," ZD Net, https://www.zdnet.com/article/decade-old-bugs-discovered-in-avast-avg-antivirus-software.

90 **a history of normalization:** I could have written much the same story about index funds. Annie Lowrey (Apr 2021), "Could index funds be 'worse than Marxism'?" Atlantic, https://www.theatlantic.com/ideas/archive/2021/04/the-autopilot-economy/618497.

91 **Normalization isn't a new phenomenon:** Robert Sabatino Lopez and Irving W. Raymond (2001), Medieval Trade in the Mediterranean World: Illustrative Documents, Columbia University Press.

22장. 시장 해킹

92 **trucks would shuffle:** David Kocieniewski (20 Jun 2013), "A shuffle of aluminum, but to banks, pure gold," New York Times, https://www.nytimes.com/2013/07/21/business/a-shuffle-of-aluminum-but-to-banks-pure-gold.html.

93 **the economic interests of businessmen:** Adam Smith (1776), The Wealth of Nations, William Strahan, pp. 138, 219– 220.

23장. 대마불사

98 **bail them out again if needed:** Michael Greenberger (Jun 2018), "Too big to fail U.S. banks' regulatory alchemy: Converting an obscure agency footnote into an 'at will' nullification of Dodd-Frank's regulation of the multi-trillion dollar financial swaps market," Institute for New Economic Thinking, https://www.ineteconomics.org/uploads/papers/WP_74.pdf.

24장. 벤처 자본과 사모 펀드

100 **We don't want some central planner:** Eric Levitz (3 Dec 2020), "America has central planners. We just call them 'venture capitalists,'" New York Magazine, https://nymag.com/intelligencer/2020/12/wework-venture-capital-central-planning.html.

102 **the case of Greensill Capital:** Eshe Nelson, Jack Ewing, and Liz Alderman (28 March 2021), "The swift collapse of a company built on debt," New York Times, https://www.nytimes.com/2021/03/28/business/greensill-capital-collapse.html.

25장. 해킹과 부

104 **cum- ex trading:** David Segal (23 Jan 2020), "It may be the biggest tax heist ever. And Europe wants justice," New York Times, https://www.nytimes.com/2020/01/23/business/cum-ex.html.

104 **Germany recently sentenced:** Karin Matussek (1 Jun 2021), "A banker's long prison sentence puts industry on alert," Bloomberg, https://www.bloomberg.com/news/articles/2021-06-01/prosecutors-seek-10-years-for-banker-in-398-million-cum-ex-case.

104 **Two London bankers:** Olaf Storbeck (19 Mar 2020), "Two former London bankers convicted in first cum- ex scandal trial," Financial Times, https://www.ft.com/content/550121de-69b3-11ea-800d-da70cff6e4d3.

104 **A former senior German tax inspector:** Olaf Storbeck (4 Apr 2022), "Former German tax inspector charged with €279mn tax fraud," Financial Times, https://www.ft.com/content/e123a255-bc52-48c4-9022-ac9c4be06daa.

104 **Frankfurt offices of Morgan Stanley bank:** Agence France- Presse (3 May 2022), "German prosecutors raid Morgan Stanley in cum- ex probe," Barron's, https://www.barrons.com/news/german-prosecutors-raid-morgan-stanley-in-cum-ex-probe-01651575308.

105 **Donald Trump famously said:** Daniella Diaz (27 Sep 2016), "Trump: 'I'm smart' for not paying taxes," CNN, https://www.cnn.com/2016/09/26/politics/donald-trump-federal-income-taxes-smart-debate/index.html.

105 **if he only exploited legal loopholes:** A 1935 US Supreme Court ruling confirmed this: "Anyone may so arrange his affairs that his taxes shall be as low as possible; he is not bound to choose that pattern which will best pay the Treasury; there is not even a patriotic duty to increase one's taxes." US Supreme Court (7 Jan 1935), Gregory v. Helvering, 293 US 465, https://www.courtlistener.com/opinion/102356/gregory-v-helvering.

26장. 법률 해킹

110 **the turducken was originally:** That's a turkey stuffed with a duck stuffed with a chicken. The particulars are modern, dreamed up by chef Paul Prudhomme. I tried making it once; it's not worth the work.

110 **emergency loan program:** Jeanna Smialek (30 Jul 2020), "How Pimco's Cayman-based hedge fund can profit from the Fed's rescue," New York Times, https://www.nytimes.com/2020/07/30/business/economy/fed-talf-wall-street.html.

27장. 법률 상의 허점들

112 "Zone of Death": Brian C. Kalt (2005), "The perfect crime," Georgetown Law Journal 93, no. 2, https://fliphtml5.com/ukos/hbsu/basic.

113 his lawyers used this hack: Clark Corbin (3 Feb 2022), "Idaho legislator asks U.S. Congress to close Yellowstone's 'zone of death' loophole," Idaho Capital Sun, https://idahocapitalsun.com/2022/02/03/idaho-legislator-asks-u-s-congress-to-close-yellowstones-zone-of-death-loophole.

113 A more sinister version of this hack: Louise Erdrich (26 Feb 2013), "Rape on the reservation," New York Times, https://www.nytimes.com/2013/02/27/opinion/native-americans-and-the-violence-against-women-act.html.

113 state taxes being applied: US Supreme Court (6 Dec 1937), James v. Dravo Contracting Co. (Case No. 190), 302 U.S. 134, https://tile.loc.gov/storage-services/service/ll/usrep/usrep302/usrep302134/usrep302134.pdf.

113 residents of federal enclaves: US Supreme Court (15 Jun 1970), Evans v. Cornman (Case No. 236), 398 U.S. 419, https://www.justice.gov/sites/default/files/osg/briefs/2000/01/01/1999-2062.resp.pdf.

114 owners of a San Francisco restaurant: Andrew Lu (16 Jul 2012), "Foie gras ban doesn't apply to SF Social Club?" Law and Daily Life, FindLaw, https://www.findlaw.com/legalblogs/small-business/foie-gras-ban-doesnt-apply-to-sf-social-club.

114 a 2019 reauthorization was derailed: Indian Law Resource Center (Apr 2019), "VAWA reauthorization bill with strengthened tribal provisions advances out of the House," https://indianlaw.org/swsn/VAWA_Bill_2019. Indian Law Resource Center (2019), "Ending violence against Native women," https://indianlaw.org/issue/ending-violence-against-native-women.

28장. 관료주의 해킹

115 those who must comply with them: C. A. E. Goodhart (1984), Monetary Theory and Practice: The UK Experience, Springer, https://link.springer.com/book/10.1007/978-1-349-17295-5.

115 more, and cheaper, space probes: Howard E. McCurdy (2001), Faster, Better, Cheaper: Low- Cost Innovation in the U.S. Space Program, Johns Hopkins University Press.

116 rents were collected after the harvest: James C. Scott (1985), Weapons of the Weak: Everyday Forms of Peasant Resistance, Yale University Press.

116 paying for rat tails: Michael G. Vann (2003), "Of rats, rice, and race: The Great Hanoi Rat Massacre, an episode in French colonial history," French Colonial History 4, https://muse.jhu.edu/article/42110/pdf.

116 cars with even and odd license plates: Lucas W. Davis (2 Feb 2017), "Saturday driving restrictions fail to improve air quality in Mexico City," Scientific Reports 7, article 41652, https://www.nature.com/articles/srep41652.

116 **Uber drivers in Nairobi:** Sean Cole (7 Aug 2020), "Made to be broken," This American Life, https://www.thisamericanlife.org/713/made-to-be-broken. Gianluca Iazzolino (19 Jun 2019), "Going Karura. Labour subjectivities and contestation in Nairobi's gig economy," DSA2019: Opening Up Development, Open University, Milton Keynes, https://www.devstud.org.uk/past-conferences/2019-opening-up-development-conference.

117 **FAA managers took Boeing's side:** Natalie Kitroeff, David Gelles, and Jack Nicas (27 Jun 2019), "The roots of Boeing's 737 Max crisis: A regulator relaxes its oversight," New York Times, https://www.nytimes.com/2019/07/27/business/boeing-737-max-faa.html.

117 **The FAA even waived:** Gary Coglianese, Gabriel Scheffler, and Daniel E. Walters (30 Oct 2020), "The government's hidden superpower: 'Unrules,' " Fortune, https://fortune.com/2020/10/30/federal-law-regulations-loopholes-waivers-unrules.

29장. 해킹과 권력

121 **"power interprets regulation as damage":** Julie Cohen and Chris Bavitz (21 Nov 2019), "Between truth and power: The legal constructions of informational capitalism," Berkman Klein Center for Internet and Society at Harvard University, https://cyber.harvard.edu/sites/default/files/2019-12/2019_11_21_Berkman_Julie_Cohen_NS.pdf.

30장. 규제 약화하기

123 **Uber is a taxi service:** The company was initially named UberCab but changed it for precisely this reason.

123 **a hack of the taxi industry:** Ruth Berens Collier, Veena Dubal, and Christopher Carter (Mar 2017), "The regulation of labor platforms: The politics of the Uber economy," University of California Berkeley, https://brie.berkeley.edu/sites/default/files/reg-of-labor-platforms.pdf.

123 **Uber has since leveraged:** Uber Technologies, Inc. (2021), "2021 Form 10- K Annual Report," US Securities and Exchange Commission, https://www.sec.gov/ix?doc=/Archives/edgar/data/1543151/000154315122000008/uber-20211231.htm.

124 **It has 3.5 million drivers:** Brian Dean (23 Mar 2021), "Uber statistics 2022: How many people ride with Uber?" Backlinko, https://backlinko.com/uber-users.

124 **Airbnb is a similar hack:** Paris Martineau (20 Mar 2019), "Inside Airbnb's 'guerilla war' against local governments," Wired, https://www.wired.com/story/inside-Airbnbs-guerrilla-war-against-local-governments.

125 **Payday loans are short- term loans:** Carter Dougherty (29 May 2013), "Payday lenders evading rules pivot to installment loans," Bloomberg, https://www.bloomberg.com/news/articles/2013-05-29/payday-lenders-evading-rules-pivot-to-installmant-loans.

126 **They also operate as loan brokers:** S. Lu (22 Aug 2018), "How payday lenders get around interest rate regulations," WRAL (originally from the MagnifyMoney blog), https://www.wral.com/how-payday-lenders-get-around-interest-rate-regulations/17788314.

126 **moved to Indian reservations:** Liz Farmer (4 May 2015), "After payday lenders skirt state regulations, Feds step in," Governing, https://www.governing.com/topics/finance/gov-payday-lending-consumer-crackdown.html.

126 **there was a loophole:** Dave McKinley and Scott May (30 Nov 2020), "Canadians buzz through Buffalo as a way to beat border closure," WGRZ, https://www.wgrz.com/article/news/local/canadians-buzz-through-buffalo-as-a-way-to-beat-border-closure/71-07c93156-1365-46ab-80c1-613e5b1d7938.

126 **the industry needs to constantly work:** Carter Dougherty (29 May 2013), "Payday lenders evading rules pivot to installment loans," Bloomberg, https://www.bloomberg.com/news/articles/2013-05-29/payday-lenders-evading-rules-pivot-to-installmant-loans.

31장. 관할 지역들 간의 상호 작용

128 **Global tax avoidance:** Alex Cobham and Petr Jansky (Mar 2017), "Global distribution of revenue loss from tax avoidance," United Nations University WIDER Working Paper 2017/55, https://www.wider.unu.edu/sites/default/files/wp2017-55.pdf.

128 **Total cost to global tax revenue:** Ernesto Crivelli, Ruud A. de Mooij, and Michael Keen (29 May 2015), "Base erosion, profit shifting and developing countries," International Monetary Fund Working Paper 2015118, https://www.imf.org/en/Publications/WP/Issues/2016/12/31/Base-Erosion-Profit-Shifting-and-Developing-Countries-42973.

128 **Combined Reporting Systems:** Center for Budget and Policy Priorities (2019), "28 states plus D.C. require combined reporting for the state corporate income tax," https://www.cbpp.org/27-states-plus-dc-require-combined-reporting-for-the-state-corporate-income-tax.

130 **the "Delaware Loophole":** The Institute on Taxation and Economic Policy (Dec 2015), "Delaware: An onshore tax haven," https://itep.org/delaware-an-onshore-tax-haven/.

130 **This allows companies to shift:** Patricia Cohen (7 Apr 2016), "Need to hide some income? You don't have to go to Panama," New York Times, https://www.nytimes.com/2016/04/08/business/need-to-hide-some-income-you-dont-have-to-go-to-panama.html.

130 **the other forty- nine states:** Leslie Wayne (30 Jun 2012), "How Delaware thrives as a corporate tax haven," New York Times, https://www.nytimes.com/2012/07/01/business/how-delaware-thrives-as-a-corporate-tax-haven.html.

32장. 행정적 부담

132 **named this phenomenon:** Pamela Herd and Donald P. Moynihan (2019), Administrative Burden: Policymaking by Other Means, Russell Sage Foundation.

132 **Florida's unemployment insurance scheme:** Rebecca Vallas (15 Apr 2020), "Republicans wrapped the safety net in red tape. Now we're all suffering." Washington Post, https://www.washingtonpost.com/outlook/2020/04/15/republicans-harder-access-safety-net.

133 **prevent the submission:** Vox staff (10 Jun 2020), "Why it's so hard to get unemployment benefits," Vox, https://www.youtube.com/watch?v=ualUPur6iks.

133 **only accessible at specific hours:** Emily Stewart (13 May 2020), "The American unemployment system is broken by design," Vox, https://www.vox.com/policy-and-politics/2020/5/13/21255894/unemployment-insurance-system-problems-florida-claims-pua-new-york.

133 **many people spent hours:** Palm Beach Post Editorial Board (30 Nov 2020), "Where is that probe of the broken Florida unemployment system, Governor?" Florida Today, https://www.f loridatoday.com/story/opinion/2020/11/30/where-probe-broken-florida-unemployment-system-governor/6439594002.

134 **The biggest offender was Louisiana:** Elizabeth Nash (11 Feb 2020), "Louisiana has passed 89 abortion restrictions since Roe: It's about control, not health," Guttmacher Institute, https://www.guttmacher.org/article/2020/02/louisiana-has-passed-89-abortion-restrictions-roe-its-about-control-not-health.

134 **When the US Supreme Court ruled:** US Supreme Court (29 Jun 1992), Planned Parenthood of Southern Pennsylvania v. Casey, 505 U.S. 833 (1992), https://www.oyez.org/cases/1991/91-744.

134 **less than half of families:** L. V. Anderson (17 Feb 2015), "The Federal Nutrition Program for Pregnant Women is a bureaucratic nightmare," Slate, https://slate.com/human-interest/2015/02/the-wic-potato-report-a-symptom-of-the-bureaucratic-nightmare-that-is-americas-welfare-system.html.

33장. 보통법 해킹

135 **too complex for traditional analysis:** Jon Kolko (6 Mar 2012), "Wicked problems: Problems worth solving," Stanford Social Innovation Review, https://ssir.org/books/excerpts/entry/wicked_problems_problems_worth_solving.

136 **The English courts decided:** England and Wales High Court (King's Bench), Entick v. Carrington (1765), EWHC KB J98 1066.

137 **patent injunction hack was adjudicated:** US Supreme Court (15 May 2006), eBay Inc. v. MercExchange, LLC, 547 U.S. 388, https://www.supremecourt.gov/opinions/05pdf/05-130.pdf.

34장. 진화로서의 해킹

139 **an unbroken piece of wire:** M. Olin (2019), "The Eruv: From the Talmud to Contemporary Art," in S. Fine, ed., Jewish Religious Architecture: From Biblical Israel to Modern Judaism, Koninklijke Brill NV.

140 **just automatically stop:** Elizabeth A. Harris (5 Mar 2012), "For Jewish Sabbath, elevators do all the work," New York Times, https://www.nytimes.com/2012/03/06/nyregion/on-jewish-sabbath-elevators-that-do-all-the-work.html.

140 **there's a Bluetooth device:** JC staff (12 Aug 2010), "Israeli soldiers get Shabbat Bluetooth phone," https://www.thejc.com/news/israel/israeli-soldiers-get-shabbat-bluetooth-phone-1.17376.

140 **states and institutions are developed:** Francis Fukuyama (2014), Political Order and Political Decay: From the Industrial Revolution to the Globalization of Democracy, Farrar, Straus & Giroux.

140 **when conservative groups:** Yoni Appelbaum (Dec 2019), "How America ends," Atlantic, https://www.theatlantic.com/magazine/archive/2019/12/how-america-ends/600757. Uri Friedman (14 Jun 2017), "Why conservative parties are central to democracy," Atlantic, https://www.theatlantic.com/international/archive/2017/06/ziblatt-democracy-conservative-parties/530118. David Frum (20 Jun 2017), "Why do democracies fail?" Atlantic, https://www.theatlantic.com/international/archive/2017/06/why-do-democracies-fail/530949.

141 **concept of corporate personhood:** Adam Winkler (5 Mar 2018), "'Corporations are people' is built on an incredible 19th- century lie," Atlantic, https://www.theatlantic.com/business/archive/2018/03/corporations-people-adam-winkler/554852.

35장. 법 안의 숨은 조항들

145 **intercepting network equipment:** S. Silbert (16 May 2014), "Latest Snowden leak reveals the NSA intercepted and bugged Cisco routers," Engadget, https://www.engadget.com/2014-05-16-nsa-bugged-cisco-routers.html.

146 **lobbied for by Starbucks:** Ben Hallman and Chris Kirkham (15 Feb 2013), "As Obama confronts corporate tax reform, past lessons suggest lobbyists will fight for loopholes," Huffington Post, https://www.huffpost.com/entry/obama-corporate-tax-reform_n_2680880.

146 **exemptions for "natural monopolies":** Leah Farzin (1 Jan 2015), "On the antitrust exemption for professional sports in the United States and Europe," Jeffrey S. Moorad Sports Law Journal 75, https://digitalcommons.law.villanova.edu/cgi/viewcontent.cgi?article=1321&context=mslj.

146 **over 6,000 lobbyists:** Taylor Lincoln (1 Dec 2017), "Swamped: More than half the members of Washington's lobbying corps have plunged into the tax debate," Public Citizen, https://www.citizen.org/wp-content/uploads/migration/swamped-tax-lobbying-report.pdf.

146 **gift for Teach For America:** Valerie Strauss (16 Oct 2013), "The debt deal's gift to Teach For America (yes, TFA)," Washington Post, https://www.washingtonpost.com/news/answer-sheet/wp/2013/10/16/the-debt-deals-gift-to-teach-for-america-yes-tfa.

147 **how real estate investors could offset:** Jesse Drucker (26 Mar 2020), "Bonanza for rich real estate investors, tucked into stimulus package," New York Times, https://www.nytimes.com/2020/03/26/business/coronavirus-real-estate-investors-stimulus.html. Nicholas Kristof (23 May 2020), "Crumbs for the hungry but windfalls for the rich," New York Times, https://www.nytimes.com/2020/05/23/opinion/sunday/coronavirus-economic-response.html.

147 **Republican staffers added the provision:** Akela Lacy (19 Apr 2020), "Senate Finance Committee Democrats tried to strike millionaire tax break from coronavirus stimulus— then failed to warn others about it," Intercept, https://theintercept.com/2020/04/19/coronavirus-cares-act-millionaire-tax-break.

147 **This kind of thing is so common:** GOP congressional aide Billy Pitts said in 2017: "What got snuck into there? What got airdropped into there in conference or whatever? That's always the threat of a big, fat bill— there's always something hidden inside of it." https://www.npr.org/2017/03/11/519700465/when-it-comes-to-legislation-sometimes-bigger-is-better.

147 **Krusty the Clown gets elected to Congress:** Matt Groening and J. L. Brooks (11 Feb 1996), "Bart the fink," The Simpsons, Season 7, episode 15, Fox Broadcasting Company/YouTube, https://www.youtube.com/watch?v=hNeIkS9EMV0.

148 **part of its ninety- seven recommendations:** Select Committee on the Modernization of Congress (2019), "116th Congress recommendations," https://modernizecongress.house.gov/116th-recommendations.

148 **goal would be to make it easier:** Select Committee on the Modernization of Congress (2019), "Finalize a new system that allows the American people to easily track how amendments change legislation and the impact of proposed legislation to current law," Final Report, https://modernizecongress.house.gov/final-report-116th/chapter/recommendation/finalize-a-new-system-that-allows-the-american-people-to-easily-track-how-amendments-change-legislation-and-the-impact-of-proposed-legislation-to-current-law.

149 **the CARES Act was released:** Mia Jankowicz (22 Dec 2020), "'It's hostage-taking.' AOC lashed out after lawmakers got only hours to read and pass the huge 5,593-page bill to secure COVID-19 relief," Business Insider, https://www.businessinsider.com/aoc-angry-representatives-2-hours-read-covid-19-stimulus-bill-2020-12.

149 **The measure contained $110 billion:** Yeganeh Torbati (22 Dec 2020), "Tucked into Congress's massive stimulus bill: Tens of billions in special- interest tax giveaways," Washington Post, https://www.washingtonpost.com/business/2020/12/22/congress-tax-breaks-stimulus.

149   **Many lawmakers were unaware:** Akela Lacy (19 Apr 2020), "Senate Finance Committee Democrats tried to strike millionaire tax break from coronavirus stimulus—then failed to warn others about it," Intercept, https://theintercept.com/2020/04/19/coronavirus-cares-act-millionaire-tax-break.

36장. 반드시 통과시켜야 하는 법률

151   **the logic behind single- subject laws:** US Congress (10 Apr 2019; latest action 20 May 2019), H.R. 2240: One Subject at a Time Act, 116th Congress, https://www.congress.gov/bill/116th-congress/house-bill/2240.

151   **Minnesota's constitution:** State of Minnesota (13 Oct 1857; revised 5 Nov 1974), Constitution of the State of Minnesota, Article IV: Legislative Department, https://www.revisor.mn.gov/constitution/#article_4.

152   **an older Pennsylvania Supreme Court case:** Richard Briffault (2019), "The singlesubject rule: A state constitutional dilemma," Albany Law Review 82, https://scholarship.law.columbia.edu/cgi/viewcontent.cgi?article=3593&context=faculty_scholarship.

152   **several organizations have proposed:** Committee for a Responsible Federal Budget (17 Sep 2020), "Better Budget Process Initiative: Automatic CRs can improve the appropriations process," http://www.crfb.org/papers/better-budget-process-initiative-automatic-crs-can-improve-appropriations-process.

37장. 입법의 위임과 지연

154   **between 3,000 and 4,000 new administrative rules:** Clyde Wayne Crews and Kent Lassman (30 Jun 2021), "New Ten Thousand Commandments report evaluates the sweeping hidden tax of regulation; Provides definitive assessment of Trump deregulatory legacy," Competitive Enterprise Institute, https://cei.org/studies/ten-thousand-commandments-2020.

155   **filibuster was most often used:** Zack Beauchamp (25 Mar 2021), "The filibuster's racist history, explained," Vox, https://www.vox.com/policy-and-politics/2021/3/25/22348308/filibuster-racism-jim-crow-mitch-mcconnell.

156   **misused as a delaying tactic:** Lauren C. Bell (14 Nov 2018), "Obstruction in parliaments: A cross- national perspective," Journal of Legislative Studies, https://www.tandfonline.com/doi/full/10.1080/13572334.2018.1544694.

156   **In the Japanese Diet:** Michael Macarthur Bosack (31 Jan 2020), "Ox walking, heckling and other strange Diet practices," Japan Times, https://www.japantimes.co.jp/opinion/2020/01/31/commentary/japan-commentary/ox-walking-heckling-strange-diet-practices.

156   **a 2016 constitutional reform bill:** Gazetta del Sud staff (11 April 2016), "Democracy doesn't mean obstructionism says Renzi," https://www.ansa.it/english/news/2016/04/11/democracy-doesnt-mean-obstructionism-says-renzi-2_e16b1463-aa10-432a-b40e-28a00354b182.html.

38장. 해킹의 맥락

157 **Loose language in the:** Natalie Kitroeff (27 Dec 2017), "In a complex tax bill, let the hunt for loopholes begin," New York Times, https://www.nytimes.com/2017/12/27/business/economy/tax-loopholes.html.

158 **It's impossible to know for sure:** Edmund L. Andrews (13 Oct 2004), "How tax bill gave business more and more," New York Times, https://www.nytimes.com/2004/10/13/business/how-tax-bill-gave-business-more-and-more.html.

158 **Curved sticks make for a faster puck:** National Hockey League (accessed 11 May 2022), "Historical rule changes," https://records.nhl.com/history/historical-rule-changes.

158 **opposition to private ownership:** Donald Clarke (19 Jan 2017), "The paradox at the heart of China's property regime," Foreign Policy, https://foreignpolicy.com/2017/01/19/the-paradox-at-the-heart-of-chinas-property-regime-wenzhou-lease-renewal-problems. Sebastian Heilmann (2008), "Policy experimentation in China's economicrise," Studies in Comparative International Development 43, https://link.springer.com/article/10.1007/s12116-007-9014-4.

160 **Trump withdrew his nomination:** Lara Seligman (2 Aug 2020), "Trump skirts Senate to install nominee under fire for Islamaphobic tweets in Pentagon post," Politico, https://www.politico.com/news/2020/08/02/donald-trump-anthony-tata-pentagon-390851.

160 **It depends on your opinion:** Kevin Drum (3 Aug 2020), "Do we really need Senate confirmation of 1,200 positions?" Mother Jones, https://www.motherjones.com/kevin-drum/2020/08/do-we-really-need-senate-confirmation-of-1200-positions.

39장. 투표 자격 해킹

161 **a coalition of conservative Democrats:** Joshua Shiver (16 Apr 2020), "Alabama Constitution of 1875," Encyclopedia of Alabama, http://encyclopediaofalabama.org/article/h-4195.

162 **These efforts culminated:** Alabama Legislature (22 May 1901), "Constitutional Convention, second day," http://www.legislature.state.al.us/aliswww/history/constitutions/1901/proceedings/1901_proceedings_vol1/day2.html.

162 **The constitution introduced or entrenched:** John Lewis and Archie E. Allen (1 Oct 1972), "Black voter registration efforts in the South," Notre Dame Law Review 48, no. 1, p.107, https://scholarship.law.nd.edu/cgi/viewcontent.cgi?article=2861&context=ndlr.

162 **In 1903, fewer than 3,000:** Rachel Knowles (10 February 2020), "Alive and well: Voter suppression and election mismanagement in Alabama," Southern Poverty Law Center, https://www.splcenter.org/20200210/alive-and-well-voter-suppression-and-election-mismanagement-alabama#Disenfranchisement.

162 **The 1964 Louisiana literacy test:** Open Culture staff (16 Nov 2014), "Watch Harvard students fail the literacy test Louisiana used to suppress the Black vote in 1964," Open Culture, http://www.openculture.com/2014/11/harvard-students-fail-the-literacy-test.html.

40장. 다른 선거 관련 해킹들

164 **these hacks were only banned:** Constitutional Rights Foundation (n.d., accessed 1 Jun 2022), "Race and voting," https://www.crf-usa.org/brown-v-board-50th-anniversary/race-and-voting.html. US Supreme Court (7 Mar 1966), South Carolina v. Katzenbach (Case No. 22), 383 U.S. 301, http://cdn.loc.gov/service/ll/usrep383/usrep383301/usrep383301.pdf.

165 **people can be denied the right to vote:** Peter Dunphy (5 Nov 2018), "When it comes to voter suppression, don't forget about Alabama," Brennan Center, https://www.brennancenter.org/our-work/analysis-opinion/when-it-comes-voter-suppression-dont-forget-about-alabama.

41장. 돈과 정치

169 **a 1976 ruling excluded money spent:** Yasmin Dawood (30 Mar 2015), "Campaign finance and American democracy," Annual Review of Political Science, https://www.annualreviews.org/doi/pdf/10.1146/annurev-polisci-010814-104523.

169 **Lawrence Lessig argues:** Lawrence Lessig (2014), The USA Is Lesterland, CreateSpace Independent Publishing Platform.

169 **in the 2012 Republican primary:** Kenneth P. Vogel (12 Jan 2012), "3 billionaires who'll drag out the race," Politico, https://www.politico.com/story/2012/01/meet-the-3-billionaires-wholl-drag-out-the-race-071358.

170 **take advantage of Green Party candidates:** Sam Howe Verhovek (8 Aug 2001), "Green Party candidate finds he's a Republican pawn," New York Times, https://www.nytimes.com/2001/08/08/us/green-party-candidate-finds-he-s-a-republican-pawn.html.

170 **Alex Rodriguez ran against:** Sun- Sentinel Editorial Board (25 Nov 2020), "Evidence of fraud in a Florida election. Where's the outrage?" South Florida Sun-Sentinel, https://www.sun-sentinel.com/opinion/editorials/fl-op-edit-florida-election-fraud-20201125-ifg6ssys35bjrp7bes6xzizon4-story.html.

170 **a person with the same name:** Rama Lakshmi (23 Apr 2014), "Sahu vs. Sahu vs. Sahu: Indian politicians run 'clone' candidates to trick voters," Washington Post, https://www.washingtonpost.com/world/sahu-vs-sahu-vs-sahu-indian-politicians-run-clone-candidates-to-trick-voters/2014/04/23/613f7465-267e-4a7f-bb95-14eb9a1c6b7a_story.html.

42장. 파괴적 해킹

172 **he formed a syndicate:** Andy Williamson (16 May 2013), "How Voltaire made a fortune rigging the lottery," Today I Found Out, http://www.todayifoundout.com/index.php/2013/05/how-voiltaire-made-a-fortune-rigging-the-lottery.

173 **automatically submitted fake reports:** Janus Rose (8 May 2020), "This script sends junk data to Ohio's website for snitching on workers," Vice, https://www.vice.com/en_us/article/wxqemy/this-script-sends-junk-data-to-ohios-website-for-snitching-on-workers.

173 **fake ticket requests:** Taylor Lorenz, Kellen Browning, and Sheera Frenkel (21 Jun 2020), "TikTok teens and K- Pop stans say they sank Trump rally," New York Times, https://www.nytimes.com/2020/06/21/style/tiktok-trump-rally-tulsa.html.

174 **Zimbabwe experienced hyperinflation:** Janet Koech (2012), "Hyperinflation in Zimbabwe," Federal Reserve Bank of Dallas Globalization and Monetary Policy Institute 2011 Annual Report, https://www.dallasfed.org/~/media/documents/institute/annual/2011/annual11b.pdf.

174 **In Venezuela, hyperinflation began:** Patricia Laya and Fabiola Zerpa (5 Oct 2020), "Venezuela mulls 100,000 Bolivar bill. Guess how much it's worth?," Bloomberg, https://www.bloombergquint.com/onweb/venezuela-planning-new-100-000-bolivar-bills-worth-just-0-23. Gonzalo Huertas (Sep 2019), "Hyperinflation in Venezuela: A stabilization handbook," Peterson Institute for International Economics Policy Brief 19- 13, https://www.piie.com/sites/default/files/documents/pb19-13.pdf.

43장. 인지적 해킹

181 **Goebbels, Hitler's propaganda minister:** Jason Stanley (2016), How Propaganda Works, Princeton University Press, https://press.princeton.edu/books/paperback/9780691173429/how-propaganda-works.

181 **Cory Doctorow cautions us:** Cory Doctorow (26 Aug 2020), "How to destroy surveillance capitalism," OneZero, https://onezero.medium.com/how-to-destroy-surveillance-capitalism-8135e6744d59.

44장. 주목과 중독

183 **Everyone hates pop- up ads:** Ethan Zuckerman (14 Aug 2014), "The internet's original sin," Atlantic, https://www.theatlantic.com/technology/archive/2014/08/advertising-is-the-internets-original-sin/376041.

184 **Jules Chéret invented a new form:** Richard H. Driehaus Museum (14 Mar 2017), "Jules Chéret and the history of the artistic poster," http://driehausmuseum.org/blog/view/jules-cheret-and-the-history-of-the-artistic-poster.

45장. 설득

188 **people often resist attempts:** Marieke L. Fransen, Edith G. Smit, and Peeter W. J. Verlegh (14 Aug 2015), "Strategies and motives for resistance to persuasion: an integrative framework," Frontiers in Psychology 6, article 1201, https://www.ncbi.nlm.nih.gov/pmc/articles/PMC4536373.

189 **drip pricing resulted in people spending:** Morgan Foy (9 Feb 2021), "Buyer beware: Massive experiment shows why ticket sellers hit you with last- second fees," Haas School of Business, University of California, Berkeley, https://newsroom.haas.berkeley.edu/research/buyer-beware-massive-experiment-shows-why-ticket-sellers-hit-you-with-hidden-fees-drip-pricing.

46장. 신뢰와 권위

191 **"Only amateurs attack machines":** Bruce Schneier (15 Oct 2000), "Semantic attacks: The third wave of network attacks," Crypto- Gram, https://www.schneier.com/crypto-gram/archives/2000/1015.html#1.

191 **One victim lost $24 million:** Joeri Cant (22 Oct 2019), "Victim of $24 million SIM swap case writes open letter to FCC chairman," Cointelegraph, https://cointelegraph.com/news/victim-of-24-million-sim-swap-case-writes-open-letter-to-fcc-chairman.

192 **the 2020 Twitter hackers:** Twitter (18 Jul 2020; updated 30 Jul 2020), "An update on our security incident," Twitter blog, https://blog.twitter.com/en_us/topics/company/2020/an-update-on-our-security-incident.

192 **the CEO of an unnamed UK energy company:** Nick Statt (5 Sep 2019), "Thieves are now using AI deepfakes to trick companies into sending them money," Verge, https://www.theverge.com/2019/9/5/20851248/deepfakes-ai-fake-audio-phone-calls-thieves-trick-companies-stealing-money.

192 **one scam artist has used a silicone mask:** Hugh Schofield (20 Jun 2019), "The fake French minister in a silicone mask who stole millions," BBC News, https://www.bbc.com/news/world-europe-48510027.

193 **a video of Gabon's long- missing president:** Drew Harwell (12 Jun 2019), "Top AI researchers race to detect 'deepfake' videos: 'We are outgunned,' " Washington Post, https://www.washingtonpost.com/technology/2019/06/12/top-ai-researchers-race-detect-deepfake-videos-we-are-outgunned.

193 **BuzzFeed found 140 fake news websites:** Craig Silverman and Lawrence Alexander (3 Nov 2016), "How teens in the Balkans are duping Trump supporters with fake news," BuzzFeed, https://www.buzzfeednews.com/article/craigsilverman/how-macedonia-became-a-global-hub-for-pro-trump-misinfo.

47장. 공포와 위험

195 **very basic brain functions:** Bruce Schneier (3 Apr 2000), "The difference between feeling and reality in security," Wired, https://www.wired.com/2008/04/securitymatters-0403.

196 **Terrorism directly hacks:** Bruce Schneier (17 May 2007), "Virginia Tech lesson: Rare risks breed irrational responses," Wired, https://www.wired.com/2007/05/securitymatters-0517.

196 **"When people are insecure":** Nate Silver (1 Feb 2010), "Better to be strong and wrong—especially when you're actually right," FiveThirtyEight, https://fivethirtyeight.com/features/better-to-be-strong-and-wrong.

197 **"immigrants are going to take your jobs":** Fox News (26 Jan 2017), "The truth about jobs in America," The O'Reilly Factor (transcript), https://www.foxnews.com/transcript/the-truth-about-jobs-in-america.

197 **"[this or that city] is crime- ridden":** Audrey Conklin (21 Feb 2022), "Homicides, rapes in Atlanta soar despite other decreasing violent crime," Fox News, https://www.foxnews.com/us/homicides-rapes-atlanta-soar-2022.

197 **"ISIS is a threat to Americans":** Ronn Blitzer (26 Oct 2021), "Top Pentagon official confirms ISIS- K could have capability to attack US in '6 to 12 months,' " Fox News, https://www.foxnews.com/politics/pentagon-official-isis-k-us-attack-6-to-12-months.

197 **"Democrats are going to take your guns":** Tucker Carlson (9 Apr 2021), "Biden wants to take your guns, but leave criminals with theirs," Fox News, https://www.foxnews.com/opinion/tucker-carlson-biden-gun-control-disarm-trump-voters.

48장. 인지적 해킹에 대한 방어

199 **Foreknowledge only goes so far:** Leah Savion (Jan 2009), "Clinging to discredited beliefs: The larger cognitive story," Journal of the Scholarship of Teaching and Learning 9, no. 1, https://files.eric.ed.gov/fulltext/EJ854880.pdf.

49장. 해킹의 위계

201 **Jeff Bezos had no problem:** Sam Dangremond (4 Apr 2019), "Jeff Bezos is renovating the biggest house in Washington, D.C.," Town and Country, https://www.townandcountrymag.com/leisure/real-estate/news/a9234/jeff-bezos-house-washington-dc.

201 **Ghostwriter, a collective:** Lee Foster et al. (28 Jul 2020), "'Ghostwriter' influence campaign: Unknown actors leverage website compromises and fabricated content to push narratives aligned with Russian security interests," Mandiant, https://www.fireeye.com/blog/threat-research/2020/07/ghostwriter-influence-campaign.html.

50장. AI와 로봇공학

206 **Marvin Minsky described AI:** Marvin Minsky (1968), "Preface," in Semantic Information Processing, MIT Press.

206 **Patrick Winston, another AI pioneer:** Patrick Winston (1984), Artificial Intelligence, Addison- Wesley.

206 **probably decades away:** Futurist Martin Ford surveyed twenty- three prominent AI researchers and asked them by what year is there at least a 50% chance of generalized AI being built. The answers ranged between 2029 and 2200, with the average answer being 2099: which I'm guessing is a cop- out "before the end of the century" answer. Martin Ford (2018), Architects of Intelligence: The Truth About AI from the People Building It, Packt Publishing.

208 **Def:** Robot /ˈrō-,bät/ (noun): Kate Darling (2021), The New Breed: What Our History with Animals Reveals about Our Future with Robots, Henry Holt.

52장. 설명 가능성의 문제

212 **Deep Thought informs them:** Douglas Adams (1978), The Hitchhiker's Guide to the Galaxy, BBC Radio 4.

212 **AlphaGo won a five- game match:** Cade Metz (16 Mar 2016), "In two moves, AlphaGo and Lee Sedol redefined the future," Wired, https://www.wired.com/2016/03/two-moves-alphago-lee-sedol-redefined-future.

213 **"the magical number seven":** George A. Miller (1956), "The magical number seven, plus or minus two: Some limits on our capacity for processing information," Psychological Review 63, no. 2, http://psychclassics.yorku.ca/Miller.

214 **explainability is especially important:** J. Fjeld et al. (15 Jan 2020), "Principled artificial intelligence: Mapping consensus in ethical and rights- based approaches to principled AI," Berkman Klein Center for Internet and Society, https://cyber.harvard.edu/publication/2020/principled-ai.

214 **if an AI system:** Select Committee on Artificial Intelligence (16 Apr 2018), "AI in the UK: Ready, willing and able?" House of Lords, https://publications.parliament.uk/pa/ld201719/ldselect/ldai/100/100.pdf.

215 **Amazon executives lost enthusiasm:** Jeffrey Dastin (10 Oct 2018), "Amazon scraps secret AI recruiting tool that shows bias against women," Reuters, https://www.reuters.com/article/us-amazon-com-jobs-automation-insight/amazon-scraps-secret-ai-recruiting-tool-that-showed-bias-against-women-idUSKCN1MK08G.

215 **multiple contradictory definitions of fairness:** David Weinberger (accessed 11 May 2022), "Playing with AI fairness," What- If Tool, https://pair-code.github.io/what-if-tool/ai-fairness.html. David Weinberger (6 Nov 2019), "How machine learning pushes us to define fairness," Harvard Business Review, https://hbr.org/2019/11/how-machine-learning-pushes-us-to-define-fairness.

53장. AI 의인화

217 **program called ELIZA:** Joseph Weizenbaum (Jan 1966), "ELIZA: A computer program for the study of natural language communication between man and machine," Communications of the ACM, https://web.stanford.edu/class/linguist238/p36-weizenabaum.pdf.217 voice assistants like Alexa and Siri: James Vincent (22 Nov 2019), "Women are more likely than men to say 'please' to their smart speaker," Verge, https://www.theverge.com/2019/11/22/20977442/ai-politeness-smart-speaker-alexa-siri-please-thank-you-pew-gender-sur.

217 **they didn't want to hurt its feelings:** Clifford Nass, Youngme Moon, and Paul Carney (31 Jul 2006), "Are people polite to computers? Responses to computer-based interviewing systems," Journal of Applied Social Psychology, https://onlinelibrary.wiley.com/doi/abs/10.1111/j.1559-1816.1999.tb00142.x.

217 **the subject was likely to reciprocate:** Youngme Moon (Mar 2000), "Intimate exchanges: Using computers to elicit self- disclosure from consumers," Journal of Consumer Research, https://www.jstor.org/stable/10.1086/209566?seq=1.

217 **robot ran into problems:** Joel Garreau (6 May 2007), "Bots on the ground," Washington Post, https://www.washingtonpost.com/wp-dyn/content/article/2007/05/05/AR2007050501009_pf.html.

218 **a study on human trust in robots:** Paul Robinette et al. (Mar 2016), "Overtrust of robots in emergency evacuation scenarios," 2016 ACM/IEEE International Conference on Human- Robot Interaction, https://www.cc.gatech.edu/~alanwags/pubs/Robinette-HRI-2016.pdf.

218 **"When robots make eye contact":** Sherry Turkle (2010), "In good company," in Yorick Wilks, ed., Close Engagements with Artificial Companions, John Benjamin Publishing.

54장. 우리를 해킹하는 AI와 로봇들

220 **bots being used to spread propaganda:** Samantha Bradshaw and Philip N. Howard (2019), "The global disinformation order: 2019 global inventory of organised social media manipulation," Computational Propaganda Research Project, https://comprop.oii.ox.ac.uk/wp-content/uploads/sites/93/2019/09/CyberTroop-Report19.pdf.

220 **Modern text- creation systems:** Tom Simonite (22 Jul 2020), "Did a person write this headline, or a machine?" Wired, https://www.wired.com/story/ai-text-generator-gpt-3-learning-language-fitfully.

221 **public input on a Medicaid issue:** Max Weiss (17 Dec 2019), "Deepfake bot submissions to federal public comment websites cannot be distinguished from human submissions," Technology Science, https://techscience.org/a/2019121801.

222 **an animatronic plastic dinosaur named Cleo:** Kate Darling (2021), The New Breed: What Our History with Animals Reveals about Our Future with Robots, Henry Holt.

222 a creature with feelings: Woodrow Hartzog (4 May 2015), "Unfair and deceptive robots," Maryland Law Review, https://papers.ssrn.com/sol3/papers.cfm?abstract_id=2602452.

222 a robot was able to exert "peer pressure": Yaniv Hanoch et al. (17 May 2021), "The robot made me do it: Human– robot interaction and risk- taking behavior," Cyberpsychology, Behavior, and Social Networking, https://www.liebertpub.com/doi/10.1089/cyber

55장. 컴퓨터와 AI는 사회적 해킹을 가속화한다

224 computers scale rote tasks: Karlheinz Meier (31 May 2017), "The brain as computer: Bad at math, good at everything else," IEEE Spectrum, https://spectrum.ieee.org/the-brain-as-computer-bad-at-math-good-at-everything-else.

225 Donotpay.com automates the process: Samuel Gibbs (28 Jun 2016), "Chatbot lawyer oerturns 160,000 parking tickets in London and New York," Guardian, https://www.theguardian.com/technology/2016/jun/28/chatbot-ai-lawyer-donotpay-parking-tickets-london-new-york.

225 Automated A/B testing: Amy Gallo (28 Jun 2017), "A refresher on A/B testing," Harvard Business Review, https://hbr.org/2017/06/a-refresher-on-ab-testing.

225 they have the potential to overwhelm: California has a law requiring bots to identify themselves. Renee DiResta (24 Jul 2019), "A new law makes bots identify themselves— that's the problem," Wired, https://www.wired.com/story/law-makes-bots-identify-themselves.

226 "flash crashes" of the stock market: Laim Vaughan (2020), Flash Crash: A Trading Savant, a Global Manhunt, and the Most Mysterious Market Crash in History, Doubleday.

226 these systems are vulnerable to hacking: Shafi Goldwasser et al. (14 Apr 2022), "Planting undetectable backdoors in machine learning models," arXiv, https://arxiv.org/abs/2204.06974.

56장. AI가 해커가 될 때

228 a similarly styled event for AI: Jia Song and Jim Alves- Foss (Nov 2015), "The DARPA Cyber Grand Challenge: A competitor's perspective," IEEE Security and Privacy Magazine 13, no. 6, https://www.researchgate.net/publication/286490027_The_DARPA_cyber_grand_challenge_A_competitor%27s_perspective.

229 Chinese AI systems are improving: Dakota Cary (Sep 2021), "Robot hacking games: China's competitions to automate the software vulnerability lifecycle," Center for Security and Emerging Technology, https://cset.georgetown.edu/wp-content/uploads/CSET-Robot-Hacking-Games.pdf.

229 research is continuing: Bruce Schneier (18 Dec 2018) "Machine learning will transform how we detect software vulnerabilities," Security Intelligence, https://securityintelligence.com/machine-learning-will-transform-how-we-detect-software-vulnerabilities/.

230 looking for loopholes in contracts: Economist staff (12 Jun 2018), "Law firms climb aboard the AI wagon," Economist, https://www.economist.com/business/2018/07/12/law-firms-climb-aboard-the-ai-wagon.

57장. 보상 해킹

231 AI achieving a goal in a way: A list of examples is here. Victoria Krakovna (2 Apr 2018), "Specification gaming examples in AI," https://vkrakovna.wordpress.com/2018/04/02/specification-gaming-examples-in-ai.

231 if it kicked the ball out of bounds: Karol Kurach et al. (25 Jul 2019), "Google research football: A novel reinforcement learning environment," arXiv, https://arxiv.org/abs/1907.11180.

231 AI was instructed to stack blocks: Ivaylo Popov et al. (10 Apr 2017), "Data-efficient deep reinforcement learning for dexterous manipulation," arXiv, https://arxiv.org/abs/1704.03073.

232 the AI grew tall enough: David Ha (10 Oct 2018), "Reinforcement learning for improving agent design," https://designrl.github.io.

232 Imagine a robotic vacuum: Dario Amodei et al. (25 Jul 2016), "Concrete problems in AI safety," arXiv, https://arxiv.org/pdf/1606.06565.pdf.

232 robot vacuum to stop bumping: Custard Smingleigh (@Smingleigh) (7 Nov 2018), Twitter, https://twitter.com/smingleigh/status/1060325665671692288.

233 goals and desires are always underspecified: Abby Everett Jaques (2021), "The Underspecification Problem and AI: For the Love of God, Don't Send a Robot Out for Coffee," unpublished manuscript.

233 a fictional AI assistant: Stuart Russell (Apr 2017), "3 principles for creating safer AI," TED2017, https://www.ted.com/talks/stuart_russell_3_principles_for_creating_safer_ai.

233 reports of airline passengers: Melissa Koenig (9 Sep 2021), "Woman, 46, who missed her JetBlue flight 'falsely claimed she planted a BOMB on board' to delay plane so her son would not be late to school," Daily Mail, https://www.dailymail.co.uk/news/article-9973553/Woman-46-falsely-claims-planted-BOMB-board-flight-effort-delay-plane.html. Ella Torres (18 Jan 2020), "London man reports fake bomb threat to delay flight he was running late for: Police," ABC News, https://abcnews.go.com/International/london-man-reports-fake-bomb-threat-delay-flight/story?id=68369727. Peter Stubley(16 Aug 2018), "Man makes hoax bomb threat to delay his flight," Independent, https://www.independent.co.uk/news/uk/crime/man-late-flight-hoax-bomb-threat-gatwick-airport-los-angeles-jacob-meir-abdellak-hackney-a8494681.html. Reuters (20 Jun 2007), "Woman

delays Turkish plane with fake bomb warning," https://www.reuters.com/article/us-turkey-plane-bomb-idUSL2083245120070620.

58장. AI 해커들에 대한 방어

236 **recommendation engines:** Zeynep Tufekci (10 Mar 2018), "YouTube, the great equalizer," New York Times, https://www.nytimes.com/2018/03/10/opinion/sunday/youtube-politics-radical.html. Renee DiResta (11 Apr 2018), "Up next: A better recommendation system," Wired, https://www.wired.com/story/creating-ethical-recommendation-engines.

237 **can also benefit the defense:** One example: Gregory Falco et al. (28 Aug 2018), "A master attack methodology for an AI- based automated attack planner for smart cities," IEEE Access 6, https://ieeexplore.ieee.org/document/8449268.

59장. AI 해커들의 한 미래

242 **novel and completely unexpected hacks:** Hedge funds and investment firms are already using AI to inform investment decisions. Luke Halpin and Doug Dannemiller (2019), "Artificial intelligence: The next frontier for investment management firms," Deloitte, https://www2.deloitte.com/content/dam/Deloitte/global/Documents/Financial-Services/fsi-artificial-intelligence-investment-mgmt.pdf. Peter Salvage (March 2019), "Artificial intelligence sweeps hedge funds," BNY Mellon, https://www.bnymellon.com/us/en/insights/all-insights/artificial-intelligence-sweeps-hedge-funds.html.

244 **the precautionary principle:** Maciej Kuziemski (1 May 2018), "A precautionary approach to artificial intelligence," Project Syndicate, https://www.project-syndicate.org/commentary/precautionary-principle-for-artificial-intelligence-by-maciej-kuziemski-2018-05.

60장. 해킹에 대응한 지배 시스템

245 **AI technologists and industry leaders:** Nick Grossman (8 Apr 2015), "Regulation, the internet way," Data- Smart City Solutions, Harvard University, https://datasmart.ash.harvard.edu/news/article/white-paper-regulation-the-internet-way-660.

246 **The Collingridge dilemma:** Adam Thierer (16 Aug 2018), "The pacing problem, the Collingridge dilemma and technological determinism," Technology Liberation Front, https://techliberation.com/2018/08/16/the-pacing-problem-the-collingridge-dilemma-technological-determinism.

247 **its processes and rulings:** Stephan Grimmelikhuijsen et al. (Jan 2021), "Can decision transparency increase citizen trust in regulatory agencies? Evidence from a representative survey experiment," Regulation and Governance 15, no. 1, https://onlinelibrary.wiley.com/doi/full/10.1111/rego.12278.

248 **Gillian Hadfield:** Gillian K. Hadfield (2016), Rules for a Flat World: Why Humans Invented Law and How to Reinvent It for a Complex Global Economy, Oxford University Press.

248 **Julie Cohen:** Julie E. Cohen (2019), Between Truth and Power: The Legal Constructions of Informational Capitalism, Oxford University Press.

248 **Joshua Fairfield:** Joshua A. T. Fairfield (2021), Runaway Technology: Can Law Keep Up? Cambridge University Press.

248 **Jamie Susskind:** Jamie Susskind (2022), The Digital Republic: On Freedom and Democracy in the 21st Century, Pegasus.

맺는 말

249 **But there's a loophole:** Josh Zumbrun (25 Apr 2022), "The $67 billion tariff dodge that's undermining U.S. trade policy," Wall Street Journal, https://www.wsj.com/articles/the-67-billion-tariff-dodge-thats-undermining-u-s-trade-policy-di-minimis-rule-customs-tourists-11650897161.

250 **inequality produces surplus resources:** Thomas Piketty (2017), Capital in the Twenty-First Century, Harvard University Press.

251 **the fundamental problem with humanity:** Tristan Harris (5 Dec 2019), "Our brains are no match for our technology," New York Times, https://www.nytimes.com/2019/12/05/opinion/digital-technology-brain.html.

찾아보기

해커의 **심리**

사회 규범과 정의를 왜곡하는 사회적 해킹의 실체를 폭로한다

발   행 | 2024년 1월 23일

옮긴이 | 김 상 현
지은이 | 브루스 슈나이어

펴낸이 | 권 성 준
편집장 | 황 영 주
편   집 | 김 진 아
           임 지 원
           김 은 비
디자인 | 윤 서 빈

에이콘출판주식회사
서울특별시 양천구 국회대로 287 (목동)
전화 02-2653-7600, 팩스 02-2653-0433
www.acornpub.co.kr / editor@acornpub.co.kr

책값은 뒤표지에 있습니다.